중화경제권의 이해 제3판

김동하 지음

부산외국어대학교 출판부

| 저자소개 |

지은이 김동하는 한·중 수교 후 유학1세대로서 칭화대학(淸華大學) 경제학연구소에서 석사과정을 마쳤다. 1997년 귀국 후 한국외환은행 경제연구소에서 연구원으로 근무하며 중국금융, 투자 환경에 대해 연구했다. 2000년부터는 포스코 산하 연구소인 POSRI에서 중국산업에 대해 분석하였으며, 특히 민간 연구기관으로서는 최초로 중국에 설립된 POSRI 베이징사무소 대표로 파견(2005~2007)되어 현지에서 실물경제 연구에 주력했다. 한국외국어대학교에서 국제경제학 박사 학위를 취득하였고, 2009년부터는 부산외국어대학교 중국학부 교수로 재직 중이다.

10여년 동안의 중국금융과 산업 부문에 대한 연구 능력을 기반으로 「중국의 경영전략」, 「차이나 머천트」, 「중국 거시경제정책과 철강산업」, 「차이나 소프트파워」, 「중국경제론(공저)」 등의 저서를 집필했다. 최근에는 「위안화 경제학」을 출간하여 제30회 정진기언론문화상(2012)을 수상한 바 있다. 중국지역학회 회장, 대한중국학회 부회장, 한중사회과학학회, 한국동북아경제학회 등에서 임원으로 활동하며 중국경제, 산업 관련 논문들을 발표하였다. 중국 주요 산업(철강·자동차·조선·가전·건설) 분야에서 실물·연구·현지 경험을 고루 갖춘 연구자이다.

중화경제권의 이해

2014년 08월 29일 1판 1쇄 발행
2015년 10월 05일 1판 2쇄 발행
2021년 02월 28일 2판 1쇄 발행
2022년 01월 10일 2판 2쇄 발행
2023년 02월 22일 2판 3쇄 발행
2024년 11월 01일 3판 1쇄 발행

저　자 | 김 동 하
발행인 | 장 순 흥
발행처 | 부산외국어대학교 출판부
등　록 | 제 14-11-15호
주　소 | 609-815 부산시 금정구 금샘로485번길 65
전　화 | 051)509-6466~7 팩스/ 051)509-6468
인터넷 | http://press.bufs.ac.kr
편　집 | 주간 ·임기대
인쇄처 | (주)광장에이앤씨 (051)583-8722

ISBN 978-89-8312-464-7(93320)
정가 26,000원

개정3판 머리말

본서 초판이 출간(2014년 9월)된 지 벌써 10년이 흘렀다. 2021년에 2판을 발행했지만 지역별, 권역별 변화 요인들을 다 담지 못해 그동안 개정판 요구가 적지 않았다. 따라서 이번 개정판은 아래와 같은 방향을 가지고 목차와 콘텐츠에 변화를 주었다.

1장에서 화교 역사 및 문화 분야 콘텐츠를 보강하였다. 2장에서는 가장 많이 화교가 거주하고 있는 동남아 지역과 기타 국가(지역)에 대한 설명을 보충하였다. 3장에서는 화교 관련 중국 및 중화권 경제 콘텐츠에 집중하여 쉽게 서술하였다. 타이완(4장)·홍콩(5장)·싱가포르(6장) 내용을 업데이트했으며, 5장에 '마카오특별행정구' 내용을 추가했다. 마지막으로 두피디아 등 멀티미디어 자료를 연계하여 활용할 수 있도록 했다.

화교는 중국 본토 외의 국가나 지역에서 거주하고 있는 중국계 사람으로, 화(華)는 중국을, 교(僑)는 타국에서 임시로 거주함을 뜻한다. 실크로드가 시작된 진시황 때부터 중국인들은 해외에 거주했다. 풍성한 문화 제국을 이룬 당나라 때도 상인들이 해외로 진출했고, 남송(1276)이 멸망하자 많은 유신(遺臣)들이 동남아로 향했다. 명나라 정화 대항해 이후, 10여만 명의 중국인들은 동남아 각지에 거주하면서 중화민족 특성을 가진 화교 사회를 형성했다. 아편전쟁(1840~1842) 후, 개방된 홍콩, 광둥 산터우·마카오, 푸젠 샤먼을 중심으로 계약노동자(쿨리)들이 미국 등 세계 각지로 송출되었다. 이들은 19세기부터 화교 1세대로 자리 잡게 된다. 1980년대 이후 생성된 신화교까지 이들은 화교경제권 내 각지의 경제 분야에서 두각을 나타내고 있다. 이러한 중화경제권을 이해하는데 본 개정판에서 새로 보강된 콘텐츠가 독자들에게 도움이 되길 기원한다.

2024년 9월

남산동 연구실에서 지은이 김동하

[알림] 두피디아 T 활용 안내

필자는 2019년부터 ㈜두산이 제공하는 두피디아 지구촌 여행기(두피디아T)에 한중수교(1992.8.24) 이후 중국·대만·홍콩·마카오 등 중화권을 방문하여 경험하고 채집한 지식·동영상·사진으로 구성한 여행기 시리즈를 연재하고 있습니다. 본서와 가장 연관이 깊은 시리즈는 '화교 역사·문화답사기'로, 미처 책에 담지 못한 이야기와 사진·영상물을 이곳에서 볼 수 있습니다. 또한 두피디아(www.doopedia.co.kr) 회원 가입 후 필자와 소통 하실 수 있습니다.

김동하의 두피디아 여행기 시리즈

① 화교 역사·문화 답사기: 전 세계에 분포한 5천여 만명 화교 발생의 역사적 배경과 문화적 특징을 알기 위해 떠나는 답사기
② 차이나 시티 투어: 중국 31개 성·직할시·자치구 주요 도시를 돌아보는 시티 투어
③ 샤오핑 로드: 개혁·개방 설계사 덩샤오핑과 함께 떠나는 중국 경제지리 여행기
④ 한자 로드: 3300년 전에 만들어져 살아 숨 쉬는 한자의 역사를 알아보는 여행기
⑤ 차이나 뮤지엄 투어: 중국 내 주요 도시의 박물관, 기념관을 돌아보는 뮤지엄 투어

머리말

모름지기 G2의 시대다. 언제부터인가 우리는 미국의 미래 경쟁자로 중국을 꼽고 있고, 중국은 이제 주변국의 우려에도 개의치 않고 정치·경제·외교 분야에서 자기 목소리를 분명하게 내고 있다. 중국인들이 자랑스러워 하는 왕조인 당(唐.618~907)대에 이미 중국은 세계 GDP 58%를 점유하는 경제대국을 약 300년 동안 영위한 적이 있다. 전세계 각 도시에 퍼진 차이나타운을 중국어로 당인가(唐人街. 당나라 사람 거리)로 부르는 것이 이런 연유일 것이다. 이후 중국은 전세계 각지로 화교를 배출하였으며, 이제 그 인원은 4500만명에 이른 것으로 조사되고 있다.

본고는 저자가 부산외대에서 강의 중인 '중화경제권의 이해'라는 교양 및 전공과목 교재를 목적으로 저술되었다. 교재를 만들면서 과연 주요 목차 내 '중화경제권'의 범위를 어디까지 둘 것인 지가 큰 고민이었는데, 대학교재임을 염두에 두고 적정하게 그 범위를 조정하였다. 먼저 중국(대륙), 홍콩특별행정구, 대만(Taiwan)을 선정하였으며, ASEAN 10개국 중의 하나이며 인구의 74.2%가 중국계인 도시국가 싱가포르를 포함하였다. 이는 역사·정치적 배경은 물론 경제 관계를 우선 고려하여 선정한 것이다.

본서 1장에서는 화교의 개념과 형성 배경을 살펴보고, 특히 이들 화교 중에서도 동남아 각국의 화교와 비즈니스에 종사하는 화상(華商)에 대해서 살펴보았다. 이를 토대로 동남아시아 지역에서 중국이 적극적으로 추진하고 있는 FTA를 중심으로 중화경제권에 대해 포괄적으로 고찰하고자 했다.

2장에서는 중화경제권의 중심인 중국경제에 대해서 저술 했는데, 중국이 지금 영위하는 '사회주의 시장경제'를 중심을 두고, 금융·외환·주식제도 등을 서술했다. 특히 무역결제용 국제통화 반열에 이미 올라선 중국의 법정화폐인 위안화에 대한 분석을 통해 향후 조성될 중화경제권에서 위안화의 역할을 가늠해보고자 했다. 또한 중국이 최근 확대하고 있는 해외투자정책(저우추취)을 살펴보았다.

3장부터 5장까지는 각각 타이완, 홍콩, 싱가포르 등 필자가 주요 중화경제권 구성 국가(지역)로 꼽은 곳에 대한 분야별 분석을 하였으며, 이 곳들의 역사, 정치·경제구조를 살펴 향후 부상할 중화경제권의 미래를 전망하고자 했다.

중국 관영통신사 신화망에 따르면 2013년 56조 8845억 위안의 GDP(전년비 7.7% 성장)를 기록했던 중국은 2013년 세계 GDP의 12%를 점유한 것으로 나타났다. 이미 조성되어 있는 '화교경제권'이나 현재 FTA와 같은 지역경제통합 작업을 통해 구축하고 있는 '중화경제권'까지 더하면 세계에서 중국경제의 영향력은 더욱 커지리라 본다.

모쪼록 본서가 중화경제권을 구성하는 각 국가(지역)의 일반 경제상황을 설명하는 기본적인 역할과 함께, 향후 미래에 부상할 중국을 중심으로 하는 중화경제권을 올바로 이해하는데 도움이 되길 기대해 본다. 본서를 작성하는데 출처를 정확하게 표기하려는 노력에도 불구하고 누락되거나 불명확한 참고문헌 표기는 전적으로 필자 개인의 책임이다. 아울러 향후 적시에 개정판을 준비하여, 시시각각 변화하는 중화경제권의 정확한 모습을 담으려 노력할 계획이다.

2014년 9월

남산동 연구실에서 지은이 김동하

목차 CONTENTS

제 1장
화교의 역사

제1절 화교의 개념과 규모

1. 화교의 개념과 정의

화교(華僑)는 일반적으로 중국 본토 외의 국가나 지역에서 거주하고 있는 중국계 사람을 가리킨다. 여기서 화(華)는 중국을 의미하며, 교(僑)는 타국에서 임시로 거주함을 뜻한다. 그러나 중국 국적을 가진 사람들 중 다수가 이미 현지국적을 취득했고, 화교들의 자손은 2세 3세로 시간이 흐름에 따라 지금은 현지 국적을 가진 화교가 대부분을 차지하고 있다. 따라서 이들은 화교와 구분하여 화인(華人)이라고 부르기도 한다. 화교라는 용어는 1911년 신해혁명 이후에 모든 해외 거주 중국인에게 보편적으로 사용되었다.[1)]

중국 국무원이 1984년 공포한 '화교, 귀국화교, 화교학생, 귀국화교학생, 화교가족 등 신분에 대한 해석' 규정에 따르면 화교는 '국외에 거주하는 중국 공민'을 지칭한다.[2)] 즉 중국 국적을 소지하는 중국인인 셈이다. 그러나 혈통과 국적을 기준으로 볼 때, 현지 국가 국적 취득여부에 따라 화교인지 혹은 화민(華民)인지를 구분해야 한다고 주장하는 학자들도 있다. 이들 학자들의 주장을 종합하면, 화교는 중국인으로서 외국 영역에 이주 또는 임시 거주(교거·僑居)하고 중국 국적을 상실하지 않은 자이다. 또한 화교는 중국인으로서 타국이나 타국의 영토에 이주하여 그곳에 사회경제적 여건을 설정한 화민(華民)으로 규정하기도 한다.[3)] 여러 학자들이나 화교 관련 기관(중국 및 대만)에서 명시한 화교에 대한 정의를 종합하면 다음과 같다.

1) 화교(華僑)

19세기 말부터 사용되기 시작한 가장 보편적인 용어로 해외에 거주하는 중국계 민족을

1) 김두진(1990), 중국의 대ASEAN 화교정책, 「아세아연구」 84호, 278쪽.
2) ≪关于华侨、归侨、华侨学生、귀교学生、侨眷等身份解释(试行)≫的通知(1984.6.23.). 国务院侨务办公室
3) 손준식(1999), 화교경제권과 중국의 화교정책, 「민족발전연구」 3집, 157쪽.

통칭하였다. 그러나 거주국에서 현지인과 동화하여 중국 국적을 포기하는 경우가 증가하면서, 화교의 의미는 보다 엄격하게 국외에 거주하는 중국 국적 유지자만을 지칭하는 개념으로 범위가 축소되어 사용되고 있다. 따라서 협의의 '화교'는 이미 고인이 된 중국인 1세들이 대부분이었다.[4] 중국 국무원의 관련 법규정에 따르면 화교는 중국 국적을 보유한 자로 정당한 권리가 침범받게 되면 중국정부의 보호대상이 된다.

2) 화인(華人)

화인은 태어난 곳도 중국이 아니며 현지 언어를 사용하고 국적도 현지국적을 취득하여 그곳 시민으로 정착하여 살고있는 중국계 사람들을 지칭한다. 중국인과 화교를 포함한 가장 광범위한 개념이다. 현재는 중국 이외의 지역에 살면서 중국 국적을 포기하고 거주국 국적을 취득한 중국계를 통칭하는 말이다. 대부분 화교 2~3세들로 중국계 미국인(Chinese American), 중국계 말레시아인(Malaysian Chinese) 등으로 통칭되고 있다.

중국 국무원의 관련 법규정에 따르면 화인은 현지국가의 국적을 가지고 있기 때문에 정당한 권리가 침범받게 되더라도 중국정부의 보호대상이 되지 않는다. 그러나 '중화민족'이라는 공동의 민족적 입장에서 원조나 지원 대상이 될 수 있으며, 거주국 국적을 포기하고 중국국적을 회복할 경우 중국정부의 보호를 받을 수 있는 길도 있다. 거삼원(1996)에 분류에 따르면 광의의 화인은 중국 혈통을 갖는 자에 대한 총칭이며, 협의의 화인은 외국 국적을 취득한 화족인(華族人. Ethnic Chinese)을 가리킨다.[5]

3) 화상(華商)

화상은 화교는 물론이고 화인 혹은 화예(華裔)들 중에서 주로 자영업에 종사하는 중국계 상인을 의미한다. 차이나 머천트(China Merchant) 혹은 차이나 비즈니스맨(China Businessman)이 화상이다. 1991년부터 열리고 있는 세계화상대회는 이들을 위한 비즈니스 플랫폼이다.

---

4) 조정원(2009), 중국의 화교 정책에 대한 연구, 「민족연구」 37권, 123쪽.
5) 거삼원(1996), 중국의 화교정책과 재외화교기업의 중국대륙 투자, 「중소연구」 69집, 61쪽.

4) 화예(華裔)

화예는 중국계 혹은 화교의 자손으로 거주국의 국적을 취득한 중국계 후손을 의미한다. 예(裔)는 후손을 의미하는 한자이다. 화예는 일반적으로 중국인들의 자손으로 중화민족의 특징을 가지고 있기는 하나 민족적인 연계가 희박한 부류를 지칭한다. 일반적으로 선조가 5대 이상 현 거주국에 살아왔던 집안의 후예이면 이들을 화예로 지칭하고, 이보다 역사가 짧으면 화인으로 구분하고 있다.[6)]

5) 귀교(歸僑), 교권(僑眷)

귀교와 교권은 법률 용어로도 쓰인다. '귀교' 혹은 '귀국화교'는 귀국 교포 즉 화교 혹은 화인으로 해외에 거주하였다가 중국에 귀국하여 국적을 취득한 사람이다.[7)] 교권에서의 권(眷)은 혈연관계가 있는 사람(겨레붙이)을 의미하는 한자이다. 즉 교권은 화교·귀교의 국내에 있는 권속(眷屬) 즉 화교 귀교의 배우자, 부모와 그 배우자, 형제자매, 조부모(부계, 모계), 손자(부계, 모계) 및 화교·귀교와 장기간에 걸쳐 부양관계에 있는 기타 친족을 의미한다. 중국정부는 귀교, 교권에 대한 관련 법률 법규를 마련하여 이들의 국내 정착을 지원하고 있다.

[그림 1-1] 화교의 명칭

華僑、華人、華裔

주: 빛날 화(華)는 중국을 뜻하는 여러 한자 중 화하(華夏)에서 기인한다. 교(僑)는 '더부살이. 남의 집이나 타향에서 임시로 몸을 붙여 살다. 잠시 머물다.'와 같은 뜻이 있다. 형성문자인 僑는 뜻을 나타내는 사람인(亻)과 음을 나타내는 동시에 '높다'의 뜻을 가지는 喬(교)로 이루어졌다. 僑는 '키가 큰 사람' 의미였는데, 후에 나그네를 의미하는 교(喬)와 통하여 '타향에서 사는 뜨내기' 의미를 가지게 되었다.

---

6) 조정남(1998), 중국인의 민족상황과 화교집단, 「민족연구」 1호, 39쪽.

7) ≪关于华侨、归侨、华侨学生、归侨学生、侨眷等身份解释(试行)≫的通知(1984.6.23.). 国务院侨务办公室

[표 1-1] 한국과 중국의 해외거주 자국민에 대한 호칭 비교

한국		중국
재외 동포(在外同胞)	재외 교포 포함한 넓은 의미 한국계 후손 (한국계 외국인. 4대 이상) 조선족 동포: 중국국적 한국계 후손 고려인: 러시아, 중앙아시아에 살고 있는 한국인 교포 《재외동포의 출입국과 법적 지위에 관한 법률》에 따른 정의 : 1) 대한민국 국민으로 외국 영주권(永住權)을 취득한 자 또는 영주 목적으로 외국에 거주하고 있는 자(= 재외국민) 2) 한국국적 보유하였던 자(정부수립전 이주동포 포함) 혹 아들·손자·증손으로 외국적 취득자 중 대통령령 인정자(= 외국 국적 동포)	화예(5대 이상 후손)
재외 교포(在外僑胞)	외국 국적을 가진 한국계 후손(2-3대 수준)	화인(화교 2-3세)
재외국민(在外國民)	외국에 사는 대한민국 국적자. 이중국적 허용되는 국외에서 영주권자 신분 획득 후, 국외에 거주하더라도 국내 선거에 투표권 행사 가능(대통령·국회의원선거)	화교(중국 국적 보유자)

자료: 국내 외 공개자료 참고하여 저자 구성 (2020).

2. 전세계 화교 규모

1) 개황

전세계 화교 인구에 대한 가장 빠른 문헌자료를 보면, 신해혁명이 일어난 해인 1911년 해외 화교화인 총수는 600만명 좌우로 집계된 바 있다.[8)]

논문 형태로 조사된 결과는 1948년부터 보이기 시작하는데, Dudley L. Poston(1994) 등에 따르면 1948년 세계 화교 인구는 872만명을 기록했으며, 이중 96%가 아시아 지역에 살고 있는 것으로 조사되었다. 1952년이 되어 화교 총인구수는 1천만명을 넘어선 1,253만명을 기록했으며, 1980년에는 2,697만명으로 증가하였다. 시간이 흐를수록 아시아 외 지역에 거주하는 화교 비중이 확대되어, 1980년 아시아 지역 화교 거주비중은 91.8%였으나, 2006~2007년간에는 그 비중이 78.1%로 줄어들었음을 알 수 있다.[9)]

8) 朱国宏(1994),『中国的海外移民-一项国际迁移的历史研究』, 复旦大学出版社, 255쪽.
9) 王望波·庄国土(2010),『 2008年海外华侨华人概述』, 世界知识出版社, 7쪽.

전세계 화교 인구가 얼마인가에 대해서는 학자, 기관, 국가별로 그 규모가 3천만명에서 많게는 8,700만명까지 차이가 적지 않다.

먼저 2007년 12월 10일, 국가한어국제확대소조 판공실 주임 쉬린에 따르면 해외 화교화인 총수는 5천만명이며, 이중 중국 내 유학생은 100만명이라고 한다. 같은 시기 대만 교무위원회 통계는 화교화인 인구를 3,900만명으로 보고 있었다.

2005년 중국시장학회 부비서장 장핑이 <중국경제주간>과 한 인터뷰에 따르면 화교화인 총수는 8,700만명으로 168개 국가(지역)에 걸쳐 있다. 영국런던경제학원 아시아연구센터는 화교 인구를 4천만명으로 추산했으며, 미국 오하이도 대학 연구진은 3,700만명으로 추산했다.[10)]

중국사회과학원이 발표한 『全球政治与安全报告(2007)』에 따르면 중국 대륙에서 나간 해외 이민자 수는 3,500만명으로 보고 있으며, 이는 전세계에서 가장 큰 이민자 규모이다. 중국정부 역시 비교적 정확한 화교화인 규모를 파악하기 위해 국무원 교무판공실 주관으로 샤먼대학 남양연구소 화교전문가인 좡궈투(庄国土) 교수에게 의뢰한 연구결과, 2010년 6월말 현재 중국정부가 파악하는 화교 인구는 4,500만명이다.

그 단계별 연구 결과를 보면 다음과 같다.

개혁개방 이래 30년간 중국에서 해외로 나간 이민자 수는 450만명 이상이다. 이중 선진국으로 나간 이민자는 250~300만명으로 추산된다. 1970년대~1999년간 중국(대륙), 대만, 홍콩에서 정상적인 이민 수속을 통해 선진국으로 나간 이민자 수는 200만명 이상이다. 이외에도 불법 이민자들 규모는 50~70만명 수준으로 파악되고 있다. 같은 시기 싱가포르, 말레이시아, 미얀마, 태국, 필리핀, 베트남 등에 합법 및 불법 이민자 총수는 60~80만명으로 파악되고 있다.[11)]

2009년말 현재 화교 인구는 4,543만명으로 파악되며, 이중 동남아 화교화인 인구총수는 3348.6만명으로 전체 동남아 총 인구의 6%를 점유하고 있다. 또한 전세계 화교인구의 73.7% 수준이다. 이중 20세기부터 1980년대 이후에 동남아에 진입한 신화교와 그 가족들은 250만명 이상으로 추산된다.[12)]

---

10) 丘进(2011),『华侨华人蓝皮书:华侨华人研究报告(2011)』, 社会科学文献出版社, 29-30쪽.
11) 庄国土(2006), 近30年来的中国海外移民:以福州移民为例,「世界民族」2006年第3期.
12) 庄国土(2009), 东南亚华侨华人数量的新估算,「厦门大学学报(哲学社会科学版)」2009年3期.

[표 1-2] 역대 권역별 화교 인구 수 및 비중 변화

(단위: 만명, %)

연도	전세계	아시아	미주	유럽	대양주	아프리카
1911	600	-	-	-	-	-
1948	872.12	837.97	20.9	5.38	6.38	1.49
1952	1,253.62	1,222.85	20.39	1.15	6.09	3.13
1960	1,538.52	1,488.01	40.66	1.58	4.22	4.06
1970	1,929.38	1,834.26	71.12	11.21	6.85	5.94
1980	2,697.24	2,476.4	133.3	62.2	17.64	7.69
1990	3,676.58	3,228.78	322.66	76.95	37.39	10.8
2000	3,975.83	3,294.17	433.27	145.39	78.61	24.39
2006~2007	4,543	3,548	630	215	95	55
2018	4,869	3,426	953	225	154	111
2019	4,921	3,445	968	230	166	111
2020	4,933	3,438	968	241	174	113
2021	4,929	3,430	961	245	174	118
2022	4,973	3,462	977	238	177	118
2023	5,011	3,464	1,009	244	180	115
1952	100%	97.55%	1.63%	0.09%	0.49%	0.25%
1960	100%	96.72%	2.64%	0.10%	0.27%	0.26%
1970	100%	95.07%	3.69%	0.58%	0.36%	0.31%
1980	100%	91.81%	4.94%	2.31%	0.65%	0.29%
1990	100%	87.82%	8.78%	2.09%	1.02%	0.29%
2000	100%	82.85%	10.90%	3.66%	1.98%	0.61%
2006~2007	100%	78.10%	13.87%	4.73%	2.09%	1.21%
2018	100%	70.36%	19.57%	4.62%	3.16%	2.28%
2019	100%	70.01%	19.67%	4.67%	3.37%	2.26%
2020	100%	69.69%	19.62%	4.89%	3.53%	2.29%
2021	100%	69.59%	19.50%	4.97%	3.53%	2.39%
2022	100%	69.62%	19.65%	4.79%	3.56%	2.37%
2023	100%	69.13%	20.14%	4.87%	3.59%	2.29%

주: 중국 대륙과 대만 지역을 제외한 모든 지역의 화교 수임.

자료: 丘进(2011), 「华侨华人蓝皮书:华侨华人研究报告(2011)」, 社会科学文献出版社, 54-55쪽.
Dudley L. Poston, Jr., Michael Xinxiang Mao and Mei-Yu Yu(1994), The Global Distribution of the Overseas Chinese Around 1990, Population and Development Review, Vol. 20, No. 3 (Sep, 1994), pp. 631-645.
国务院侨办侨务干部学校 编著(2005), 「华侨华人概述」, 九州出版社, 229-235쪽.
王望波·庄国土(2010), 「2008年海外华侨华人概述」, 世界知识出版社, 7쪽.
中華民國僑務委員會, 「僑務統計年報(각호)」. (2018-2023년도 Data).

2) 주요 국가별 화교 증가 추이

미국의 경우, 1950년에는 미국거주 화교화인 수가 11.76만명이었으나, 미국 인구통계에 따르면 2006년 미국 화교화인 총수는 356.5만명까지 늘어났다. 이는 당해 연도 미국인구의 1.2%에 달하는 비중이다. 또한 미국 내 아시아계 이민자 수의 50% 수준이다. 이후 관련 통계를 종합하면, 2007년에는 353.84만명, 2009년에는 354만명으로 미국 내 화교인구가 늘어났다.

캐나다를 보면 1951년 화교화인 인구는 3.25만명에 불과했으나, 2006년 캐나다 인구통계에 따르면 121.66만명으로 늘어났다. 이는 당해연도 캐나다 인구의 3.9% 수준이다.[13] 호주의 경우, 1947년 화교화인 인구는 1.21만명이었으며, 2007년 호주통계 자료에 따르면 2006년 8월말 기준 화교화인 인구는 66.99만명으로 나타났으며, 2008년에는 67만명으로 늘어났다.[14]

뉴질랜드에서는 1951년 화교화인 인구가 5,700명에 불과했으나, 2006년 3월말 기준으로 14.76만명으로 늘어났으며, 이중 중국대륙 출신이 7.81만명, 홍콩 출신이 7,700명, 타이완 출신이 1.08만명으로 조사되었다. 2007년에는 15만명으로 늘어났다.[15]

일본의 경우, 2000년말 화교인구 총수는 21만명이었으나 2007년말에는 60만명으로 늘어났으며, 그동안 일본에서 수위를 지켜오던 재일 한국인 거주민수를 처음으로 초과한 때가 2007년이었다. 2010년에는 재일 화교화인 총수가 82만명으로 더욱 늘어났다.[16]

영국의 경우, 2001년 화교화인 인구는 24.7만명이었으며, 2007년에는 40만명으로 늘어났다. 프랑스는 2008년초에 화교화인 인구가 60여만 명을 기록했으며, 이는 전체 인구의 1% 수준이었다. 이태리는 2006년에 14.49만명의 화교화인이 있었고, 2008년에는 17.3만명으로 늘어났다. 스페인은 2007년에 16만명(이중 합법적 이민자 11.98만명, 불법이민자 4만명)이었던 화교화인 인구는 2009년에 14.54만명으로 변동 되었었다.

아프리카는 최근에 화교화인 인구가 늘어난 지역이다. 21세기초 아프리카 지역내 화교인구는 25만명이었고, 최근 아프리카 각국에서 중국의 경제활동이 급증함에 따라 2006년말 기준으로 화교화인 인구는 50만명 이상으로 증가했다. 2010년에는 남아공 내 화교인구

---

13) 李春辉·杨生茂(1990), 『美洲华侨华人史』, 东方出版社, 398쪽.
14) 华人经济年鉴编辑委员会(2010), 『华人经济年鉴(2009~2010)』, 中国华侨出版社, 283쪽.
15) 沈己尧(2006),『海外排华百年史』, 外文出版社, 译者:石毅, 95쪽.
16) 华人经济年鉴编辑委员会(2010), 『华人经济年鉴(2009~2010)』, 中国华侨出版社, 279쪽.

만 30만명을 넘어서게 된다. 현재도 아프리카 대륙에서는 남아프리카공화국 화교화인 인구수가 가장 많다.

3) 대만 교무위원회 통계

대만 교무위원회는 기구가 성립된 1926년부터 장기간 화교 규모(인구 및 기타 분류)에 대한 통계작업을 해왔기 때문에 비교적 그 권위성을 학계 내외에서 가장 널리 인정받고 있다. 게다가 2012년 이후로는 자세한 국가별 화교 인구통계가 부재하여, 현재로서는 2012년 대만 교무위원회 화교 통계가 국가별 상황을 파악할 수 있는 유일한 기초 데이터이다.

대만 교무위원회에 따르면 2012년말 기준으로 전세계 화교 인구수는 4,136만명으로 이중 아시아 지역에 거주하는 화교 인구는 3,072만명으로 전체 화교 수의 74.3%를 차지하고 있다.[17] 이들 아시아 국가 중 인도네시아 화교가 812만명으로 가장 많으며, 그 다음이 태국(751만명), 말레이시아(678만명), 싱가포르(283만명) 순이다. 이 통계에서 대만, 홍콩과 마카오는 제외 되었다.

미주 지역에 사는 화교는 769만명이며 이는 전체 화교 인구중 18.6%에 달하는 비중이다. 이중 미국에 약 424만명의 화교가 살고 있으며, 가장 많은 거주 국가이다. 즉 미주 화교중 55.2%가 미국에 살고 있는 것이다. 미국 내 화교 거주가 가장 많은 지역은 캘리포니아주, 뉴욕지구이다. 캐나다 거주 화교 수는 156만명 수준이다. 중남미 국가들 중에서는 청말기 대규모 이민이 이루어졌던 페루가 99만명으로 가장 많고 이외에도 브라질, 파나마, 아르헨티나 등지에 화교가 거주하고 있다. 유럽 거주 화교는 161만명으로 전체 화교수의 3.9%에 불과하다. 이중 프랑스에 46만명이 살고 있어 가장 많다. 그다음으로는 영국(42만명), 이태리(20만명) 순이다. 대양주에는 107만명의 화교가 살고 있는데 이는 해외 전체 화교의 2.6% 수준이다. 이중 호주가 87만명으로 가장 많고, 뉴질랜드에 15만명이 거주하고 있다.

최근 들어 화교 인구 유입이 늘어나고 있는 지역이 아프리카이다. 물론 절대치는 27만명 밖에 되지 않아 전체 화교인구의 0.7%에 불과하지만, 최근 5년간 증가세는 가파르다. 남아프라카공화국에 12만명이 살고 있어 가장 많으며, 모리셔스, 나이지리아 등에 3만여명의 화교가 거주하고 있다.

---

17) 中華民國僑務委員會(2013),「僑務統計年報2012」, 10쪽.

[표 1-3] 2012년말 기준 전세계 화교 현황

(단위: 만명, %)

지역별	화교 수	전체 화교중 비중	지역별	화교수	전체 화교중 비중
아시아 지역	3072	74.3	**미주 지역**	769	18.6
인도네시아	812	19.6	미국	424	10.3
태국	751	18.2	캐나나	156	3.8
말레이시아	678	16.4	페루	99	2.4
싱가포르	283	6.8	브라질	28	0.7
필리핀	141	3.4	파나마	14	0.3
미얀마	106	2.6	아르헨티나	10	0.2
베트남	100	2.4	베네수엘라	8	0.2
일본	68	1.6	멕시코	6	0.14
러시아	47	1.1	코스타리카	4	0.1
한국	18	0.4	자메이카	3	0.1
라오스	15	0.4	에콰도르	3	0.1
캄보디아	12	0.3	도미니카	2	0.05
인도	12	0.3	칠레	2	0.05
아랍에미레이트	11	0.3	과테말라	2	0.05
터키	4	0.1	수리남	1	0.02
부르나이	4	0.1	가이아나	1	0.02
사우디아라비아	2	0.1	트리니다드토바코	1	0.02
우크라이나	1	0.0	기타	5	0.12
기타	5	0.1	**유럽지역**	161	3.9
대양주	107	2.6	프랑스	46	1.1
호주	87	2.1	영국	42	1.0
뉴질랜드	15	0.4	이태리	20	0.5
폴리네시아	2	0.05	스페인	14	0.3
파푸아뉴기니아	2	0.05	네덜란드	11	0.3
기타	1	0.02	독일	9	0.2
아프리카	27	0.7	스웨덴	3	0.1
남아프리카공화국	12	0.3	오스트리아	2	0.05
모리셔스	3	0.1	아일랜드	2	0.05
래위니옹섬	3	0.1	포르투갈	2	0.05
나이지리아	3	0.1	헝가리	1	0.02
기타	6	0.2	덴마크	1	0.02
전체 화교 합계	4,136	100%	노르웨이	1	0.02
			기타	6	0.14

주: 2013년 이후부터는 권역별 수치만 있고, 국가별 통계가 발표되고 있지 않다.
자료: 中華民國僑務委員會(2013),「僑務統計年報2012」, 11쪽.

4) 신화교의 등장

신화교(新華僑)는 최근 학술계에서 등장하고 있는 신개념 중 하나이다. 이는 기존의 화교가 명·청대 주로 생성된 것을 고려하여, 봉건시대 이후 등장한 화교를 '신화교'로 구분지어 정립한 개념이다. 다만 신화교에 대한 기준을 어디로 할지에 대한 기준은 학자마다 각기 다른 형편인데, 크게는 중국의 마지막 봉건왕조인 청대가 끝나고 신중국이 성립된 1950년 이후 화교로 보는 시각과 신중국에서 본격적으로 이민을 허용한 개혁개방시기 즉 1979년 이후로 보는 두가지 기준이 병존한다.

그러나 중국정부에서 해외 이민자에 대한 통계를 내고 관리를 시작한 시기 역시 1979년 이후이기 때문에 본고에서도 신화교 기준을 1979년 이후로 삼기로 한다.

먼저 신화교의 특징을 살펴보면, 이들은 기존 화교들과의 이민 목적 자체가 다르다. 기존 화교들은 열악한 환경에서 도피하거나, 전란을 피하거나, 정치적 혼란기에서 탈출하는 등 주로 생존 그 자체를 위해서 화교의 길을 선택한 경우가 많았다. 따라서 엽락귀근(叶落归根), 즉 고향을 생각하는 의식도 아주 강하다. 반면 신화교들은 중국내에서 비교적 양호한 기술이나 자금을 지니고 이민에 나섰으며, 기존 사업발전을 위해 이민을 선택하거나, 이민 후에도 기존 산업의 발전을 도모하는 경향이다. 이들은 생존이 아닌 경제, 사회, 정치적 목적으로 화교가 된 것이기 때문에 낙지생근(落地生根) 즉 현지국에 뿌리를 내리고 현지화를 통해 이민의 목적한 바를 달성하려는 욕망이 강하다.

궤이스쉰(桂世勋)[18]에 따르면 1980년부터 2000년까지 중국(대륙), 홍콩, 타이완의 인구 변동과 이민자 추이를 토대로 추산한 1980~2000년간 중국, 홍콩, 마카오, 타이완에서 발생한 신화교 총인구는 632.14만명으로 나타났다.

2006~2007년간 각 지역 화교 중 신화교 비중은 아프리카가 90%로 가장 높게 나타났으며, 아시아 지역이 11.3%로 가장 낮은 것으로 조사되었다. 즉 신화교들은 미주(55.6%) 유럽(79%) 대양주(63%) 같은 선진국이나 아프리카 같은 신흥시장으로 적극 진출하고 있음을 알 수 있다.

---

18) 丘进(2011), 「华侨华人蓝皮书:华侨华人研究报告(2011)」, 社会科学文献出版社, 61-62쪽.

[표 1-4] 2006~2007년간 전세계 신화교 인구 수

(단위: 만명, %)

지역	신화교 인구수 (만명)	해당지역 전체 화교인구중 비중(%)
아시아	400	11.27
미주	350	55.56
유럽	170	79.07
대양주	60	63.16
아프리카	50	90.91
합계	1030	22.67*

주: 비중은 해당지역별 화교수를 100%로 보았을 때, 그중 신화교 비중임. 단 *합계 비중은 2007년말 세계 화교총수 중 신화교 비중임.

자료: 王望波·庄国土(2010),「2008年海外华侨华人概述」, 世界知识出版社, 7쪽.

[그림 1-2] 전세계 화교 분포 현황 (2012년말 기준)

자료: 김동하, 21세기 화교의 변신 (중앙일보. 2018.2.6.)

제2절 화교의 형성

1. 시기별 화교 형성의 특징

중국인의 대규모 해외 이주 역사는 남송(南宋.1127~1279) 시기로부터 추정되며, 그 특성에 따라 다음의 4단계로 볼 수 있다.[19)]

1) 소규모 이민 단계 (12C초 ~ 17C초)

송의 멸망후 대규모 유신(遺臣)이 지금의 동남아인 남양 지역으로 피난한 것이 최초의 대규모 중국인 이민 단계로 본다. 또한 명나라 정화(鄭和)의 7차례에 걸친 대항해의 영향으로 남양지역으로의 이민자가 증가한 시기로 볼 수 있다. 당시 10만명 이상으로 추산되는 해외 이주자들은 남양 각지에서 생존하기 위해 집단적으로 함께 거주함으로써 중국 민족의 독특한 특성을 가진 화교사회를 형성하기 시작했다.

정화(1371~1433)는 윈난성 쿤양 출신으로 명나라 성조 영락제 때 시작된 남해(南海) 원정의 총지휘관이다. 1405년부터 1433년까지 조카 혜제가 죽지 않고 해상에 숨어들었다고 의심한 영락제의 명을 받아 전후 7회에 걸쳐 대선단을 지휘하여 동남아시아에서 서남아시아를 거쳐 아프리카 케냐 스와힐리에 이르는 30여 국에 원정하여 수많은 외교사절이 왕래하였고 명나라의 국위를 선양하였다. 중국에서 생산되는 비단과 도자기를 가지고 열대지방의 보석, 동물, 광물 등을 교환하여 중국으로 가져와 무역상의 실리를 획득하였다.

정화 함대의 원정으로 중국인들은 남양에 대한 인식을 새롭게 하였으며, 동남아시아 각지에서의 화교의 수적인 증가에도 기여하였다. 정화가 지휘한 명나라 세력의 인도양 진출은 1492년 콜럼버스의 신대륙발견, 1497년 바스코 다 가마의 인도양 도달보다 80~90년이나 앞서는 것이었으나, 문신들의 환관에 대한 견제에 부딪혀 원양선이 제거되고 무역이 금

19) 한중경제포럼(2003),『현대 중국건설과 화교의 역할』, 재외동포재단, 16-18쪽.

지되면서 더 이상의 해양개척은 이루어지지 않았다. 정화는 1433년 마지막 원정을 끝낸 이듬해에 병사하였다.[20]

이처럼 정화는 세계사에서 '화교'를 등장시킨 중요한 인물이다. 정화는 중앙아시아의 이슬람교 출신으로 윈난성 지방관리 아들로 태어났다. 1382년 윈난성이 명나라에 정복되자 포로가 되어 환관이 되었고 연왕(燕王)을 섬겼다. 1399～1402년 정난(靖難)의 변 때에 연왕이 조카의 제위를 찬탈하고 영락제(永樂帝)로 즉위하는데 역할을 하였다. 이후 환관의 장관인 태감(太監)에 발탁되었으며, 정(鄭)씨 성을 하사받았다. 1957년 난징에서 방향키가 발견됨으로써 정화가 이끈 원정단 선박의 존재가 밝혀졌다.

1405년 소주를 출발한 제1차 원정 때에는 보선만 62척이었고 장병 2만 7,800여 명이 분승하였다. 선단은 총 317척으로 말라카 해협에서 해적들을 물리치고 인도 서안의 캘커타까지 도달하였다. 마지막 원정(7차)이었던 영락제의 손자 선덕제(宣德帝)때인 1431년에는 사우디아라비아의 메카에 들렀으며 아프리카 케냐의 스와힐리 해안까지 항해하였다. 7차례의 항해 시기는 다음과 같다.

1차: 1405~1407. 2차: 1407~1409. 3차: 1409~1411. 4차: 1413~1415.
5차: 1417~1419. 6차: 1421~1422. 7차: 1431~1433.

명나라는 광동, 영파, 천주(이후 복주로 옮김)에 외국 무역 및 관세징수 사무를 감독하던 관청인 시박사(市舶司)를 설치하고, 관영 조공무역만을 허용하는 해금정책(海禁政策)을 취했기 때문에 이후 민간인들은 밀무역으로 빠르게 옮겨 갔다. 또한 보다 활발한 무역을 위해서 해외로 진출하는 화교인구도 점차 늘어갔다.[21]

20) 자료:中華網軍事 (http://military.china.com) 검색일자: 2020.10.1
21) 이즈미다 히데오(2014), 『해역아시아의 차이나타운 화인가』, 도서출판 선인, 9-10쪽.

[그림 1-3] 정화 함대의 원정 경로

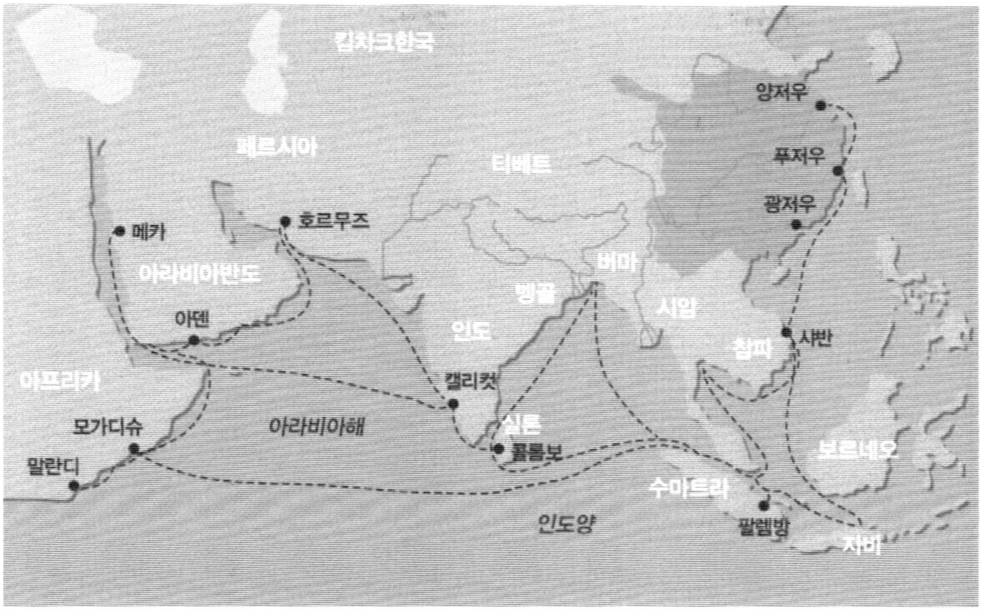

자료: 김동하 외(2019), 『차이나 키워드 100』, 시사중국어사. 320쪽.

2) 광범위한 화교 생성기(17C중엽~1940년대)

1664년에는 청조가 명을 멸망한 후 많은 유민들이 대만으로 건너가 정성공(鄭成功)과 함께 항청복명(청조에 대항)의 투쟁에 참가하였고, 이중 적지 않은 사람들이 다시 남양지역으로 이주하게 된다. 아편전쟁(1840~1842) 이후 서구 열강이 청조로 하여금 중국인의 출국을 합법화 시킨 뒤 흑인 노예무역의 종식(1808년)에 따른 부족한 노동력을 중국으로부터 공급받기 시작하면서 대규모 중국 화교의 해외 진출이 이루어졌다.

이 시기에는 세계1차 대전(1914~1918년)과 러시아의 10월 혁명(1917년)으로 영국, 프랑스, 러시아가 부족한 국내 노동력을 보충하기 위하여 모집한 중국 노동자들이 전후 유럽 각지에 정착하였다. 이들은 차이나타운(唐人街)과 동향 및 동족으로 이루어진 중국인 커뮤니티를 조성하여, 이후 도래하는 자발적인 중국인 이민자들을 받아들이는 역할을 하기도 하였다.

■ 정성공(鄭成功. 1624-1662)

복건성 하문(샤먼)의 대표적 관광지인 구랑위(鼓浪屿)에는 정성공(鄭成功) 석상이 설치되어 타이완을 바라보고 있다. 면적 1.91㎢ 규모 섬인 구랑위는 1908년에 한 때 조계(租界)가 설치되어 미국·영국 등 교회 건물이 지어졌다. 이후 포르투갈·일본까지 가세하여 지금은 이국적인 건축물이 남아 관광지가 되었다. 송대부터 사람이 거주하였고, 명대 정성공이 1646년에 이곳에서 수군을 훈련시키고 1661년에 출병하여 대만을 수복한 바 있다. 2017년 7월, 구랑위는 역사적 의미를 인정받아 중국의 52번째 유네스코 세계문화유산으로 등록되었다.

정성공은 명나라 장수이자, 네덜란드가 지배했던 타이완을 수복한 중국의 민족영웅으로 호칭되는 인물이다. 정성공 자신이 화교이며, 중국인의 동남아 진출에 큰 영향을 미쳤다. 그는 1624년 일본 히라도시(平戸市. 나가사키현)에서 한족인 아버지(정지룡. 복건 남안)와 일본인 어머니 사이에서 태어났다. 7세 때 명나라에 건너갔고 후에 난징의 태학(太學)에 입학했다. 명나라가 멸망하자 융무제(隆武帝)를 옹립하고 어영중군도독(御營中軍都督)·초토대장군(招討大將軍)에 임명되었다.

1644년 명나라가 망하자, 그는 아버지와 달리 투항을 거부하고 청나라에 맞서기로 결심한다. 그는 1650년 아버지의 해상무역권을 이어받아 진먼(金門), 샤먼(廈門) 두 섬을 근거지로 무역을 하여 군비를 충당했고, 1658년 7월에는 17만명의 병사와 대규모 선단을 이끌고 청조 남경에 대대적인 반격을 시도한다. 하지만 청군에 패하여 남쪽으로 쫓기게 되었다. 1661년 청나라가 연안 5성(省)의 백성을 내륙으로 옮겨 그와의 관계를 두절시키는 천계령(遷界令)을 펴자, 그는 타이완을 공략하기로 한다. 1661년 3월, 40년간 타이완을 지배했던 네덜란드 식민정부를 축출하고 타이완에서 다시 청나라에게 항거할 기지를 마련했으나, 바로 다음 해인 1662년에 39세를 일기로 사망하게 된다. 타이완은 다시 청나라에게 수복되었으나, 청대는 외세(네덜란드)를 물리친 영웅으로 정성공을 대접하였다.

정성공은 중일 무역에 치중했던 부친과 달리, 동남아(캄보디아, 태국, 인도네시아, 베트남, 말레이시아, 필리핀 등) 각국과 해상무역을 활발히 벌여 화교의 진출에 기여했다. 특히 명나라 장수이던 정성공은 그의 선단에 무장 함선을 대동시켜 안전한 해상무역을 보장함으로써, 화교의 동남아 진출에 박차를 가한 것이다. 1644년 청나라 군인들이 그의 활동 권역이었던 복건성에 침입하자, 그는 명나라 왕족, 귀족들을 모두 배에 태워 동남아로 이주시켰다. 이들이 동남아 1대 화교가 되었음은 하문박물관에서 유물들로 확인할 수 있었다.

[사진 1-1] 하문박물관에 있는 정성공 동상

자료: 하문박물관. 김동하 © 2017.

정성공은 이러한 연유로 동남아에 주재한 화교들을 중요한 자원으로 여기고 있었다. 필리핀에서는 1603년과 1639년에 당시 식민 지배자였던 스페인 통치자들의 대학살 사건으로 5만여명의 화교가 희생당했다. 타이완을 수복한 정성공은 1662년에 필리핀 주재 스페인 총독에게 국서를 보내서 화교에 대한 학살을 중지할 것을 요청하게 된다. 이는 당시 희생된 화교들 대부분이 복건성 출신이였음에도 기인한다. 하지만 화교에 대한 탄압은 그치지 않았고, 정성공은 이를 무력으로 해결하려고 비밀리에 필리핀 화교들과 연락까지 취했으나, 그해 세상을 떠나게 된 것이다. 이러한 역사적 배경으로 복건성 및 타이완 출신 화교들은 정성공을 화교의 수호신으로 여기고 사당을 짓고 초상화를 걸어서 기념하고 있다.

3) 이민 다양화 시기(1940~1970년대)

1949년 중화인민공화국 성립후 중국정부는 해외이민을 장려하지 않았으며, 오히려 해외화교들로 하여금 거주국 국적을 취득하도록 장려했다. 전후 미국·소련 냉전하에서 미국을 위시한 서방국가들은 중국인의 입국을 제한한 바 있다. 신중국 설립초기 중국정부가 파악한 화교(이민자) 수는 1,300~1,500만명 수준이었으며, 이중 85% 이상이 동남아 지역에 거주하고 있었다.[22]

또한 2차 세계대전 이후 독립한 동남아국가들은 민족경제를 발전시키기 위하여 화교를 배척하는 배화(俳華) 정책을 채택한 바 있다. 이 시기 동남아에 거주하던 많은 화교들은 유럽이나 미국으로 재이주를 하게 되어, 그동안의 동남아 일변도의 화교 거주 지역이 다양화되는 시기를 맞이하게 된다.

이 시기 또 특이한 추세 중 하나는 홍콩에 거주하던 화교들 다수가 유럽과 호주로 거주지를 이전하기 시작한 점이다. 그 결과 2차세계 대전 중 5천명이 안되었던 영국 내 화교수는 1965년에는 약 5만 명으로 증가하게 되었다.

4) 화교 이민 다양화 확대 시기(1970년대말~2000년대초)

1980년대 중국은 개혁·개방 정책을 실시했으며, 그 결과 많은 중국인들은 결혼, 유학 등을 이유로 대량 해외로 이주하게 된다. 이 시기에는 특정 국가나 지역으로 이민이 한정되기보다는 다양한 국가와 지역으로 화교의 진출이 늘어나게 되는 시기이다. 또한 베트남 전쟁(1965~1973)이 공산화로 끝나게 되자 베트남에 거주하던 화교들은 '보트피플'을 포함하여 많은 수가 유럽과 미국으로 피난하게 된다. 당시 미국으로 이주한 인도차이나 난민 80만 명 중 절반인 40만명이 화교였다. 그 결과 1948년 21만명에 불과했던 미주 지역 화교인구는 1998년 471만명으로 늘어나 연평균 6.4%의 화교 인구 증가율을 기록한 바 있다.

마침 1980년대 호주와 뉴질랜드는 이민 개방 정책을 실시하여 해외 이민의 문호를 개방하였으며, 홍콩의 중국 반환(1997)과 맞물리면서 대량의 홍콩인들이 이들 두 국가로 이주하게 된다.

중국교망(中国侨网)에 따르면, 1982년부터 1994년까지 95,702명의 홍콩인들이 호주로 이민을 갔으며, 14,709명은 중국 대륙에서 호주로 이민을 간 인원이다. 또한 16,783명의 타이완인들이 호주로 이민을 선택했다. 이들 지역의 호주 이민자 수만 127,194명에 달한 것으로 나타났다. 그러나 홍콩 반환과 중국의 WTO 가입 후 지속된 중국과 홍콩의 경제 발전으로 2007년까지 이중 약 4만명이 다시 중국, 홍콩, 타이완으로 귀국한 것으로 조사되었다.[23]

22) 庄国土(2001),『华侨华人与中国的关系』, 广东高等教育出版社, 282쪽.

23) 中国侨网(2007.12.7), 中国经济繁荣掀起回流潮　澳洲香港移民只剩六成 (검색일자: 2014.6)

[표 1-5] 전 세계 화교 인구 구성의 구분(2012년 기준)

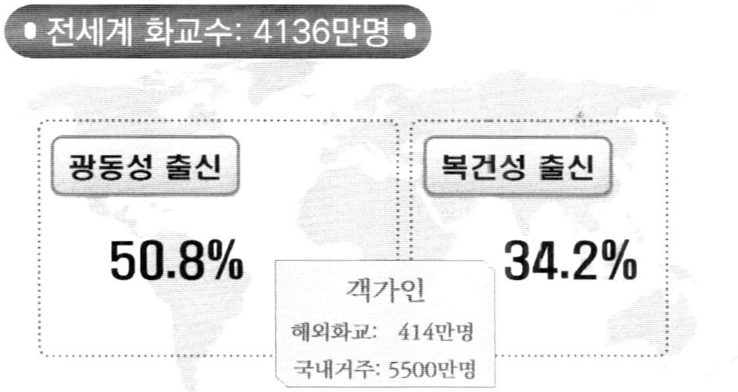

자료: 여러 공개자료에 근거하여 저자 작성 (2020.10.1.)

개혁개방 정책후 중국에서 출국할 수 있는 가장 많은 인원은 해외유학생들이었다. 1978년부터 2009년말까지 국비유학생, 공적파견 유학생, 자비유학생을 모두 합쳐 162.08만명이 유학을 목적으로 해외에 나갔으며, 이중 귀국한 인원은 49.74만명에 불과하다. 즉 유학생 신분으로 출국했다가 여전히 해외에 체류하고 있는 인원은 112.34만명에 달한다. 이중 82.29만명은 여전히 석박사, 박사후, 연구원 등 자격으로 해외 체류하고 있는 것으로 파악되며, 약 30만명은 신화교(新華僑)로써 현지국가에 뿌리를 내리고 있는 것으로 파악되고 있다. 또 다른 통계는 1980년 이후 유학목적으로 출국하였다가 화교가 된 인구를 60만명 이상으로 파악하고 있다.[24]

24) 丘进(2011),『华侨华人研究报告(2011)』, 社会科学文献出版社, 13쪽.

2. 화교 형성의 배경

화교의 해외이주는 여러 가지 복합적인 배경으로 작용하는데 대체로 아래 3가지로 파악된다.

첫째, 중국의 내란이나 왕조 교체기에 대거 해외로 도피하는 경우이다. 역사적으로 나타난 그 효시는 진시황의 등장이다. 진시황은 국가를 통일하여 다민족적 중앙집권제의 봉건국가를 건설하였지만, 분서갱유(焚書坑儒)로 대표되는 폭정을 못 이기고 많은 백성들이 해외로 이주하기 시작한 바 있다. 또한 진(晉), 당(唐) 왕조가 들어서는 혼란기에 많은 화교, 화인들이 생성되었다. 송나라가 이민족인 원나라(몽고족)에 의해 멸망되자 많은 송의 유민들이 동남아로 피난하였고, 만주족의 청나라가 들어서자 명나라 유민들 역시 해외로 향했다. 태평천국(1851~1864년[25])과 중화민국 성립후(1911년) 내전시기에도 이민이 발생했고, 공산당 혁명후 신중국 성립(1949년)에도 대륙에 있던 국민당원들의 해외 이주가 있었다. 가장 최근에는 1989년 천안문 사태 이후 다수의 문화 및 지식인 그룹, 민주화 운동권 인사들이 해외로 망명한 바 있다.

둘째, 적은 농경지에 비해 너무 많은 인구가 생활고에 직면할 때도 대규모 해외이주가 일어났다. 또한 토지겸병, 가혹한 세금, 인구 과잉으로 인해 해외이주가 발생했다. 왕조의 멸망으로 1661~1812년에 푸젠성의 인구가 5배 증가했는데 경작지는 32% 증가에 그쳤고, 광둥의 인구는 20배나 증가했으나 경작지는 27% 증가에 그쳐 많은 인구들이 타이완이나 동남아로 이주를 택했다.

셋째, 이주 대상국의 이민정책 변화 같은 외부요인도 화교 형성의 배경이다. 1862년 미국은 서부개척을 위해 대륙횡단 철도를 부설하는데 여기에 필요한 대량의 인력을 중국에서 조달했다. 이 때 중국인 노동자를 화공(華工)으로 불렀다. 이 시기 중국에서 이주한 화교가 1세대 미국 화교인 셈이다. 마찬가지로 싱가포르, 필리핀, 인도네시아, 호주, 캐나다 등의 이민정책 변화로 많은 중국인들이 이주하게 되었다.[26]

---

25) 태평천국은 청말 홍수전(洪秀全)과 농민반란군이 세워 14년간 존속한 국가(1851~1864)이다. 1853년 태평천국군은 후베이성 한커우, 우창과 안칭을 함락시켰다. 같은 해 3월 난징(南京)을 점령하고 태평천국의 수도로 정하였다. 이들은 관료·지주·부상(富商)을 공격하고 민중에게 조세를 면제했으며, 멸만홍한(滅滿興漢)을 주장했다. 그러나 증국번 등이 조직한 반혁명 의용군(湘軍)과 1860년 베이징조약 후 영국 등 열강의 군사 원조로 태평천국은 멸망하게 된다.

외국인들은 화공을 쿨리로 불렀다. 쿨리(苦力, Coolie 또는 cooli, cooly)는 19세기에서 20세기 초까지의 중국, 인도 사람을 중심으로 하는 아시아계 외국인, 이민자들을 일컫는 말로 정규적인 일자리가 없는 단순 노동자였다. 주로 영국의 식민지, 미국, 캐나다, 호주, 뉴질랜드, 페루, 남아공, 말레이시아, 하와이, 피지, 모리셔스, 서인도 제도, 홍콩, 싱가포르 등지에서 저임금으로 가혹한 노동을 강요당했다. 쿨리라는 말은 힌디어의 쿨리에서 비롯되었고, 포르투갈인들도 '인도에서 고용한 인부'들을 쿨리(cule)라고 불렀다. 중국어에서는 '고된 노동'을 뜻하는 쿨리(苦力, 쿠리)라는 만주어로 음차되었으며, 광동어에서는 '노예'를 의미하는 '구레이'(咕喱)로 사용되었다.

1997년 7월 1일 홍콩이 중국에 반환되었다. 1989년 6월 4일 천안문 사건이 비극적인 유혈 사태로 끝나자 많은 홍콩인들이 동요하기 시작했다. 1997년 7월 이후 중국 홍콩에서의 자유를 의심하게 된 것이다. 마침 호주, 캐나다 등 국가는 투자이민 정책을 통해 홍콩인들에게 문호를 개방하였고, 1997년까지 약 60만명의 홍콩인이 해외로 이민을 나서게 된다. 이는 홍콩 인구 8.4%에 달하는 비중이었다. 이들 중 상당수는 1국가 2체제를 통해 홍콩의 자치권이 보장되고 중국경제가 WTO 가입후 세계 2위로 부상하자 해당 국가의 시민권이나 영주권을 취득한 후, 다시 홍콩에 돌아와 경제 활동을 영위하고 있다.

[사진 1-2] 19세기 태평양을 건너 미주로 향하는 선상의 쿨리

자료: 강문화교화인박물관. 김동하 © 2017.

26) 한중경제포럼(2003), 『현대 중국건설과 화교의 역할』, 재외동포재단, 19-20쪽.

[표 1-6] 13~20세기 화교의 이주 역사시기와 배경

연대	이주 국가	이주 배경 및 여건
1292	인도네시아	• 원나라, 자바에 원정하면서 다수 병사 잔류
13~15세기	태국, 말레이시아	• 원나라에 의해 송나라 멸망후 많은 유민들이 해외 이주
17세기	베트남	• 명나라의 이주정책으로 호치민에 정착
17~18세기	캄보디아	• 명나라 이주민 중 일부가 베트남 군과 함께 남쪽으로 진출
18세기	베트남, 태국	• 군인에 의해 대규모 시장 조성 • 郑昭(딱신.1734~1782)에 의한 태국 톤부리 왕조(1769~1782년) 설립. 부친은 광둥 산터우 출생 중국인
19세기	말레이시아, 서인도, 미국, 캐나다, 네덜란드	• 노동자로서 영국 식민지에 이주 • 흑인 노동력을 대체하는 단순 노무자로 이주(쿨리, 화공)
19~20세기	인도네시아	• 네덜란드의 식민지 경영을 위해 중국에서 노동력 수입
중일전쟁 (1937~1973년)	세계 각국	• 중국 내 개방정책과 각국의 이민정책 변화로 세계 각지에서 화교 인구 증가 • 신화교 및 화교 2세, 3세의 등장

자료: 조정원(2009), 중국의 화교 정책에 대한 연구,「민족연구」37권, 126쪽 참고하여 저자 편집.

1) 화공(華工)

앞서 설명한 쿨리를 중국에서는 화공(華工)이라고 불렀다. 하지만 그보다는 속칭인 주자이(猪仔)라고 불렀는데, 원래 주자이는 새끼 돼지라는 의미가 있다. 즉 '화공'으로 모집되어서 열악한 환경에서 일하거나 숙식하는 모습을 비유한 비속어인 셈이다. '화공'이 주자이로 불리게 된 두 번째 이유는 불평등한 계약에 의해서 팔려가는 '화공'이나 시장에서 팔려가는 '새끼 돼지(주자이)'나 처지가 같다고 해서이다. 두 가지 이유 모두 18세기와 19세기에 '화공'이 가져야만 했던 비참한 운명을 대변한다.

청대 화공이 해외로 진출하는 방법은 크게 두가지 유형이 있었는데, 그 중 하나는 아편전쟁(1840~1842) 이전 자원해서 해외 송출 근로자 계약을 하고 나가는 방법이었다. 이 시기 화공들의 대부분 행선지는 동남아 지역이었다. 두 번째 유형은 아편전쟁 이후 청말기까지로 이 시기에는 서구 열강들이 중국에 대한 침략을 노골화 한 시기이다. 따라서 이 시기 '화공'들은 반강제적으로 계약을 강요받고, 서구 열강들이 운영하던 식민지 지역으로 송출되었다.

행선지는 전세계 각지였는데, 중국 반대편인 남미의 페루, 쿠바까지 화공들이 진출했다. 19세기 말에 이르러 동남아로 송출된 화공들은 700만명으로 추산되며, 이 시기에는 화공들 거의 대부분이 복건성 출신이었다. 19세기 초반 광동성, 복건성 지역에는 태평천국의 난 등으로 혼란한 청조 말기 정세에 따라 파산한 농민들이 넘쳐 났다. 이에 집과 토지를 모두 잃은 농민들이 자의반 타의반으로 화공으로 길로 내몰리게 된 것이다. 특히 이들은 화공 계약 시 미리 돈을 빌려 가족들의 빚을 상환한 후 해외로 나가게 된 '채무 화공(欠債華工)'으로, 현지에서는 정당한 임금도 받지 못한 채 발에 쇠고랑을 차고 일을 해야하는 노예 이하의 비참한 대우를 감수해야만 했다.

이 시기에 이미 18세기부터 동남아 지역에 진출한 같은 고향 출신 화교들과의 네트워크도 작용하였으며, 동남아 지역이 광동성과 육로로 연결되어 언제든지 상황이 좋아지면 고향에 돌아올 수 있다는 안도감도 작용했다. 실제 동남아 각국과 복건성, 광동성과는 해상 무역이 활발하게 진행되어 화공으로 송출되었다가 무역선에 몸을 실고 귀국한 사례도 있었다.

17세기말과 18세기 초에는 인도네시아 자바섬으로 송출되는 화공이 가장 많았다. 약 5만명의 화공이 자바섬에 있었다는 기록이 있다. 1710년 인도네시아 자카르타에는 10만명의 중국인이 있었으며, 이들 중 대부분은 화공이었다. 이들은 훨씬 이전에 인도네시아에서 자리 잡고 있던 화교와 비교하여 신객(新客)이라고 불렸다.

18세기말에서 19세기초에 영국은 말레이시아로 식민지 경영을 확장 했는데 필요한 노동력은 화공으로 조달했다. 이 지역 말라카 반도 각지에 화공 수만명이 체류하고 있었다. 또 다른 통계를 보면 1800년부터 1914년까지 말레이시아 연방(싱가포르 포함)에 유입된 화공은 800만명에 달했다. 이중 '채무 화공'이 80% 수준이었다. 특히 인도네시아 수마트라 섬에 화공들이 많이 유입되었다. 1914년 말레이시아 연방정부는 화공의 유입을 금지시켰다. 1877년에 영국은 싱가포르에 화민정무공사를 설립하여 화공 송출 업무를 전담하게 했다. 1888년부터 1931년까지 화민정무공사가 수입한 화공은 60여만명에 달했다. 화공들은 열악한 노동 환경에 적응을 하지 못하고 희생되었는데, 인도네시아 수마트라 섬 화공들의 연평균 사망률을 50%에 달했다는 기록이 있다. 이들은 20세기 초에도 20%의 높은 사망률을 기록했다. 동남아 각지에서의 황무지 개간, 광산 개발 등에서 화공들의 희생이 잇따랐다.

1838년 영국은 보유하고 있던 각 식민지에서의 노예 제도를 폐지했다. 식민지 농장에 있던 흑인 노예들은 모두 탈출했고, 노동력 부족에 직면하게 된다. 이 시기 페루와 쿠바 역시 미국과 영국이 대규모 투자를 진행하여 개발 사업을 확장하고 있었다. 역시 개발과 동시에 노동력 부족에 직면하게 된다. 1846년 복건성 샤먼에 영사관을 개설하고 있던 포르투갈, 스페인, 네덜란드는 대리상을 두고 '채무 화공'을 모집하여 송출하게 된다. 당시 쿠바에 있던 흑인 노예들은 가격이 1천 위안에 달했으나, '채무 화공'은 400위안에 불과했다. 이러한 경제적 이유로 채무 화공이 대규모 송출되었다. 이들은 쿠바, 페루, 스페인으로 향했다.

이 시기 동남아에서 남미까지는 배로 3개월 혹은 반년이 걸렸다. 열악한 수송선의 환경 때문에 쿠바에 도착한 화공들의 사망률이 45%에 달한 것은 너무나 당연해 보인다. 1847년에서 1872년간 이러한 '채무 화공' 운반선에서 선상 반란이 일어난 것은 52회라는 기록이 남아 있으며, 이들 중 일부는 배를 침몰시켜 모두 사망하기도 하였다. 1845년부터 1875년까지 남미에 도달한 화공은 50만명 이상이었으며, 이중 쿠바에 14.3만명, 페루에 12만명이 유입되었다. 당시 쿠바와 페루는 스페인의 식민지였다.

[사진 1-3] 페루 사탕수수 농장에서 발목에 쇠고리를 차고 일하는 쿨리(화공)

자료: 강문화교화인박물관. 김동하 © 2017.

[키워드] 해금정책(海禁政策)

명·청 왕조가 시행한 해상 교통·무역·어업 등에 대한 제한정책이다. 명나라에서는 1371년 홍무제가 왜구에 대한 방어책으로서 외국과의 교역 및 해외도항을 금한 데에서 시작되었다. 그 뒤 밀무역이 성행하고 단속을 강화하면 오히려 왜구가 극성을 부려서 1567년에 해금령을 완화하였다. 청나라에서는 반청복명 세력인 정성공(鄭成功)에 대한 대책으로서 해금정책을 실시하였다. 1684년 정성공이 항복한 뒤 해제하였다가, 1757년에 다시 쇄국정책으로 전환하였다. 무역항을 광저우로 제한하는 이 정책은 아편전쟁에 패배한 청나라와 영국간 체결된 난징조약(1842)으로 끝이 났다.

[키워드] 남양(南洋)

남양은 명, 청시대 동남아 일대에 대한 명칭이다. 중국을 중심으로 본 개념이라 할 수 있다. 즉 중국을 기준으로 남쪽 대양 바다라는 의미이다. 남양은 말레이시아 군도, 필리핀 군도, 인도네시아 군도, 중남해 연해, 말레이 반도 등을 포함한다. 청조 시대에는 중국 내 해역을 구분하여, 강소성 이남지역을 남양, 이북 지역을 북양(北洋)이라고 호칭하기도 했다.

[키워드] 동인도회사(East India Company, 東印度會社)

17세기 초 영국·프랑스·네덜란드 등이 자국에서 동양에 대한 무역권을 부여받아 동인도에 설립한 무역회사의 통칭이다. 16세기 초 포르투갈에 의해 인도양을 지나 인도로 항해하는 해상무역이 독점 운영되었다. 이후 영국과 네덜란드도 인도로 향하는 해상무역에 직접 나서게 된다. 네덜란드는 동인도의 특산품인 후추·커피·사탕·면직물 등을 수입하였다. 영국도 1600년 동인도회사를 설립하였으며 무역에서는 네덜란드에 비해 뒤처져 있었다. 프랑스는 1604년에 동인도회사가 설립되었지만 17세기 중반이 되어서야 해상무역에 진출했다. 이들 동인도회사는 동인도의 여러 섬을 정복(직접지배 또는 기존 지배세력을 통한 간접지배)하고, 특산품을 강제로 재배하게 한 후, 사들여 향신료 무역을 독점했다. 이후, 네덜란드 및 프랑스와의 경쟁에서 이긴 영국 동인도회사는 인도무역을 거의 독점함과 동시에 인도의 식민지화를 추진하기 시작했다.

[키워드] 시박사(市舶司)

무역세의 징수, 무역품 판매허가증의 교부 등을 맡았다. 관명으로서의 시박사는 당(唐)나라 개원 연간(713~741)에 나타나지만, 제도로서 실질적인 정비가 있었던 것은 남양무역이 크게 발전한 송(宋)나라 이후였으며, 광저우(廣州)를 비롯하여 취안저우(泉州)·원저우(溫州)·밍저우(明州.영파)·항저우(杭州) 등지에 증설되었다. 장관도 처음에는 소재지의 주지사(州知事)가 겸임했으나 진귀한 사치품을 다루는 남양무역은 정부수입을 위해서도 중요하게 되어, 1102년 남양무역을 전담하는 제거(提擧) 시박사가 설치되었고, 원(元)나라에도 사무가 인계되었다. 명(明)나라는 해금(海禁) 정책을 써서 밀무역 중심이 되었기 때문에 남양무역은 광둥(廣東) 한 항구로 축소되었다. 청(淸)나라 때에는 해관(海關.세관)이 설치되어 시박사는 폐지되었다.

[표 1-7] 해역 아시아를 중심으로 한 세계사 연표

연도	유럽	해역 아시아	중국
900년	-	• 인도상인 활약 • 신라 장보고 청해진 설치(828)	• 북송 시대 무역담당 부처인 시박사(市舶司) 광저우에 설치(971)
1200년	• 마르코폴로 동방견문록 완성(1299)	• 이슬람 상인 활약	• 원대(1277) 시박사 천주, 광저우, 닝보로 확대
1400년	• 르네상스 시기 • 이탈리아 콜럼버스 신대륙 발견(1492)	• 말라카 왕국(1402~1511) • 오사카 사카이 상인, 자유무역도시 형성 (1336-1573)	• 명대 해금령(1371) • 정화의 원정시작(1405~1433)
1500년	• 스페인, 포르투갈의 해외개척기	• 태국 아유타야 왕조(1350~1767)	• 포르투갈 마카오 점령(1557) • 명 해금령 해제(1567)
1600년	• 영국 동인도회사 설립(1600) • 네덜란드 동인도회사 설립(1602)	• 오사카 히라노 상인, 동남아와 무역 개시 (1600)	• 청대 정성공의 난(1655~1683) • 청대 천계령(1661~1684) • 청대 쇄국령, 세관설치 (1684)
1800년	• 네덜란드 동인도회사 해산(1799)	• 영국령 싱가포르 설치(1819) • 일본 개항(1854) • 영국령 인도(1858~1877) • 부산개항(1876) • 인천개항(1883)	• 청대 아편전쟁(1840~1842) • 영국령 홍콩설립(1842) • 상하이·광저우·샤먼·닝보·푸저우 등 5개 도시 개항(1843)
1900년	-	• 인도네시아 독립(1949) • 싱가포르 독립(1965)	• 중화민국 성립(1912) • 중화인민공화국 성립 (1949)

자료: 이즈미다 히데오(2014), 『해역아시아의 차이나타운 화인가』, 268-269쪽 및 저자 보완 정리.

[키워드] 천계령(遷界令)

> 청(淸)나라 초기에 연해의 경계를 정하고 이것을 역내(域內)로 옮긴다는 뜻으로, 소위 해금(海禁)을 더욱 강화한 해금령(海禁令)이다. 목적은 해상권을 장악하여 반청복명(反淸復明)운동을 전개하고 있는 정성공(鄭成功)으로부터 직접 피해를 막고, 동시에 연해 주민들과의 교통·접촉을 단절시킴으로써 정성공의 물적·인적 자원을 고갈시켜 자멸케 하려는 데에 있었다. 천계령은 1661년에 실시하기 시작하였는데, 적용 범위는 푸젠(福建)·광둥성(廣東省) 2성을 중심으로 하여 저장(浙江)·장쑤(江蘇)·산둥(山東) 등 5성에 미쳤다. 연해 주민을 20 km 오지로 강제 이주시켰으나, 1683년에 정성공이 멸망하자 이듬해 전해령(展海令)이 내려지고 천계령은 해제되었다.

[그림 1-4] 16세기 이후 아시아 지역 식민지 현황

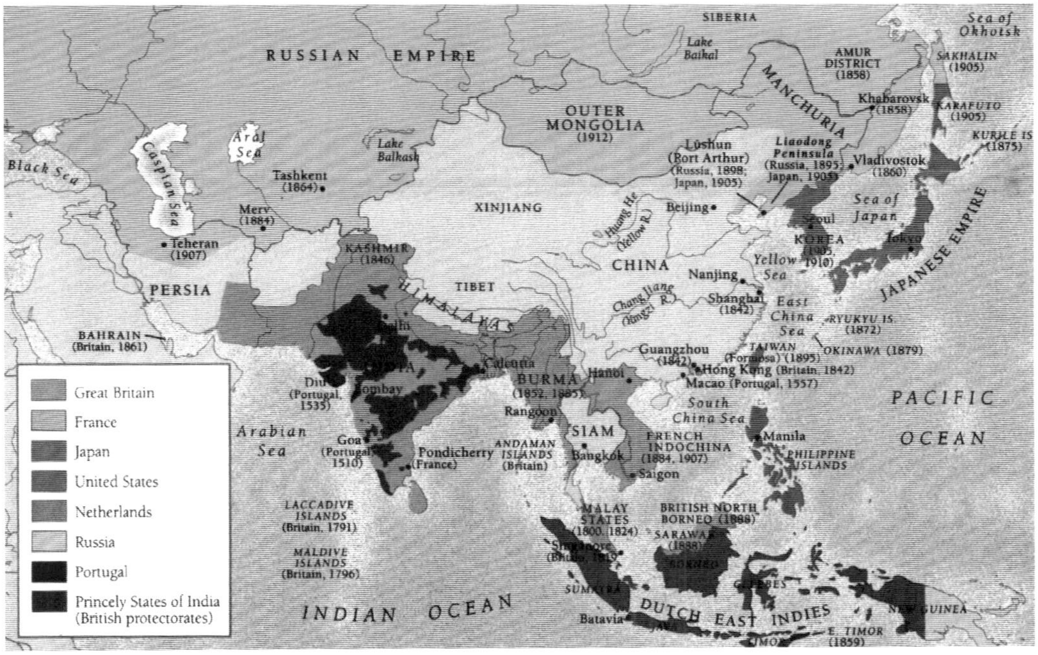

자료: Columbia University Press. (검색일자: 2021.1)

[그림 1-5] 중국 역사 연대기

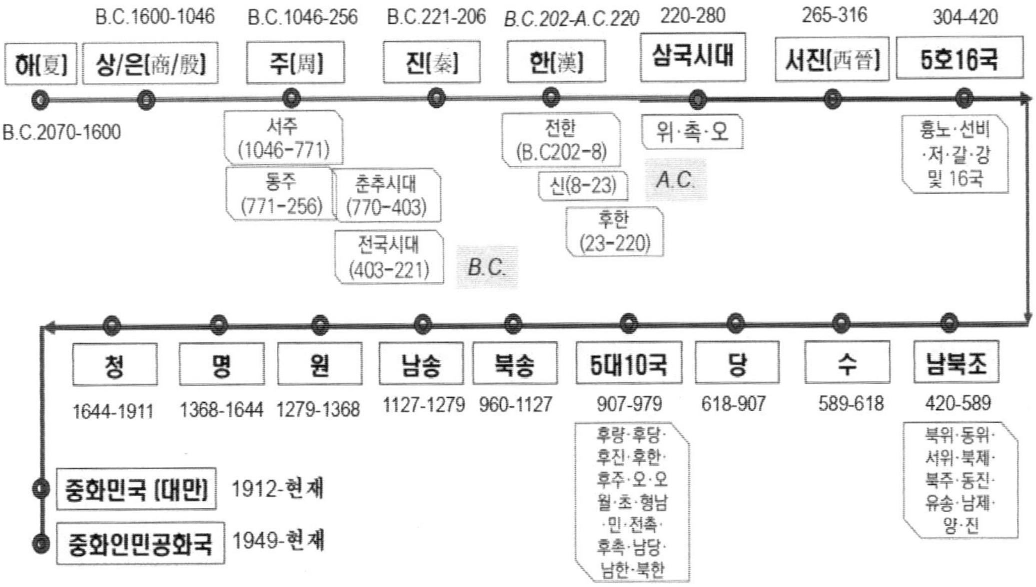

3. 화교 혈통 구분

동남아 지역은 지리적인 원인으로 화교들이 가장 일찍, 가장 많이 진출한 지역이다. 따라서 현지인과 결혼 등을 통해 현지화가 수세기 동안 진행되어 왔다.

동남아의 경우, 1세대 화교의 시대는 종식을 고하고, 그 후손들도 이미 3~4대의 세월이 흘렀기에 많은 혼혈이 발생했다. 따라서 동남아에 있는 중국계 혼혈은 국가에 따라 페라나칸, 룩친, 메스티조 등으로 다양하게 분류되고 있다. 이들이 화교·화인에 포함되는가에 대한 문제는 학술적 정의가 필요하다. 1세대 중국을 떠난 화교의 대부분은 남성이었고, 이들은 자연스럽게 현지 여성들과 결혼하면서 그 후손들은 혼혈동화(混血同化) 되어 갔다.[27]

화교 혈통은 크게 중국에서 태어난 화교와 현지에서 출생한 화교의 후손으로 구분할 수 있다. 이덕훈(2005)은 전자를 신객(新客)으로 구분했다. 영어를 쓰는 필리핀에서는 이들을 Chinese로, 말레이시아와 싱가포르에서는 이들을 신객(新客)화교로 부르며, 태국에서는

27) 강영문(2014), 『동남아 화교비즈니스』, 전남대출판부, 114쪽.

Khon-jin으로 호칭한다. 인도네시아에서 토톡(Totok)은 순수한 중국인과 중국태생의 화교를 의미한다.

반면, 현지에서 태어난 화교의 후손들이 현지국 배우자와 결혼하여 혼혈 자손을 출생하게 되면 이들은 국가별로 부르는 별칭이 달랐다. 부계 혼혈 화교·화인들은 베트남에서는 민후옹(明鄕, Minh-Huong)으로, 태국에서는 룩진(Luk-jin), 필리핀에서는 차이니즈 메스티조(Chinese Mestizo), 인도네시아에서는 페라나칸(Perana Kan), 말레이시아 혹 싱가포르에서는 바바(Baba)로 호칭한다.

보다 큰 의미로 중국인과 말레이인 사이에서 태어난 사람을 페라나칸(Perana Kan)이라고 한다. 페라나칸이란 용어는 아이를 의미하는 말레이어 아나크(anak)에서 유래되었다. 페라나칸은 현지에서 태어났지만 본토박이는 아닌 경우를 의미한다. 동남아에는 중국계 페라나칸 뿐만 아니라 인도계, 아랍계, 유럽계 공동체가 존재한다. 중국계 페라나칸은 남성을 의미하는 바바(baba)와 기혼 여성을 이미하는 뇨냐(nyonya)를 합쳐서 바바뇨냐라고 한다. 이들은 중국인으로서의 특성은 물론 말레이인으로서 특성도 가지고 있다. 18세기 중엽 말라카 지역에는 2천명의 페라나칸이 거주하고 있었다.

싱가포르에는 페라나칸 박물관(2008년에 설립)이 있을 정도로 문화인류학적으로 별도의 문화권으로 인식을 하고 있다. 페라나칸 박물관 건물은 1912년에 타오난학교(道南學校)로 사용된 건물이었다. 이곳에는 페라나칸과 관련된 유물을 보관하고 있으며, 전통문화를 보여주는 시각 예술품이 보관되어 있다. 싱가포르에는 아시아문명박물관이 있는데 동 박물관하는 구성하는 3대 박물관 중 하나가 페라나칸 박물관이다.

말레이 반도와 싱가포르, 인도네시아의 여러 섬은 오래 전부터 다양한 문화가 교차했던 지역이다. 동서 교통로의 간선이었으며, 그로 인해 인도와 중국의 영향을 많이 받았다. 15세기 후반 대항해 시대 이후에는 포르투갈, 네덜란드, 영국 등의 서구 열강이 가세하여 식민지를 건설하면서 서양 문화까지 유입되었다. 페라나칸은 이러한 문화의 혼재를 보여주는 결과물이다. 광의의 페라나칸은 중국계 외에도 다른 혼혈을 뜻하지만, 협의의 페라나칸은 중국계를 의미한다. 중국계 페라나칸은 인도네시아 600만명, 말레이시아 50만명, 싱가포르에 50만명이 거주하며, 중국과 말레이-인도네시아 요소가 혼합된 독특한 문화를 16세기부터 형성하고 있다.[28]

화교는 이처럼 혈통에 의해 구분되는데, 인도네시아의 경우 16세기부터 현지에서 자리를 잡았던 혼혈 페라나칸과 19세기 말부터 저임 계약 노동자인 쿨리(Coolies) 신분으로 인도네시아에 유입된 토톡(Totok)과는 서로 구분하여 보기도 했다. 즉 19세기 이후 페라나칸은 이미 현지에서 기득권 층으로 부상했으며, 토톡은 이제 막 자리를 잡아가는 신이민 화교였던 셈이다.

[그림 1-6] 혈통에 의한 화교, 화인의 범위

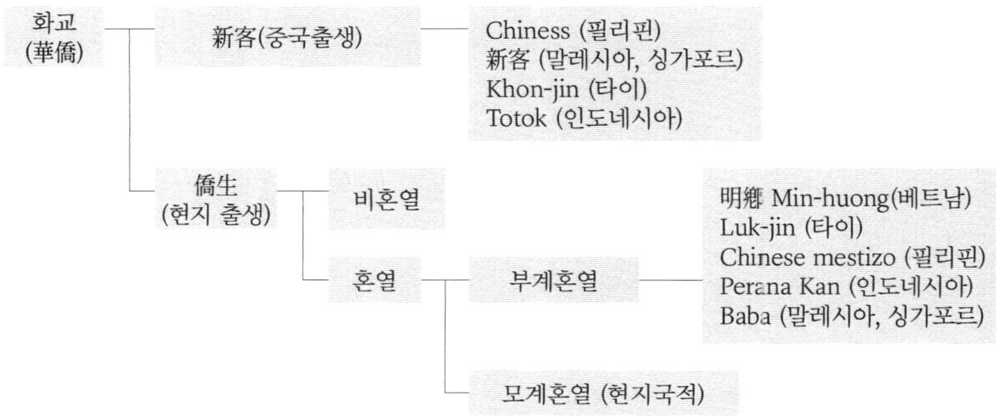

자료: 이덕훈(2005), 『화교경제의 생성과 발전』, 한남대출판부, 66쪽.

[사진 1-4] 싱가포르 페라나칸 박물관

자료: www.peranakanmuseum.org.sg (검색일자: 2014.7)

28) 국립중앙박물관(2013), 『싱가포르의 혼합 문화 페라나칸』, 국립중앙박물관, 150쪽.

제 2장
동남아 및 세계 화교 현황

제1절 동남아 화교 현황

■ 개황

[표 2-1] 동남아 각국 화교 출신지역 구분 (2007년 기준)

(단위: %, 만명)

	합계 (만명)	복건인 (%)	*광동인 (%)	객가인 (%)	조주인 (%)	해남인 (%)	기타 (%)
태국	660	7	7	16	56	12	2
말레이시아	630	38	20	20	9	3	10(이중 복주인 5%)
싱가포르	325	41	15	8	21	7	8
인도네시아	990	47	11	17	7	-	18
필리핀	130	85	15	-	-	-	-
베트남	125	8	41	11	37	3	-
캄보디아	45	2	10	3	76	8	1
미얀마	140	26	18	-	-	-	55(이중 운남인 35%)
브루나이	5.6	26	15	31	8	7	13

주: *광동인은 원문에 옛 행정명칭인 광부인(廣府人)으로 표기됨. 따라서 광동출신 화교는 광동인, 조주인 (광동성 지역) 전부와 객가인 일부가 포함됨.
자료: 丘进(2012),『华侨华人研究报告(2012)』, 社会科学文献出版社, 135-136쪽.

[표 2-2] 동남아시아 각국 화교 인구 현황 (2011)

(단위: % 만명)

국가	총인구	화교·화인 인구	점유비(%)
싱가포르	518.37	384.16	74.11
말레이시아	2,896	660	22.79
태국	6,672	718	10.76
필리핀	9,583	162	1.69
인도네시아	24,103	1,057	4.39
미얀마	6,038.4	263	4.36
베트남	8,784	155	1.76
캄보디아	1,452.13	71	4.89
라오스	638.51	32	5.01
브루나이	42.27	6	14.19
합계	60,727.68	3,508.16	5.78

주: 점유비는 각국 총인구 중 화교 인구 점유비임.
자료: 丘进(2013),「华侨华人蓝皮书:华侨华人研究报告(2013)」, 社会科学文献出版社, 35쪽.

1. 인도네시아

1) 개황

정식명칭은 인도네시아공화국(Republic of Indonesia)이다. 동남아시아에 널리 퍼져 있는 크고 작은 섬들로 이루어진 세계 최대의 도서국가로서, 말레이제도(諸島)에서 필리핀을 제외한 대부분을 차지한다. 동서교통의 요지에 위치하기 때문에 역사적으로 각 방면에서 문화적·민족적인 교류와 이동이 가장 두드러지게 나타났다. 국명은 19세기 중엽에 영국의 언어학자인 J.R.로건이 명명한 것으로 '인도 도서(Indo Nesos)'라는 뜻이다. 현지인들은 중세 때 자바의 주민들이 사용했던 '누산타라(Nusantara) 라는 명칭을 주로 사용하는데 역시 '많은 섬들의 나라'라는 뜻이다. 동티모르는 포르투갈 식민지였으나 1975년 해외식민지를 모두 포기하고 군대를 철수하자 인도네시아에 합병되었다가 1999년 8월 분리 독립했다. 행정구역은 34개 주(Provinsi), 415개 군(Kabupaten), 93개 시(Kota)로 되어 있다.

2) 역사

아랍인들이 남중국해로 진출해온 것은 꽤 오래된 일로 추정되는데, 10~11세기 무렵 베트남의 참파 근방으로 유입해온 이슬람교는 13세기에 수마트라섬 북부의 사무두라와 페들라크에 이슬람 왕국을 성립시켰다.[1)]

14세기에는 말레이반도에 교두보를 확보하였으며 말라카가 그 중심지 구실을 하였다. 15세기에 자바로 진출한 이슬람 세력은 특히 중부지방에서 기반을 굳혔으며, 마자파히트 왕조는 북부해안 부근의 데마크를 지배하였던 이슬람교 군주에게 멸망하였다. 그 뒤 이슬람교는 서부 자바를 비롯하여 보르네오섬·셀레베스섬 등 여러 섬으로 전파되어 발리섬을 제외한 동인도제도를 휩쓸었다. 근세에 와서는 이슬람교도의 해상세력을 격파한 서유럽인들이 진출해왔다.

포르투갈은 암본을 차지하고 몰루카제도(Molucca Is.)의 향료 무역권을 독점하였으며, 에스파냐인들은 필리핀을 세력권으로 하여 몰루카제도의 향료무역에도 손을 대었다. 그러

1) 두피디아 국가정보. 검색일자 (2020.10.6.).

나 이 두 나라는 식민지정책에 서툴렀기 때문에 네덜란드가 이들에게서 동인도의 해상권(海上權)을 빼앗았으며, 이때를 전후하여 이곳으로 진출해 온 영국인과 격렬한 싸움을 벌였다. 17세기 초 네덜란드 총독(얀 피터르스존 쿤)은 자카르타에서 영국세력을 몰아내고 바타비아를 건설하여 자바섬에 네덜란드 세력을 심었다. 따라서 네덜란드의 동인도회사는 마자파하트 왕조의 뒤를 이은 마타람왕국을 잠식해 들어갔다.

[그림 2-1] 17세기 인도네시아의 네덜란드 동인도 회사 현황

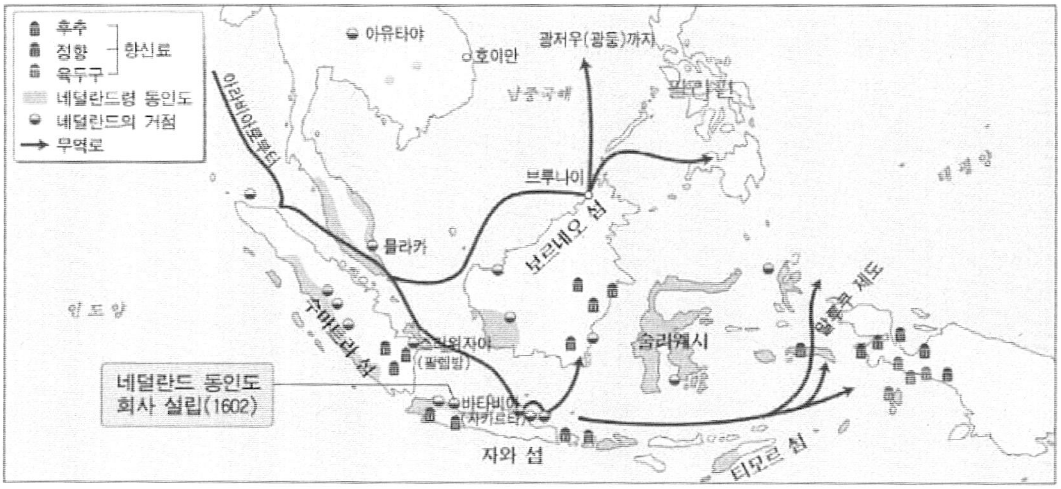

자료: 두피디아 사진 자료 (검색일: 2020.1.8.)

나폴레옹 전쟁 당시 한때 영국군에게 점령되기도 하였으나 1814년과 1824년에 체결된 런던조약에 따라 네덜란드는 아시아 대륙의 옛 영토를 포기하는 대신 영국으로부터 인도네시아 지배권을 승인받게 되었다. 이로써 자바섬의 토착 왕국은 점차 네덜란드의 무력에 굴복하게 되었고, 마침내 티모르(포르투갈령), 보르네오섬의 일부(영국령), 필리핀(에스파냐령, 나중에는 미국령)을 제외한 인도네시아의 대부분이 잇달아 네덜란드의 통치를 받게 되었다. 350년이 넘는 네덜란드의 지배는 인도네시아 민족해방을 지도할 만한 민족자본가의 성장가능성을 배제해 버렸다.

일본의 항복 직후인 1945년 8월 17일 민족운동 지도자 수카르노와 하타를 중심으로 인도네시아 공화국의 독립이 선언되었다. 하지만 실질적인 식민지회복을 노렸던 네덜란드는

1947년 경찰행동이라는 명목으로 인도네시아에 대한 전면공격을 가해왔다. 이 사건은 UN의 조정에 따라 1948년 1월 15일 렌빌협정에 의해 수습되었으나 이 협정은 인도네시아 민족주의자들의 불만을 샀으며 급진세력이 공산당을 중심으로 결속하여 인민민주당을 조직하였다. 공화국 정부는 마디운사건을 계기로 이들을 모두 제거하였다.[2)]

1948년 12월 네덜란드가 제2차 경찰행동을 일으켜 공화국을 위협하자 다시 반(反)네덜란드 감정이 높아졌고 식민지 재편성의 주도권을 쥐고 있던 미국이 네덜란드에 압력을 가하기도 하였다. 이 문제를 해결하기 위한 1949년 12월 27일 헤이그 원탁회의 결과 인도네시아 연방공화국이 탄생하였고 네덜란드와의 사이에는 네덜란드·인도네시아 연합이 성립되었다. 그 뒤 공화국 정부는 단일국가 수립에 노력하였으며 연방내 친(親)네덜란드파(派)의 반란을 비롯한 여러 가지 장애를 배제한 뒤 1950년 8월에는 1949년의 연방헌법을 폐지하고 연방을 해체하였다. 그 결과 서유럽형 의회제도를 골자로 하는 1950년 헌법에 의하여 단일 독립국가로 통일되었고, 이어서 1956년 2월 네덜란드·인도네시아 연합을 폐기함으로써 완전한 독립국이 되었다.

1963년에는 수카르노가 군부의 지지하에 종신 대통령에 취임함으로써 독재체제를 수립하였으며, 대외적으로 UN을 탈퇴하고 소련과 중국과의 관계를 강화하였으며 대내적으로 용공노선을 지지함으로써 군부와 공산당이 대립, 경제난과 정치적 혼란을 초래하였다. 이에 1965년 반공적인 군부세력의 쿠데타가 발발하였으며, 1968년 수하르토 정부가 출범하였다. 수하르토 정부는 1969년 이리안바라트를, 1975년 동티모르를 합병하였으며 1992년 총선에서 집권당이 승리함으로써 연속집권의 기반을 다졌다. 1999년 8월에 UN 감시 아래 치러진 주민투표에서 동티모르의 독립이 결정되었다.

2) 주인도네시아 대한민국 대사관 (http://overseas.mofa.go.kr/id-ko) [검색일자: 2021.1.11.]

[표 2-3] 인도네시아 개황

인도네시아 Indonesia

- **위치** 동남아시아, 인도양과 태평양 사이
- **면적** 1,905천 ㎢(한반도의 8.6배)
- **수도** Jakarta (신수도 Nusantara 2024년 8월 설립 예정)
- **인구** 2.8억 명('23)

일반

기후	열대성
민족	자바족(40%), 순다족(16%)
언어	인도네시아어(공용어), 영어
종교	이슬람교(87%), 개신교(7%), 가톨릭(3%)

정치

독립일	1945. 8. 17.(네덜란드)
정치체제	대통령중심제
국가원수	Joko Widodo 대통령
의회	양원제와 유사(상원 136석, 하원 575석)

경제

GDP	14,174억 달러('23)
1인당 GDP	5,109달러('23)
화폐단위	Rupiah(Rp)
회계연도	1. 1. ~ 12. 31.
산업구조	서비스업 47%, 제조업 40%, 농업 13%('22)
주요 수출품	석탄, 팜유, 천연가스, 철합금
주요 수입품	정제유, 원유, 차량 부품, 전화기, 천연가스
주요 부존자원	석유, 주석, 천연가스, 니켈, 임산자원, 보크사이트, 구리, 석탄, 금, 은
국제신인도	OECD 3등급, Moody's Baa2, Fitch BBB

자료: 한국수출입은행 해외경제연구소 국가별통합정보(2023)

[그림 2-2] 인도네시아 지도

자료: 두피디아 그림 자료 (검색일: 2020.1.8.)

3) 경제와 산업

인도네시아는 19세기 이래 네덜란드에 의해 풍부한 열대자원을 바탕으로 한 농업개발이 중점적으로 이루어져 어떤 의미에서는 '열대의 보고(寶庫)'르서의 가치를 가장 강하게 나타내고 있는 나라이다. 농업은 이른바 에스테이트(estate. 기업형 대농장)에 의해서 수출을 위한 것과 원주민의 식량자급을 위한 것의 2가지 종류로 나누어진다. 에스테이트 농업은 예전에는 자바섬과 수마트라섬을 중심으로 세계적 명성을 얻었으나 제2차 세계대전과 잇달은 독립전쟁으로 큰 타격을 받게 되었다. 이전의 248만ha 중 오늘날 경작되고 있는 면적은 170만ha에 지나지 않는다. 주요 농산물은 쌀·옥수수·카사바·고무 등 식량작물 외에 고무·커피·잎담배·야자유 등이다.

자연조건으로 보아 벼농사는 2년 5작이 가능함에도 불구하고 농업기술이 뒤떨어져 국내 수요를 충당하지 못하고 수입에 의존하고 있다. 산림자원은 수량이 풍부하여 목재산업이 활발할 뿐 아니라 주요 수출품 중의 하나이다. 재배림의 대부분은 티크나무로 자바섬이 주생산지이며, 동부 몰루카 지방의 특산으로 다마르 수지(樹脂)가 있다. 어업도 활발하나 어획방법이 원시적이고 어로지역도 근해가 중심이다. 제염은 마두라섬에서 활발한데, 자연조건으로 보아 아시아에서 가장 유명한 염업지(鹽業地)가 될 가능성을 가지고 있다. 이 밖에 동부의 아루제도 부근에서는 진주조개가 잡힌다.

인도네시아는 풍부한 지하자원의 혜택을 입고 있는데, 특히 국내총생산액의 35%를 차지하고 노동력의 16%를 점유하는 공업과 광업은 석유에 그 기초를 두고 있다. 석유는 민간자본에 의한 석유회사를 통합하여 1968년 설립한 국영석유회사인 플루타미나와 미국을 필두로 하는 외국석유회사에 의해 급속한 개발이 진행되고 있다. 주요 유전은 수마트라(메단, 팔렘방)·보르네오(타라칸, 발릭파판)·자바 동부·서이리안 등지이며, 석유자원은 국유화되어 있고 정유는 국영 정유회사인 페르타미나에서 전담하고 있다.

천연가스도 주요 수출품으로 점차 비중이 높아져 생산시설의 확충이 계속되고 있다. 석탄은 수마트라섬 서안 및 팔렘방 부근에서, 금은 수마트라섬과 보르네오섬에서, 철은 보르네오섬 남동부와 셀레베스섬 남서부에서 생산된다. 공업의 발달은 지극히 낙후된 상태로 이제까지는 에스테이트 농업 등과 결합된 소규모에 지나지 않았으나 자원과 노동력이 풍부하여 장래 공업발달의 가능성은 높다.

인도네시아 경제는 2008~2009년 미국발 금융위기를 극복하고, 중산층 증가에 따른 내수시장 확대와 활발한 해외투자 유입, 국제 원자재 가격 상승에 힘입어 2010~2019년 5~6%대 고성장을 구가했다. 2020년은 코로나19 팬데믹으로 인한 대내외 경기 침체로 1998년 동아시아 금융위기 이후 20여 년 만에 처음으로 마이너스 성장(-2.07%)을 기록했다.

2021년부터 정부의 적극적인 경기 회복 정책(백신 보급, 인프라 개발 추진, 각종 세제 혜택 등)과 글로벌 경기 회복에 따른 교역 및 투자 활성화에 따라 상황이 개선되었으며, 2023년은 5.05%의 경제성장률을 기록하며 코로나 이전 수준을 회복했다.

2023년 인도네시아 교역액은 4,807억 달러를 기록하며 전년비 9% 감소했다. 주요 수출상품인 석탄과 팜유 가격이 크게 하락하여 2023년 수출액은 전년비 11% 감소하였으며, 수입액 또한 7% 감소했다. 2023년 외국인 투자(FDI)는 497억 달러를 기록하며 전년대비 9.0% 증가하였다. 최근 5년동안 FDI 금액이 증가하는 추세이다.

인도네시아는 팜오일, 석탄, 천연가스 등 원자재 위주의 수출구조를 가지고 있다. 원자재 가격 하락으로 2023년 인도네시아 수출액은 전년비 11.3% 감소했다. 2023년 기준, 인도네시아의 주요 수출국은 중국($649억), 미국($232억), 일본($207억)이고, 한국은 8위($103억) 규모 기록했다. 특히 중국으로의 수출 규모는 2023년 기준 전체 25%를 차지하고 있다. 품목 기준으로는 석탄이 2023년 전체 수출액의 13%를 차지하고 있고, 팜오일(8.7%), 합금철(5.9%) 순으로 높은 비중을 차지하고 있다. 즉 원자재를 주로 수출하고 중간재와 소비재를 주로 수입하는 구조이다.

2023년 인도네시아 수입은 글로벌 경제 둔화와 수요 감소에 따라 2,218억 달러를 기록하며 전년비 소폭 감소했다. 인도네시아 주요 수입국은 중국($628억), 싱가포르($184억), 일본($165억)이며 한국은 6위($105억) 규모이다. 외국인 투자유치는 2023년 497억 달러를 달성했다. 국가별로는 싱가포르($153억)가 매년 FDI 최대액을 기록하고 있으며, 중국($74억), 홍콩($65억) 등이 뒤를 잇고 있다. 한국은 현대자동차, 포스코, LG전자, KCC 등 투자에 25억 달러로 전체 7위를 점유한 바 있다.[3)]

4) 화교 역사와 현황

인도네시아는 크고 작은 17,508개의 섬으로 이루어진 국가이다. 이는 세계에서 가장 큰 규모이며, 인구는 2.5억명으로 세계 4위 규모이다. 문헌을 참고하면 중국인의 인도네시아 이주는 9세기 하반기에 이미 시작되었으며, 14세기 중엽에는 이미 화교 커뮤니티가 구성된 것으로 나타났다.[4)]

인도네시아 화교는 네덜란드 통치기간(1602~1942년)에 자바섬과 수마트라섬에 대규모 농장을 개발하면서 인력 필요에 따라 대규모로 이주하면서 시작되었다. 그후 일본 점령, 독립전쟁(1946~1949년) 등 인도네시아 정치환경이 변할 때 마다 현지인들에 의한 재산 약탈, 학살의 대상이 되는 등 화교들의 수난이 반복된 바 있다. 1860년 인도네시아 화교인구는

3) KOTRA(2024),「인도네시아-자카르타 2024 해외출장자료」(2024.7.15).
4) 李学民(2008),『印尼华侨史』, 广东高等教育出版社, 1쪽.

22.14만명이었는데, 1930년에는 123만명까지 늘어났다. 1950년에 인도네시아 공화국이 성립되면서 본격적으로 통계작업을 하기 시작했는데, 1954년 인도네시아 이민사무국이 밝힌 통계에 따르면 화교 인구가 이미 300만명을 넘어섰다.[5)]

2차 세계대전 후 인도네시아 정부가 수립되면서 화교 배척 정책이 실시되는데 수카르노 정부(1949~1968년)는 외국인 등록조례, 외국인 거주제한 조치, 국적 차등화에 따른 차별 정책 등을 실시하여 화교들의 발전을 억제하였다. 또한 중국어 사용을 금지하였고, 이름도 중국식 표기를 인도네시아식 표기로 강요하는 정책에 따라 화교와 원주민 간의 갈등관계가 끊임없이 지속되었다.

인도네시아 정부가 대 화교 억제정책을 쓴 것은 1958년으로까지 거슬러 올라간다. 1958년 당시 중국이 전 세계 화교들에게 중국 국적을 인정한 데 대해 인도네시아 정부도 그해에 귀화법을 제정해 화교들에게 중국이나 인도네시아 국적 중 하나를 선택하도록 하고 1959년부터 중국 정부와 약 14만명의 화교들을 본국으로 송출키로 했다. 그러나 이행과정에서의 예기치 않은 문제로 송출선박이 한번만 운행되어 결국 대부분의 화교가 인도네시아에 불가피하게 남게 되었다. 특히 1965년에는 수하르토 정권에 대한 군 내부의 쿠데타 기도가 있었고 그 배후에 중국정부가 연루됐다는 의혹이 제기되면서 인도네시아는 1967년 10월에는 중국과의 외교관계까지 단절하였다. 이후 중국이 개혁개방 정책을 시작하면서 양국 외교관계는 1990년 10월에서야 복원되었다.

[표 2-4] 인도네시아 화교 인구의 변화

(단위: 천명, %)

연도	화교 인구	인도네시아 총인구	화교 점유비 (%)
1905	563	37,717	1.49
1920	809	49,350	1.64
1930	1,233	60,728	2.03
1956	2,200	91,211	2.41
1961	2,450	97,085	2.52
1974	3,250	129,120	2.52
1990	4,484	179,379	2.52

자료: 신윤환(1993), 인도네시아의 화교와 화교 자본, 「지역연구」 2권 4호. 5쪽.

5) 黄昆章(2005), 『印尼华侨华人史(1950~2004)』, 广东高等教育出版社, 10쪽.

이후 수하르토 정부에서 대 화교억제정책은 더욱 강화되었다. 중국 문화의 표출이나 소개 등이 일체 금지되었고, 인도네시아의 시민권 획득을 위해서는 중국 이름을 인도네시아 이름으로 개명해야 했다. 학교에서의 중국어 교육은 물론 중국어 신문발행이나 출판 등은 금지되었다. 1998년 5월 발생한 대규모 인종폭동 때는 인도네시아의 화교들이 표적이 되었다. 이 기간 자카르타에서는 5,000여개의 화교공장과 가옥이 불태워졌고, 170여명의 화교 여인들이 성폭행 당했으며, 1,200명에 가까운 화교가 살해당했다.[6]

1998년 5월, 대학생들이 수하르토 정권에 저항해 거리로 뛰쳐나왔다가 군부의 무력진압으로 사상자가 생기자 그 화(禍)가 인도네시아 경제의 80% 이상을 장악한 화교에게로 향하면서 일어난 '인도네시아 화교 학살' 사건이 있다. 화교 1,200명이 살해되었고 이후 800억 달러에 이르는 화교자본이 싱가포르 등 해외로 빠져나가게 되었다. 1950년대 이후 인도네시아 인구의 5%에 불과하면서도 전체 국부의 80% 이상을 장악한 화교는 항상 인도네시아 정부와 국민의 배척과 경계 대상이 되어왔다.

이러한 인도네시아의 대 화교정책이 변화를 갖게 된 것은 와히드 대통령 정부부터였다. 그는 1999년 10월 취임 후 처음으로 중국을 방문하고 화교의 지위향상을 약속하였고 경제협력을 확대하기로 합의했다. 1998년 5월 폭동 후 싱가포르와 홍콩 등으로 빠져나간 대규모 화교자본을 다시 끌어들이기 위한 노력의 일환으로 30년간 금지된 만다린(표준 중국어) 사용을 허용하고 임렉을 비롯한 중국 전통문화를 2000년부터 허용하기 시작했다.

2001년 등장한 메가와티 대통령 정부에서는 화교사회의 오랜 염원을 수용하고 국제사회에서 초강대국으로 급부상하는 중국의 발전을 활용하기 위해 구정(음력 설)을 2003년부터 국가공휴일로 지정했다. 2005년에는 인도네시아 정부가 헌법에 명시된 종교의 자유로서 하나씩 선택하도록 한 종교에 이슬람교, 기독교, 가톨릭교, 힌두교, 불교 등 5개 종교만 인정

6) 1911년 인도네시아 이슬람동맹이 성립된 후 원주민 상인의 지위를 개선하고 화교상인을 배척했다. 혁명기(1945-1949)에는 네덜란드를 지원한 것으로 의심을 받아 반화교폭동이 빈발하였다. 1946년 5월과 6월 혁명운동시 발생한 폭동은 화교 대량살상(650명 사망)으로 이어졌다. 1959~1960년 농어촌지역에서 화교들의 상업활동을 금지시켰고, 서부 쟈바에서는 화교를 도시로 강제이주시켰다. 1965년 9월 30일에는 인니공산당이 주도한 쿠데타는 군부진압으로 실패하고, 지원세력으로 중국이 의심을 받았다. 인니군경의 반공·반화 활동으로 중국대사관까지 습격했고, 양국은 1967년 10월 외교관계를 단절했다. 시위는 각지 화교에 대한 약탈과 방화 살육(30만명)으로 이어졌다. 1974년 반화교 폭동, 1978년 자카르타의 학생운동에서 촉발된 폭동, 1980년대에도 크고 작은 폭동이 해마다 발생했고, 화교들은 희생양이 되었다. 홍재현(2011), 인도네시아 화교사회 형성과 반화교폭동에 대한 연구, 「중국인문과학」47집, pp.411-412.

하다가 유교를 포함 한 것이다. 최근 몇 년간 여러 변화의 조치에 명실상부한 실질적 변화를 가져온 것이 유도요노 정부이다.

인도네시아에서 임렉(Imlek)이라 불리는 중국 춘절(음력 1월 1일) 축하행사의 일환으로 2007년 2월 28일 개최된 '인니-중국 문화관계 50주년' 기념행사에는 유도요노 인도네시아 대통령이 참가함으로써, 현 정부의 화교에 대한 호의를 직접 보여주었다. 대통령은 축하연설에서 인도네시아에는 더 이상 화교에 대한 어떠한 형태의 차별이 있을 수 없다고 천명하였다. 인도네시아의 화교가 현 정부 들어 특별히 더 큰 자유와 자긍심을 갖게 된 것은 2006년 12월 발효된 <신국적법>이 계기가 됐다. <신국적법>은 토박이 인도네시아인에 대한 개념을 인도네시아에서 인도네시아 시민으로 태어난 사람으로 규정하고, 또한 국적 신청에 대한 법적 처리시한을 설정하는 등 국적취득에 불명확한 조항을 개정했다. 이로써 국적 불명의 많은 화교들이 국적을 갖게 되고 토박이 인도네시아인과 같은 수준의 시민권을 향유할 수 있게 되었다.

[사진 2-1] 1998년 5월, 인도네시아에서 발생한 화교학살 폭동

자료: 华夏经纬网(2014.5.15.)

다른 법률들도 은행대출이나 정부계약 등에서 토박이를 의미하는 '프리부미'에 대한 특혜를 없앴다. 1960년대 후반부터 1990년대 후반까지의 수하르토 정부 하에서 어떤 식으로든 중국인을 차별하려 했던 것과는 근본적으로 다른 접근 방법이었다. 2006년말 발효된 <신국적법>은 법과 제도상에서 대 화교 차별정책을 해소하는데 실질적인 조치가 되었다. 이러한 변화의 배경에는 동남아시아에서 경제적 영향력을 확대하고자 하는 중국의 전략과 경제발전을 위해 외국인 투자 유치, 특히 중국 화교 자본의 투자가 절실한 인도네시아의 전략이 맞아떨어진 것으로 보인다.

그러나 인도네시아의 화교들은 법과 제도상으로는 과거 어느 때 보다도 실질적 개선과 변화가 많이 이루어졌음을 인정하면서도, 사회 곳곳에는 차별적 요소가 아직 많이 남아있다고 보고 있다. 인도네시아 측은 화교들이 특권을 요구하고 있는 것으로 보고, 화교 측에서는 특권이 아닌 평등을 요구할 뿐이라는 인식의 차이가 존재하는 것이다.[7)]

수하르토 정부(1968~1988) 이후 개방정책과 경제발전 정책에 힘입어 화교들은 발전의 계기를 마련하게 된다. 집권층과의 상호 필요에 의한 협력관계를 유지하면서 개발독점권, 영업권을 보장받으며 급속히 발전하였다. 그러나 1997년 동아시아 금융위기 이후 현지 주민들의 화교에 대한 약탈행위가 빈번해지면서 화교들이 다시 대규모로 출국하였고, 1998년에 약 30만명의 인도네시아 화교들이 해외로 이주하면서, 해외로 자산도 대규모로 유출(800억 달러로 추정)된 것으로 집계되고 있다.

인도네시아는 중국인이 해외 이주를 시작하여 화교를 생성한 최초의 국가로서 중국과의 특수 관계에 있는 타이완, 홍콩 등을 제외하고는 가장 많은 화교들이 살고 있는 국가이다. 인도네시아 화교는 1998년 기준으로 731만명이었으며, 전체 인구의 3.6%를 차지하고 있고, 대부분 광동성, 복건성 출신들이다. 2011년에는 801만명으로 늘어 세계 전체 화교 인구의 19.9%를 점유하고 있다. 지역별로 보면 복건성이 50%, 광동성이 35%, 기타(해남, 광서, 강소, 절강, 산동, 호북) 15% 수준이다. 리우원정 화교대학 연구원은 2011년말 기준 인도네시아 화교 인구를 1057만명으로 추산한 바 있다.[8)]

---

7) 대한민국 국정브리핑(http://korea.kr), '인도네시아 정부의 화교 유화정책'(2007.5.14).
8) 丘进(2013),「华侨华人蓝皮书:华侨华人研究报告(2013)」, 社会科学文献出版社, 46쪽.

5) 인도네시아 화교 기업

인도네시아 화교들은 대부분 자신의 사업체를 운영하고 있다. 이들의 경제는 인도네시아 국가 경제의 절반을 차지한다. 특히 슈퍼마켓, 부동산, 방직, 어업, 농업, 관광업, 금융업 등에서 두각을 나타내고 있다. 아이러니하게도 화교들에 대한 차별이 가장 컸던 수하르토 정권 시기에 화교 기업이 크게 성장했다.

1991년 인도네시아 200대 기업에서 화교 기업이 167개를 차지했다. 심지어 10대 기업은 전부 화교 소유였다. 현재 인도네시아 화교 중 대기업 소유주는 170명 정도며, 중소기업은 5,000명, 소매상, 음식점, 마켓 운영 등 개인 사업자는 25만명에 달한다. 유명한 화교 기업으로는 린소량(林紹良) 가족의 싼린그룹(三林集團), 황이충(黃奕聰) 가족의 진광(金光)그룹, 리원정(李文正)의 리바오(李寶)그룹, 펑윈펑(彭云鵬)의 바리둬(巴里多)태평양그룹, 차이다오싱(蔡道行)의 앤창(鹽倉)그룹, 우쟈시웅(吳家熊)의 다마(大馬)그룹, 쉬칭화(徐清華)의 즈부터라(芝布特拉)그룹, 세지안룽(謝建隆)의 아스터라(阿斯特拉)그룹, 천장허(陳江和)의 진잉(金鷹)그룹, 린원광(林文光)의 진펑(金鋒)그룹 등이 있다.

초기 화교 기업들은 주로 외국 제품을 판매했다. 이를 기반으로 외국 기업과 합작하면서 규모를 키웠다. 세지안룽의 아스터라 그룹은 토요타 자동차를, 천시웅지의 진룬그룹은 미쓰비시 전기 및 유리박판 등을 수입해 판매했다. 이외 화교 기업들은 인도네시아 군부, 정부 및 관료들과 합작 기업을 설립했으며, 현지 토착기업과도 협력했다.

1980년대 이후 화교 기업들은 단순 무역업에서 벗어나 제조업으로 영역을 넓혔으며, 동시에 다각화 및 글로벌화를 추진함으로써 관련 분야에서 최대 기업으로 발전해 나갔다. 린소량 가족의 싼린 그룹은 홍콩에 진출해 제일태평양을 설립하며, 수십 개의 자회사를 두고 있고, 리원정의 리바오 그룹은 자산이 45억달러로 이중 40%를 해외에 쌓아 두고 있다. 한편 인도네시아 화교들은 1978년 중국이 개혁개방을 시행하자, 이를 기회로 삼아 대규모 투자를 단행했다.

대표적인 기업이 싼린 그룹이다. 싼린의 대(對)중국투자는 주로 제조업, 부동산, 금융, 호텔 등의 분야에서 이뤄졌다. 복건 지역에 대한 투자만 10억 달러 이상이었다. 싼린 그룹 산하 태평양기업이 1984년에 설립한 푸젠 칭화(清華)사탕 공장은 투자규모가 1,000만 달러에 달해 당시로는 중국이 유치한 최대의 외국인투자로 기록됐다. 그리고 1987년 싼린 그룹이 주도한 푸칭시 룽치오(融僑)개발구는 화교 자본을 이용한 최초의 토지개발 프로젝트며, 1992년 5월 싼린 그룹이 싱가포르 기업과 공동으로 개발한 위안홍투자구(元洪投資區)는 당시 외국인이 개발한 최대 공업단지였다. 개발면적은 50㎢에 달했다. 싼린 그룹은 복건 외 기타 지역에도 대규모 투자를 단행했다. 1994년에는 3억2,600만 달러를 들여 무한에 컨벤션 센터를 설립했고, 4억 달러를 투자해 시멘트 공장도 건설했다. 광둥 허산시 부파유리공장 재건에도 1억 달러를 투자했다. 또한 홍콩 자회사를 통해 3,200만 달러를 투자해 천진 지역의 상업 및 주택, 빌딩 프로젝트에 참여해 45%의 지분을 확보했고, 강서 외무청과 공동으로 장시국제경제무역 프라자 건설에도 5,000만 달러를 투입했다. 진광그룹, 리바오그룹, 앤창그룹, 진잉그룹 등 화교 기업들도 중국 시장 개척에 적극 나섰다. 초기 투자 지역은 조상들이 살았던 연해지역이었으며, 주로 농업, 제조업, 부동산, 소매업 등에 투자했다. 한편 현재 중국정부의 개발정책 중심이 중서부지역으로 이동하면서 인도네시아 화교들의 투자 중심도 이 지역으로 이전 중이다.[9]

6) 화교 커뮤니티

인도네시아 원주민들의 중국 문화에 대한 열정도 높아지는 추세다. 인도네시아 정부는 국립 대학 및 사립 대학에 중국어 인재 양성반을 설립했으며, 대도시의 대학교에도 중문학과를 설치했다. 또한 상업, 무역, 호텔, 관광, 은행 등 분야의 중국 전문가 양성 센터도 설립됐으며, 중국어 학원도 번성했다. 현재 수도 자카르타에만 200여개의 중국어 학원이 생겨났다. 중국어와 중국 문화, 교육에 대한 화교들의 아낌없는 후원은 인도네시아에서 중국 문화를 부활시키는 원동력이 되고 있다.

1999년 10월 와히드 정부는 언론 자유에 관한 법령을 반포했다. 출판 자유를 보장받은 화교들은 중국어로 된 신문과 잡지 발간이 가능해 졌다. 인도네시아의 화교 간행물은 크게 늘어났다. 현재 주요 화교신문은 자카르타의 <국제일보>, <세계일보>, <인니상보>, <인도네시아일보> 등과 수라바야의 <천도일보>, 메단의 <인광일보> 등 6개가 있다. 화교 간행물로는 격주발행인 <인니와 둥세(東協)>, 월간지<신성(新聲)>이 있다. 이외<인화지성(印華之聲)>도 유명한 잡지다.

9) 왕왕버(2012), 차별을 넘어 부상하는 인도네시아의 화교, 「친디아저널」 70권(2012.6), 58-60쪽.

한편 화교들의 동향회, 연합회, 동문회 등이 부활하며 새로운 조직들도 생겼다. 1998년 5월이후 6개월이라는 짧은 기간 안에 인니신형제협회, 인니융합협회, 인니백가성협회, 인니화인작가협회, 인니객가(客屬)총회 등의 화교단체가 생겨났다. 이들 단체들의 목적은 인도네시아 화교 권익을 수호하고 주류 사회에 융합하는 것이다. 현재 인도네시아에는 500개가 넘는 화교단체들이 사회 각 계층에서 활동하고 있다. 주요 유형으로는 학교 동문회(샤먼대학 교우회 등)와 혈연 및 지연관계로 맺어진 종친회(자카르타 린씨 종친회 등), 동향회 등이 가장 많다. 이외 장기협회, 기독교협회, 경제교류협회, 여성조직협회 등도 있다. 최근 화교사회단체들은 지역 및 혈연 관계를 뛰어넘는 포괄적 조직으로의 탈바꿈을 위해 타 민족도 회원으로 영입하고 있다.

[표 2-5] 중국에 투자한 인도네시아 주요 화교기업

CEO/기업	지역 및 프로젝트
린소량/ 싼린 그룹	푸칭: 칭화사탕공장, 룽치오개발구, 룽치오대주점, 룽치오부두, 위안홍투자구, 위안홍부두, 장인반도, 장인부두, 국제컨벤션센터, 관왕(冠旺)화학섬유 복주: 위안홍청부동산, 푸젠아주은행, 샤먼: 샤루디룬, 샤루청 부동산 우한: 컨벤션센터, 시멘트 텐진: 상업주택부동산 / 충칭: 룽치오반도부동산 난창: 장시국제경제무역프라자 장먼: 푸파유리공장 수저우: 수저우공업단지부동산개발, 종합상업빌딩
황이충/ 진광그룹	상하이: 진광와이탄즈디(置地), 융제(永吉)무역 닝버: 닝버국제은행, 닝버중화즈예(제지) 전장(鎭江): 진둥(강소)즈예 쑤저우: 진훙예 즈예, 진화성 즈예 난퉁: 장즈(펄프)일체화연합공장 하이난: 진화임업, 진하이(金海)장즈예 친저우: 진구이(金桂)장즈예, 진친저우임업 원산(文山): 수성평찬린 기지 / 광둥: 수성평찬린기지
리원정 / 리바오그룹	푸저우: 푸젠기업유한공사, 공업구개발, 부동산, 인프라 건설 푸텐: 메이저우다오 관광시설, 화력발전소, 공업구개발 베이징: 시멘트제조, 중국국제투자집단공사 푸순: 석탄광산 개조 상하이: 노후기업개조, 리바오빌딩

주: 진광 집단은 중처(中策)공사를 통해 188개 국유기업 인수(취안저우 41개, 닝버37개, 항저우 6개, 다롄 101개, 선양 1개, 타이위안 2개)

자료: 왕왕버(2012), 차별을 넘어 부상하는 인도네시아의 화교, 「친디아저널」 70권(2012.6), 60쪽

2. 태국

1) 개황

태국은 동남아시아의 인도차이나 반도 중앙부에 있는 나라이다. 19세기에 유럽 열강의 압박 속에서 사법·행정제도 개혁과 함께 근대화 실행과 영국과 프랑스의 대립을 이용함으로써 식민지화의 위기를 벗어났다. 1932년 입헌군주국으로 발족하였고, 1939년 국호를 시암(Siam)에서 타이로 변경하였다.

정식 국명은 타이왕국(Kingdom of Thailand)이고, 쁘라텟 타이(Prathet Thai) 또는 므앙 타이(Mueang Thai)라고도 한다. 국명은 타이어(語)로 '자유'를 의미하며, 주민의 대부분을 차지하는 타이족(族)을 가리키기도 한다. 한문으로 음차해 태국(泰國)이라고도 부른다. 북서쪽으로 미얀마, 북동쪽으로 라오스, 동쪽으로 캄보디아, 남쪽으로 말레이시아와 국경을 접하고, 서쪽으로 안다만해(海), 남동쪽으로 시암만(灣)에 면한다. 동남아시아에서 유럽 국가의 식민 지배를 받지 않은 유일한 나라로, 제2차 세계대전 중에는 일본과 동맹을 맺어 연합군 측과 갈등을 빚기도 하였다. 행정구역은 76개주(changwat)로 구성되어 있다.

타이는 전체 인구의 81.5%를 타이인이 차지하며, 화교 13.1%, 말레이족 2.9%, 기타 2.5%로 구성되어 있다. 인구의 95%는 불교를 믿고, 이슬람교 4%, 나머지는 기독교와 힌두교도, 기타 종교를 믿는다. 불교가 국교(國教)로 정해져 있으나 신앙의 자유가 보장되어 있다. 소승불교를 믿는 타이에서는 성년 남자가 일생에 한번 불문(佛門)에 들어가는 것이 관행처럼 되어 있다. 불교사찰은 주로 교외에 있는데 2만 7,000개나 된다. 대도시에 있는 사찰은 지방에서 온 학생들에게 숙식을 제공하기도 하며 가난한 집안의 아이들이나 고아들을 돌본다. 이슬람교도는 서부지역의 나라타이앗, 파타니, 얄라, 사툰 지방에 집중되어 있다. 이슬람교는 13세기 아랍상인과 탐험가들에 의해 말레이반도로 전해지며 이 지역에까지 전파되었다. 타이의 이슬람교도의 99%는 수니파이다.[10]

---

10) 두피디아 국가정보. 검색일자 (2020.10.6.).

[표 2-6] 태국 개황

태국 Thailand

- **위치** 동남아시아, 타이만 연안, 미얀마의 남동쪽
- **면적** 513천 ㎢(한반도의 2.3배)
- **수도** Bangkok
- **인구** 70.2백만 명('23)

일반

기후	고온다습한 아열대성
민족	태국인(98%), 미얀마인(1%)
언어	태국어(공용어), 영어
종교	불교(95%), 이슬람교(4%)

정치

독립일	-
정치체제	입헌군주제(내각책임제)
국가원수	Maha Vajiralongkorn(라마 10세) 국왕(Srettha Thavisin 총리)
의회	양원제(상원 250석, 하원 500석)

경제

GDP	5,122억 달러('23)
1인당 GDP	7,298달러('23)
화폐단위	Baht(Bt)
회계연도	10. 1. ~ 9. 30.
산업구조	서비스업 60%, 제조업 34%, 농업 6%('22)
주요 수출품	사무용 기계/부품, 자동차 및 차량 부품, 집적회로, 운송트럭
주요 수입품	원유, 집적회로, 천연가스, 차량 부품, 금
주요 부존자원	주석, 고무, 천연가스, 텅스텐, 탄탈럼, 임산자원, 납, 어족자원, 석고, 갈탄, 형석
국제신인도	OECD 3등급, Moody's Baa1, Fitch BBB+

자료: 한국수출입은행 해외경제연구소 국가별통합정보(2023)

[그림 2-3] 태국 지도

자료: 두피디아 그림 자료 (검색일: 2020.1.8.)

2) 역사

타이족은 중국 남부에서부터 라오스, 타이, 미얀마, 말레이반도 등에 걸쳐 광범위하게 분포한다. 타이족의 기원은 분명하지 않으나, 한족(漢族)의 남진에 의해 중국의 장강 남부에서 인도차이나반도로 이동하여 왔다는 설이 유력하다.

13세기에 이 지역에 먼저 거주하던 몬족과 크메르족이 쇠퇴하자 치앙마이를 수도로 정한 북부 타이의 랑나타이 왕국(타이유안족), 수코타이를 수도로 정한 중부 타이의 수코타이 왕국(시암족), 라오스와 동북 타이에 걸친 란산 왕국(라오족) 등 타이 민족의 소왕국이 각지에 생겨났다. 그 중 랑나타이 왕국은 19세기 말까지 지속되었다. 그러나 타이 역사상 정통 왕조는 수코타이 왕조(1257~1350)를 꼽는다. 수코타이 왕조의 제3대 람캄행왕(재위 1277~1317)은 영토를 넓히고 크메르 문자를 개량하여 타이 문자 표기법을 만들었다고 전해진다.

수코타이 왕조에 이어 아유타야 왕조(1350~1767)는 각종 제도를 정비하여 강력한 중앙집권체제를 구축하였다. 17세기에 아유타야는 무역항으로 번창하여 왕실의 독점무역체제를 갖추고 서양 여러 나라 및 중국·일본 등과 교역하였다. 16세기 후반 미얀마군(軍)에 점령당하였으나 나레수엔왕(재위:1590~1605)이 왕조를 부흥시켰다. 그 후 1767년에 다시 미얀마 군대에 점령당했으나 아유타야 왕조의 장군이자 화교(부친이 중국인) 피아 딱신(Phya Taksin·鄭昭)이 미얀마를 격파하고 톤부리 왕조를 세웠다.

그러나 톤부리 왕조는 1대로 끝나고, 부하인 차크리가 1782년 방콕에서 차크리 왕조를 창시하였다. 19세기에 들어서자 유럽 열강들의 압력이 드세어져 1855년에 영국과 보링 조약을 맺고 자유무역항과 치외법권을 승인하였다. 출랄롱코른왕(라마 5세)은 사법·행정제도 개혁과 함께 근대화를 실행하고 영국과 프랑스의 대립을 이용하여 식민지화의 위기를 벗어났다. 그 뒤 왕족에 의한 정치 부패에 불만이 높아지자 1932년 6월 24일 인민당이 무혈 쿠데타를 일으켜 성공, 12월에 헌법을 공포하고 입헌군주국으로서 발족하였다.

타이는 아시아 각국이 서구 열강의 식민지가 되었던 시기에 유일하게 독립을 유지한 나라이다. 1939년에는 국호를 시암에서 타이로 변경하였다. 1973년 12월 국왕은 학생·시민의 반정부 시위로 사임한 타놈의 뒤를 이어 타마사트대학 학장 산야를 총리로 임명하였다. 산야 정권은 새로운 헌법을 제정하고 총선거를 실시하는 한편 농지개혁법 제정 등 의욕적인 정책을 실시하였으나 1975년 2월 반정부 폭동으로 물러났다. 이후에도 민간 내각과 군부의 등장, 쿠데타 발생 등 혼란이 이어졌다.

1988년에 실시된 총선의 결과는 태국 민주주의와 정당정치에 변화를 가져왔다. 기업가출신이 다수를 이루는 찻타이 당이 선거에 압승하여 제1당 당수인 찻차이가 총리가 되었다. 그러나 문민정권은 군에 대한 통제를 시도하였고, 이는 또 다시 군부 쿠데타를 초래했다. 1992년 5월 민주화운동은 유혈사태를 가져왔지만 시민의 힘에 의해 군부정권을 퇴진시키고 문민정권이 다시 등장시켰다. 1997년 아시아의 외환위기는 경제위기를 가져와 수많은 데모와 군중시위가 일어났다. 국민의 권리확대, 군부의 영향력 제거 등 다양한 사회적 요구를 담고 있는 신헌법이 의회를 통과함으로써 전통적인 관료지배체제에서 벗어나 상당한 정치적 민주화를 이루게 된다.

2001년 6월 6일 선거에서 탁신이 만든 타이락타이당이 승리를 거두면서 총리가 되었다. 탁신총리는 성공한 기업인 출신으로 집권초기 신임을 받았으나 본인의 부정부패가 문제가 되면서 2006년 쿠데타를 불러왔다. 다시 발발한 쿠데타는 태국 문민정치가 아직 미성숙 되어 있고, 60년 이상 계속된 군부의 정치·사회적 영향력이 건재함을 보여주는 단면이다.

타이는 입헌군주제 국가로서 국왕이 정치에 개입하지는 않으나 상징적 국가원수 이상의 영향력을 행사하는 정신적 지주 역할을 한다. 1981년 4월 군부 쿠데타를 일으킨 세력이 국왕의 지지를 얻지 못하자 3일만에 물러나게 된 사례는 국왕의 영향력을 말해준다. 그러나 국정의 실질적인 권한은 총리에게 집중되어 있다. 현재의 국왕은 마하 와치랄롱꼰(1952년생. 2016년 즉위)이다.

3) 경제, 문화

타이는 제2차 세계대전 당시까지만 해도 제1차 산품을 수출하고 공업제품을 수입하는 식민지경제 형태를 면하지 못하였으나 경제개발의 진전과 산업구조의 고도화에 따라 농업이 국민경제에서 차지하는 비중이 매년 낮아지고 있다. 그러나 농업인구는 전체 인구의 70%이며, 상업부문에서도 농수산물의 거래가 많고 수출의 반 이상이 농산물이다. 따라서 농업이 경제의 근간을 떠받치고 있는 상황이다.

농업생산의 중심은 벼농사이며, 재배면적은 전체 경지의 53%이다. 관개면적은 20%로 메남강 유역에 차이나트댐 등 관개시설이 갖추어져 있으나, 그 밖의 지역에서는 강우, 하천의 범람 등 자연에 의존하는 상태이다. 중부와 북동부의 옥수수, 남동부의 카사바, 남부의 고무, 북동부의 케나프, 중부의 사탕수수 등 상품작물의 증가가 눈에 띄며, 북부에서는 이모작도 이루어진다. 국내총생산의 18.3%를 차지하는 공업은 식품, 제재, 담배 등 전통업종이 40%를 차지하나, 최근 과일통조림, 사탕, 석유제품, 화학비료, 시멘트, 섬유, 가전제품, 자동차 조립 등의 부문이 늘고 있다.

타이는 메남강을 중심으로 하는 수운이 발달되어 농산물 물류의 대부분 수운(水運)에 의존하고 있다. 수로는 총 4,000km이다. 1960년대 이후부터 군사상 필요로 도로건설이 급속히 진전되었다. 철도는 국영이며, 총연장은 4,071km(2005년)이고 도로는 총 57,403km이다.

공업발전은 정부의 개발계획에 의한 산업기반 정비와 산업투자 진흥법에 의한 외국자본의 적극적 도입에 힘입은 바 크다. 수입대체 공업화에 의한 소비재 생산이 일단락되어 현재는 수출산업 육성에 힘을 기울이고 있다. 경제개발계획은 1961년부터 시작되었다. 성장률 7%를 목표로 한 제4차 경제사회개발계획(1977~1981) 때는 교육에 중점을 두고 나머지를 농업, 운수통신, 공공시설 등의 투자에 배분하였다.

또한 이 시기에는 이전의 경제성장 중점주의를 바꾸어 사회적 공정성의 확립, 즉 경제사회 구조의 개선에 따른 불평등의 시정을 중요시하였다. 고도성장이 계속되어 1988년에는 GDP 성장률이 12%에 달했다. 1973년과 1977년에는 쌀 부족으로 쌀 수출을 금지·제한한 바 있으나 무역은 원칙적으로 자유무역제도를 취하고 있다.

수출품은 컴퓨터 및 부품, 집적회로, 자동차, 의료, 냉동새우, 보석, 쌀 등이 있다. 수입품목은 기계, 화학제품, 금속제품, 수송기기 등이다. 주요 무역상대국은 미국, 일본, 싱가포르, 홍콩, 말레이시아, 중국, 타이완 등이다. 무역수지는 오랫동안 항상 적자였으나 2019년 수출은 2,462.42억달러, 수입은 2,366.3억달러로 무역수지는 96.1억 달러를 기록했다.

이전부터 팽창한 경상수지 적자와 바트화(Baht) 하락으로 1997년 7월 경제위기가 발생하여 1998년에는 경제성장률 -8.0%, 물가상승률 8.1%를 기록하였으나, 이후 경제개혁을 실시하여 1999년부터 경제가 점차 회복되고 있다. 태국은 쓰나미로 인한 관광산업의 타격과, 15년만에 일어난 군부 쿠데타 등의 여파로 2006년에는 기존의 8%대에서 급감한 4%대의 경제성장률을 보였다.[11] 2019년 태국 GDP 성장률은 2.4%를 기록했다.

2023년 태국 경제성장률은 1.9%를 기록했으며, 이는 2022년 2.3% 대비 0.4%포인트 낮은 수준이다. 2023년 1인당 GDP는 7,340달러를 기록했다. 같은 해 수출액은 2,845억 달러, 수입액은 2,897억 달러를 기록했다. 2023년 태국의 주요 교역 대상국은 ①중국 ②미국 ③일본 ④말레이시아 ⑤대만 순인데, 중국은 태국 총수출의 12%, 총수입의 10.8%를 점유한 바 있다.[12]

11) 주태국 대한민국 대사관 (http://overseas.mofa.go.kr/th-ko) [검색일자: 2021.1.11.]
12) KOTRA(2024),「(태국-방콕) 2024 해외출장자료」(2024.7.9.)

타이인의 생활은 물과 밀접한 관계가 있다. 농작물의 풍작과 흉작은 강우의 양과 시기에 크게 좌우되며, 하천이나 연못은 물고기, 새우, 게 등 단백질의 중요한 공급원이다. 중부지방에서는 농산물이 작은 배에 실려 유통되기 때문에 가옥은 크론(운하) 연변에 있으며, 자연히 수상시장이 열리게 되어 진풍경을 이룬다.

[사진 2-2] 태국 방콕에 위치한 '태국중화회관(1907년 설립)'

주: 건물 입구 우측에 있는 것은 쑨원(孫文) 동상이다.
자료: 김동하 © 2019.

타이문화의 기조는 인도, 미얀마, 크메르 문화가 융합된 것이며, 스리랑카로부터 도입된 불교문화 역시 중요한 축을 이룬다. 타이 종족은 11세기경 중국 서남단에서 현재의 타이 땅으로 이민왔다는 것이 일반정설이다. 태국의 각종 건축, 사원, 미술, 무용 등은 불교문화에서 비롯된 것들이며 불력(佛歷)도 사용하고 있다(서기+543).

공용어는 시노-티베트(Sino-Tibet)어계에 속하는 타이어로 1286년 수코타이 시대의 람캄행 대왕이 고대 크메르 문자를 모방하여 창시하였다. 44개의 기본자음과 32개의 기본모음 및 4개의 성조 부호가 있으며, 10자의 타이 고유 숫자가 있다. 태국은 3만여 곳의 사원과 18만 명 이상의 승려가 있으며 사원·가정·사무실·상점까지도 불상을 모셔놓을 정도이다. 불상은 신성한 존재이며 불상 모독은 금물이다.

4) 화교 역사

1939년까지의 태국의 공식 국호는 시암(사얌.Siam)이었던 것을 타이(Thai)로 고쳤다가, 1945년부터 1949년까지 다시 국호를 시암으로 하였고, 1949년부터 현재까지 타이로 명명되어 이어져 오고 있다. 역사적으로는 중국 원대인 1282년에 자바에 많은 원병이 원정을 나갔다가 그곳에 잔류하여 화교를 형성한 바 있다.

태국은 아유타야 왕조(1350~1767) 시기 중국과 주요 무역거래 대상국이었다. 이 시기 중국은 원대, 명대, 청대를 모두 아우르는 시기이다. 유럽, 인도, 말레이 반도에서 출발한 화물은 모두 태국에서 옮겨 실어져 중국과 일본으로 향했다. 중국과 일본에서 실려 세계로 수출되는 화물 역시 태국을 경유했다. 태국 학자에 따르면 17세기부터 1990년초까지 태국 아유타야주 수도인 아유타야(Ayuttaya)에서 활동했던 중국 상인은 3천명에 달했다고 한다. 조주인, 객가인, 해남인, 광동인, 복건인, 대만인, 상해인, 영파인 등이 많았다. 이중 광동인이 대다수(95%)였다고 한다.[13)]

태국에서의 화교 증가는 중국계 왕조인 톤부리(Thonburi) 왕조가 들어서면서부터이다. 중국명 郑昭 혹은 郑信으로 불리는 피아 딱신(Phya Taksin. 1734~1782)은 톤부리 왕조(1769~1782년) 설립했다. 그의 부친은 중국인 정용(郑镛)이었는데, 광둥성 산터우 출신이었다. 딱신은 왕위에 오르자 화교 이민정책을 펼쳤고, 당시 광동지역은 늘어난 인구에 비하여 식량이 부족하여 큰 어려움을 겪고 있었다. 1820년부터 1850년까지 30년간 중국 연해지역에서는 1만 5천여명의 중국인들이 태국으로 입국했으며, 19세기 중엽에 이르러서 태국 내 화교 수는 30만명을 넘어서 전체 태국인구의 5.8%에 달하게 된다.[14)]

2차 세계대전 종전 직후 태국은 화교에 대해서 관대한 정책을 유지했다. 1946년 중국 국민당 정부는 태국과 수교를 한 후, 화교의 재산권, 교육권, 신앙의 자유, 출판문화의 자유를 보장하는 조약을 체결하였으며, 그 결과 1946년부터 1947년 2년간 약 17만명의 중국인들이 태국으로 이민을 가게 된다. 그러나 이후에도 너무 많은 중국 이민자가 태국으로 몰려들자 태국정부는 1949년에 이민 쿼터제를 도입하여 1개 국가당 이민자를 200명으로 제한하게 된다. 이는 실질적으로 중국 이민을 막으려는 정책이었다. 1955년 태국 내 화교 인구는

13) 霍媛(2006), 华人与泰国现代化发展, 华东师范大学 学位论文, 4-5쪽.
14) 史金纳(1964), 泰国华侨社会,史的分析, 载「南洋问题资料译丛」, 1964年 第1期 第2页.

231.5만명으로 집계 되었으며, 이는 당시 태국 인구의 11.3%에 해당하는 수준이었다.[15)]

1958년부터 1974년간 태국은 친미반공 정책 노선을 걷게 되지만, 이미 많은 수의 태국 화교들은 태국 국적을 취득하였기에 근본적인 화교정책의 변화는 없었다. 1975년, 중국은 태국과 정식으로 국교를 수립하였고, 양국은 이중국적을 허용하지 않기로 합의한 후, 태국의 화교정책은 우호적인 노선을 걷게 된다.

실제 1982년부터 많은 화교들이 태국 국적을 취득하였으며 1990년 기준으로 태국 내 화교는 약 500만명이었는데 이중 중국 국적을 유지한 화교는 24만명으로 4.8%에 불과하였다.

현재 태국정부 통계 기준에 의하면 화교 인구수는 22만여명에 불과하나, 이는 단지 중국 또는 대만 여권을 소지한 자에 대한 통계이다. 대만교무위원회에 따르면 1998년도 태국의 화교 인구는 630만명이며, 2011년에는 751만명으로 늘어났다. 출신 지역별로 보면 광동계가 63%로 가장 많고, 그 다음이 객가계(16%), 해남성(12%), 복건성(7%) 순이다.

태국의 화교들은 방콕, 치앙마이, 핫야이 등 도시에 몰려 있다. 태국 화교의 80%는 본적이 광둥이며, 이중에서도 조주·산터우(潮汕) 지역 출신이 가장 많다. 이들 지역 화교는 '왕실화교'로 불릴 정도로 태국에서 대우를 받아왔다. 때문에 다양한 분야에서 성공을 이룬 이들이 많다. 나머지 20% 화교들은 하이난, 푸젠, 윈난 지역 출신이다.

[표 2-7] 1850~1917년간 태국 내 화교 인구 변동 추이

(단위: 천명, %)

연도	화교 인구 합계	매10년간 증가율	태국 총인구	태국 인구 중 화교 비중
1850	300	11.6	5200	5.8
1860	337	12.3	5450	6.2
1870	383	13.6	5775	6.6
1880	435	13.6	6200	7.0
1890	497	14.3	6670	7.5
1900	608	22.3	7320	8.3
1910	792	30.3	8305	9.5
1917	906	20.6	9232	9.8

자료: 霍媛(2006), 华人与泰国现代化发展, 华东师范大学 学位论文, 10쪽

15) 施坚雅(G.William Skinner) (2010), 『泰国华人社会:历史的分析』, 厦门大学出版社, 193쪽.

태국인들은 안정과 포용을 소중히 여긴다. 때문에 화교들에 대해서도 따뜻하게 안아주었다. 또 태국정부의 동화정책으로 화교들은 쉽게 태국 국적 획득과 정치 참여 등을 할 수 있었다. 태국 화교들은 정치, 경제, 사회 분야에서 원주민과 동등한 권리를 얻게 됐으며, 그만큼 현지 사회에 빠르게 침투했다. 많은 화교들은 태국인과 혼인해 태국 사회에 완전 녹아 들어갔고 일부는 태국 이름으로 개명했다.

동남아에서 태국 화교들은 원주민들과 가장 잘 동화되고 있다. 2차대전 후 태국 화교들은 정치적으로 아주 빠르게 현지 사회의 인정을 받았고 문화적 탈바꿈이라 할 정도로 변신했다. 화교들에게 태국은 안착하고 성공할 수 있는 곳이었다. 태국 화교들의 정치 참여와 활약은 기타 국가의 화교들과 비교할 수 없을 정도다. 태국의 정치 지도자들은 자신들이 화교라는 사실을 감추지 않는다. 일부 화교 유명인들은 태국 정부의 중용을 받았고, 작위도 받았다. 화교들이 의원으로 선출되고, 장관으로 발탁되고 또 총리까지 맡고 있다. 1932~1990년간 화교 출신 총리가 총 8명이나 된다. 1990년 이후에도 6명의 화교 총리가 배출됐다. 현재 잉락 친나왓 총리(2011.8~2014.5)의 조상도 광둥 출신이다.

1991년 태국의원 357명 중 화교가 거의 100명에 달했으며, 당시 44명으로 구성된 정부 내각에도 중국 혈통이 반 이상을 차지했다. 2005년 탁신 총리가 연임에 성공한 후 구성한 35명내각 중 70%가 화교였다. 인도네시아서는 화교 신분으로 정치에 참여하지만, 태국에서 화교들은 태국인으로 경선에 참여한다. 이전부터 태국 화교들의 중국이란 배경은 정치 참여의 걸림돌이 아니었다.

5) 화교기업

태국 정부의 동화정책을 배경으로 태국에서의 화교 경제는 큰 발전을 이뤘다. 특히 2차대전 이후 태국경제가 고성장을 하면서 각 영역에서 화교 대기업들이 출현했다. 이들은 태국 경제의 주요 부분에서 큰 역할을 하고있다. 현재 태국에는 20만 개에 달하는 화교 기업이 있다. 방직, 의류, 식품, 가공, 전자, 가전, 사료, 도자기 등 산업의 60%가 화교 경제다. 철강, 기계, 자동차 조립, 화학 등에서도 40%를 차지한다.

1970년대 이후 태국은 수출지향 산업화 발전전략을 채택했고, 1980년에는 사회 조화발전을 위한 농업화 및 공업화 전략을 추진했다. 정부는 민영 기업을 크게 지원했고 외국인투자를 적극 유치해 합작 기업을 설립했다. 화교 기업들은 이러한 기회를 타고 사업규모를 확장하고 새로운 영역을 개척해 빠르게 성장했다. 1980년 후반 태국 경제가 고성장을 하면서 화교 기업들은 석유화학, 철강, 부동산 개발, 백화점 소매, 통신, 에너지, 교통 등 인프라 분야까지 진출해 성장을 거듭했다. 이에 자금이 풍부하고 다각화 및 다국적 경영을 시작한 화교 기업들이 대거 출현하게 된 것이다. 이들은 태국 경제 부흥과 공업화에 큰 기여를 한다.

제조업 영역에서 유명한 화교 기업그룹은 천룽잰(陳龍堅) 가족의 섄뤄(暹羅)기계그룹, 리싱치(李興添) 가족의 셰청창(協成昌)그룹, 천위더(陳裕德) 가족의 셰롄(協聯)그룹, 우간지(吳乾基) 가족의 타이메이룬(泰美倫)그룹, 정량인(鄭亮蔭) 가족의 타이쉬(泰旭)화공그룹 등이다. 농업분야에서 성공한 화교 기업들로는 셰궈민(謝國民) 가족의 정따부펑(正大卜蜂)그룹, 류하타이(劉哈泰) 가족의 메이두(美都)그룹, 천줘량(陳卓良) 가족의 나나반(那那班)그룹, 마쥔리(馬均利) 가족의 마전성(馬振盛)그룹, 관위안녠(關元年) 가족의 타이룬량(泰倫亮)그룹 등이 있다. 그리고 금융분야에는 천비천(陳弼臣) 가족의 판구(盤谷)은행, 우반초(伍班超) 가족의 타이화(泰華) 농민은행, 리무촨(李木川) 가족의 다청(大城)은행, 정우러우(政午樓) 가족의 징화(京華)은행 등 4대 은행그룹이 있다. 이들 기업은 은행 외에 제조업, 상업, 해운, 서비스 등 영역에도 진출했다.

1997년 아시아 금융위기가 발생하자 태국의 화교 은행이 가장 먼저 큰 타격을 입었다. 가족 경영으로 규범화 되지 못한 경영상의 부족함이 어김없이 드러났다. 정우러우 가족의 징화은행은 아들과 조카들이 경영을 했는데, 대출 대상이 주토 정씨 가문의 친족과 친구들이었다. 위기가 오자 화교 기업 모두가 어려워져 징화은행은 자금 확보에 큰 어려움에 직면했고 결국은 정부에 인수됐다.

한편 1970년대 태국 정부는 수출지향 경제정책을 수립해 국내 기업의 해외진출을 적극 지원했다. 특히 해외투자를 하는 기업에는 많은 우대정책을 제공했다. 풍부한 자금을 갖고 있던 화교 기업들은 해외 네트워크를 활용해 초기부터 해외투자를 단행했다. 판구은행은 1954년에 홍콩에 지사를 설립했고, 현재는 중국, 홍콩, 타이완, 인도네시아, 라오스, 말레이시아, 미얀마, 필리핀, 싱가포르, 베트남, 미국 및 영국 등지에 19개 지사를 갖고 있다.

태국의 중소 화교 기업들도 태국 경제 발전에 기여하고 있다. 태국 화교들의 상점, 소형 은행 등이 10만개에 달한다. 자본금은 평균 15만 달러 이상이다. 수출입 무역을 하는 화교

기업(자본금 50만달러 이상)은 1,600개이다. 농업과 농산물 가공은 태국 화교들이 정착 초기부터 개척한 분야로 현재 이 분야 기업이 200개나 된다(자본금 평균 600만달러 이상). 어업과 가공 분야 화교 기업은 4,300개 정도며, 자본금은 평균 50만 달러를 넘는다. 이들 화교 기업들은 규모는 크지 않지만 태국 사회 곳곳에서 큰 활약을 하고 있다.

가. 정대 그룹 (CP그룹)

정대 그룹(正大集團. 태국명 짜른폭판. CP그룹·Charoen Pokphand Group)은 중국에 진입한 최초의 외자 기업으로 더 유명하다. 1921년에 설립된 CP그룹은 세계 최대 화교 기업 중 하나다. CP그룹은 농축산업으로 시작해 사료, 수산물, 식품, 소매, 전자통신, 의약, 부동산, 국제무역, 물류, 금융, 언론, 교육과 제조업 등 여러 분야로 발전했다. 현재 CP그룹은 20개 국가에 진출했고, 400개 계열사를 두고 있으며, 직원은 20만 명 달한다. CP그룹은 1960년 홍콩에 무역회사를 설립하면서 해외로 진출했다. 이후 인도네시아에 어업 회사와 사료 회사를 설립했고, 1970년대에는 타이완, 중동, 미국에도 진출했다.

1980년대 이후 CP그룹의 투자 중심은 중국으로 이동했다. CP그룹은 중국이 개혁개방 정책을 추진한 후 중국에 투자한 최초의 태국 기업이자 다국적 기업이다. 현재까지 CP그룹의 대(對)중국 투자는 60억 달러에 달한다. 그리고 CP그룹의 중국 현지법인 수는 213개에 달하며, 칭하이성과 시짱자치구를 제외하고 중국 전역에 진출해 있다. 직원 수는 8만 명을 넘고 연간 매출액은 500억 위안에 달한다. 투자 영역은 농축산업, 맥주 제조, 석유화학, 수산양식, 통신제조, 소매업, 오토바이, 부동산, 의료, 금융증권 등 10여 개 분야다.

현재 CP그룹 CEO 셰궈민(谢国民)의 태국 이름은 타닌 찌야와논(Dhanin Chearavanont)이며, 1939년 5월에 태국 방콕에서 태어났다. 그의 할아버지 고향은 광둥성 산터우이며, 1950년 11살 때 그의 부친 세이추(谢易初)는 셰궈민을 산터우, 광저우, 홍콩에 보내 중국 현지에서 공부하게 하였다. 1957년 18살 때에 홍콩에서 고등학교를 졸업하고 태국에 돌아갔으며, 이런 연유로 중국어에도 능통하다. 그는 1969년에 CP그룹 총재가 된 후, 지금까지도 수석 회장으로써 그룹을 이끌어 오고 있다.

참고로 타닌 찌야와논 회장의 며느리는 한국 여성이다. CP그룹의 마리사 치라와논 특별고문(한국 이름 강수형)은 한국에서 고교를 마치고 뉴욕대에서 공부하다 CP그룹 수석회장

타닌 찌야와논의 장남 수파낏 치라와논(Sooparkij Chearavnont)을 만나 결혼했다. 포브스에 따르면 2017년 치라와논 가족의 재산은 366억 달러로 태국 1위, 아시아 4위의 부호다. 시가총액 2000억 달러로 세계 최대 보험사 중국핑안(平安)보험의 최대주주(30.65%)이며, 홍콩상장사 CITIC의 지분 20.61%와 일본 이토추상사 지분도 4.9% 보유하고 있다.[16]

최근에는 손자 며느리까지 한국 여성이어서 화제이다. 백범 김구 선생의 증손녀인 김성(성 다니엘라 김)이 수파낏 치라와논 회장의 장남 타닛 치라와논과 2022년 11월에 방콕에서 결혼했다.

[사진 2-3] 태국의 대표 화교기업 정대그룹과 CEO 셰궈민

자료: 정대그룹 중국 홈페이지 www.cpgroup.cn (검색일자: 2021.1)

6) 화교 커뮤니티

태국 정부는 현지 사회 동화의 이유를 들어 장기간 중국어 교육과 화교 학교 설립을 제한했다. 1990년대 이르러 화교들이 거의 현지인으로 거듭나면서 조금씩 변화하기 시작했다. 그러다 중국의 부상으로 중국어 중요도가 커지자 태국 정부는 1992년 중국어 교육에 대해

16) 시사저널(2022. 12. 10)

전면적 개방 정책을 추진했다. 현재 태국 교육부는 중국어를 제1 외국어로 제정했고, 중국어 과목을 태국 2,000개 초중교에 도입했다. 태국에서 중국어 교육 기관은 세 가지다. 정부에서 설립한 대학, 교육부가 비준한 공립 및 사립 전문대, 교육부가 직접 설립한 화교 초중교다. 대학과 전문대에서는 중국어 학과를 개설해 선택과목으로 지정했다. 현재 태국에는 30개의 전문대가 있는데, 이곳 학생들은 대부분 중국어를 선택해 수강하고 있다. 화교 초중교 비용은 화교 단체가 지원하며, 현재 150개 정도의 학교에 약 2만명의 학생이 있다. 특히 수도 방콕에 30개의 학교가 있는데, 방콕에만 7,000명의 화교 학생이 있다.

한편 태국 정부는 중국어의 중요성을 강조하며 직접 나서고 있다. 2009년 8월 20일에는 교육부에서 '태국 중국어 교육촉진대회'를 개최해 전국 120개 화교 학교의 이사장과 교장을 초청하기도 했다. 중국어 교육의 질을 높이기 위한 것이 목적이다. 현재 태국에서 출판되는 중국어 신문은 <싱섄(星暹)일보>, <아주일보>, <세계일보>, <징화(京華)중원연합일보>, <중화일보>, <신중원보> 등이 있다. 이외 주간으로 발간되는 신문으로는 <방콕시보>가 있다. 1980년대 이후 태국의 화교 단체는 빠르게 성장해 현재 1,300개가 넘는다. 전통적인 지연, 혈연, 자선종교 단체 외 문화, 학술, 동문회 등 전문성을 띤 사회 단체도 급증했다. 이러한 단체들은 주로 사회복지, 교육문화, 휴가오락, 동문연합, 지역서비스, 학술연구 등 분야에서 활약하고 있다.

1910년에 설립된 태국 중화총상회는 태국 업계의 최대 단체다. 태국 화교 사회에서 영향력이 가장 크다. 이외 유명한 단체로는 차어저우(潮州)회관, 객가(客屬)총회, 광둥회관, 하이난회관, 푸젠회관, 태국종친연합회, 태중촉진투자무역상회, 화교보덕선당 등이 있다. 또 최근 태국에 온 신화교들도 새로운 단체를 결성해 사회 활동에 적극 참여한다. 2000년 7월에 설립한 태국화교청년상회는 현재 회원이 500명 이상이다.[17]

17) 왕왕버(2012), 현지인 대우받는 태국 화교, 「친디아저널」 72권(2012.8), 58-60쪽.

3. 말레이시아

1) 개황

말레이시아(Malaysia)는 동남아시아에 있는 연방제 입헌 군주국이다. 말레이시아는 13개의 주와 3개의 연방 직할구로 구성되어 있고, 남중국해로 나뉜 말레이 반도 지역과 보르네오섬 지역으로 구성되어 있다. 타이, 인도네시아, 브루나이와 국경을 맞대고 있고, 해상국경은 싱가포르와 베트남, 필리핀과 맞대고 있다. 연방정부는 푸트라자야에 있지만, 수도는 쿠알라룸푸르이다.

말레이시아의 역사는 18세기부터 대영 제국의 식민지가 된 말레이 왕국으로 거슬러 올라간다. 처음 영국의 식민지가 된 곳은 해협식민지로 불리었고, 다른 곳들은 보호령이 되었다. 1946년, 말레이 반도의 주들이 연합하여 말라야 연방을 세웠다. 1948년, 연방은 재편성되어 말라야 연방이 설립되었고, 1957년 8월 31일 독립을 하게 되었다. 1963년 9월 16일, 말라야 연방은 사바 주, 사라왁 주, 싱가포르와 연합하면서 Malaya란 이름에 si를 추가해 Malaysia가 되었다. 1965년 싱가포르는 연방에서 탈퇴하게 되었다. 말레이시아는 입헌군주국이며, 국가 원수는 군주로, 9개 주가 5년에 한 번씩 술탄이 임명한다. 군주의 칭호는 양디-페르투안 아공이며, 지금 군주는 압둘 할림이다. 정부의 장은 수상이다. 정부체제는 웨스트민스터 체제에 가깝고, 법체계는 영국의 법에 기초한다. 말레이시아는 민족과 문화가 다양하고 그 다양성이 정치에도 큰 영향을 미친다. 국교는 이슬람교이지만, 헌법상 종교의 자유는 인정되고 있다.

2) 인구 및 민족 구성

말레이반도 삼림지대에는 사카이족·세망족 등이 있으나, 그 수는 극히 적으며, 총인구의 약 절반을 말레이인이 차지한다. 다수 종족인 말레이인은 말레이반도에 59%, 사바와 사라와크에는 통틀어서 31%만이 거주한다. 말레이인은 비고적 가까운 시대에 중부 수마트라의 미낭카바우 지방에서 이주해 온 종족으로, 그 시대는 12세기경으로 추정된다. 이들은 이슬람교를 신봉하고, 주로 농업을 생업으로 삼고 있다.

2023년 기준, 말레이시아 인구는 3,340만명이다. 화교는 총인구의 약 25%를 차지하며 말레이인과 더불어 주민의 주체를 이룬다. 중국인은 10세기경부터 소수의 이주자가 있었고, 16세기에는 주석광산의 경영에 종사하는 사람도 있었으나, 본격적인 이주는 20세기 들어서이다. 영국이 주석광산이나 고무농장 노동자로서 많은 중국인 쿨리를 데려왔기 때문이다. 현재 화교들은 도시에서 상업에 종사하고 있다.

인도·파키스탄인에서 이주한 주민은 총 인구의 약 7%를 차지하는데, 이들도 대부분 고무농장 노동자로서 이주한 사람들이며, 도시에서 상인이 된 사람도 있다. 그 밖에 외국인 체류자가 전체 인구의 7%를 차지한다.

식민지 시대에 이주해 온 중국인과 말레이인 간에는 긴장 관계가 이어지고 있다. 1969년 말레이계와 비말레이계간의 폭동이 발생하자 연방정부는 말레이 민족주의를 강화하기 위해 말레이인, 말레이 토착 원주민, 사바인, 사라왁인 등을 한 범주로 묶는 부미뿌뜨라(땅의 자손) 정책을 실시함으로써 중국인, 인도인과의 대립을 조장했었다. 말레이인 우대정책은 1980년대 이후 완화되고 있으나 여전히 타 종족에 대한 반감은 남아 있다.

국어는 말레이어이나, 영어·중국어·타밀어도 일반적으로 쓴다. 또 동말레이시아의 여러 민족도 독자적 언어를 사용하고 있다. 그러나 1969년 이후 말레이어 사용이 강력히 추진되어, 말레이어라는 명칭을 말레이시아어로 고치기까지 하였다. 말레이시아의 국교는 이슬람교이나 종교의 자유는 헌법으로 보장되어 있다.[18)]

---

18) 두피디아 국가정보. 검색일자 (2020.10.6.).

[표 2-8] 말레이시아 개황

말레이시아 Malaysia

- **위치** 동남아시아, 태국의 남쪽 및 보르네오섬 북부
- **면적** 330천 ㎢(한반도의 1.5배)
- **수도** Kuala Lumpur
- **인구** 33.4백만 명('23)

일반

기후	고온다습한 열대
민족	말레이계(63%), 중국계(21%), 인도계(6%)
언어	말레이어(공용어), 영어, 중국어
종교	이슬람교(61%), 불교(20%), 기독교(9%), 힌두교(6%)

정치

독립일	1957. 8. 31.(영국)
정치체제	입헌군주제(연방형 의원내각제)
국가원수	Abdullah Sultan Ahmad Shah 국왕(Anwar Ibrahim 총리)
의회	양원제(상원 70석, 하원 222석)

경제

GDP	4,309억 달러('23)
1인당 GDP	13,034달러('23)
화폐단위	Ringgit or Malaysian Dollar(M$ or RM)
회계연도	1. 1. ~ 12. 31.
산업구조	서비스업 58%, 제조업 36%, 농업 6%('22)
주요 수출품	집적회로, 정제유, 팜유, 천연가스
주요 수입품	집적회로, 정제유, 원유, 석탄, 금, 반도체
주요 부존자원	주석, 석유, 임산자원, 구리, 철광석, 천연가스, 보크사이트
국제신인도	OECD 2등급, Moody's A3, Fitch BBB+

자료: 한국수출입은행 해외경제연구소 국가별통합정보(2023)

[그림 2-4] 말레이시아 지도

자료: 두피디아 그림 자료 (검색일: 2020.1.8.)

3) 역사

14세기 말 빠라메스와라(Parameswara)는 말라카(Melaka)왕국을 건국하였고, 직접 이슬람교로 개종하였다. 15세기 말라카왕국은 아랍인, 중국인, 인도인들의 무역 거점으로서의 역할을 톡톡히 했다. 그러나 1511년 포르투갈의 포병부대에 의해 말라카가 함락되면서 잔존 세력들은 조호르(Johor) 지역으로 이동하였다. 17세기는 네덜란드와 포르투갈이 말레이반도를 두고 대립한 시기였다.

영국은 18세기 후반부터 말레이반도에 직접적으로 영향력을 행사하기 시작했다. 1786년 영국은 뻬낭(Penang)을 점령한 후 조지타운을 건설하였고, 1819년에는 레플스(Sir Stamford

Raffles)에 의해 싱가포르에 영국 무역항이 건설되었다. 1824년 네덜란드는 말라카를 영국에 내어주는 대신 수마트라와 말레이반도 이남지역의 모든 영토를 통제하는 조약을 영국과 맺었다. 그러나 영국 동인도회사는 해안과 반도의 섬 지역만 통치했을 뿐이었지 말레이반도 내륙 지역에는 거의 영향력을 미치지 못했다.

영국은 1841년부터 사라와크도 통치하기 시작했다. 1840년 제임스 브룩(James Brooke)이 브루나이의 술탄을 도와 반란군을 무찌른 대가로 사라왁의 왕으로 봉헌된 것이었다. 1874년 영국은 뻬락 왕국과 빵꼬르 조약을 체결하였다. 이 조약에서 영국은 말레이 왕국의 술탄 상속에 대한 동의를 할 수 있는 권리를 부여 받았다. 이는 영국이 말레이시아에 대한 간접지배를 인정받은 것이다.

1941년 12월 8일, 일본은 말레이시아를 점령했고, 이듬해 1월 31일 영국군은 싱가포르를 포기했으며 2월 15일 영국군은 일본군에게 항복했다. 일본의 패색이 짙어지자 말레이시아로 재진주한 영국은 1946년 싱가포르를 제외한 말레이시아 전역을 하나로 묶는 말라야연합(Malayan Union)안의 도입을 시도했다. 말라야연합이 술탄의 권력을 박탈하고, 화교와 인도인에게도 시민권을 부여하는 내용을 포함하고 있었기 때문에 말레이인들은 이에 강력하게 반대하였다. 결국 1948년 2월 1일 말라야연방(Federation of Malaya)이 결성되었다.

압둘라만(Tunku Abdul Rahman, 1903~1976)이 이끄는 UMNO는 1950년대에 들어 화교, 인도인 집단과 선거협약을 맺어 1954년 동맹당으로 확대되었다. 동맹당은 1974년 국민전선(Barisan Nasional)으로 확대 개편되었고, 현재까지 집권 여당의 위치를 유지하고 있다. 1955년 총선에서 동맹당은 총 52석 중 51석을 차지하여 독립 이후 주도 정당으로서 자리매김을 하게 된다. 선거 결과를 배경으로 말레이시아의 독립과 헌법 제정에 관한 사항을 영국과 신속히 협상하였고, 1957년 8월 31일 드디어 독립하였다.

1961년부터 말레이시아 정부는 사바, 사라왁, 싱가포르, 브루나이를 말레이연방으로 끌어들이려는 정책에 착수하였고, 1963년 브루나이를 제외하고 말레이시아연방을 수립하였다. 1965년 싱가포르는 연방에서 탈퇴하였다. 1969년 말레이인과 화인 간의 종족폭동이 발생하자 정부는 말레이인을 경제적으로 우대하는 신경제정책을 실시했다.

1997년 태국을 강타한 외환위기는 곧 말레이시아 경제에도 악영향을 미치기 시작했다. 마하티르 총리는 IMF의 구제금융을 철저히 배격하였다. 2003년 10월 마하티르는 압둘라 바다위에게 총리직을 물려주며 22년간의 장기집권을 종결지었다.[19)]

4) 정치와 경제

말레이시아는 일당이 지배하는 국가가 아님에도 불구하고 영국으로부터 독립한 이후 집권 여당인 국민전선이 선거에서 한번도 패배한 적이 없다. 이는 정파와 종족을 초월한 정당 간의 연합이 있었기 때문이다. 국민전선은 소수 정당들이 의회에서 항구히 배제되지 않고 참여할 수 있는 권리를 보장해 주는 협의주의를 모체로 총 14개 정당이 연합하여 정권을 유지하고 있다. 이 중에서 암노(UMNO)가 가장 중요한 역할을 차지해 왔고, 현재에도 그러하다. 암노는 제3차 말레이 의회가 열린 1946년 5월 11일 옹 자파를 총재로 창당되었다. 창당 초기 당원이 말레이족으로 제한되어 있었는데 1957년 독립과 동시에 압둘 라만이 총재직을 승계하면서 암노를 중심으로 국가전선이라는 연립정당을 구성하였다. 현재 사바와 사라와크를 제외하고 암노는 전국적 지지기반을 가진 대중정당이다.

국가전선에서 두 번째로 큰 정당은 1949년 2월 창당된 말레이시아중국인연합(Malaysian Chinese Association, 马华公会)이다. MCA는 주로 영어교육을 받은 화인 기업가들이 당원과 수뇌부를 구성하고 있지만, 국내 화인들의 과반수 이상 지지를 얻지 못했다.

1968년 3월 24일 창당된 말레이시아민중운동(Malaysian People's Movement Party)은 종족에 기반한 기존 정당들의 대안적 성격으로 등장하였다. 즉 그라깐은 다종족적 정당을 제시한다는 정강을 두고 말레이시아의 자유주의를 대표하고자 시도하였으나 말레이계의 지지는 얻지 못했다. 대신 초기 식민지 지역이었던 삐낭 지역 화인들의 지지를 얻고 있으며 1969년 이후 이 지역 지방정부를 장악하고 있다. 국민전선에서 인도인 사회의 목소리를 대변하는 정당은 말레이시아인도인협의회(Malaysian Indian Congress)이다. 1946년 8월 MIC는 2차 대전이 종결된 후 국내에서 인도인 사회를 대변하기 위해 창당되었고, 1954년 국민전선에 가입하였다.

말레이시아의 '복합사회'를 구성하는 인종은 경제면에 다음과 같이 활동하고 있다. 말레이인은 농업(고무·벼농사를 하는 소농민)·행정·군대·경찰 등에, 중국계는 상인·주석광산·고무농장 노동자·기술 전문직에, 인도계는 고무농장 노동자·운수부문·중하급 공무원직 등에 종사하고 있다. 그리고 그밖에 영국을 중심으로 하는 서구 자본이 주요 고무농장 및 주석광산과 수출입·은행·선박·보험 부문의 중추적 역할을 하고 있다.

---

19) 주 말레이시아 대한민국 대사관 (http://overseas.mofa.go.kr/my-ko) 검색일자 (2021.1.11)

말레이시아 경제의 근대적 발전은 19세기 말부터의 고무농장 개척에서 비롯되었다. 이것은 열대지방의 농장 경영에서 큰 성공을 거둔 전형적인 예이다. 말레이시아의 고무는 세계 천연고무 생산의 약 40%를 차지한다. 주석은 고무보다 먼저 말레이시아 개척의 요인이 된 것으로, 19세기 중엽부터 채굴되었다. 주석 외의 광물자원 개발도 활발하여, 반도 남부의 철광석·보크사이트광 등은 각지에 수출되며 금광산도 여러 곳에서 볼 수 있다. 식민지 시대에는 고무와 주석 생산에 중점을 두고 식량 생산에 대해서는 충분한 시책을 펴지 않아 쌀의 자급률은 30% 정도에서 머물렀다. 식량 증산에 노력을 기울인 것은 독립 이후의 일이다.

말레이시아는 1986년 이후 고무와 주석 중심의 경제에서 벗어나 외화를 적극적으로 도입하고 수출 지향형 공업화정책을 추진한 결과 고도성장을 달성하였다. 1997년에 통화·금융위기에 직면하였으나 IMF(국제통화기금)의 지원을 받지 않고 독자적인 경제정책을 추진하였다. 1999년 2월 이후에 제조업을 중심으로 경제가 회복하기 시작하였고 2019년에는 GDP 성장률 4.3%를 달성하였다.

말레이시아의 무역은 수출입 모두 동남아시아의 다른 나라에 비하여 비교적 활발하다. 2019년 수출은 2,381억 달러, 수입은 2,050억 달러로 무역수지 331억달러를 기록했다. 주요 수출품은 전기제품, 원유, 액화천연가스(LNG), 팜유, 천연고무, 목재, 수입품은 제조기기, 수송기기, 식료품이고 주요 무역 상대국은 중국, 미국, 싱가포르, 일본, 홍콩 등이다.

2023년 말레이시아 GDP 성장률은 3.8%를 기록했으며, 1인당 GDP는 12,570달러 수준이다. 같은 해 말레이시아의 총 교역액은 5,592억 달러로 전년비 7.3% 하락하였고, 전년비 수출은 8%, 수입은 6.4% 하락했다. 이는 글로벌 수요의 둔화, 원자재 가격 하락, 높은 물가 상승률, 반도체 부문의 하락세 등에 기인한다. 말레이시아의 외국인 투자유치는 2022년 191.9억 달러로 2021년 대비 약 75억 달러 증가했다.

2023년 기준 말레이시아의 3대 수출대상국은 싱가포르(15%), 중국(13%), 미국(11%)이며, 한국은 말레이시아 수출의 3.9%를 차지하는 7대 수출대상국이다. 2023년 기준 말레이시아의 3대 수입 대상국은 중국(21%), 싱가포르(11%), 미국(7%)이었으며, 한국은 말레이시아 수입의 4.5%를 차지하는 7대 수입대상국이다.

같은 해, 말레이시아의 3대 수출 품목은 반도체, 석유제품, 팜오일이며, 이들 3대 품목의 수출이 전체 수출의 38%를 차지하였다. 3대 수입 품목은 반도체, 석유제품, 원유이며, 2022년 기준 이들 3대 품목의 수입이 전체 수입의 32.3%를 차지했다. 말레이시아는 세계 6위 반도체 수출국으로 북서부에 있는 페낭은 아시아와 유럽을 잇는 주요 해상 교역로인 말라카 해협을 끼고 있어 지리적 이점이 있다. 첨단 기술 기업들이 페낭주에 거점을 마련 중이며 인텔은 2032년까지 20조원을 투자해 말레이시아를 핵심 생산 거점으로 조성할 예정이다.

말레이시아에는 전기전자산업, 화학산업을 중심으로 5천여개 외국기업이 진출해 있다. 진출한 IT기업으로 Intel, AMD, Toshiba, Hitach, Ibiden, Philips, Panasonic 등이 있고, 석유화학기업으로는 Royal Dutch Shell, Exxon Mobil, Tokuyama 등이, 자동차 및 자동차 부품기업으로는 Honda, Toyta, Denso 등이 있다.[20]

5) 사회 구성과 언어

1957년의 말라야 연방 성립 때까지 술탄을 정점으로 하는 이슬람교적 위계제도는 말레이인 사회에만 존재하였으나, 그해에 제정된 '독립헌법'에 의해서 중국인·인도인도 국적 취득의 조건으로서 술탄의 충성스런 신하여야 한다는 것이 의무화되었다. 이 조건은 1963년 말레이시아 헌법에도 그대로 반영되었다.

그러나 중국인·인도인으로서 이슬람교로 개종하는 사람은 적다. 이들의 일상회화는 중국어·타밀어이며, 각 인종간의 통혼도 드물다. 화교 커뮤니티에서는 동향(同鄕) 조직인 방(幇)이 중요한 위치를 차지하며, 푸젠방(福建幇)·광둥방(廣東幇)이 최대의 세력을 가지고 있다. 이것은 또 동업조직 성격도 겸하며, 푸젠방의 경우 고무농장 경영자가 많다. 말레이시아에는 불교·힌두교·이슬람교가 잇따라 전해졌기 때문에, 현재에도 말레이반도 북부에는 불교사원·힌두교 사원이 있다.

초등학교·중학교에는 말레이어 학교 외에 영어·중국어·타밀어 학교가 있으나, 1969년 이래 말레이어 교육이 강력히 추진되어, 현재는 어학시간을 제외하면 모든 수업은 말레이어로 진행되고 있다. 대학 수업도 1981년까지 완전히 말레이어화 되었다. 대학은 말라야대학교 등 국립대 12개교, 사립대학 7개교가 있다. 인구에 비해 대학수가 적고, 말레이인과 비말레이인 간의 대학 입학정원 할당제를 실시하고 있다. 2000년 조사에 따르면 문맹률은 11% 수준이다.

---

20) KOTRA(2024),「(말레이시아-쿠알라룸푸르) 2024 해외출장자료」, (2024.7.9.).

언어는 말레이어(Bahasa Malaysia)가 공용어이며 이외에 영어와 각종 방언을 포함한 중국어가 널리 통용된다. 인도에서 이주한 주민들은 타밀어(인도 남동부 타밀족이 사용하는 드라비다어족 언어.), 펀자브어(인도와 파키스탄 펀자브 지방에서 사용하는 언어)를 사용한다.

6) 화교 배경

말레이시아 화교 이민의 역사도 송대부터 시작되었지만 본격적인 이민은 1840년대 영국이 식민지 개발을 위해 필요한 중국 노동력을 대규모로 수입하면서 시작되었다.

1921년 말레이 반도의 화교인구(싱가포르 제외)는 85.65만명에 달했으며, 1931년에는 128.5만명까지 늘어나 총인구의 33.9%를 점유했다.[21] 말레이시아 독립 직후에는 기본적으로 유입되는 이민들이 거의 없었으며, 따라서 화교들 역시 자연 인구증가율에 따른 성장세만 보여 1947년 화교인구는 188.45만명으로 집계되었다. 이후 개혁개방 정책을 천명한 중국으로부터의 화교 유입이 늘어나게 되어, 1970년에는 312.13만명, 2000년에는 569.19만명까지 늘어났다. 그 결과, 2000년 말레이시아 총인구중 화교 비중은 26%에 달했다.

[표 2-9] 1835~2015년간 말레이시아 인구 중 화교 인구 비중 추이

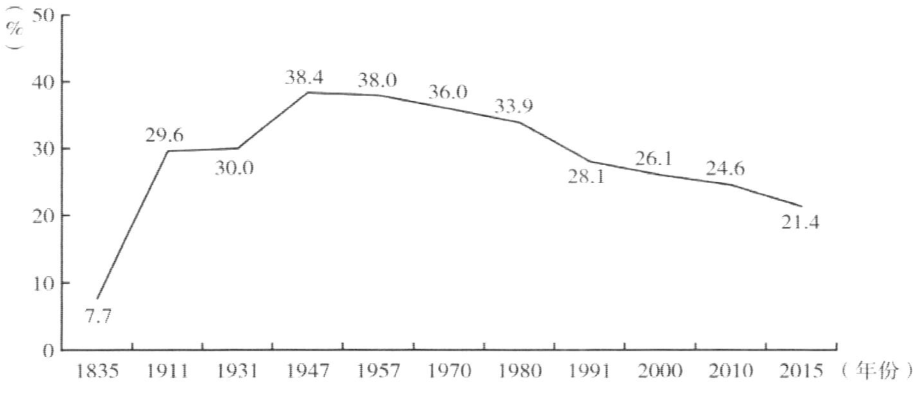

图 1 马来西亚华人人口比例历史比较

자료: 邵岑(2018), 马来西亚华人人口变动历程、现状与趋势分析,『华侨华人研究报告(2018)』

---

21) 庄国土·刘文正(2009),『东亚华人社会的形成和发展』, 厦门大学出版社, 415쪽.

말레이시아 통계국에 따르면 2011년 국적자는 2,661.82만명, 비국적 체류자는 149.12만명이다. 국적자 중 화교·화인은 647.49만명으로 그 비중은 24.32%에 이른다. 2011년말 기준 체류자까지 포함한 말레이시아 내 화교인구는 660만명으로 파악된다. 말레이시아 인구 구성을 보면, 2010년 기준 말레이시아인은 50%, 기타 토착민 11.7%, 화교 22.4%, 인도인 6.7%, 기타민족 0.8%, 비국적 체류자 8.4%로 나타난다.

1957년 말레이시아가 영국으로부터 독립하면서 말레이시아 정부 역시 다른 동남아 국가들과 같이 헌법에 말레이시아인 우대 정책을 명문화 할 정도로 화교 배척 정책을 취한바 있다. 1970년대에 말레이시아 정부는 자체적인 개발정책을 추진하면서 외국인 투자 우대정책을 취하여 말레이시아 화교들이 발전할 수 있는 계기가 마련되었다.

1998년 말레이시아 화교 인구는 552만명으로 말레이시아 전체 인구의 26.3%에 달했다. 2011년에는 654만명으로 늘어났다. 말레이시아 화교 역시 복건성과 광동성 출신이 주류를 이루고 있고, 광서자치구와 해남성 출신 화교가 상당수를 차지하고 있다.

7) 화교기업

말레이시아로 건너간 화교들은 초기에는 농업과 소매업 등에 종사했다. 19세기 중반 말레이반도에서 대량의 주석이 발견 되고 고무 재배업이 발달하면서 이 분야에 종사하는 화교들이 늘어났다. 2차 세계대전 후 경제회복, 수출지향 및 경제방식 전환 등 여러 성장단계를 거치면서 말레이시아 화교 경제는 다각화 및 글로벌화로 전환하는 큰 변화를 겪었다. 우선 제조업, 금융업, 보험, 건축, 부동산, 운송, 관광 등의 산업에서 화교 대기업들이 속출했다. 궈허낸(郭鶴年) 가족의 궈씨형제공사그룹, 린우퉁(林梧桐)가족의 윈딩(雲頂)그룹, 리선징(李深靜)가족의 카이예(凱業)그룹, 레이시완슝(雷賢雄)의 마퍼(馬婆)홀딩스그룹, 치우지빙(邱繼炳)의 마롄(馬聯)공업그룹, 궈링찬(郭令燦)가족의 펑룽(豊隆)그룹, 뤄원슈(駱文秀)가족의 동방실업그룹, 천즈위안(陳志遠)의 성공그룹, 중팅선(鍾廷森)의 진스(金獅)그룹, 리라이성(李萊生) 가족의 리라이성중즈(種植)그룹 등이 대표적이다. 화교기업들은 현재 말레이시아 화교 경제성장의 중추적 역할을 하며, 말레이시아 사회 경제 발전에도 중요한 역할을 하고 있다.

말레이시아는 1970년 신경제정책 실시 이후 말레이인이 운영하는 기업을 중점적으로 지원했다. 현재 국가경제를 좌우하는 국유기업도 거의 전부 말레이인들이 잡고 있다. 하지만 화교기업들도 일부 영역에서는 우세를 보인다. 농림 및 경제 작물 재배와 제품 가공, 목재업, 설탕, 사료 생산과 판매, 제지, 시멘트, 자동차 부품 제조 등에서 중요한 역할을 한다. 이외 상업, 부동산, 오락 및 호텔 등 분야에서도 우위를 차지한다.

말레이시아 최대 화교기업인 궈씨형제그룹 산하에는 200개의 계열사가 있다. CEO 궈허낸은 '설탕왕', '호텔왕'이란 호칭도 갖고 있다. 궈씨형제그룹이 재배하는 설탕과 그 원료는 말레이시아 시장의 5분의4를 차지한다. 이외 궈씨형제그룹은 아시아태평양 지역의 최대 호텔체인 기업 중 하나다. 70여개나 되는 샹그릴라 호텔은 아태 지역 외 북미와 중동 등 지역에도 있으며, 3만개 이상의 방이 있다. 펑룽그룹은 말레이시아 최대의 건축재료 생산과 공급상으로 이들이 제공하는 시멘트, 벽돌, 벽지, 철강제품 등은 국가 전체의 3분의 1을 차지한다.

말레이시아 화교기업들은 자국 범위를 넘어 동남아, 아시아 및 유럽과 미국까지 진출해 있다. 이들은 아시아태평양 지역에서 부상하는 국제투자 자본으로 성장했다. 궈씨형제 그룹은 1970년대부터 해외에 눈을 돌리기 시작해 초기에는 싱가포르에, 후에는 홍콩에 집중 투자를 했다. 궈허낸은 1970년대 말부터 아예 홍콩에 상주했다. 국제무역, 운송업, 호텔 및 부동산은 홍콩 투자의 주요 분야였다. 현재 궈씨형제그룹이 홍콩 주식시장에 상장한 기업만 쟈리(嘉里)건설, 샹그릴라(亞洲), 난화조보(南華早報)그룹 등 세 개다. 궈씨형제그룹이 홍콩을 기반으로 변경한 이유는 중국시장을 개척하기 위해서다. 1980년대 중반부터 궈씨형제그룹은 중국에 대한 투자를 적극 단행했다. 투자규모는 50억달러, 프로젝트는 30여 개에 달한다. 베이징, 상하이, 톈진, 충칭, 푸젠, 광둥, 선전, 광시, 저장, 랴오닝, 지린, 안후이, 후베이, 쓰촨, 산시, 산둥, 운남 등 지역에 분산되어 있다. 주로 부동산, 호텔, 곡물 및 팜유(palm oil) 등으로 궈씨형제그룹이 강점을 갖는 분야다. 자회사인 쟈리양유(粮油)는1988년 중국에 진출한 후 10여 개 대형 식용유 제조업체를 설립했다. 이들이 생산한 진룽위(金龍魚)표 식용유는 이미 중국 일반 가정에 잘 알려진 브랜드며, 중국 내 시장점유율 역시 최대다. 말레이시아 화교기업들은 현재 다각화와 글로벌화로 대변되는 방향으로 성장을 거듭하고 있지만 기술 및 인재부족, 가족경영이라는 한계를 갖고 있다. 이는 말레이시아 화교기업들이 향후 극복해야 할 과제이기도 하다.[22)]

8) 화교 커뮤니티

동남아에서 화교 문화와 교육을 가장 잘 유지한 국가는 말레이시아다. 전성기는 1950년대였는데 당시 화교 학교는 300여개에 달했고, 학생수는 수십만 명에 이르렀다. 하지만 1960년대부터 말레이시아 정부는 교육 제도를 변경해 말레이인이 다니는 학교를 국민학교로 지정하고, 자기 종족언어로 수업을 하고 영어는 필수과목으로 했다. 화교 학교는 영어로 수업 하고 말레이어를 필수과목으로 했다. 중국어는 매주 4시간으로 제한했다. 정부는 운영자금 지원을 압력으로 행사해 화교 학교들에 정부 정책을 따르도록 강요했다. 현재 1,280개에 달하는 화교 초등학교는 전부 정부 정책을 따르고 있고, 중학교도 절반이 수업방법을 변경했다. 하지만 60여 개 중학교는 여전히 중국어로 수업하며 독립적으로 운영된다. 현재 말레이시아에는 남방대학, 한강(韓江)대학 및 신기원대학 등 3대 화교 사립대학이 있다. 이와 같이 말레이시아에는 초등학교부터 대학까지 아주 완벽한 중국어 교육체계가 구축되어 있는데 이는 해외 화교사회에서도 유일하다.

위법사항이 아니고 사회안전을 위협하지 않는다면 말레이시아 화교들도 출판 및 중국어 신문산업에 종사할 수 있다. 또한 화교사회 단체를 설립해 자체 풍속과 습관을 유지할 수 있고, 불교, 유교 등 종교의 자유를 갖는다. 말레이시아는 중국어 신문이 30여개가 있는데, 이는 중국 외 지역 중 가장 많다. 발행부수가 많은 것으로는 <싱저우(星洲)일보>, <난양(南洋)상보>, <광화(光華)일보>, <중국보>, <국제시보>, <말레이시아일보>, <야저우(亞洲)시보>, <궁상(工商)세계>, <상하이(商海)> 등이 있는데 이들 신문은 말레이시아 화교는 물론 해외에도 큰 영향을 미치고 있다.

기타 국가와는 달리 말레이시아 화교들의 사회단체는 수량, 조직구성 및 영향력 등에서 비약적으로 발전했다. 이들 단체들은 화교 이익을 수호하는 주요 역량이다. 최근 통계에 따르면, 현재 말레이시아 화교사회 단체는 8,715개에 달하는데 종합, 공상(工商), 지연, 종친, 문화체육, 자선 등 다양한 형태가 있다. 이중 영향력이 큰 단체로는 중화대회당총회, 중화공상연합회, 복건사회단체연합회, 조주(潮州)공회연합회, 광시총회, 화교학교교사연합회총회, 화교학교 동사회 총회 등이다.

22) 왕왕버(2012), 현지사회와 잘 융합된 말레이시아 화교, 「친디아저널」 69권(2012.5), 60-62쪽.

4. 필리핀

1) 역사

고대 시기 필리핀에는 무역을 통해 이슬람이 전파되었고, 참파(Champa)와 교류하였으며 송(宋)과 명(明)의 상인들이 드나들었다. 정화(鄭和)의 원정 당시 명나라는 60여 척의 배를 이끌고 3차례에 걸쳐 필리핀을 정벌하기도 했다. 남부 민다나오(Mindanao) 지역은 14세기부터 이슬람 왕국이 성립되어 이 지역 무역을 통제하였다.

16세기에 접어들면서 필리핀은 외부로 알려지게 되었으며 역사는 문자로 기록되기 시작했다. 마젤란은 스페인 왕실의 후원을 받아 1521년 필리핀을 발견했다. 마젤란 사후 스페인은 필리핀이 무역 기지로서 최적의 지역으로 인식하고 본격적인 식민화 작업에 착수했다.

19세기에 들어 필리핀의 결집된 민족주의는 외세에 대한 강한 반발을 외부로 표출하였는데 이는 스페인의 대 식민지 정책이 유화적으로 변화한 틈을 탄 것이었다. 1898년 필리핀은 스페인으로부터 독립을 선언하였다. 그러나 미국-스페인 전쟁에서 미국이 승리하자 스페인은 필리핀을 미국에게 양도하였다. 새로운 식민지배 하 필리핀의 정치 및 행정체계는 급속한 변화를 맞이하게 되었다. 또한 영어를 널리 사용하도록 교육 체계를 개선하고 전국에 영어로 수업하는 학교를 세웠다. 이는 스페인이 종교를 통해 꾀하려했던 민족정신 말살 정책과 유사한 것으로 민족의식을 희석시키기 위해 교육을 장려한 것이었다.

1941년 일본군은 예고 없이 진주만을 기습 공격하였고, 몇 시간 후 필리핀 곳곳을 공습하기 시작했다. 결국 1942년 1월 일본군이 마닐라를 완전히 점령하였고 1945년까지 필리핀은 일본의 통치를 받게 된다. 일본은 대동아공영권(大東亞共榮圈)을 내세워 백인의 아시아 지배를 종식해야 한다는 명분으로 필리핀 통치를 정당화했다. 1945년 일본이 패망한 이듬해 7월 4일 필리핀은 4세기 간에 걸친 외세의 시달림에서 드디어 해방되었다. 독립 이후에도 미국에 대한 경제적 의존이 지속된 가운데 막사이사이(재임 1953~1957)는 일본 식민지 시기부터 싹트기 시작한 공산주의 세력을 억제하였다.

[표 2-10] 필리핀 개황

필리핀 Philippines

- **위치** 동남아시아, 남중국해와 필리핀해 사이, 베트남의 동쪽
- **면적** 300천 ㎢(한반도의 1.4배)
- **수도** Manila
- **인구** 1.1억 명('23)

일반

기후	고온다습한 아열대성
민족	타갈로그인(24%), 비사야인(11%), 세부아노인(10%), 일로카노족(9%)
언어	필리핀어(공용어), 영어(공용어)
종교	가톨릭(80%), 이슬람교(6%)

정치

독립일	1946. 7. 4.(미국)
정치체제	대통령중심제
국가원수	Ferdinand Marcos, Jr 대통령
의회	양원제(상원 24석, 하원 316석)

경제

GDP	4,357억 달러('23)
1인당 GDP	3,859달러('23)
화폐단위	Philippine Peso(P)
회계연도	1. 1. ~ 12. 31.
산업구조	서비스업 61%, 제조업 30%, 농업 9%('22)
주요 수출품	집적회로, 사무용 기기/용품, 절연배선, 반도체
주요 수입품	집적회로, 정제유, 자동차, 원유, 방송 장비
주요 부존자원	임산자원, 석유, 니켈, 코발트, 은, 금, 소금, 구리
국제신인도	OECD 3등급, Moody's Baa2, Fitch BBB

자료: 한국수출입은행 해외경제연구소 국가별통합정보(2023)

[그림 2-5] 필리핀 지도

자료: 두피디아 그림 자료 (검색일: 2020.1.8.)

미국이 후원하는 필리핀의 민주주의는 마르코스가 등장하면서 폐기된 것처럼 보였다. 1965년 11월 실시된 대통령 선거에서 민족당 출신의 마르코스 상원 의장은 대통령에 당선되었다. 첫 임기(1965~1969) 동안 마르코스는 효율적 세제운영과 대외차관 유치로 국가재정의 안정을 도모하였고, 사회간접자본을 건설하는 한편 각종 밀수 및 범죄자와 공산세력을 소탕하였다. 1969년부터 세계 경제가 하강 국면으로 치달음에 따라 필리핀의 경제도 위기를 맞았다. 1972년 마르코스 대통령은 계엄령을 선포하고 21년간 독재의 길을 걷게 된다.

마르코스의 정적인 베닝요 아키노가 1983년 암살당하자 대중들은 마르코스의 하야를 요구하는 집회와 시위를 벌였다. 1986년 2월 치러진 대통령 선거에서 마르코스가 대통령으로 당선되자 반정부세력들은 선거관리위원회를 장악한 마르코스 진영이 선거부정을 저질렀다고 폭로했다. 결국 군부마저도 마르코스에게 등을 돌려 군사 시위에 참여했고, 마르코스는 하와이로 망명하였다.

베닝요 아키노의 미망인인 코라손 아키노(Corazon C. Aquino)가 대통령으로 당선되었으며 그는 1987년 헌법을 제정하고, 정부 관료제를 마르코스 체제에서 완전히 탈피하는 개혁을 시도하였다. 7명의 후보가 나선 1992년 대통령 선거에서 라모스가 대통령으로 당선되었고, 그의 뒤를 이어 에스트라다가 1998년 대통령으로 당선되었다. '에랍'이라고 칭해지는 에스트라다 대통령은 영화배우 출신으로 가난하고 소외된 자들의 대변인으로 전 대통령들의 과업을 이어받아 개혁을 이어가겠노라고 약속하였으나 민생을 돌보지 않고 정실주의(cronyism)로 회귀하는 모습을 보여주었다. 결국 2001년 1월 도박 혐의로 필리핀 역사상 최초로 탄핵을 당한 대통령으로 기록되면서 불명예 퇴진하였다.[23]

2) 경제

필리핀은 풍부한 광물, 비옥한 토지 등 천연자원과 해양자원이 풍부한 국가이다. 노동인구의 40% 이상이 농업에 의존하는 경제 구조로 플랜테이션(Plantation) 농업이 유명하다. 대표적인 작물로는 쌀, 옥수수, 바나나, 설탕과 사탕수수, 카사바 등이 있으며 마(麻) 생산은 세계 1위이다. 그러나 일부 계층만이 부(富)를 독식하는 사회 구조로 인해 대다수의 국민들이 빈곤과 채무에 시달리고 있다. 사실 필리핀은 독립이후 1970년대까지 아시아의 경제를 이끄는 경제 선도국가이자 동남아시아국가연합(ASEAN)의 창설한 주도한 국가였다. 하지만 마르코스 정권하에서 정경유착이 심화되면서 경제구조가 왜곡화 되었고 비효율적인 경제정책이 수립되었다.

1950년대 필리핀은 미국의 경제 원조를 바탕으로 제조업 분야의 성장을 이룩하였다. 1950년대 말 제조업의 성장률이 둔화되자 정부는 달러에 대한 페소(peso)화를 평가절하하여 수입 및 외환통제를 해제하였다. 그 결과 1963년부터 경기는 회복되기 시작했다. 마르코

23) 두피디아 국가정보 (검색일: 2021.1.22.)

스가 집권한 첫 시기에는 적극적으로 외국인 투자를 유치하고 제조업 분야에 민간자본의 투자를 촉진하는 정책을 추진하면서 상당기간 성장을 지속하였다.

1970년대 들어 필리핀 경제는 황폐화 되기 시작했다. 재선을 염두에 둔 마르코스는 방만한 지출로 재정 위기를 자초하였다. 1979년 제 2차 석유파동으로 인해 세계경제가 침체되자 필리핀의 경상수지 적자는 심화되었다. 1983년 아키노 사후 필리핀은 불안해진 정정을 틈타 다량의 외화가 해외로 유출되었으며 급기야 1983년 10월, 필리핀 정부는 모라토리움(moratorium. 채무상환 불능선언)을 선언하기에 이른다.[24)]

1986년 대통령직에 오른 아키노는 국영 및 정부 통제 기업을 사유화하는 경제 자유화 정책을 실시하고, 시장 논리에 입각한 세제 개편과 무역과 투자제도를 자율화하는 개혁을 단행하였다. 개혁에 반대하는 군부가 7차례에 걸친 쿠데타를 일으켰고, 1990년대에 들어 발생한 극심한 가뭄과 화산폭발 등 자연재해로 인해 시국이 불안해졌다.

1992년 취임한 라모스 대통령은 2000년까지 신흥공업국으로 진입시킨다는 목표로 경제개발 6개년 계획(1993~1998)을 시행하였다. 그러나 1997년 태국에서 시작된 재정 위기로 인해 페소는 급격하게 평가절하 되어 국제시장에서 필리핀 제품의 구매력이 감소되었고, 국내적으로 산업 전반에 걸친 불경기가 이어졌다. 1990년대 말과 2000년대 초에 발생한 엘니뇨현상, 인도네시아 연무, 가뭄 등 각종 자연재해도 필리핀 경제발전에 걸림돌이 되고 있다.

2019년 GDP 성장률은 5.9%였고, 수출 703.3억달러, 수입 1129억달러로 무역수지는 -425.7억 달러였다. 필리핀은 최근 수년간 무역적자를 기록했는데, 이는 중간재·원자재를 수입하여 가공후 수출하는 무역구조에 기인한다. 주요 수출품은 반도체, 전자기기, 전선, 인쇄기, 복사기이며, 주요 교역 대상국은 미국, 일본, 중국, 홍콩, 싱가포르, 한국 등이다. 이런 적자를 메꿔주는 것은 해외근로자의 본국 송금인데, 2017년에만 GDP 11%인 328억 달러에 달했다. 필리핀은 노동가능인구의 20% 정도인 1천만 명이 해외에서 일하고 있다.

2022년 필리핀 GDP 성장률은 7.6%, 2023년에는 5.5%를 기록했다. 2023년 필리핀의 1인당 GDP는 3,860달러 수준이다. 2023년 필리핀 수출입은 전년 대비 8% 감소한 1994억 6822만 달러를 기록했고, 수출은 735억 2,200만 달러(-6.9%), 수입은 1259억 4,600만 달러(-8.7%)였다. 필리핀은 완성품 제조업에 필요한 원부자재와 소비재 등 수입 의존도가 높

24) 주 필리핀 대한민국 대사관 (http://overseas.mofa.go.kr/ph-ko) 검색일자 (2021.1.11)

다. 필리핀의 주요 수출국은 미국(16.4%), 일본(13.7%), 중국(17.1%), 홍콩(9.9%), 싱가포르(6.0%) 순이며, 한국은 4.1% 비중을 차지하여 7위 수출 대상국이다.

2023년 필리핀 총수입액은 1259억 4,625만 달러로 전년비 5.1% 감소했다. 필리핀의 주요 수입국은 중국(22.4%), 인도네시아(9.5%), 일본(8.3%), 한국(6.8%), 미국(6.7%) 순이다. 필리핀의 주요 수출품은 반도체. 절연도료, 전선, 구리, 변압기, 인쇄용 기계, 다이오드, 컴퓨터 주변기기, 바나나, 금, 코코넛 팜유 순이다 주요 수입품으로는 반도체, 원유, 승용차, 석탄, 구리, 화물자동차, 전화기 등이 있다.[25)]

3) 주민

필리핀 국민을 흔히 필리피노(Filippino)라고 부르는데, 이들은 말레이 인종에 속하지만, 여러 차례에 걸친 이주의 결과 약간 변형된 것으로 풀이된다. 첫째, 아시아 대륙과 연결되어 있던 빙하기에 동남아시아에서 건너온 아에타족의 조상, 둘째, 대륙에서 분리되고 난 뒤 인도네시아, 중국의 화남(華南), 인도차이나 방면에서 바다를 건너온 산지 미개발 부족의 조상, 끝으로 BC 2~3세기부터 14～15세기 사이에 인도네시아 방면에서 건너온 문명화한 여러 평지 부족(오늘날 필리핀인의 대부분)의 조상(인류학상 말레이인)들이다.

여러 차례에 걸쳐 이루어졌을 뿐만 아니라 비교적 고립된 정착 생활이 계속되었다는 사실은 현재의 여러 부족 사이에 100여 개의 언어 및 방언이 존재하는 것만 보아도 알 수 있다. 그 가운데 대표적인 언어는 타갈로그, 일로코, 팜팡고, 비콜, 세부아노, 일리가이논(일롱고), 와라이와라이(사마르-레이테), 마긴다나오, 팡가시난 등 말라야-폴리네시아어파(語派)의 9자매어이다. 1946년 독립 이후 타갈로그어를 기초로 한 필리핀어가 국어로 쓰이고 있으며 영어도 공용어로 사용되고 있다. 에스파냐(스페인 España) 문화가 파급되기 이전부터 힌두, 이슬람, 중국 문화가 전래되기는 하였으나 당시에는 변경지대에 불과하였던 이 나라에 결정적인 영향력을 미치지 못하였다. 따라서 여러 부족이 할거하던 상태에서 벗어나 정치적·경제적·문화적 통일을 이루게 한 것은 에스파냐와 미국의 식민지 지배였다.

14세기 이후에는 민다나오섬에서 루손섬에 이르기까지 이슬람교가 전파되었다. 16세기에 에스파냐 사람들에게 정복된 이후에는 이슬람 세력이 남부로 쫓겨나기는 하였으나 이슬

25) KOTRA(2024),「(필리핀-마닐라) 2024 해외출장자료」(2024.7.17.).

람교도(모로족)들은 외국의 지배에 굴복하지 않고 독자적인 생활과 문화를 고수하였으며 오늘날에도 국가적 통일을 저해하는 소수민족 문제의 핵심이 되어 있다.

에스파냐의 식민지가 된 뒤에는 중국인들의 유입이 본격화하여 상인, 기술자로서 식민지 경제에 큰 역할을 하였다. 그들은 여러 차례에 걸친 추방과 학살에도 불구하고 흔들리지 않는 지위를 지켜왔다. 더욱이 필리핀 사람들과 활발한 혼혈이 이루어져 필리핀의 유력한 경제인들 가운데 많은 사람이 그들의 후예이다. 에스파냐 사람들 역시 식민지 지배와 포교 과정에서 원주민 상류층과의 혼혈이 빈번히 이루어졌다. 이 밖에 미국인을 비롯한 외국인들과의 혼혈은 정치적, 경제적으로 우위를 차지하는 메스티소(혼혈아)를 탄생시킴으로써 필리핀 사회에 독특한 계층을 형성하게 되었다. 종교적으로도 아시아에서는 흔히 볼 수 없는 그리스도교 국가라는 것은 이와 같은 역사적 사실을 배경으로 한 것이다.

2016년 인구는 약 1억 300만명이며, 수도 마닐라에는 178만명 가까이 거주한다. 다바오(Davao:약속의 땅)의 인구는 145만 명 정도로 추정되며, 관광도시로 유명한 세부(Cebu: 남부 여왕의 도시)에는 86만 명이 거주한다.

4) 화교 배경

필리핀에 화교가 유입된 시기는 송대로 17세기 초로 기록된다. 이 시기 필리핀에 화교는 2.5만명이 있었으며, 당시에는 가장 큰 해외 화교 커뮤니티였다. 이후 300년 동안 필리핀 화교 역시 많은 질시와 배척을 받아 왔다. 스페인 식민지 시절에는 5차례에 걸친 화교 학살 사건으로 많은 희생이 따랐다. 1603년에는 마닐라에 거주하는 화교 2만 5천명을 학살하였고, 1639년, 1690년에도 학살이 이어졌다. 당시 명나라 정부는 화교는 고향을 버리고 이익을 탐하기 위해 떠난 천민이라는 구실로 사건을 마무리 지었다.[26]

필리핀으로 떠난 화교들의 대부분은 쿨리로 불리는 계약 노동자가 대부분이었다. 문헌에 따르면 1851~1875년간에 필리핀에만 4만 5천명의 쿨리가 유입되었고, 1876~1900년에도 2만명이 필리핀으로 이주했다. 미국이 필리핀을 지배하던 1934년 필리핀 화교 인구는 10만 8천명으로 조사되었다.

다른 통계에 따르면 19세기말 필리핀 내 화교 인구는 10만명이었으며, 1939년 주필리핀

26) 이덕훈(1999), 필리핀화교의 정착과 적응, 「아시아연구」 제1권, 35-40쪽.

중국 대사관 통계로는 13만명이었다. 중국과 필리핀은 1975년에 수교하였으며, 이후 필리핀 정부는 화교의 필리핀 국적 취득을 쉽게 완화하여 1975~1986년간 20만명의 화교가 필리핀 국적을 취득했다.

미국 식민지 시대에서 독립한 필리핀은 1946년 7월 4일 필리핀 공화국을 성립한다. 독립 후 민족주의가 고양되어 유통업계로부터 화교·화인을 배척하는 운동이 시작되었고, 이는 1960년대 중엽까지 이어졌다. 1948년 은행국민화법(60%는 필리핀 자본출자), 1954년 소매업 국민화법(외국인 자본기업은 10년내 폐쇄), 1961년 쌀·옥수수 국민화법(소매·경작·운수 분야에서 화교 영업정지) 등이 그 사례이다.

1966년 이후, 필리핀 화교들은 적극적으로 필리핀 국적을 취득하였으며, 필리핀 정부 역시 화교의 기술·경험을 이용하고 화교 자본을 활용하기 위하여 친화교 정책으로 전환하였다. 1975년에는 화교의 필리핀 국적 취득이 간소화 되어 이후 많은 화교들이 필리핀 국적 취득에 나서게 된다.

인도네시아, 말레이시아의 대화교 정책이 배화(排華) 정책 기조였다면, 필리핀은 서로간 동화를 위한 정책 기조로 구분된다. 이는 필리핀 화교들이 다른 동남아 국가들과는 달리 낙지생근(落地生根) 즉 현지국에 뿌리를 내리고 현지화를 통해 이민의 목적한 바를 달성하려는 정착형이었기 때문이다.

필리핀 역시 정확한 화교·화인 인구에 대한 통계가 부족하다. 캐나다 Edgar Wickberg 교수는 80~120만명으로 보고 있으며, 이는 총 필리핀 인구의 1.4% 수준이다. 중국 복건성 교무판공실에 따르면 1980년대말 필리핀 내 화교인구는 100만명이며, 필리핀 총인구의 1.5% 수준으로 보고 있다. 필리핀에서는 화교를 중국계 혼혈이라는 의미로 차이니즈 메스티조(Chinese Mestizo)로 호칭한다. 이들은 이미 여러 대에 걸친 시간의 경과로 화교로서의 정체성을 잊어버리고 있었으나, 최근 중국경제의 부흥으로 인해 다시 화교의 후손으로서 자아를 찾으려는 움직임이 나타나고 있다.[27)]

필리핀 화교의 고향은 복건성이 가장 많고 그중에서도 연해 무역항구도시인 취안저우(泉州) 출신이 가장 많다. 그 다음으로는 광동성 출신이 많다. 필리핀 화교는 이미 3~4대 화교들이 주류를 이루고 있다.

---

27) 丘进(2013),「华侨华人蓝皮书:华侨华人研究报告(2013)」, 社会科学文献出版社, 44쪽.

5. 베트남

1) 주민과 언어

베트남은 54개의 민족으로 구성된 다민족 국가이다. 그 중 인구의 약 87%를 차지하는 베트남인(킨족)은 수천 년 전에 중국 화남지방에서 북부 베트남으로 이동했다고 알려졌다. 북부 베트남으로 이동한 킨족은 송코이강을 중심으로 문명을 이루었으며 중부와 남부베트남은 참파족이 지배하고 있었다. 베트남인의 부분적으로 남진하기 시작한 것은 1070년대 이후의 일이다.

베트남은 1000년 동안 고대 및 중세 중국 왕조들의 지배를 받았기 때문에 독자적인 문화를 유지하는 한편 중국문화의 영향도 받았다. 베트남에는 킨족을 제외한 800만 명에 달하는 53개의 소수민족이 있다. 베트남인(킨족)이 델타나 평야지대에 거주하면서 벼농사에 종사하는 반면, 소수민족 대부분은 산악 또는 고원지대에 산재하며 유목이나 화전경작을 영위해 왔다. 특히 서부고원지대에는 30여개의 소수민족이 살고 있는데, 6대 소수민족은 바나족, 쟈 라이족, 에데족, 꺼호 족, 세당 족, 므농 족으로 이들을 합치면 90만에 이른다. 베트남의 화교는 현재 약 90만명 정도로 베트남에서 네번째로 규모가 큰 민족에 해당하며, 베트남 전체 인구의 1.3%에 해당한다.

공용어는 로마자 위에 특수한 부호를 넣어 80여 개의 자모(字母)로 구성한 베트남어이다. 13세기 이래 한자의 음과 뜻을 차용하여 만든 쯔놈이라는 민족문자가 사용되었으나, 베트남에 온 예수회 사제들이 이를 라틴문자로 옮기면서 사용한 것이 오늘날의 베트남어가 되었다. 현대의 베트남어 단어의 상당부분이 한자에서 기원하였다. 1910년대에까지 치르던 한학유학시험이 폐지됨으로서 한자와 쯔놈이 더이상 사용되지 않고 있으며, 현재에는 베트남어가 사용되고 있다. 그밖에 4종의 소수민족 언어를 법률상 허용하고 있다.[28]

28) 주 베트남 대한민국 대사관 (http://overseas.mofa.go.kr/vn-ko) 검색일자 (2021.1.11)

[표 2-11] 베트남 개황

베트남 Vietnam

- **위치** 동남아시아, 남중국해 연안
- **면적** 331천 ㎢(한반도의 1.5배)
- **수도** Hanoi
- **인구** 1억 명('23)

일반

기후	열대 몬순(북부), 열대성(남부)
민족	베트남인 또는 킨족(85%) 등 54개 민족
언어	베트남어(공용어), 영어, 프랑스어, 중국어, 크메르어
종교	불교(6%), 가톨릭(6%)

정치

독립일	1945. 9. 2.(프랑스)
정치체제	사회주의 공화제
국가원수	Vo Van Thuong 주석
의회	단원제(500석)

경제

GDP	4,334억 달러('23)
1인당 GDP	4,316달러('23)
화폐단위	Dong(D)
회계연도	1. 1. ~ 12. 31.
산업구조	서비스업 48%, 제조업 40%, 농업 12%('22)
주요 수출품	방송장비, 전화기, 집적회로, 사무용 기계, 신발
주요 수입품	집적회로, 전화기, 의류, 방송 장비, 정제유
주요 부존자원	안티모니, 인산염, 석탄, 망간, 희토류, 보크사이트, 크롬산염, 석유 및 가스, 임산자원, 수력자원
국제신인도	OECD 4등급, Moody's Ba2, Fitch BB

자료: 한국수출입은행 해외경제연구소 국가별통합정보(2023)

[그림 2-6] 베트남 지도

자료: 두피디아 그림 자료 (검색일: 2020.1.8.)

2) 역사

중국 당나라와 송나라 교체 혼란기에 남비엣 지역을 장악한 류엔이 국호를 대월(大越)이라 하였다가 이후에 남한(南漢)으로 바꾸었다. 이 세력은 중국대륙과는 별도의 세력을 이루면서 베트남지역을 장악하였지만, 베트남에서의 중국세력을 몰아내려는 응오꾸엔과의 일전을 벌인다. 938년 중국 원정군에게 승리를 거둔 응오꾸엔이 939년에 스스로 왕위에 올라 처음으로 중국의 지배에서 벗어난 최초의 왕조인 '응오왕조'를 세운다. 이후 딩, 레 왕조로 이어졌으며, 레왕조는 송나라의 침입을 물리치고 베트남의 독립을 지켰다. 이들 왕조에 이어서 1009년에 성립된 리왕조는 리꽁우언에 의해 만들어져 송나라의 재침입을 물리치면서 200년간 왕조를 이어갔다. 원나라의 침입과 내부혼란으로 리왕조는 무너지고 몽고군의 침입을 물리친 쩐흥다오에 의해 쩐왕조(1226~1400)가 세워졌다. 쩐왕조 멸망 이후 들어선 호왕조는 허약하여 명나라의 침입을 받으면서 1406년에는 다시 중국의 속국이 되어 약 20년간 지배를 받게 된다.

1428년 레러이가 명나라를 몰아내고 세운 레왕조(1428~1788)는 베트남 왕조 중에 가장 오래 지배한 왕조 중 하나다. 가장 번영기를 이루었던 왕인 타인똥은 토지제도를 개혁하고 관습법과 사회제도를 반영한 베트남 최고의 성문법(國朝刑律)을 만들어 중앙집권적 군주제를 실현하였고, 남방정벌에 나서 참파국을 정복하고 서쪽으로는 라오스의 루앙프라방까지 정복하였다. 16세기 이후 권력을 둘러싸고 북쪽에는 찡 가(家) 남쪽에는 응웬 가(家)가 지배하면서 남북으로 갈라져 대립과 분열이 생겨났고, 이러한 구도는 17~18세기까지 지속되었다. 레왕조 시대의 남부세력을 재건하려던 응웬가의 응웬아잉은 프랑스 세력을 등에 업고 1802년 베트남의 마지막 왕조인 응웬왕조를 창건한다. 그는 왕조의 국호를 과거의 중국에서 불렀던 남비에트와 구분하여 비에트남(越南. 월남)이라고 하였으며 1945년까지 지속된다.

영국과 경쟁하며 인도차이나로의 진출을 꾀하고 있었던 프랑스 나폴레옹 3세는 1858년 다낭을 공격하고 이듬해에는 사이공을 점령하였다. 그 후 프랑스는 베트남의 북부 및 중부를 공략하여 1884년에는 베트남의 전 국토가 프랑스 식민지가 되었다. 1945년 8월, 일본이 패망하자 베트남민주공화국이 성립되었다. 그러나 프랑스는 지배권을 되찾고자 1946년 말부터 베트남과 전쟁을 일으켰다. 제1차 인도차이나전쟁이라고 부르는 이 전쟁은 8년(남부에서는 9년)이나 지속되었다. 1954년 5월 프랑스군 거점인 디엔비엔푸가 함락되었고 같은 해 7월 제네바에서 휴전협정이 성립된 결과, 북위 17도선을 경계로 하여 베트남은 남과 북으로 양분되었다.

가. 미국과의 베트남 전쟁 (1960-1975)

1955년 남베트남에 응오딘지엠을 대통령으로 하는 베트남공화국(Republic of Vietnam)이 수립되었으나, 지엠 정권은 토지개혁으로 농지를 분배받은 농민들에게서 다시 토지를 회수하는 등 민중의 반발을 샀다. 지엠 정권은 미국 지원을 받아 1958년 반공법을 시행하고 남베트남 내의 노동당 조직을 탄압했다. 이러한 지엠 정권의 학살에 맞서 각지에서 봉기가 일어났으며, 1960년 12월 남베트남민족자유전선(National Liberation Front of South Vietnam: NLF)이 결성되어 정부군에 대한 게릴라 활동이 시작되었다.

1963년 지엠 정권은 쿠데타로 붕괴되었지만, 1964년 응우옌구엔 칸이 다시 쿠데타를 일으켜 집권하는 등 남베트남 정권은 악순환에 빠졌다. 미국은 1964년 8월에 일어난 통킹만 사건(북베트남과 미국간 해상 무력충돌)을 계기로 1965년 2월부터는 북베트남에 대한 폭격에 나서 전쟁이 본격적으로 시작되었다. 1967년 11월까지 미국은 약 50만 명에 이르는 지상군을 베트남에 파병하였다. 한국도 1964년 9월 의료진 등 비전투요원을 파견한 것을 시작으로 1965년 10월 이후에는 30만명의 전투병을 파견하며 참전하였다. 그외 필리핀, 태국, 호주, 뉴질랜드 등도 파병하였다.

1968년부터 미국 국내에서는 반전 여론이 높아져, 베트남 전쟁 개입 중단을 내세운 닉슨이 대통령으로 당선되었고, 1969년 닉슨은 '베트남 전쟁의 베트남화'를 주장하였다. 이후 베트남에 주둔하고 있던 미군의 감축은 꾸준히 진행되어 33만 명으로 줄었다. 1973년 1월 파리에서 휴전협정에 대한 합의가 이루어졌으나, 1975년 북베트남의 대규모 공세로 사이공이 함락되고 전쟁은 끝이 났다.[29)]

나. 베트남 사회주의 공화국 등장과 화교의 탈출

미국과의 전쟁에서 승리하고 1976년 6월에 베트남 사회주의 공화국이 탄생하였다. 1978년 남베트남의 개조(改造)사업이 본격적으로 착수되고, 일반 상점의 사회주의화, 통화개혁 등이 단행되었다. 이러한 일련의 조치는 호치민시(이전 사이공)의 경제적 실권을 잡고 있는 화교의 대량 귀국사태를 야기하였다. 그 결과 중국과의 관계 악화, 군사·경제에 대한 중국

29) 두피디아 국가정보 (검색일: 2021.1.22.)

원조의 전면중지라는 사태까지 발전하였다. 그리하여 베트남은 같은 해 6월 소련·동구권의 COMECON(경제상호원조회의)에 가맹하게 된다.

1977년 가을부터 캄보디아와의 국경분쟁이 격화되고, 1979년 1월 베트남군의 지원을 받은 캄보디아 구국 민족통일전선이 캄보디아 전국토를 제압하기에 이른다. 이에 캄보디아와 우호관계를 맺은 중국은 1979년 2월 17일 중·베트남 국경지대에서 대규모 군사행동을 개시하였다. 이에 쌍방간에 다수의 사상자를 냈다. 1979년 3월 6일에 중국과 베트남간의 전투는 일단 종식되고, 5월 21일에는 포로 교환이 이루어졌다. 전쟁이 발발한 지 10년이 지난 1989년 9월에서야 캄보디아 주둔 베트남군의 철수가 완료되었다. 이를 계기로 베트남은 1991년 11월에 중국과 수교하였으며, 1999년에는 중국과 베트남 간 국경조약을 체결했다.

3) 화교 배경

① 1000년에 걸친 중국 식민 지배에 따른 자연스러운 중국인의 유입

남월(B.C.254-B.C.111)

한나라 (B.C.111-220)

위진남북조 (220-589)

수나라 (589-618)

당나라 안남도호부 설치(679-863)

* 939년에 베트남 최초 중국 지배에서 벗어난 응오왕조 설립.

② 송나라 이후 왕조 멸망 때마다 유입된 중국인들

중국의 각 시기별 왕조가 멸망하였을 때 중국 내륙(광동, 광서) 육로 또는 가까운 해로(해남도)를 이용하여 이동이 가능한 목적지인 베트남에 많은 화교가 발생하였다. 1천년간 식민지배를 한 점을 배경으로 중국인들은 베트남을 가장 이상적인 망명지 또는 피난지로 여겼기 때문이다. 원나라에 의해 남송이 멸망하던 1279년 남송의 관리, 군인, 난민들이 베트남으로 피난하면서 당시 쩐(Tran. 1225~1400) 왕조로부터 영구 정착 허가를 받았다. 또한 남송의 건국으로 혼란 시기였던 1263년 12월, 남송 관리 황핑의 인솔로 2천여명이 베트남으로 이주했다. 1274년 10월에는 30척의 배를 타고 송나라 난민들이 하노이로 이주했다. 명이 청에 멸망하면서 1679년에 약 3천여명 가량의 명나라 관리들과 군인들이 50대의 범선을 타

고 베트남에 피난을 요청했으며, 당시 남부 개발을 막 시작했던 베트남 정권은 이를 수락하고 오늘날 동나이(Dong Nai) 부근에 토지를 주어 정착하게 하였다.

③ 송대 이후, 국제 무역의 확산에 따른 화상(화교상인)의 진출

송나라 이후 중국 상인들은 남양(南洋)으로 불렸던 동남아 무역에 나섰다. 송나라는 개보년 연간(968~976)에 지금의 광서자치구 지역에 행정구역(廣南路)을 설치하고 베트남 하노이와 직선거리로 326㎞ 떨어진 흠주(欽州)를 무역 거점 도시로 발전시켰다. 이후 자연스럽게 중국-베트남 국경에서 화교 상인의 왕래와 체류가 빈번하게 이루어졌다.

왕조의 멸망으로 베트남에 유입되었던 화교의 후손인 화인들은 17세기초에 호이안(Hội An,会安) 항구가 동남아 무역항으로 부상하자 새로 들어선 중국 왕조인 청나라에서 유입된 화교 상인들과 함께 무역업에 종사하게 된다. 1672년 네덜란드 동인도 회사는 호이안에 대표부를, 영국 동인도회사는 호이안 사무소를 개설하였고, 화교들은 이들과 중계 무역(유럽-베트남-중국)도 나섰다.

4) 공산화 전후, 베트남 정부의 화교정책

베트남 화교의 80%는 남부지역에 거주하고 있다. 호치민시에 거주하는 화교들은 주로 중소규모의 운송, 제조, 무역, 금융업 등에 종사하고 있다. 프랑스의 베트남 식민지배 시기 화교는 전체인구의 1%에 불과했지만, 베트남 상업의 2/3를 장악했다. 화교들은 쌀 장사와 농민을 대상으로 한 고리대금업으로 상업과 금융을 장악했다. 화교들은 쌀의 최종판매, 수집, 정미공장, 유통까지 유통경로를 장악하고 있었다. 베트남 쌀의 대부분은 사이공(현재 호치민) 주변에서 생산되었기 때문에 정미공장과 수출업자가 사이공(현 호치민시)의 촐롱(Solon)에 모여 있었고, 지금도 이곳에는 차이나타운이 형성되어 있다.[30] 화교와 베트남인 사이의 혼혈을 민후옹(Minh-huong·明鄉)이라고 한다. 프랑스 식민정부는 밍후옹을 베트남인으로 취급하였다.

베트남 정부는 1960년에 상방(商幇)을 중심으로 한 베트남 화교의 조직적 활동을 전면 금지했으며, 화교들의 애국주의적 성향의 단체들도 불법화했다. 베트남이 1975년에 공산화

30) 강영문(2014), 『동남아 화교비즈니스』, 전남대출판부, 315-316쪽

된 후 베트남 정부는 화교의 상점과 기업들을 국유화하고, 통화개혁을 통하여 현금을 많이 보유하고 있던 화교 경제권에 타격을 주었다.

남베트남의 최초 정권인 응오 딘 지엠 정권(Ngo Dinh Diem. 1955-1963)이 화인사회의 대외무역, 제조, 유통, 운송, 금융 부문의 시장독점구조를 파괴하고 화인사회의 경제력을 흡수 통합하기 위한 화인 귀화정책을 강력히 시행함에 따라, 남부 화인사회는 소멸 위기에 직면하게 되었다. 지엠 정권은 우선 화인사회를 베트남 토착사회에 통합시키는 조치로서 <국적법>을 시행하고 화인의 베트남식 이름으로 개명과 상호의 베트남어 표기를 의무화했다. 1956년 9월에는 외국인의 어류·육류·숯·연료·섬유·견사·금속류·식량 매매 및 정비업·중개업·운송업·서비스업 등 11개 업종에 대한 화인들의 상업행위를 금지했다.[31)]

이러한 동화 정책으로 인해 상당수의 화인들이 베트남으로 귀화했고, 귀화하지 않은 이들은 사업체를 베트남인들에게 매각하거나 베트남인 아내 또는 파트너를 사업 전면에 내세우는 방법으로 경영권을 유지해야만 했다. 그 결과 1955년 62만여 명이었던 중국국적 인구가 3년 후 1958년에는 12만여 명, 6년후 1961년에는 2천여 명으로 감소하는 등 화인사회가 경제력 및 규모 축소 등 위기 상황을 겪었다.

1963년 11월, 지엠 정권 전복 이후 열두 번의 쿠데타, 북베트남과의 전쟁으로 인한 혼란 상황이 이어지면서 남베트남 정부와 토착사회는 정치문제와 북베트남과의 전쟁에만 집중하게 되었고 경제문제는 소홀했다. 화인사회에게 이 같은 정치적 혼란 시기는 오히려 경제 활동의 호기가 되었다. 1964년부터 화인사회는 미군 등 베트남 주둔 외국인 군인들을 대상으로 유흥업소·요식업소·숙박업소 등을 운영하는 한편, 군납용 식품가공사업·전쟁 복구사업에 필요한 건축자재 공급 및 군수물자 수송 등으로도 큰 이익을 보았다. 화인사회는 대만 홍콩 등 동남아 화인 자본과 기술을 끌어들여 제조업 투자를 강화함으로써 1970년대 초 현대식 생산설비를 갖춘 대규모 제조업체 322개, 중소규모 제조업체 8,000여개 등 남베트남 내 제조업체의 약 80%를 소유하게 되었다.

화인사회는 무역업과 금융업도 장악했다 당시 남베트남 무역업체들 중 90%에 해당하는 800여개가 화인 소유였다. 1970년대초 시중은행 총 14개중 7개가 화인소유였는데 모두 대만·홍콩의 화인자본으로 합작 운영되면서 주로 화인사회의 사업자금을 관리하는 역할을 했

31) 김현재(2010), 베트남 華人사회의 형성과정, 그 역할과 특징에 대한 고찰, 「인문논총」 25권, 209-212쪽.

다. 운송업에서도 화인사회는 남베트남 내 육상·해상 운송수단의 12%에 해당하는 약 4천대의 차량과 선박을 소유했다. 폐고철 매매와 같은 전쟁 관련 사업에서도 수익을 챙겼다. 남북 분단시대 남베트남 화인사회는 전쟁 특수 속에서 제조·플랜테이션·무역·금융·유통·운송·서비스업 등 남베트남의 거의 모든 경제부문을 장악했다.

1976년 6월, 북베트남 사회주의 정부가 베트남을 통일하면서, 그동안 자본주의 체제에서 남베트남의 경제를 장악해온 화인사회는 새로운 국면을 맞게 되었다. 통일베트남정부는 먼저 남부 자본주의 시장경제체제의 사회주의 계획경제체제로 개혁에 착수했다. 반사회주의적·반민족적 인민착취세력인 매판 자본가들에 대한 숙청을 최우선 과제로 삼았다. 이러한 상황에서 남부 화인사회는 주요 척결대상이었다. 베트남정부는 우선 화인의 이중국적 문제부터 해결하고자, 1976년 남부 화인들에게 국적 등록을 명령했다. 그러나 상당수 화인들은 과거 남베트남 정부 하에서 이미 취득한 베트남 국적을 부정하고 중국 국적을 등록하는 반응을 보였다. 이 같은 화인들의 반응은 통일 후 새롭게 등장한 베트남 정부로부터 자신들을 보호해 줄 수 있는 대상을 중국으로 보았기 때문이다.

화인사회의 이러한 반응은 남부 화인세력이 매판자본가 뿐만 아니라, 통일 베트남의 주권과 안보를 위협할 수 있는 친중국세력으로서 확신하는 계기가 되었다. 이에 따라 베트남정부는 중국국적을 고수하는 화인들에 대해서 취업 및 취학권리 박탈·공무원직 해임·군적취소·중세부과·식량징발·호적말소·재산압류 등 전면적인 정치·경제적 탄압을 가했다. 1976년 말에는 남부 내 모든 중국어 신문사와 화인 학교를 폐쇄했다. 1978년 3월은 모든 사기업들의 집단공유로 전환을 발표하고, 남부 화인들에게 모든 상업 활동을 중단하고 농업·어업·공업 부문에서 새로운 일자리를 구할 것을 명령했다. 그에 따라 1978년 화인 소유 기업 약 3만개를 국유화하고 이들 자본의 해외 도피를 막기 위해 화폐개혁을 단행함으로써 화인사회의 자산을 몰수했다.

당시 특정 업종을 독점하며 막대한 재산을 축적함으로써 왕을 뜻하는 부어(Vua)라는 칭호를 들어왔던 화인 거상들이 재산을 몰수당하고 체포되는 피해를 입었다. 대표적 인물로는 방적왕 리롱턴(Ly Long Than), 은행왕 다오머우(Dao Mau), 미곡왕 마히(Ma Hi), 철강왕 리쎈, 차왕 쩐 토아이 하(Tran Thoai Ha), 해운왕 땅따이(Tang Tai) 등이 있다. 뿐만 아니라 베트남정부는 화인들을 신경제지구로 강제이주 조치했다. 이 과정에서 1975년-1980

년까지 67만 5천여 명의 화인 난민이 중국국경을 넘거나 보트피플(boat people)이 되어 베트남을 탈출함으로써 베트남 화인사회는 소멸 위기에 처하게 되었다.

5) 도이머이 정책(1986년) 도입과 화교의 역할

통일 이후 베트남 경제는 쇠퇴하게 된다. 베트남의 캄보디아 침공, 중국과 전쟁 그리고 서방국가들의 경제적 봉쇄와 사회주의 계획경제의 실패 등으로 베트남인들의 생활수준은 통일 이전보다 악화 되었다. 결국 베트남 정부는 1986년 국가의 개방과 시장경제의 도입을 목표로 하는 도이머이(Doi Moi. 刷新) 정책을 채택했다. 그 결과, 외국인투자 허용, 사유재산 인정, 개인의 기업경영 허용 등 자본주의 방식의 경제구조를 공식화하는 실질적인 조치들을 시행하게 된다.

베트남정부의 자본주의 시장경제체제 도입은 화인들이 다시 사적 경제활동을 재개할 수 있게 했다. 특히 1987년 12월, <외국인투자법> 승인 이후 대만·홍콩·싱가포르 등지 화인 자본의 대 베트남 투자가 이루어지면서, 베트남의 화인들은 해외에 거주 화교·화인들의 베트남에 대한 투자를 연결하는 교량 역할을 맡게 되었다.

도이머이 시행 초기 약 8년간 싱가포르·대만·홍콩 등의 화교자본이 전체 대베트남 외국인 투자금액의 73.6%, 전체 투자건수의 75.2%를 차지했다. 이는 아시아 화교자본이 베트남의 도이머이 정책 도입 초기, 성공의 기반을 다지는데 큰 기여를 했음을 보여준다. 싱가포르·대만·홍콩 등 화교자본은 1991년 이후에도 꾸준히 대베트남 투자를 확대했다. 그 결과 1998년에는 싱가포르가 외국인투자금액 누계 기준으로 전체의 21.5%를 차지해 1위, 대만과 홍콩이 각각 12.8%와 11.6%를 차지해 2위와 3위를 차지했고, 2009년에는 외국인투자 상위 10개국 중 대만·싱가포르·홍콩이 각각 1위 5위 8위를 기록했다.

해외 화인들의 베트남 내 화인사회를 통한 진출로 인해 베트남 거주 화인사회는 1975년 베트남 통일 이전 남베트남에서 누렸던 경제적 지위를 회복하게 되었다. 그 결과, 1996년 화인들은 호찌민시 전체 기업 7,260개 중 약 20%에 해당하는 1,380개를 소유하게 되었다. 그중 일부는 해외 화교자본과 합자투자로 설립 운영되었다.

베트남 최대 신발제조업체 비티스(Biti's)와 비타스(Bita's)를 비롯해 식품가공회사 낀도(Kinh Do), 호텔기업 윈저(Windsor), 방적회사 타이 뚜언(Thai Tuan), 제지회사 빈 띠엔

(Vinh Tien), 가구제조업체 응에 쓰엉(Nghe Xuong) 등은 오늘날 베트남 내 동종업계를 대표하는 대기업으로 성장했다.

화인사회의 경제력 회복 상황은 전통적인 베트남 화인사회 지역인 호찌민시와 메콩델타 지역의 화인 인구 증가추세에서 알 수 있다. 호찌민시 화인 인구는 도이머이 직후 1988년 475,739명에서 1991년 50만 여명으로 증가했고, 메콩델타지역의 화인 인구는 도이머이 이전 1983년 233,856명에서 도이머이 직후 1989년 323,648명으로, 6년간 약 10만 명 증가했다. 이는 도이머이 정책 이후에도 베트남 화인사회가 여전히 남부지역을 중심으로 형성 유지되고 있음을 보여준다.

베트남 통계청에 따르면 베트남 내 전체 화인인구는 1999년 현재 862,371명이며 그 중 남부지역에 전체 화인인구의 92.74%인 799,729명이 거주하고 있다. 특히 호찌민시와 인근 지역을 포함하는 동남보(Dong Nam Bo)와 메콩델타(Dong bang song Cuu Long) 등 두 지역에만 베트남 내 전체 화인 인구의 90.65%인 781,728명이 집중 거주하고 있다. 상기 두 지역은 17세기 말 명나라 화인의 이주로 인해 베트남 내 최대 화인 사회·경제 중심지로 부상한 이후, 프랑스 식민시대, 남북분단시대, 베트남 통일을 거쳐 오늘날까지 유지되고 있다.

6) 최근 베트남 경제

코로나19로 인한 봉쇄 기간에도 불구하고 생산, 수출 등 각종 경제 지표가 증가해 2022년에는 8.02% 성장률을 달성했고, 코로나19 이후의 경기 회복이 더뎌지며 2023년에는 5.05% 성장을 기록했다. 이는 글로벌 경기 둔화로 인한 대외수요 감소, 일부 선진국의 통화긴축, 지정학적 긴장 심화 등 대외적인 요인으로 인한 것으로 분석된다.

베트남 무역 규모는 역대 최고 교역액을 기록했던 2022년과 달리, 2023년에는 전년비 6.7% 감소한 6,810억 달러를 기록했다. 무역수지는 8년 연속 흑자를 달성했다. 해외기업의 베트남 투자(인바운드 FDI)는 366.1억 달러로 전년비 32.1% 증가했다.

▶ GDP 성장률: ('20) 3.19% → ('21) 5.76% → ('22) 8.02% → ('23) 5.05%

▶ 교역규모(U$): ('20) 5,454억 → ('21) 6,691억 → ('22) 7,302억 → ('23) 6,810억

▶ FDI(U$): ('20) 285.3억 → ('21) 311.5억 → ('22) 277.2억 → ('23) 366.1억

2022년 베트남의 수출입에서 FDI 기업이 차지하는 비중은 각각 73%(2,710억 달러),

65%(2,333억 달러)로 압도적인 수준을 유지하고 있다. 2023년 베트남의 교역 순위는 1위 중국(1,719억 달러. 비중 25.2%), 2위 미국(1,108억 달러. 16.3%), 3위 한국(760억 달러. 11.2%)이다.

이를 수출입으로 나눠 보면, 3546억 달러를 기록했던 2023년 수출의 경우, 미국 27.3%, 중국 17.1%, 한국 6.6%, 일본 6.6%, 네덜란드 2.9%, 홍콩 2.7% 순이다. 수입의 경우(2023년 3263억 달러), 중국 33.9%, 한국 16.1%, 일본 6.6%, 대만 5.6%, 미국 4.2%, 태국 3.6% 순이다. 2023년 베트남의 주요 수출품은 컴퓨터, 전자제품 및 부분품, 전화기, 핸드폰 및 부분품, 기계·장비·도구 및 기타 부속품, 섬유·의류제품, 신발류, 수송수단 및 부속품, 목제품, 수산물, 철강, 카메라 및 부분품 등 외자기업이 생산하는 모든 제품이 망라되어 있음을 알 수 있다.

6. 미얀마

1) 역사

1989년 이전에는 버마(Burma)라고 불렸다. 미얀마의 군사 정권이 버마족 외에 다른 소수 민족도 아우른다는 차원에서 미얀마(Myanmar)로 국호를 변경하였다.

11세기 바간(Bagan) 왕조(1056~1287)가 버마를 통일했다. 1056년 아노야타 왕(1044~1077)이 몬족을 정복하고 중부 미얀마를 장악, 바간 왕국을 창건하므로써, 미얀마족에 의한 최초의 국내통일이 성취되었다.

13세기에는 몽고의 침공과 분열(1287~1531)이 있었다 1287년 쿠빌라이칸의 몽고군 침공으로 바간 왕조가 붕괴된다. 몽고군은 1299년 퇴각하였고, 그후 200년간 샨, 미얀마, 몬족 등 각 소수민족 국가가 병존하면서 패권 쟁탈을 위한 각축전(몬족과 샨족간 40년전쟁 1385~1425 등) 전개되었다. 16세기에는 토옹구(Toungoo) 왕조(1531~1752)가 설립된다. 1531년 따빈슈웨티가 바고에 토옹구 왕조 건립했으며, 이는 제2의 미얀마족에 의한 통일 왕조이다. 1752년 프랑스의 무력지원을 받은 몬족에 패망했다. 18세기에는 꼰바웅(Konbaung) 왕조(1758~1886)가 들어섰으며, 이는 제3차 미얀마족의 패권쟁탈로 동 왕조는 역사상 최대의 세력을 확장했다.

18세기 중엽 얼라웅퍼야 왕이 버마를 재통일(꼰바웅 왕조)했다. 그러나 영국령 인도에 대한 무력 침략을 발단으로 하는 영국-미얀마 전쟁에서 지고, 1885년에 멸망했다. 1824년부터 1826년에 걸친 제1차 영국-미얀마 전쟁에서는, 버마가 인도를 지배하는 영국에 대해서 벵골지방의 할양을 요구, 영국측이 거부하면서 무력에 호소했지만 패했다. 영국의 도발로 일어난 1852년의 제2차 영국-미얀마 전쟁에서 버마는 국토의 반을 잃었고 1858년부터 1861년에 걸쳐 새 수도 만달레이를 건설해 천도했지만, 1885년의 제3차 영국-미얀마 전쟁으로 왕조는 멸망했고, 1886년에 영국령 인도에 병합되어 그 한 주가 된다.[32)]

32) 두피디아 국가정보 (검색일: 2021.1.11.)

[표 2-12] 미얀마 개황

미얀마 Myanmar

- **위치** 동남아시아, 방글라데시와 태국 사이
- **면적** 677천 ㎢(한반도의 3.1배)
- **수도** Nay Pyi Taw
- **인구** 54.2백만 명('23)

일반

기후	열대 몬순
민족	버마족(68%), 샨족(9%), 카렌족(7%), 라카인족(4%)
언어	미얀마어(공용어)
종교	불교(88%), 기독교(6%)

정치

독립일	1948. 1. 4.(영국)
정치체제	대통령중심제(의원내각제 성격)
국가원수	Min Aung Hlaing 최고사령관 (군부)
의회	양원제(상원 224석, 하원 440석)

경제

GDP	749억 달러('23)
1인당 GDP	1,381달러('23)
화폐단위	Kyat(KT)
회계연도	4. 1.~3. 31.
산업구조	서비스업 47%, 제조업 31%, 농업 22%('22)
주요 수출품	천연가스, 의류, 이트륨
주요 수입품	정제유, 방송 장비, 천, 오토바이
주요 부존자원	석유, 임산자원, 주석, 안티모니, 아연, 구리, 텅스텐, 납, 석탄, 대리석, 천연가스
국제신인도	OECD 7등급

자료: 한국수출입은행 해외경제연구소 국가별통합정보(2023)

[그림 2-7] 미얀마 지도

자료: 두피디아 그림 자료 (검색일: 2020.1.8.)

1936년에는 자치권을 얻어 영국령 버마가 되었다. 1942년 아웅산과 일본군이 진출하면서 일본은 미얀마에서 영국을 내쫓고 버마 자유주라는 괴뢰정권을 세웠다. 그러나 이도 얼마 오래가지 못하고 1945년에 일본이 패망하면서 다시 영국의 소유가 되었다. 1948년 1월 4일에 미얀마는 독립하여 버마 연방이 성립되었고, 사오슈웨타익이 첫 대통령이 되어 민주공화국(1949-1962)이 시작되었다. 다른 영국 식민지와 달리 버마는 영국연방의 일원이 되지 않았다. 대의원으로 이루어진 양원제 의회가 성립하였고 다당제하에서의 선거가 1951~

1952, 1956, 1960년에 치러졌다. 그러나 민주정치 시대는 1962년, 네윈 장군의 쿠데타로 종식되었다. 네윈은 거의 26년간 버마식 사회주의를 추구하며 버마를 통치하였다. 2010년 11월 7일, 미얀마 군사정권은 총선을 통해 민간에 정권을 이양했다. 군부의 지원을 받는 통합단결발전당(USDP)이 압승했다. 2010년에 미얀마 연방공화국 선포되었다.

2015년 11월 13일, 아웅산 수지의 '민주주의민족동맹당(NLD)'이 상하원 과반을 달성해 정권교체를 이루었다. 1962년 군사 쿠데타 후 줄곧 미얀마 군부를 지원해 온 중국은 NLD와도 우호 관계를 구축해 왔다. 2015년 6월, 수지 여사를 중국에 초청했으며, 시진핑 국가주석도 만났다. 미얀마 경제가 미국보단 중국에 더 의존하고 있다는 점도 작용한다. 중국과 미얀마의 무역액은 2014년 259억달러로, 2억달러도 안 되는 미국의 130배가 넘는다.[33] 2019년에도 미얀마 수출의 32%(1위), 수입의 35%(1위)가 중국과의 교역이었다.

2021년 2월 1일, 미얀마에서 다시 군부 쿠데타가 발생했고, 수지 여사가 가택연금을 당하는 등 이후 불안한 정세가 지속되고 있다. 현재 미얀마는 2021년 이후, 4년째 군부가 '국가행정위원회'를 구성하여 13개 핵심 부처 장관을 군출신으로 임명하는 등 임시 군정 체제를 지속하고 있다. 한편, 카렌민족연합(KNU)은 2024년 4월 현재, 미얀마 군부와 교전 중인 것으로 전해졌다.[34]

2) 경제 및 대외정책

미얀마는 1988년에 사회주의를 포기하고 시장경제체제를 도입했으나, 미얀마 정부의 경제정책 기조는 특별한 변화를 찾아볼 수 없으며, 특별한 사안이 생길 때마다 임시방편으로 제도를 도입하거나 변경하고 있다. 외국인 투자에 대해서는 특별한 유치노력이 없으며, 제조업육성을 위한 지원노력이라든가 수출증대를 위한 정부차원의 지원노력 역시 찾아보기 어렵다. 2005년 말에는 수도를 양곤에서 네피도로 이전하였고, 2006년 4월에는 공무원 및 군인의 월급을 5~12배 인상했다.

1997년부터 강화된 수입규제조치는 지속되고 있다. 무역 관련 외환취급 가능 은행은 국영은행 2곳이며, 모든 품목에 대해서 건별로 수입허가를 받고, 수출 실적이 있는 업체만이

---

33) 한국일보 (2015.11.10)
34) 뉴스1 (2024.4.11)

수입이 허용되는 등 수입을 엄격히 통제하고 있다. 수출시 수출대금의 10%를 수출세라는 명목으로 징수하고 있다.

미얀마의 외국인투자 유치정책을 보면, 1988년 버마식 사회주의경제체제에서 시장경제체제로 전환 후, 기초적인 외국인투자법을 제정하고, 외국인투자를 허용하였다. 그러나 현 군사정부의 투자관련 법규가 미비하여 외국인투자 지원정책이 타 국가에 비해 미흡하다. 미국을 비롯한 선진국의 경제제재조치(미국은 2016년에 제재 해제)로 인해 외국투자 유치 실적이 미비하다. 1996년 28억달러로 최대치를 기록했던 외국인투자는 2000년 이후 중단 상태이며, 2001년에는 1천 9백만달러로 급감했다. 이는 미얀마 정부 경제운용에 대한 불신, 열악한 인프라, 서방의 경제제재 조치 및 시민단체의 미얀마상품 보이코트 운동 등에 기인한다. 2006년 6월말 기준 미얀마의 외국인투자 승인건수는 총 399건에 금액으로는 138억 달러 수준이었다.

코로나19 팬데믹 이전까지는 민주정부(NLD)의 개혁·개방정책으로 10년간 연평균 6% 내외의 경제성장률을 유지하며 경기 호조세를 보였다. 그러나 군부가 비상사태가 선포한 2021년 -17.9% 마이너스 성장을 기록했으며, 이후에도 2~3%의 저성장을 지속하고 있다. 군정에 대한 국제사회 제재, 정세 불안으로 인한 외국인투자 철수 및 대외신뢰도 악화로 달러당 환율이 이전 대비 57.9% 상승했다.

미얀마는 전통적 농업국으로 농·축산업의 GDP 비중이 22%로 1차산업 의존도가 높다. 2차산업은 임가공(Cut-Make-Pack) 방식의 봉제업, 부분조립생산 방식의 자동차 제조 등이 대표적이다. 주요 재배 작물은 쌀, 콩류 및 옥수수이며, 특히 콩류 생산량은 아세안 국가 중 2위이며, 쌀 생산량은 4위를 차지하고 있다. 농수산물, 목재, 광물 및 원자재 등 부가가치가 낮은 원료와 봉제 생산품을 수출하고 생활소비재, 자동차, 기계, 의약품 등을 수입하는 무역적자국 구조를 보인다.

2021년 국가 비상사태로 수입 역량이 감소하며 일시적인 불황형 흑자를 기록했으나 기본적으로 수출이 부족한 '무역적자국' 형태이다. 2022-2023 회계연도에는 수출 139억 9,700만 달러, 수입은 144억 8,200만 달러를 기록하는 등 완만한 회복세를 나타내기도 했다. 그러나 2023-2024 회계연도에는 수출 146억 4,080만 달러, 수입은 154억 7,790만 달러를 기록하며 감소세로 전환됐다 주요 수출국은 태국(23.7%), 중국(21.6%), 일본(8%), 미국, 싱가포르, 독일 등이며, 주요 수입국은 중국(32.4%), 싱가포르(22.4%), 태국(11.1%), 말레이시아, 인도네시아, 일본 등이다. 저가 공산품을 수입할 수 있는 중국 및 태국과의 교역 의존도가 더욱 높아졌다.

주요 수출품목은 천연자원, 옥, 의류, 농산물(쌀, 검은콩), 광물, 수산물 등 저부가가치 원자재 상품이다. 2016-2017 회계연도까지 천연가스의 수출액이 가장 많았으나, 이후 봉제업 생산이 급격히 증가하며 의류가 최다 수출 품목으로 부상했다. 수입 품목은 자체 생산이 어려운 전자기기 및 생활소비재를 비롯해 정제된 광유, 기계류, 자동차(부품), 석유, 비료, 건축자재 등으로 구성되어 있다.

미얀마에 대한 최대 투자국(누계)은 싱가포르(261억 달러)이며, 중국(219억 달러), 태국(116억 달러) 등이 뒤를 이으며 주요 투자국으로 자리하고 있다. 싱가포르 집계액에는 서구권의 우회 투자가 포함된 것으로 추정된다. 2023-2024 회계연도 총 외국인 투자 규모는 16억 4,070만 달러를 기록했고, 싱가포르는 2억 4,520만 달러를 투자해 1위 지위를 유지했으며, 중국(2.2억 달러), 태국(0.2억 달러), 홍콩(0.2억 달러) 등이 뒤를 잇고 있다.[35]

3) 주요 산업

미얀마는 26년간 버마식 사회주의 경제체제하에서 모든 산업시설을 국유화하고 민간의 대외무역을 금지했다. 1988년 시장경제체제로 전환하였으나 현재까지 규모가 큰 공장과 주요산업은 정부가 독점하고 있는 상태이다. 또한 국영기업 거의 대부분이 외화 부족에 따른 원료수입 곤란, 노후기계 교체 지연 및 수리불량 등으로 가동률이 현격히 낮은 상태이다.

현재 미얀마 경제를 이끌어 가고 있는 주력산업은 농업, 광업, 임업 등 1차 산업이며, 특히 해상천연가스전 개발이 활성화되면서 자원개발 분야가 전통적인 농수산업, 임업 등과 함께 미얀마 전체산업을 주도하고 있다. 산업별 GDP비중은 농업이 54.6%, 제조업/광업이 13%, 서비스업이 32.4%를 차지하여 제조업기반이 매우 취약하다.

미얀마는 동, 아연, 주석, 텅스텐, 니켈, 철, 석탄, 석유, 보석류 등 다양하고 풍부한 광물자원을 갖고 있으나 생산량은 상대적으로 소량이다. 1994년 새로운 광산법이 제정되면서 외

35) KOTRA(2024),「(미얀마-양곤) 2024 해외출장자료」(2024.7.5).

국업체의 광물자원 개발사업이 허용되었으나 아직도 생산과 수출은 미얀마정부가 깊이 관여하고 있다. 천연가스는 Yadana 천연가스전, Yetagon 천연가스전 개발로 2001년부터 미얀마 최대 수출품목으로 등장했으며, 프랑스, 미국, 태국, 말레이시아, 영국, 일본 등이 개발사업에 참여하고 있다.

농업은 미얀마의 대표적인 산업으로 GDP 비중 및 외화가득원면에서 중요한 위치를 차지하고 있다. 최근 농업에서 성공적인 분야는 쌀생산 분야이다. 1998-99년, 1999-2000년 1,650만톤에 불과하던 쌀 연생산량은 2000-01년부터 2002-03년까지 연생산량 2,000만톤을 상회했다. 정체상태에 있던 쌀수출 역시 2001-2002년 93만9천톤을 기록했으며, 이는 세계 최대 쌀수출국 시절인 1960년대 수출량 100만톤에 가까운 수치이다. 그러나 2004년 쌀 수출 금지조치로 2003-2004년에는 17만톤으로 급감했다. 미얀마 쌀생산은 비료 및 우수종자가 부족하고, 열악한 저장시설 및 운송수단으로 인해 파종면적에 비해 부족하며 품질이 낮아 수출은 저가로 아프리카, 인도네시아, 싱가포르, 방글라데시, 말레이시아 등 일부 국가에 한정되어 있다.

미얀마 제조업은 농림수산업에 기반을 둔 제조업이 대부분이며, 식음료 산업이 제조업 생산의 80%를 차지한다. 냉장설비투자 증가는 수산물을 주요한 외화 가득원으로 만들었고, 정제공장 투자증가로 정제설탕생산을 1990년대 후반부터 지속적으로 늘려왔다. 아울러 미얀마는 합판, 베니어, 가구 등 임업관련 제조업 또한 국내사용 및 수출을 위해 지속적으로 육성해 왔다.

최대 제조업 분야는 수출을 전제로 한 봉제분야이다. 봉제는 제조업 중 외국인 투자가 가장 활발히 이루어진 분야이다. 2003년 7월 미국의 미얀마제품 수입금지조치로 인해 300개 봉제공장에서 35만명의 근로자를 고용하고 있던 봉제산업 분야는 침체상태를 경험한 바 있다. 다만 유럽, 일본 등을 대체시장을 발굴하면서 2005년부터 다소 회복되는 양상을 보이고 있다. 미국의 미얀마제품 수입금지조치는 면화산업에도 영향을 미쳤다. [36]

36) 주 미얀마 대한민국 대사관 (http://overseas.mofa.go.kr/mm-ko) 검색일자 (2021.1.11)

4) 화교의 배경

미얀마 화교는 바다를 통해 미얀마에 들어와 정착한 해로화교(海路華僑)와 중국 운남성을 통해 이주해 온 육로화교(陸路華僑)로 구성되어 있다. 미얀마는 육로화교의 역할이 크다. 미얀마 상부지역은 운남성을 경유하여 미얀마에 이주한 육로화교가 많다. 이에 비해 미얀마 하부지역은 다른 동남아 국가들의 화교사회와 마찬가지로 주로 해상루트를 통해 이주해 온 화교들이 정착하여 살고 있다.

기록에 따르면 미얀마에 처음으로 대규모 이주를 기록한 화교들은 기원전부터 미얀마 북부 지역인 카친주(Kachin State)로 이주한 중국 윈난성 출신 옥(玉) 상인들이었다. 이후 19세기인 1861년에는 광동 출신의 상인들이 싱가포르를 경유하여 미얀마에 도착한 적이 있다. 1885년 영국의 식민지배 시기에 대규모의 중국인(계약 노동자)들이 해로를 통해 미얀마에 유입되었다. 1930년대에 특히 화교 인구가 급증했으며, 2차대전 시기에는 미얀마 화교 인구가 19만 4천명에서 30만명까지 늘어나, 미얀마 총인구의 약 1%를 점유한 바도 있다. 이 시기 화교들은 미얀마 내에서 화교 커뮤니티(학교, 신문사, 상공회의소 등)를 구성했다. 1950년 옛 수도 양곤에는 4개의 화교신문사와 주간지 출판사 3곳이 있었으며, 미얀마 전체의 화교 학교는 200개에 달했다.

미얀마에서는 영국 식민지 시절 현지인을 통치하기 위해 영국이 화교를 활용했다. 말레이시아에서 이주한 화교들도 미얀마에 정착하였으며, 이들 중 복건계·광동계 화교들이 주로 재이주하였다. 미얀마 내 화교들은 영국인들의 건축, 도로 건설의 지원과 자원 개발 및 물자 운송에 주로 종사하였다.

이들 주류 화교 외에도 미얀마에는 코캉 화교(Kokang Chinese), 이슬람 화교(Panthays), 국민당 부대 출신 화교 등이 있다. 코캉 화교는 중국 윈난성에서 자발적으로 미얀마로 건너간 중국인들이 아니다. 1897년 2월 4일 청나라는 영국과 '중영 미얀마 조약'을 체결하여 코캉 지역을 영국에게 할양하였고, 그 결과 이 지역에 거주하던 중국인들은 자연스럽게 미얀마 소수민족으로 신분이 바뀌게 된 것이다.

미얀마 내 이슬람 화교의 기원은 원나라를 창시한 쿠빌라이 칸 부대원 중 이슬람인과 타타르인(터키계 중국인)의 후예들이다. 이들은 윈난성 다리(大理)에 거주하면서 현지 중국인들과 결혼 하였다. 1855년에 이 지역의 무슬림(이슬람 교도)은 청나라에 반기를 들었고, 그들을 탄압하기 위해 온 청나라 군사를 피해 미얀마 동북부 지역으로 이주를 하게 된 것이다.

미얀마의 네윈 정권(1962~1987년)은 미안마 민족주의와 사회주의 정책을 추진하면서 미얀마 내에서 화교의 경제활동을 원천적으로 봉쇄했다. 1963~1967년간 30만명의 인도인과 10만명의 화교들이 네윈(U Ne Win. 1911-2002) 정권의 박해를 피해 미얀마를 빠져 나갔다. 당시 인도인과 화교들이 개설했던 모든 학교, 언론사 등은 문을 닫아야 했다. 이 당시 대부분의 화교들은 태국, 싱가포르, 호주, 미국(캘리포니아주) 등지로 떠나게 된다.

1982년에도 미얀마 정부는 '신공민권법'을 제정하여 외국 국적 거주민들에 대한 차별적 정책을 실시하였으며, 이 시기에 생활 기반을 위협받던 많은 화교들이 다시 대만, 홍콩, 호주, 미주 지역으로 이민에 나서게 된다.

1998년말 기준, 미얀마 화교 인구는 300만명으로 전체 인구의 6.4%를 차지했다. 이는 당시 인도네시아, 태국, 말레이시아에 이어 4위의 수준이다. 그러나 대만화교사무위원회 통계에 따르면 2011년 미얀마 화교 인구는 105만명으로 6위 수준을 나타내고 있으며, 중국 국무원 교무판공실에 따르면 같은 해 미얀마 화교인구는 263만명으로 미얀마 전체인구의 4.36%를 점유하고 있다.

7. 캄보디아

1) 역사

캄보디아 왕국(캄보디아王國, 프레아 리아치아나차크 캄푸치아), 줄여서 캄보디아(프라테 캄푸치아), 캄푸치아 또는 크메르는 동남아시아에 있는 입헌 군주국이다. 수도는 프놈펜이며, 크메르 제국의 유적인 앙코르 와트와 앙코르 톰 등으로 유명하다. 1863년 프랑스의 보호령이 되었으며 이후 계속해서 식민지로 남아 있다가, 1954년 프랑스 공동체 내의 자치국으로 독립했지만, 베트남 전쟁 등의 영향으로 인해 크메르 루즈가 득세하는 등 계속해서 정권이 불안정했다. 크메르 루주 등의 준동과 베트남의 개입으로 인해 내전이 1980년대 말까지 계속되었으며, 이 시기 중 킬링필드가 일어나기도 하였다.

킬링필드는 1975~1979년간 민주 캄푸차시기에 캄보디아의 군벌 폴 포트가 이끄는 크메르 루주(Khmer Rouge)라는 무장 공산주의 단체에 의해 저질러진 학살이다. 원리주의적 공산주의 단체인 크메르 루즈는 3년 7개월간 전체 인구 700만 명 중 1/3에 해당하는 200만 명에 가까운 국민들을 강제노역을 하게 하거나 학살하였다.

1989년 이후 베트남군이 철군하였고, 1991년에는 파리 평화협정이 체결됨으로써 내전이 공식적으로 종결되고 유엔의 임시 관리에 놓이게 되었다. 1993년에는 망명해 있던 국왕 노로돔 시아누크를 다시 불러오고 보통 선거를 통해 정체를 입헌군주제로, 국명을 캄보디아 왕국으로 바꾸었다. 이후 총리 훈센에 의한 쿠데타가 한 차례 있었지만, 1993년 이후로 정치는 대체로 안정되어 왔다. 캄보디아의 정치는 1993년에 제정된 헌법에 따라 의회에 의해 운영되는 입헌군주제를 따르고 있다. 캄보디아의 총리는 의회의 수반이고, 국왕은 국가의 수반으로 다당제의 형태의 정당을 운영하고 있다. 총리는 국회의 승인을 받아 국왕이 임명하며, 총리는 행정부의 권력을 행사한다. 입법권은 행정부와 상·하원 양 의회에 주어진다.[37]

37) 주 캄보디아 대한민국 대사관 (http://overseas.mofa.go.kr/kh-ko) 검색일자 (2021.1.11)

[표 2-13] 캄보디아 개황

캄보디아 Cambodia

- **위치** 동남아시아, 타이만 연안, 태국과 베트남 사이
- **면적** 181천 ㎢(한반도의 4/5)
- **수도** Phnom Penh
- **인구** 16.2백만 명('23)

일반

기후	열대 몬순
민족	크메르족(95%)
언어	크메르어(공용어)
종교	불교(97%), 이슬람교(2%)

정치

독립일	1953. 11. 9.(프랑스)
정치체제	입헌군주제(의원내각제)
국가원수	Norodom Sihamoni 국왕(Hun Manet 총리)
의회	양원제(상원 62석, 하원 125석)

경제

GDP	309억 달러('23)
1인당 GDP	1,916달러('23)
화폐단위	Riel(CR)
회계연도	1. 1. ~ 12. 31.
산업구조	제조업 44%, 서비스업 38%, 농업 18%('22)
주요 수출품	의류 및 신발, 트렁크 및 케이스, 쌀, 고무
주요 수입품	정제유, 의류, 금, 자동차
주요 부존자원	석유, 가스, 임산자원, 원석, 철광석, 망간, 인산염
국제신인도	OECD 6등급, Moody's B2

자료: 한국수출입은행 해외경제연구소 국가별통합정보(2023)

[그림 2-8] 캄보디아 지도

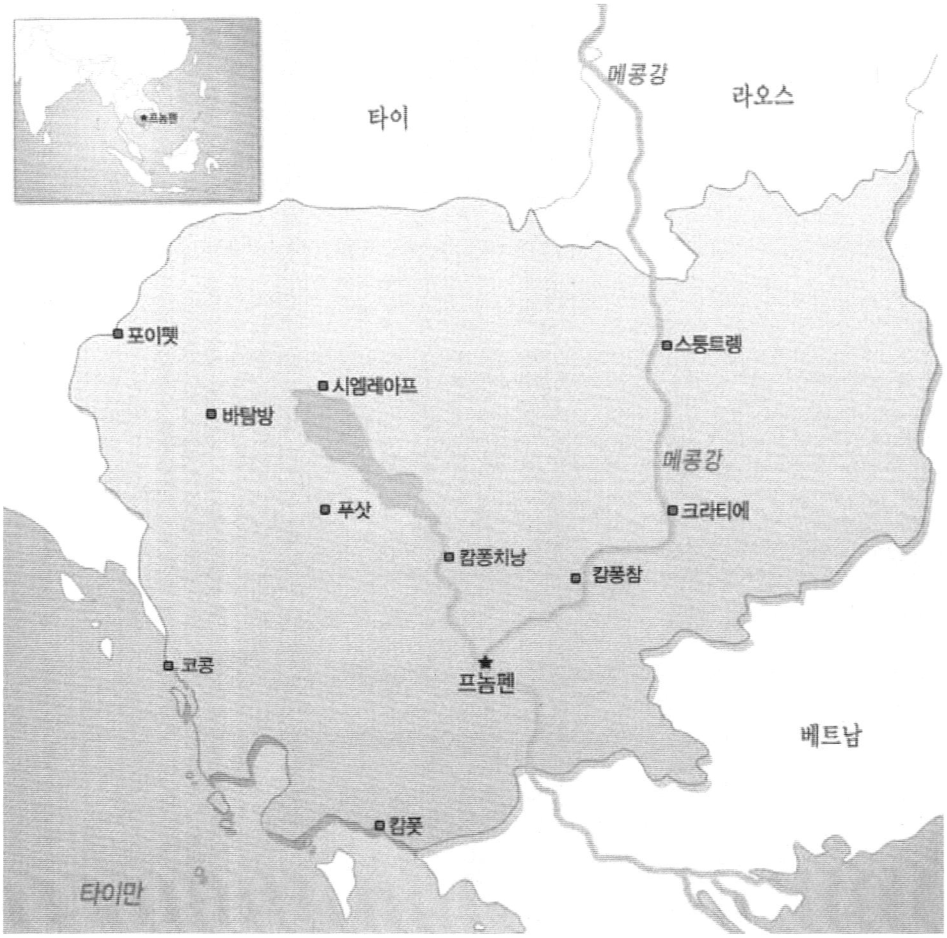

자료: 두피디아 그림 자료 (검색일: 2020.1.8.)

2) 주민 구성

캄보디아는 다종족 사회이기는 하나 인구의 90%이상이 크메르인(캄보디아인)이고 그 밖에 중국인·베트남인·참족·고산족 등이 있다. 주로 상업에 종사하는 중국계는 5.1%를 차지하는데, 출신지는 차오저우(潮州)·광둥·푸젠·하이난(海南) 등이다. 베트남인은 1977년까지 4.5%를 차지하여 어업 외에 목수, 미장이, 이발, 기계수리 등의 기술적 직업에 종사하였으나, 1977년부터 베트남-캄보디아 분쟁으로 대부분 베트남으로 도피하였다. 캄보디아인들은 베트남을 멸시하여 노예라는 의미로 유온(Yuon)이라고 부른다. 이밖에 무슬림인 소수의 참(Cham)족이 있고, 크메르루(상부크메르)로 총칭되는 쿠이족·스첸족·프놈족·자라이족 등 소수민족이 화전 농업을 영위하고 있다.

언어는 크메르족의 공용어인 크메르어가 국어이며 중국계는 여러 언어를 사용하나 중국인들간의 공통어로는 광둥어가 우세하다.

종교는 예로부터 불교를 국교로 삼았으며 1975년까지 국교였으나 이후 크메르 루즈에 의하여 철회되었다가 1993년 현재의 입헌군주제가 부활되면서 다시 국교로 채택되었다. 주로 소승불교를 신봉한다. 현재 전 국민의 90%를 소승불교가 차지하며 나머지는 이슬람교(참인)·그리스도교(베트남인)·힌두교 등을 신봉한다. 네악타(精靈) 신앙, 인도에서 전래된 바라문교가 남긴 주술에 관한 민간신앙도 많이 남아 있다.[38)]

3) 경제

캄보디아의 2018년 1인당 GDP는 1,485달러로, 저소득국을 벗어나 2015년부터 중저소득국 지위를 획득했다 (세계은행 중저소득국 기준: 1,046~4,125달러). 이는 그간 캄보디아가 자본과 선진기술 도입, 고용창출 등 사회경제 발전 위해 외국인 투자 유치에 주력해 온 결과이다. 2015년 기준으로 캄보디아 인구의 22.5%가 제조업 종사중이며 전체 GDP의 28%에 해당한다.

캄보디아 기업의 45%는 식품제조업, 35%가 의류·신발 등 단순 봉제업이다. 전체 7만 7천 개 기업 중 영세기업이 97.3%, 중소 중견기업이 2.2%, 대기업이 0.6%를 차지하고 있으며, 대기업이 인력의 63.3%를 고용하고 있다. 대기업 중 63%가 외국계이다. 2017년 기준 캄보디아 수출의 72%가 의류·신발(봉제), 22%가 목재류에서 창출되고 있다.

2017년도 1차산업 생산총액은 GDP의 24.9%이며 캄보디아 인구의 45.% 이상이 농업에 종사한다. 그러나 관개시설 미비, 생산성 향상 기술 미흡, 농자재 생산 및 수급 미흡, 유통구조 및 농업연구 R/D 투자가 미흡한 상태로 전체 작물 생산성이 낮다. 단위면적당 쌀 생산

38) 두피디아 국가정보 (검색일: 2021.1.11.)

량은 인접국보다 낮으며, 생산성이 높은 건기에는 관개시설이 미흡하여 우기 재배 면적의 19.7%만 재배된다.

2차산업 중 주요 산업은 섬유(봉제·신발·가방)·관광·농업·건설 등으로 꾸준한 성장세를 보이고 있으며, 외국기업의 투자도 이들 산업 중심으로 이루어지고 있다. 특히 봉제업이 수출·고용 측면에서 대부분을 차지하고 꾸준한 성장세를 보이면서 제조업 성장의 견인차 역할 수행한다. 봉제 산업은 캄보디아에서 거의 유일한 2차 산업으로, 봉제 관련 제품 수출은 캄보디아 전체 수출의 72%를 차지하고 있으며, 대상국은 미국(24%), 유럽(46%) 및 일본(19%) 등이다. 한국기업은 캄보디아 봉제 산업의 15%(중국에 이어 2~3위) 정도를 차지(60여 개 업체, 10만여 명 고용)한다. 캄보디아에는 원자재 생산업체가 없어 대부분을 수입하고 있으며, 저렴한 노동력에 의존하고 있는 봉제업체들이 단순가공 후 재수출하고 있다.

3차 산업(서비스업)이 전체 GDP에서 차지하는 비중은 2017년도 기준으로 약 41.9% 수준이다. 관광 산업은 비약적으로 계속 성장하고 있으며 2017년에는 외국인 관광객이 560만 명을 기록했다.

캄보디아의 시장 특성을 보면, 봉제업을 제외한 여타 제조업이 거의 전무하여 기본 소비재 대부분을 수입에 의존하는 전형적인 소비시장이다. 전 인구의 14%가 거주하고 있는 프놈펜에 소비 시장이 집중되어 있고 운송 수단이 열악하여, 유통구조가 취약하며 상권 확장에 한계가 있다.[39)]

2019년 GDP 성장률은 6.9%였고, 수출 189.8억달러, 수입 239.33억달러로 무역수지는 -49.4억 달러였다. 주요 수출품은 의류, 신발, 가죽제품, 여행용구, 전기기기 등이며, 수입품은 편물, 차량, 원유, 기계, 전자기기, 합성섬유, 플라스틱제품이다. 주요 교역 대상국은 미국, 일본, 독일, 중국, 영국, 태국, 베트남, 대만, 인도네시아 등이다.

COVID-19 엔데믹 이후 외국인직접투자, 관광업 및 여타 서비스업 회복에 따라 캄보디아 2023년 경제성장률은 5.5%를 기록했다. 이는 2022년 5.2% 대비 0.3%포인트 높은 수준이다. 2023년 1인당 GDP는 1844달러를 기록했다. 글로벌 경기 둔화와 미달러화 환율 상승으로 캄보디아 수입 수요가 감소하여 2023년 총 교역규모는 전년대비 1.9% 감소한 468억 달러 기록했다. 이중 수출액 226억 4,500만 달러(1.8%↑), 수입액 241억 8,300만 달러(5.0%

39) 외교부 동남아과(2019),『캄보디아 개황』, 외교부.

↓) 수준이다. 2023년 캄보디아의 주요 수출국은 ❶ 미국(39.3%), ❷ 베트남(13.1%), ❸ 중국(6.55), ❹ 일본(5.2%), ❺ 캐나다(3.8%) 순이며, 주요 수입국은 ❶ 중국(47.6%), ❷ 베트남(16%), ❸ 태국(12.8%), ❹ 인도네시아(4.4%), ❺ 싱가포르(3.8%) 순이다.

단순 임가공 위주의 제조업과 농업 중심의 산업구조로 봉제품(의류, 신발, 여행용품 등) 및 농산품(곡물 등)이 주요 수출 품목이며, 2023년 글로벌 경기 둔화에 따른 주요 수출 대상국의 봉제품 수입수요 감소로 전년대비 봉제품 수출이 감소했다. 수입의 경우, 임가공을 위한 원부자재 수입 중심으로 봉제 원부자재(편직물, 면 등) 및 제조업 중간재(전자기기·부품, 차량·부품, 기계·부품 등)가 주요 수입 품목이다.

2023년 외국인직접투자 신고금액은 27억 1,600만 달러(전년대비 136%↑)이며, 건설 및 인프라, 제조업, 농업, 관광업 분야 투자가 활성화 되고 있다. 중국이 對캄보디아 최대 투자국으로 2023년에 22억 7,800만 달러를 투자해, 전체 FDI 중 59.8%를 점유했다. 중국 외에도 대만(3.4%), 싱가포르·말레이시아(2%), 홍콩(2.51%) 등 화교권 국가의 투자 비중이 높다. [40]

4) 화교의 등장

문헌에 따르면, 캄보디아의 화교 공동체가 처음 등장하는 것은 명대 정화원정대 시기이다. 원정대가 프놈펜에 들어와서 관원들에게 화교들과 협력할 것을 권고했다는 기록이 있다. 이주가 처음 시작된 것은 1-3세기로 추정하나 증명하기는 어렵다. 12-14세기 조공무역부터 본격적으로 중국과 교류가 시작되었고, 화교들이 정착하여 상업에 종사한 것으로 추측된다. 이 당시에는 지리적으로 근접했던 미얀마 중부, 라오스 북부와 베트남 북부의 광산지역으로 계절형 노동자들의 잦은 왕래가 있었던 것으로 기록하고 있다. 태국과 캄보디아와 같이 지리적으로 근접하지 않은 경우에는 해양을 통해서 화교들이 캄보디아에 진입했다.

17세기 이후 캄보디아의 화교는 계절형 노동자보다는 태국과 베트남의 해양을 통해 진입한 후에 육로로 캄보디아에 진입한 경우이며, 대부분 유민의 형태로 들어와 정착한 것이 특징이다. 기록에 따르면 17세기초 명대 말기 유민들이 집단으로 이주하여 화교 공동체를 형

40) KOTRA(2024), 「(캄보디아-프놈펜) 2024 해외출장자료」, (2024.7.5.).

성했는데 다음과 같이 기록하고 있다. '1679년에 50여척의 배에 32,000명의 중국인들은 베트남 남부지역을 통과하여 캄보디아 영역에 진입하여 정착했다. 그들은 현지의 문화와 법을 존중했고, 현지의 여성들과 결혼했으며, 경제활동에 종사 했다.'

또한 1708년에는 정매율(鄭玫率)이 1,000명을 이끌고 캄보디아에 도착했다는 기록도 있다. 최근에 가장 큰 규모의 화교가 유입된 계기는 1863년부터 캄보디아를 식민 지배했던 프랑스가 필요한 노동력을 중국에서 동원한 것이다.

캄보디아에서 초기 화교 공동체는 단순히 생존을 위한 활동에만 종사한 것이 아니고, 화교 내부의 종친회, 중화회관 등을 형성하여 상호협력을 위해 사회적 관계망도 형성했다. 이 관계망(네트워크)에서는 캄보디아에 초기 진입과 정착 과정이 차이가 있더라도 혈연 및 지연이 동일하면 각자가 소속한 중화회관이나 사단(社团. 화교 커뮤니티)에 참여하였다.

5) 화교 정책

캄보디아에서 프랑스의 식민통치가 본격화되면서, 중국인들은 화교의 사회적 네트워크를 통해서 이주했다. 1931년 캄보디아에 148,000명의 화교 및 중국인 노동자들이 정착했고, 1936년 106,000명이 들어왔다. 1946년부터 1949년까지 캄보디아에 정착한 화교 수가 42만 명이라고 추정했다. 프랑스 식민 지배 세력은 필요한 노동력을 직접 중국에서 모집, 수송해 오기보다는 화교들로 하여금 이 임무를 대행하게 했다. 캄보디아의 화교 사회가 몇 개의 방언 그룹 및 출신지역을 중심으로 형성된 데는 이런 역사에 기인한다.

1962~1963년까지 화교수가 42만 5천명이었고, 이중에 84%가 상업 및 경영에 종사하였는데, 이중에 도시가 43%이고 농촌이 41%였다. 그 외 공업생산업에 8.5%를 차지하고 기타가 0.5%이다. 하지만 1970년대 초부터 정치적인 혼란이 가속화되면서, 일부 화교들은 주변 국가로 도피하였다. 대부분 도시의 상업망을 장악하고 있던 화교들은 폴 포트 정부(1975-1979년)의 정책인 '공민(국민)이 아닌 교민은 재산을 소유할 수 없다'라는 조치에 따라 재산이 몰수되고, 모든 정치, 경제적 권한을 박탈당했으며, 농촌지역으로 하방 되어 집단농장에서 노동에 종사했다. 1975년 이후 캄보디아를 탈출한 화교는 대략 10만명으로 추정하고 있으나, 농촌으로 하방 되어 기아와 질병 그리고 고문 등으로 죽은 경우도 많아 그 수치를 정확히 가늠하기 어렵다.

1991년 캄보디아 정부는 경제회복을 위해 화교들의 사회적 지위를 향상 시키는 조치를 선언하는데, 화교를 교민에서 공민의 지위를 부여하고, 정치 및 경제적 참여가 가능한 소수민족으로 인정하는 조치를 발표했다. 이를 계기로 1991년 캄보디아 '화교이사회'가 성립되는데 그 주요 임무는 귀국화교, 신중국인, 그리고 여타 해외 화교들의 이주, 정착을 도와주는 차원에서 설립되었다. 이 단체는 이주에 관심이 있는 사람들을 대상으로 캄보디아의 시장 동향, 합작 투자 방법, 투자 법률 자문, 일반 생활에 필요한 정보 등을 제공했다.

현재 캄보디아 정부가 개혁개방 이후 경제 발전을 위하여 50여 개에 달하는 화교 조직을 외국인 투자유치에 이용하고 있다. 화상르바오(華商日報)의 통계에도 현재 화교 단체로 등록되어 있는 숫자가 50개에 달하며, 이는 동향회, 종친회, 상조회, 방언그룹 소속 화교학교 그리고 기타 복지단체가 있다. 프랑스 식민정부가 1891년과 1906년 사이에 파악해 놓은 인구조사에 의하면, 캄보디아 화교들 사이에는 5개 주요 방언그룹인 광조(廣肇:광동어) , 복건(福建), 해남(海南), 조주(潮州), 그리고 객가(客家)가 있으며, 이들의 분포를 보면 조주가 76%로 가장 많고, 광조 10%, 해남 8%, 객가 3%. 복건 2%, 그리고 기타 1% 등이다. 지리적으로 광동지역 출신이 97%이고, 복건 지역 출신이 2%, 나머지는 화북지역 출신이다.

프랑스 지배 시기에나 현재에도 비공식적인 정치·경제 영역에서의 영향력을 제외하면, 방언 그룹의 활동은 여느 친목 모임과 다르지 않다. 중화회관을 중심으로 정기적인 모임과 행사를 주관하고 향우회나 상조회 같은 소조직을 만들며, 기금을 조성하여 학교를 세우고 학생들을 지원하는 등 방언 그룹 내 결속력을 다지는데 역점을 두었다. 현재 이들이 세운 학교 중에서는 조주 회관에서 운영하는 두안화(端華)학교가 가장 오래되고 규모도 가장 크다. 이 학교 출신들 중에는 캄보디아 중앙정부의 고위관료, 국회의원과 같은 정치인과 은행장 등 경제 지도자들이 많다. 각 방언그룹은 국경을 넘는 친교 활동을 하고 있는데 1년에 1회 동남아 지역 회의를 개최하고, 2-3년에 한 번씩 아시아 지역 및 세계 화교회의를 통하여 대륙 별 친목도 도모하고 있다.

성씨 중심의 종친회가 캄보디아 전역에 걸쳐 운영된다. 특히 1991년 캄보디아 정부가 공식적으로 소수민족 화합 정책에 따라 화교를 소수민족으로 인정한 후, 발전하게 된다. 또한 기존에 교민들의 사조직 구성을 금지했던 조치를 모두 철회하고, 화교의 사조직 구성을 용인했다. 이 중에서 양(楊)씨, 황(黃)씨, 진(陳)씨 종친회가 대표적인데, 이들은 캄보디아 화교

중에서도 역사적으로 가장 오랜 네트워크를 형성하고 있다. 폴 포트 정권기에 음성화 되었던 화교 사회조직들은 1980년대 일부 재건되고 1990년 이후 본격적으로 복구되었다. 이후 종친회, 동향회 등이 신설 및 강화되기 시작했는데, 2002년도 통계에 따르면 그 수가 12개에 달했다.[41]

2011년 통계에 따르면 현재 캄보디아 화교 인구는 71만명으로 캄보디아 인구의 4.89%를 점유하고 있다.

41) 정미경(2012), 캄보디아 화교사회에 사회 및 경제 네트워크, 「아시아연구」 15권1호, 175-206쪽.

제2절 기타 국가 화교 현황

1. 미국

19세기 중엽 서부지역의 금광 발견, 동서 횡단철도 건설 등으로 미국은 대규모 노동력이 필요해졌다. 이에 따라 홍콩, 광동 등지에서 대규모 중국 노등력을 모집했는데 이들이 미국 내 화교 1세대이다. 1873년 당시 미국 거주 화교수는 13만 5천명에 달했다. 1870년 이후 미국 정부는 노동계의 건의에 따라 화교 유입을 엄격하게 통제하였으며, 1943년부터 소수에 한해 이민을 허용하였다. 1965년부터는 국가당 이민 할당량을 2만명으로 확대하여 다시 미국 내 중국 화교 유입이 시작되었다.

1982년부터는 중국정부가 이민을 허용했고, 미국정부는 홍콩 출신 이민 할당량을 5천명으로 확대하여 다시 중국인 이민자 숫자가 증가하게 된다. 1998년 통계에 따르면 미국 거주의 화교 인구는 273만명으로 미국 전체인구의 1% 수준이다. 지역별로는 L.A.에 80만명, 뉴욕 인근 지역에 83만명, 휴스턴에 15만명이 거주한 것으로 나타났다. 19세기에 미국에 건너간 화교 1세대와 그들의 자손들은 완전히 미국사회에 동화되어 주로 동부지역에 거주하며 전문직으로써 안정적인 직업을 가지고 보수적인 정치성향을 띄게 되었다. 그러나 1970년대 이후 미국으로 이주한 화교들은 서부권, L.A.지역, 샌프란시스코 등 지역에 차이나타운을 형성하여 거주하며, 자영업 비율이 높은 편이다. 대만화교사무위원회에 따르면 2011년 미국 거수 화교인구는 416만명으로 늘어났다.

최근 발표된 미국 통계조사 자료(2010년)에 따르면 미국 내 주요 도시중 화교(Chinese American)가 가장 많이 거주하고 있는 곳은 뉴욕시티로 48.6만명이 살고 있으며 전체 도시인구의 6%를 점유하고 있다. 그 다음으로는 17.2만명이 살고 있는 샌프란시스코이며 도시 인구의 무려 21.4%가 화교로 가장 높은 점유비를 보인다.

쿨리(苦力, Coolie 또는 cooli, cooly)는 19세기에서 20세기 초까지의 중국, 인도 사람을 중심으로 하는 아시아계 외국인, 이민자들을 일컫는 말로 정규적인 일자리가 없는 단순 노동자였다. 노예제도가 폐지된 후, 유럽 국가의 많은 식민지와 미국에서 노동력이 부족했다. 영국의 식민지였던 인도 대륙의 빈민층과 아편전쟁(1840~1842) 후, 광둥성, 푸젠성 두 성을 중심으로 산터우, 샤먼, 마카오 등지에서 저임금의 노동력을 가진 쿨리가 세계 각지에 보내졌다. 처음에는 '인도 노동자'를 가리키는 호칭이었지만, 나중에 중국인 노동자들에게 더 많이 사용되었다.

[표 2-14] 미국 내 주요 도시의 화교(중국계 미국인) 현황 및 비중 (2010년 기준)

Large Cities with High Concentration of Chinese American

Rank 순위	City 도시명	State 주	Chinese Americans 중국계 미국인	% of Population 도시인구 중 비중
1	San Francisco	CA	172,181	21.4
2	Honolulu	HI	38,330	10.2
3	Oakland	CA	34,083	8.7
4	San Jose	CA	63,434	6.7
5	New York City	NY	486,463	6.0
6	Plano	TX	13,592	5.2
7	Sacramento	CA	20,307	4.4
8	Seattle	WA	27,216	4.1
9	Boston	MA	24,910	4.0
10	San Diego	CA	35,661	2.7
11	Philadelphia	PA	30,069	2.0
12	Stockton	CA	5,188	1.8
13	Los Angeles	CA	66,782	1.8
14	Portland	OR	9,113	1.7
15	Chicago	IL	43,228	1.6
16	Anaheim	CA	4,738	1.4
17	Houston	TX	29,429	1.3
18	Austin	TX	8,886	1.2
19	Pittsburgh	PA	3,402	1.1
20	Riverside	CA	2,985	1.0

Data Source: United States Census 2010
Graphic by: nyzUSA.com

자료: https://nyzusa.com/chinese-population-in-the-united-states/ (검색일자: 2021.1)

[사진 2-4] 1864~1869년간
미국 캘리포니아주 금광에서 일하던 중국 노동자들

자료: 광동화교박물관. 김동하 © 2017.

[사진 2-5] 미국 동서 횡단철도 건설 당시 동원된 화공의 유물과 사진들

자료: 광동화교박물관. 김동하 © 2017.

미국에서 쿨리는 대륙횡단철도 건설 노동자 등으로 고용되었고, 중국에서 캘리포니아로 10만명 이상이 보내졌다. 호주와 말레이시아, 마다가스카르 등에도 각각 10만명 정도가 이주했다. 공식적인 해외이주는 베이징 조약(1860년) 체결 이후가 되었지만, 그 이전에도 중국에서 쿨리 수출은 이루어지고 있었다. 그 배경에는 중국의 인구 증가, 태평천국 이후의 사회적, 시대적 불안이 있었다. 중국이 공산화되면서 쇄국 정책이 채택되고, 쿨리 무역은 종결되었다.[42]

42) 梁碧莹(1985), 美国与中国的'苦力'贸易—兼论十九世纪中国旅美'苦力'华工, 「中山大学学报(哲学社会科学版)」1985年1期.

1) 화교 배경

1848~1880년간 미국으로 대규모 화교의 유입이 이루어졌는데, 첫 번째 배경은 캘리포니아 금광 개발(Gold Rush)에 따른 노동력 수요였다. 1848년 1월 24일, 제임스 윌리암 마셜이 시에라 네바다 산맥 지역인 콜로마(Coloma)에서 발견한 금맥은 미국 서부개발의 도화선이 되었다. 1850년 이곳 금광 광산에 있던 화공들은 500명에 불과했으나, 1855년에 미국에 유입된 화교는 36,557명으로 이중 2만명이 금광에서 일을 하는 화공들이었다. 1862년에는 48,391명(이중 금광 화공 3만명)으로 화교가 늘어났고, 골드 러시가 최고조에 달했던 1870년에는 34,933명의 화공이 금광에서 일했는데, 이는 미국 전체 금광 근로자의 25% 수준이었다. 1863년 이후 비교적 채굴이 쉬운 노천 금광에서의 채금은 모두 완료 되었다.

미국 화교 유입의 두 번째 배경은 동서대륙 횡단 철도 부설이다. 골드 러시가 끝날 무렵인 1862년, 미국 국회는 총연장 4천㎞의 동서 횡단철도 건설을 승인한다. 당시 평야지역인 동쪽의 오마하-뉴욕 구간 철도망(2천㎞)은 이미 부설되어 있었으나, 산악·협곡 및 사막으로 둘러싸인 서쪽에 철도 부설은 힘든 도전이었다. 1863년 1월에 대륙 횡단철도(Transcontinental Railroad)가 착공되었다. 초창기 공사 현장에는 아일랜드 이민자와 멕시코인들이 동원되었으나 아일랜드인들은 돈을 받자 곧 떠나버렸고, 멕시코인들은 위험 구간 공사를 거부하였다. 이때 투입된 것이 금광 개발로 미국에 들어와 있던 화공들이었다. 이들은 위험하고 힘든 일도 마다하지 않고 완수했으며, 임금도 저렴했다. 물론 난공사 구간에서는 1천여명이 넘는 화공들이 희생되기도 했다. 서부 세크라멘토와 동부 오마하를 연결하는 총연장 2857㎞의 대륙 횡단철도가 6년간의 공사를 마치고 마침내 1869년 5월 10일 완공되었다. 1872년에는 기존 오마하-뉴욕 구간과 연결되어 진정한 미대륙 횡단 동서철도가 개통되었다.

미국은 원활한 노동력 수급을 위해 1868년 청나라 총리아문(외교부에 해당)과 '중미통상조약(벌링게임 조약. Burlingame Treaty)'을 체결하여 화공들의 합법적 이민이 가능하게 된다. 앤슨 벌링게임(Anson Burlingame)은 1861년 링컨 대통령이 지명한 청나라에 대한 미국장관이었다. 조약 5항은 다음과 같다. '미국과 중국 황제는 국적을 바꿀 수 있는 권리를 인정하는 한편, 호기심, 무역, 영주를 목적으로 하는 자국민의 자유로운 이민 그리고 한 나라에서 다른 나라로의 물건의 자유로운 이동을 성실히 인정한다.'

그러나 금광 개발도 종료되고 대륙횡단 철도 부설도 끝나자, 늘어난 화공들은 미국정부에 골치 아픈 존재로 인식되었다. 결국 미국 의회는 1882년 5월에 '화교배척법'을 제정하여, 화공들의 미국적 취득을 금지하고 추가 이민을 금지했다. 이 시기 많은 미국 화교들은 안정된 삶을 찾아 중남미로 이주하거나, 또 다른 대륙횡단 철도 부설이 시작(1881~1885년)된 캐나다로 옮겨가야 했다. '화교배척법'에 따른 화교에 대한 편견과 차별은 미국 루즈벨트 대통령이 미국 화교들의 2차대전 참전을 계기로 법안을 폐지한 1943년까지 계속되었다.

이후 미국정부는 1965년에 중국인 이민 쿼터를 연간 2만명으로 완화했으며, 특히 중국이 개혁개방을 시작하고 미국과 수교한 1979년부터 영국 식민지였던 홍콩이 중국에 반환된 1997년까지 미국 화교가 대규모로 증가했다. 인구 통계를 보면 1920년 미국 화교는 61,639명 수준이었으나, 1970년 43만명, 1980년 80만명, 1990년 180만명, 2000년 288만명으로 늘어났다. 1970년대 베트남, 라오스, 캄보디아의 공산화에 따라 이들 국가에 거주하던 대량의 기존 화교들도 미국으로 향했다. 2000년을 기준으로 미국 캘리포니아주 112만명, 뉴욕주 50만명, 텍사스주 20만명, 하와이주 17만명, 매사추세츠주 10만명, 일리노이주 10만명 등으로 화교들이 주로 거주했다.

한편 화공들은 자신의 권익 보호를 위해 '중화회관'을 미국에 설치하여 동향인들간 결속을 꾀했다. 1850년에 미국 최초의 중화회관인 사읍(四邑)·삼읍(三邑)·양화(陽和)·협길(協吉)회관이 등장했다. 1854년에는 인화(人和)회관이, 1862년 9월에는 신녕 출신 화교들이 분화하여 녕양(寧陽)회관을 설립했다. 1876년에는 신녕, 개평, 은평 출신 화교들이 합화(合和)회관을 세웠으며, 1898년에는 조경(肇慶)회관, 은개(恩開)회관도 설립되었다.[43)]

2. 한국

화교(華僑)는 현재 5천 여명이 북한에 거주하고 약 2만 명이 한국에 거주한다. 이들은 대부분 일찍이 중국 산동에서 거주지를 옮겨온 사람들이다. 그러나 1992년 중반부터 중국과 한국이 외교관계를 맺은 후, 중국의 상공인들이 한국에 와서 체류하기 시작했다. 또한 많은 중국 유학생들이 한국에 와서 공부하고 있으며, 적지 않은 중국의 조선족과 한족이 한국인

43) 刘伯骥(1976),『美国华侨史』, 黎明文化事业公司.

과 결혼 후 한국에서 살게 되었다. 이들은 신(新)화교이며, 1992년 이전에 한국에 와서 정착한 옛 화교(구 화교)들과 구분된다.

중국과 한국은 인접해 있고, 국토도 서로 이어져있다. 옛부터 중국 대륙에 어떤 변화가 일어나면 이를 계기로 많은 중국인들이 한반도로 이주했다. 1842년에 아편전쟁 발발 후 청나라 정부는 패배로 인해 열강과 체결한 남경조약에 따라 중국 문호를 개방하였다. 그때부터 자국민의 해외 이민을 금지했던 '대청봉금령'은 법률적 효력을 잃게 되었다. 1882년 8월 청 정부와 조선은 '조선-청 상민 수륙무역장정'을 체결하였고, 이를 계기로 많은 화교상인(華商)들이 한반도에 들어가 통상무역에 종사하게 되었다. 이를 초기 한국 화교 이민의 효시로 본다. 이외에도 적지 않은 산동성, 하북성에 사는 중국 농민이 고향의 경작지가 줄어들고 생활고로 인해 조선으로 이주해 오기도 하였다. 한국 화교의 이민사는 역사의 발전과 경제활동의 특색에 따라 다음과 같이 구분할 수 있다.[44]

1) 한국화교 발전기 구분

한국 화교 정착기 (1882~1895)

한국 화교의 정착기는 '조청상민수륙무역장정(朝淸商民水陸貿易章程)'[45]을 체결한 1882년부터 청일 전쟁 전후인 1895년까지이다. 조선 고종 집권 시기인 1882년 6월 9일, 임오군란이 발발하자 청조는 조선을 돕는 구실로 대규모 군사를 조선에 파견하게 된다. 특히 광동수군제군 오장경을 파견하여, 3대의 군선에 수군 3000명과 2대의 상선에 40명 군사를 거느리고 산동성 연태에서 출발, 한 달 뒤 7월 12일에 지금에 서울에 도착하였다. 당시의 조선에 도착한 청나라 군무원(비전투요원) 40명을 한국 화교의 시초로 볼 수 있다. 이들은 원래 청군 주둔지 생활을 도와주는 군무원(보급병)이였지만, 시간이 지남에 따라 조선인과 무역을 하기 시작하였다. 조선과 청나라간 통상조약인 '조청상민수륙무역장정' 체결 후, 청조 북양대신(北洋大臣) 이홍장(李鴻章)은 원세개(袁世凱)를 총리교섭통상사의(總理交涉通商事

44) 고영근·김동하(2010),『중국의 상관습과 지역별 비즈니스 환경』, 부산외대출판부, 282-295쪽.

45) 조청상민수륙무역장정(朝淸商民水陸貿易章程). 1882년(고종19년) 8월 23일 조선과 청나라가 맺은 두 나라 상인의 수륙 양면에 걸친 통상에 관한 규정으로 전문 8조이다. 1·2조에서는 조선의 왕과 북양대신은 동등한 지위이며, 양자는 개항장에 상무위원을 파견하되 청측은 영사재판권을 행사하는 치외법권 규정을 두었다. 3조에서는 황해도 연안 및 산동반도의 등주(登州) 연안에서의 고기잡이(어채·漁採)를 허용했다. 청나라 상인들은 영국제 면제품을 들여와 팔고 조선의 곡물과 금은 수출되어 조선의 무역수지 적자가 늘어났다.

宜)로 임명하여 서울에 상주시켰으며, 각 항만에 상무청을 세워 중국 상인이 한국에서 장사를 할 수 있도록 정책 지원을 했다.

1890년 이후 청나라 상인들의 자유로운 상행위가 가능해지자, 장기 체류를 목적으로 하는 화교 상인(華商)이 급격하게 늘어났다. 당시 화교의 대부분은 산동에서 한국의 인천과 서울로 이주했고, 정기적인 상선을 통하여 방직품, 피혁, 농산품들의 수출입 무역에 종사하였다. 게다가 1884년 4월 청정부와 조선은 '인천구 화상지계장정(仁川口華商地界章程)'을 체결하여, 청나라 상인이 거주할 조계(租界)를 확보할 수 있었다. 이를 통해 인천의 16,500㎡ 면적의 조계지에 많은 중국식 주택을 세웠는데, 이것이 한국의 첫 번째 차이나타운이다.[46] 1883년에는 48명에 불과했던 화교는 1890년에 이르러서는 1천여명으로 늘어났다. 그리고 1898년에는 의화단 반청사변 발발 이후에 역시 전란으로 적지 않은 산동성 주민이 한국으로 피난 와서 정착하게 되었다.

화교 발전기 (1910~1922)

1910년 조선에서는 일본이 조선총독부를 설치하여 식민지 침탈을 본격화 하였고, 1911년 중국에서는 신해혁명이 발생하여 봉건왕조인 청조를 타도하고자 중화민국이 설립되었다. 이러한 혼란 시기에 더욱 더 많은 중국 농민은 조선으로 이주하기 시작하였다. 이에 일본 총독부는 화교 인구가 점차 증가되는 것을 발견하고, 화교 거주지를 제한하기 시작하였으며, 관세를 올려 통상을 제한하였다. 비록 일본이 화교 유입을 제한하려 했지만, 조선에 이주한 화교 인구는 이 시기에 오히려 계속 증가하여 1910년 화교는 13,000명, 1912년 15,909명, 1916년에는 17,976명까지 달하게 되었다. 특히 1927년 전후 한국 내 화교의 경제 활동은 최고로 번성하였고, 비단포목점, 양장점, 이발소, 중식요리점 등을 경영하였다.

화교 정체기 (1950~1991년)

1950년 전후부터 1970년말까지 세계는 냉전 시기에 돌입하게 된다. 1945년 8월 15일 일

46) 청 상인들의 수가 늘어나면서 고종 21년(1884)에 독판교섭통상사무 민영목(閔泳穆)과 총판조선상무 천수탕(陳樹棠) 사이에 인천구화상지계장정(仁川口華商地界章程)이 조인돼 인천에 청전관조계가 설정됐다. 전관조계는 필요한 토지를 외국 정부가 한꺼번에 영구히 임대하는 것을 말한다. 청의 전관조계는 인천 서북지역, 선린동 일대 구릉지대에 위치했으며 면적은 약 5천 평이었다. 조계가 다 찼을 때에는 확장할 수 있도록 하고 청인들이 각국 공동조계 내에 거주할 수 있는 권리도 보장됐다. (자료: 인천시역사자료관 홈 페이지)

본의 항복으로 2차대전이 끝나고 주권을 회복한 한국은 바로 외국인의 한국 이민을 금지하는 법령을 공포하게 된다. 한편 1949년 10월 1일, 혁명에 성공한 신중국의 마오쩌둥 공산주의 정부는 쇄국 정책을 실시하였다. 결국 그동안 한국과 중국을 왕래하던 화교는 점차 축소되고, 양국간 무역 거래도 최소화 된다. 일본 강점기에 조선에 주재하던 화교 부녀자의 인구비는 총 화교의 26%에 불과하여, 한국 해방과 신중국 성립으로 중국에 돌아갈 수 없었던 화교 청년들은 남녀 인구비의 불균형으로 한국인 여자와 결혼하기 시작하였다.

1953년 7월, 한국전쟁이 끝나자 대만 당국은 남한에 대사관을 세우고 화교에게 대만 여권을 발행하였다. 반면에 중국은 북한에 대사관을 설치하고 화교를 대상으로 중국 여권을 발급하였다. 이 시기 한국 화교들은 본인의 의지와는 상관이 없이 대만 국적, 혹은 중국 국적을 취득하게 된 것이다. 그 후 한국은 이승만 대통령(1953년)과 박정희 대통령(1962년) 집권 시기에, 2차례에 걸쳐 화폐 개혁을 진행하였고, 그로 인해 한국 화교가 소지했던 현금은 가치가 급격하게 떨어져 경제적인 피해가 막심하였다.

한국 화교들은 부동산 소유에도 많은 제한을 받았다. 1968년 공포된 '외국인 토지법'에 따라 외국인은 주거용 주택 한 채(650㎡, 200평)와 상점 한 곳(170㎡, 50평)만 소유할 수 있었다. 따라서 많은 화교들이 이후 한국 사람의 명의로 토지와 부동산을 사게 되었으나, 소유권 분쟁을 겪는 등 부작용이 발생하였다.

1997년 이전 한국의 국적법은 부계에 의한 속인주의를 채택하고 있었다. 따라서 아버지가 화교이고, 어머니가 한국인 경우에는 아버지 국적을 따라야 했다. 또한 화교들은 외국인으로 등록되어 5년 마다(이전에는 3년마다) 거주 등록을 갱신하는 불편함이 있었다. 화교의 귀화에도 재산증명서 제출과 추천서(공무원, 국회의원, 교원)를 요구하여 장벽이 존재했다. 또한 1977년 한국 정부의 부가가치세제 도입으로 한국에서 주로 음식업 사업을 경영하던 화교는 다시 타격을 받아 많은 화교들이 미국으로 이민을 떠나게 되었다.

신(新)화교 시대 (1992년 이후 ~ 현재)

1992년 8월, 한국은 대만과 단교하고 중화인민공화국(중국)과 국교를 체결하였다. 그 결과 한국 화교에도 새로운 시대가 도래하였다. 한중 수교 이후, 한국에 거주하게 된 중국 국적의 상공인, 한국인과 결혼하였으나 중국 국적을 유지하고 있는 영주권자, 재한 중국 유학생 등 중국 국적의 화교가 급증하게 되었다.

따라서 한국 화교 사회는 기존의 대만 국적 화교와 중국 국적 화교 두 종류가 공존하고 있는, 신화교 시대가 도래하게 된 것이다. 이후 화교 관련 정책도 많이 개정되어 국적법 개정(1997년. 양계 혈통주의 채택으로 부모 중 한 명이 한국인이면 한국 국적 취득 가능), 외국인 부동산 취득 허용 및 절차 간소화(1998년), 외국인 영주 허용(2002년) 등으로 화교의 재산권과 체류 및 국적 취득 관련 불편함이 다소 해소되었다. 특히 최근에는 제8차 세계 화상(華商)대회의 서울 개최(2005.10), 한국 내 화교학교에 대한 학력 인정 권고(2006.9. 국가인권위원회), 대규모 일산 차이나타운 착공(2008) 등 신화교시대 도래에 따른 새로운 변화의 바람도 불고 있다.

2) 한국 화교 현황

1999년 통계에 따르면 한국 화교는 21,806명이며, 이중 대만 출신이 약 100명이었고, 나머지는 본적(최초 한국 입국시 고향)이 중국 산동성 출신이었다. 2002년 말 한국 각지의 화교협회 호적인구 통계에 근거하여 집계한 화교 인구수는 21,782명이다. 이중 산동성 출신이 90%를 차지하였고, 그 다음은 하북성 출신이 약 3%, 동북 각성 출신은 약 2%를 차지하였다. 그 외 광동, 호북, 산서, 절강, 귀주, 사천 지역 출신이 약간 명 있는 것으로 조사되었다.

한국에서 화교들이 많이 모여 사는 지역으로는 서울, 인천, 부산, 대구 등을 꼽을 수 있다. 화교 상공인들의 경제 단체인 한국중화총상회 자료에 따르면 2001년 기준으로 이들 지역에 거주하는 화교는 서울 8,900여명, 인천 2,900여명, 부산 2천명, 대구 1천명 등으로 나타났다. 지난 20년 간 약 10만명에 달하던 한국 화교의 숫자가 2만 명으로 줄어들었다. 이에 비해 일본의 경우 중국인 유학생들을 적극적으로 유치하는 등 화교 사회를 육성하기 위해 노력한 결과 지난 10년 간 화교 숫자가 5만명에서 50만명으로 10배가 늘어났다.

한국 화교 130년 역사에서 이들 4개 도시는 화교들에게 생활과 생업의 주된 터전이었다. 많은 화교들이 모여서 활동했던 까닭에 자연스레 차이나타운(China Town)도 형성됐다. 서울의 소공동·명동, 인천의 북성동(선린동), 부산의 초량동, 대구의 중앙로 일대가 차이나타운으로 명성을 얻은 곳들이다. 그 중에서도 인천 북성동은 국내 최초, 서울 소공동과 명동은 국내 최대의 중국인 거리로 한동안 번영을 누렸다.

그러나 한국정부의 화교에 대한 제한 정책이 심해진 1950년대 이후로 국내 차이나타운은 서서히 활기를 잃어갔다. 각종 제약이 화교들의 경제 활동을 위축시켰다. 1970년대 초부터 화교 인구가 급격히 줄면서 차이나타운은 유명무실해졌다. 쇠락하는 차이나타운을 등진 화교들은 미국, 대만 등지로 이민을 떠났다.

한국 화교 인구는 한중수교(1992년 8월) 이전 대만 국적을 보유한 채 한국에 거주해왔던 구화교와 한중수교 이후 중국 국적을 보유하고 한국에 정착한 신화교로 나누어 볼 수 있다. 이들의 민간화교 단체 또한 한성화교협회(1969년 창설)와 중국재한교민협회(2002년 창설)로 나뉘어진다.

법무부 출입국·외국인정책본부에 따르면, 2021년 기준 한국계 중국인(조선족 동포)을 포함한 중국 국적 등록외국인(90일 이상 거주)은 42만여명, 대만 국적의 등록외국인은 1만7651명이다. 코로나19 전인 2019년에는 중국 국적 등록외국인은 54만여명을 기록했다. 이들은 신화교(중국 국적)와 구화교(대만 국적)로 나누어 볼 수 있다. 따라서 본고에서 소개한 대만교무위원회 2012년말 기준 화교 인구 통계에서 한국 화교를 18만명으로 본 것은 신화교와 구화교 모두가 포함된 수치임을 알 수 있다.

[사진 2-6] 한성화교협회 홈 페이지

주: 한성화교협회는 1969년 6월에 창설된 국내 최고 역사의 화교 단체임. 그 전신은 한성화교자치구(1950), 한성중화상공회(1901), 중화상회(1884)임.
자료: 한성화교협회 www.craskhc.com (검색일: 2021.1)

3) 한국 화교의 영주권 문제

2002년 5월, 한국거주 화교에게 영주권이 부여되기 전까지 화교의 법적 지위는 불안정한 상태에 있었다. 1948년 12월 제정된 한국의 국적법은 속지주의가 아닌 속인주의를 따랐다. 따라서 화교는 자연히 외국인 신분이 되어 한국인이 되려면 까다로운 귀화조건을 충족시켜야 했다. 그래서 대부분의 화교는 대만 국적을 포기하지 않고 외국인으로 살았다.

1960년대초부터 18세에 달한 화교에게 외국인 등록을 의무화 하였다. 3년마다 거주권 신고를 하게 하여, 성인 화교는 화교협회를 통해 법무부에 외국인 등록을 해야 했다. 한국의 화교는 일본의 한국인과 달리 영주권이 부여되지 않았다. 이는 행정 서비스, 금융 서비스, 일상 생활에서의 불편을 의미한다.

화교에 대한 경제적 차별도 존재했다. 1961년 <토지법> 제정으로 외국인의 토지 소유가 금지되어 화교들은 몇 대째 살아온 집과 토지를 팔아야 했다. 이는 1968년에 이르러 1세대 1주택에 한하여 200평 이하, 영업용 50평 이하 소유가 가능하도록 개정된 바 있다. 1970~90년대 부의 주요한 축적 수단이 부동산 투자였지만 화교들은 차단되어 있었다.

2002년 4월, 한국정부는 영주 자격 제도(F5. 영주자격)를 개선하여, 그동안 체류에 불편함을 감수해야 했던 화교들에게 영주권을 부여하였다. 즉 그동안 대만 여권을 소지한 채, 한국에서 장기거주해온 화교에게 영주권(F5)을 부여하게 된 것이다.[47]

[표 2-15] 한국 화교사 주요 연표

연도	주요 내용
1882	임오군란 발발과 함께 청군의 군역 상인으로 화상들이 처음 서울에 옴
1884	인천에 청국 조계(租界)가 설정
1901	서울 지역 화상들이 연합해 한성중화상회를 설립
1912	중화민국 수립으로 서울의 청국총영사관이 중화민국 총영사관으로 바뀜
1913	인천, 부산, 원산의 중화민국 조계가 폐지됨
1931	'만보산 사건'으로 인해 조선 전역에 화교 배척 경향이 확산됨

47) '한국에서 장기 거주하는 외국인(화교 포함)의 거류에 관한 법규'를 개선하여, 2002년 4월 18일, 대통령령 제17579호로 <출입국관리법 시행령 수정령>을 발표했다. 장기거류자격(F2)을 가진 외국인이 한국에 만 5년 이상 거주한 자 및 해당자의 20세미만의 자녀, 그리고 합법적으로 신청하여 허가를 받은 자는 F5 영주권을 부여하고 외국인 등록증을 발급한다. 또한 2002년 4월 27일 법무부는 <출입국관리 실행규칙 부분 수정령>을 공포하여, F5 자격권자에게는 영구 거주권을 주며, F2는 1차에 거주 기간을 3년을 주도록 했다.

연도	주요 내용
1949.10.1	중화인민공화국 수립
1955	1955년-중화요식업총회 설립
1957	무역법 제정 (외국인 무역업자는 한국정부의 허가를 얻어야 됨)
1961	외국인 토지소유 금지령 공포
1968	<외국인토지법> 공포. 주택용지 200평, 영업용지는 50평으로 소유한도 설정
1973	중화음식점 쌀밥 판매 금지령 공포 (3개월 만에 해제)
1992	한·중 국교 수립과 동시에 한·대만 국교 단절
1998	화교의 체류 허가기간을 3년에서 5년으로 연장
1999	한국화교경제인협회 설립 <외국인의 토지취득 및 관리에 관한 법률> 시행으로 토지소유 제한 조치가 해제됨
2002	한성중국교민협회 창립 영주권 관련 법규 개정으로 화교에 영주권이 부여됨
2004	한국중화총상회 설립
2005	제8차 세계화상대회 서울 개최
2008	일산 차이나타운 착공. (2013년 개발계획 무산)

자료: 각종 공개자료 종합 (2014.7)

4) 세계 화상(華商)대회의 서울 개최

규모를 갖춘 차이나타운이 없는 한국에서 세계 화상(화교상인)대회가 2005년에 개최되었다. 2005년 10월에 제8차 세계화상(華商)대회가 서울에서 개최(10월 9일~12일)되어 당시 노무현 대통령이 참석하였다.

세계 화상대회는 전 세계 화교의 인적 네트워크와 경제협력을 강화하기 위해 리콴유 前 싱가포르 총리의 제안으로 시작된 전 세계 화교 기업인들의 '비즈니스 올림픽'이다. 1991년 첫 대회가 열린 이래 싱가포르, 태국, 말레이시아, 홍콩, 캐나다 등을 오가며 7차례 대회가 열렸다.

전 세계에 퍼져있는 5,000만명의 화교들이 보유하고 있는 것으로 추정되는 유동자산은 3조 달러에 달한다. 서울 대회에는 전 세계 30여 개국에서 3000여 명의 화교 기업인들이 참가했다. 그동안 세계화상대회는 화교 기업인들 간의 친목대회 성격이 강했다. 그런데 이번 서울 대회는 화상들과 한국기업이 서로 만나 비즈니스 기회를 창출하는데 초점을 둔 것이 특징이었다. 한·화상 라운드포럼, 1대1 상담, 벤처캐피털 포럼, 투자설명회 등 한국 기업인과의 교류의 장이 다양하게 마련되었다. 이 때문에 그간 세계화상대회에 참석하지 않던 중국 롄샹(聯想)그룹의 류촨즈(柳傳志) 회장, 홍콩 아시아파이낸스그룹 천유칭(陳有慶) 회장, 인도네시아 리포그룹 리원정(李文正) 회장 등 거상들이 참여했다. 또한 대만 포모사그룹 왕융칭(王永慶) 회장의 아들 왕원양(王文洋), 홍콩 골드라이온그룹 2세 경영인 쩡즈밍(曾智明) 부회장 등 화교 재벌 2세들도 참여했다.

화교 자본은 전 세계에 걸쳐 막강한 네트워크와 자금력을 갖추고 있다. 미국 실리콘 밸리 기업의 50%가 중국계다. 이들 중국계 벤처기업은 쓸만한 사업 아이템이 있으면 미국의 벤처캐피털이 아니라 홍콩이나 싱가포르에서 투자 상담을 하고 자금지원을 받는다. 바로 화상(華商)들의 네트워크를 활용하는 것이다. 이렇게 생산된 제품들은 화교 네트워크에 따라 중국에서 생산돼 전 세계로 팔려나간다. 화교 자본은 특히 금융, 유통, 부동산업 등에 강점을 가지고 있다. 일례로 인도네시아의 리포그룹은 전 세계에서 150여 개의 초대형 쇼핑몰을 운영하고 있는 유통 재벌이다. 이러한 화교 자본의 특징이 한국 기업의 기술이나 경영노하우와 결합되면 시너지 효과를 낼 수도 있다.

위축되는 한국 화교사회가 현실임에도 불구하고, 화상대회가 서울에서 개최된 이유는 개최 장소 결정권을 가진 싱가포르, 태국, 홍콩 등 3개국 중화총상회에 한국 화교들의 열악한 상황을 개선하자는 공감대가 형성됐기 때문이라고 한다.[48]

[사진 2-7] 중국재한교민협회총회 행사 사진

주: 중국교민협회는 2002년에 창립했으며, 2008년에는 그 명칭을 '중국재한교민협회'로 변경했다.
자료: 한국신화망 http://www.koreaxh.com (검색일자: 2017.7)

48) 김기호(2016), 중국과 대만 사이에서 변화하는 한국 화교의 이주민 정체성: 서울 화교 사단 조직에 대한 사례 연구, 「아태연구」제23권 제3호.

3. 일본

1) 화교 배경

문헌에 따르면 당 현종(724-748년) 시기에 일본 교토에 화교 1200 가구가 거주했다는 기록이 나온다. 1가구 구성원을 4~5명으로 볼 때, 이 시기에 5천명에서 6천여명의 화교가 일본에 거주한 셈이다. 1842년 아편전쟁 이후, 청나라는 주요 연해도시 5곳을 개항하였고, 일본 역시 1858년 7월 29일 미일수호통상조약을 체결하여 카나가와·하코다테·니이가타·효고·나가사키 5개 항구의 개항, 에도와 오사카의 대외통상 시장 지정, 외국인의 개항장 및 개시장 체류 허용, 양국 화폐 사용 및 교환 허가, 영사재판권의 허용, 협정관세권 등을 허용하였다. 조약 체결 후 일본은 네덜란드·프랑스·러시아·영국과도 통상 조약을 체결했는데, 이를 안세이(安定) 5개국 조약이라고 칭한다.

그로부터 13년후인 1871년 9월 1일에는 텐진에서 '청일수호조약(中日修好条规)'이 일본 재무대신 다테 무네나리와 청나라 직례총독 이홍장간에 체결되었다. 이후 중국 상인들이 일본에서 합법적으로 상행위(무역)를 하였으며, 비즈니스를 목적으로 한 중국 상인들이 대규모로 일본으로 유입되었다.

2차 세계대전 종전 시기(1945년)부터 1970년대초까지 20여년간 일본에 거주하고 있는 화교는 5만명 내외였다. 1979년 중국의 개혁개방 정책으로 해외 출국을 허용하자 대규모 중국인들이 일본으로 입국하여 장기 거주를 하게 된다. 2012년 통계에 따르면 일본 내 중국국적 중국인과 화교는 35만명을 기록했으며, 이중 중국국적 합법 체류자는 25만명, 일본국적 화교는 6만명, 불법 체류 중국인도 4만명에 가까웠다.

일본 내 화교 역시 시기를 구분으로 구화교와 신화교로 구분한다. 1972년 중일수교 이전에 일본에 거주하던 화교와 그 자손들은 대략 7만명 정도 되는데 이들은 재일 화교 전체 인구의 2/3 정도로 구화교로 부른다. 1972년 이후 중국의 개혁개방 정책에 따라 일본에 유학, 결혼, 취업 목적으로 입국한 후 일본에 잔류한 중국인들과 중국 출신 전쟁 고아와 그 가족들은 신화교로 통칭하고 있다.

일본 내 구화교와 신화교의 구성 배경이 다른 관계로 직업 범위도 확연하게 차이가 난다. 구화교들은 일본 사회의 편견과 차별 아래 생활해야 했다. 따라서 그들은 요리사, 이발사,

재단사, 무역업 등에만 종사할 수 있었으며, 2차대전 시대에는 '적대국 공민'이라는 신분으로 탄압을 받아 재산이 몰수되고 경제적 위기에 내몰리기도 하였다.

2차 대전이 일본의 패전으로 끝나자 이들 구화교의 신분은 한 순간에 '전승국 공민'으로 바뀌어 정치적 지위도 상승하였으며, 요리사·이발사·재단사(三把刀)에 머물렀던 직업적 한계도 극복하고 경제 발전을 구가하게 되었다. 1980년대에 들어 화교들은 대규모 회사 경영에 나서게 된다.

신화교들은 일본에 입국한 후 일본 내 회사나 단체에서 피고용자 신분으로 시작하였다. 신화교를 구성하는 중국인 신이민자 중 68%는 대학생 졸업 이상의 학력을 가졌으며, 고졸 이상도 24%였다. 이는 변변한 학력이 없던 구화교와 확연하게 구분되는 점이다. 이들 신화교와 그 자손들은 고학력을 바탕으로 일본 내에서 과학, 교육, 문화, 보건, 상업 등 주요 10대 업종에서 생활을 영위하고 있다.

[사진 2-8] 일본 내 가장 오래된 요코하마 화교학교(中華學院) 홈 페이지

주: 위 학교 전신은 1897년에 쑨원(孫文)이 세운 중서학교(대동학교)이며, 1908년에 중화학교로 변경되었다.
자료: 요코하마 중화학원 홈 페이지 (www.yocs.jp) [검색일자: 2021.1.11.]

2) 화교 현황

1972년 중일 수교이후 1979년부터 중국의 개혁개방 정책으로 유학, 이민, 국제 결혼 등을 목적으로 한 중국 국민의 해외 출국이 허용되었다. 이후 일본 사회의 고령화에 따라 노동력을 대체할 목적으로 일본의 취업 이민정책은 적극적으로 변하게 된다.

그 결과, 2012년말 기준으로 일본내 중국 국적(대만, 홍콩 포함) 인구는 1980년 5.3만명에서 73.6만명(영주권을 가진 재일화교 28.6만명 포함)으로 14배나 늘어났다. 같은 해 일본 총인구 중 12.7만명은 귀화한 이전 중국인이며, 이외에도 자동으로 일본국적이 부여된 귀화한 중국계 일본인의 자녀들 즉 화인(華人) 인구는 34.5만명이나 된다. 이들을 모두 더하면 일본국적의 화교만 47.2만명이라는 통계가 나온다.

따라서 중국 국적의 일본 체류 화교와 일본 국적의 화교, 화인을 모두 더 하면 120만명 규모로 이는 OECD 국가 중 세 번째(미국, 캐나다, 일본, 호주, 한국)로 많은 화교 인구를 보유하고 있다.

[표 2-16] 일본 내 화교 구성 (2012년말 기준)

(단위: 명)

본적	거주자		준거주자			1992~2012년간 중국국적 귀화자	화교 합계
	영주자	특별 영주자	일본인의 배우자	영주자의 배우자 등	장기체류자		
중국 및 홍콩	191,946	2,116	43,771	8,792	27,148	86,166	372,675
대만	8,684	506	2,546	104	894		
소계	200,630	2,622	46,317	8,896	28,042		

자료: 戴二彪(2013), 二十一世纪的日本华侨华人,『华侨华人蓝皮书 : 华侨华人研究报告(2013)』, 社会科学文献出版社. 91-96쪽.

4. 남미

1) 단계별 화교 발생 시기와 특징

역사적 문헌을 참고하면 중국인들의 남미로의 진출은 크게 5차례의 대규모 유출이 있었다. 이를 다시 3단계로 구분해서 보면 다음과 같다.[49)]

1단계: 1800~1874년

첫 번째 단계에서의 화교 발생 배경은 앞서 살펴본 '쿨리(저임 계약노동자) 무역'이다. 이 시기에 약 10만명의 중국인 계약 노동자들이 남미로 향했다. 1800~1846년간에는 서구 지역에서 큰 변화가 나타나는데 자본주의 발전과 노예무역의 폐지였다. 이후 특히 유럽 열강들은 흑인 노예의 대체 노동력으로 중국인 계약노동자들을 주목했다. 여기에 가장 앞장선 국가는 영국과 포르투갈이며 이들은 중국인 계약 노동자를 모집하여 대량으로 그들이 지배하고 있는 전세계 각지의 식민지로 송출하였다.

그 대표적인 목적지가 남미 북단에 위치한 트리니다드토바고인데, 1805년에 이곳은 당시 영국 식민지였으며 현지 노동력을 위한 대규모 화교 송출이 이루어졌다. 1810년에는 포르투갈이 차 재배를 목적으로 역시 대규모 중국인을 브라질로 송출했다. 1800~1850년간에 약 4만 2천명의 화교들이 쿠바, 페루, 서인도제도로 송출되었으며, 이외에도 멕시코, 브라질로도 송출이 있었다.

1845~1874년 동안 30년간은 '쿨리 무역'이 가장 확대 되었던 시기이다. 거의 모든 자본주의 국가들이 쿨리 무역에 참여했다. 기록에 따르면 1847년 6월 3일, 스페인 국기를 단 영국 상선이 212명의 중국인 계약노동자를 싣고 중국 푸젠성 샤먼을 출발하여 쿠바 하바나 항구에 도착했다. 이를 계기로 대규모의 중국인 노동자들이 지속적으로 남미로 향하게 된다. 연구자에 따라서 이 시기 남미에 도착한 화교 규모를 25만명에서 50만명으로 추산하고 있다.

2단계: 1874~1970년대

이 단계에서는 3번(1890~1930년, 1949~1950년대, 1960~1970년대)에 걸친 대규모 화교

49) 李安山(2013), 拉丁美洲华侨华人的生存、适应与融合,『华侨华人研究报告(2013)』, 149-189쪽.

유입이 있었다. 1874년에는 불평등하고 저임금의 '쿨리'를 양산했던 계약 노동자(契约华工) 제도가 폐지되었다. 그리고 앞서 진출했던 적지 않은 화교들은 '남미 화교 1세대'로써 현지 국가에 안정적으로 자리를 잡게 된다. 또한 1882년에 미국이 제정한 화교배척 법안들이 남미 화교 발생에 영향을 끼치게 된다. 이 시기 이미 미국에 도착하여 이민들 준비하던 화교들은 미국의 정책 변화에 따라 멕시코로 이주하게 된 것이다.

1890~1930년간에 남미에서 두 번째로 대규모 화교 유입이 발생했는데, 그 배경은 바로 남미 국가들에서 일어난 '창업 열풍'이었다. 이 시기는 1차세계 대전 기간으로 남미에서는 전쟁국가에 원재료, 농축산품을 제공하는 기지 역할을 하였다. 따라서 노동력의 수요가 급증하였으며, 이러한 배경으로 많은 남미 국가들이 화교들의 유입을 적극적으로 제한하지 않았다.

실제 인구 변화를 보면 자메이카 화교는 1891년에는 482명이었으나, 1921년에는 3,896명으로 늘어났고, 1943년에는 다시 12,394명으로 늘었다. 1922년 쿠바에 있는 화교는 6~7만명 까지 늘어났고, 이들은 600여개의 잡화점, 700여개의 호텔과 식당, 400곳의 세탁소, 채소 및 과일가게 600곳에서 일하고 있었다. 1924년 멕시코의 화교는 3만명이었다. 쿠바와 서인도제도 화교역시 8.5만명, 페루와 기타 남미 국가 내 화교도 5.5만명에 달했다.

1900~1933년간 2600명의 화교가 칠레로 이민을 오게 된다. 1926년 칠레 최북단인 타라파카주(Tarapacá 州) 현지 자료에 따르면 350개의 화교가 경영하는 여러 유형의 점포가 있었고, 이외에도 269개의 잡화점과 32개의 정육점이 있었다.

이 시기 남미 대부분의 국가들은 화교 이민을 받을 때 쿼터제를 두고 규모를 제한했으며, 남미에 도착한 중국인들 대부분은 이전 1세대 화교들과 같은 육체 노동자가 아닌 창업 대열에 뛰어 들었다.

미국에서 시작된 대공황(Great Depression)에 따라 남미 역시 1929~1933년간 경제가 급격하게 침체된다. 실업자가 늘어나자 현지에서는 화교를 배척하는 여론이 확산되었고, 결국 파나마, 멕시코, 쿠바, 니카라과, 에콰도르, 과테말라, 아르헨티나, 엘살바도르, 칠레, 도미니카, 수리남(네덜란드령) 등 대부분의 남미 국가들은 화교 이민을 금지하거나 제한하게 된다. 이들 국가는 보증금을 올리거나, 제출 서류를 늘리거나 화교에게 부과하는 세금도 증액했다.

1949~1970년간은 화교들의 '현지화' 시기로 볼 수 있다. 1949년 중화인민공화국의 성립으로 많은 남미 화교들에게 각기 다른 영향을 끼쳤다. 일부 화교들은 귀국을 하였으며, 다른 중국인들은 공산화된 중국을 피하고자 오히려 남미로 향했다. 2차대전이 종료된 1945년 남미 화교 수는 12.7만명에 불과했고, 1960년에 화교 수는 16.5만명으로 그렇게 늘어나지 않은 것을 알 수 있다. 이 시기 특징 중의 하나는 대만, 홍콩 등에서 투자 이민을 온 화교들이 본격적으로 남미에서 사업체(방직업, 농업 등)를 경영하기 시작한 점을 들 수 있다. 이들은 본격적으로 현지화를 위해 노력했으며, '중국인'이나 '화교'가 아닌 남미 각 국가의 구성원의 하나로써 역할을 하게 된다. 1960~1970년간에 다시 한번 남미 화교 이민 열풍이 불었는데, 이 시기 화교들 대부분은 대만에서 건너왔다. 이들은 수출입 무역, 방직, 농업, 과일재배, 도소매, 투자 등 다양한 분야에서 상행위를 하는 특징을 보였다.

3단계: 1970년대 이후~현재

이 시기는 중국이 개혁개방 정책을 시작한 시기이며, 대만은 해외 관광을 허용한 시기이다. 또한 남미 지역 경제가 다소 침체되기 시작하여 화교들의 이민은 이들 국가에 중요한 수입원이 되었다. 베네수엘라에는 화교가 16만~17만 명으로 전체 인구의 0.7%를 차지하며, 이 중 1980년대 이후 도착한 사람과 그 자녀가 90% 이상을 차지했다. 브라질에서는 1970년대초 5만 명이 채 안되던 화교가 1990년대초 12만 명, 현재 25만 명에 이른다. 브라질 중화상회 회장인 스화민 선생은 1997년에 브라질 시장을 개척하기 시작하여 두 개의 수출입 회사를 설립하였다. 페루, 아르헨티나, 칠레, 코스타리카, 파나마 등에도 화교가 급증했다. 1996년말 칠레로 온 대만 화교 800여명 가운데 90%는 1980년 이후 칠레로 이민을 온 중국인들이다. 이들 대부분은 대만에서 왔거나 혹은 다른 남미 국가로 다시 이민을 떠났다.

남미의 정치 불안과 경제 침체는 남미에 거주하던 많은 화교들을 다시 다른 나라로 이민을 떠나게 만들었다. 주요 목적지는 미국, 스페인, 캐나다였다. 적지 않은 수의 중국인들이 이들 선진국으로 이민을 떠나기 위해 우선 남미로 유입(경유)하는 경향도 발생했다. 1970년대말과 1980년대 남미 화교는 약 20만명이었고, 1986년 화교 숫자는 32만명으로 늘어났다. 1990년말에 이르러 남미 화교수는 40여만명으로 늘었다.

[표 2-17] 남미 주요 국가들의 화교 인구 추이

(단위: 명)

	1995년	2000년	2003년		1995년	2000년	2003년
아르헨티나	2.6만	1.2만	6만	온두라스	1,200	1,200	2,000
우루과이	9050	-	8,000	멕시코	-	2만	2만
파나마	1만	4만	13만	니카라과	400	750	2,200
브라질	12만	13만	146,190	엘살바도르	1,800	1,800	1,800
페루	50만	100만	130만	수리남	1.5만	1만	-
도미니카	7,000	13,500	16,700	트리니다드 토바고	6,000	8,000	1만
에콰도르	1.5만	1.6만	10만	과테말라	1.2만	1.5만	2만
콜롬비아	4,500	1.5만	4,500	베네수엘라	1.6만	9.5만	12만
코스타리카	5만	-	6만	우루과이	250	300	250
쿠바	5,000	6,000	7,000	자메이카	2만	2.5만	2만
기아나	6,000	6,500	6,500	칠레	1.3만	4,300	4,000
앤클리스 제도	3,110	5,500	2,000				

자료: 李安山(2013), 拉丁美洲华侨华人的生存、适应与融合,『华侨华人研究报告(2013)』, 149-189쪽.

제 3장
화교 경제와 중국

제1절 화상(華商)

1. 화상(華商), 중국 경제발전의 자원

화상(華商)은 중국 상인을 의미하며, 차이나머천트(China Merchant)이다. 19세기부터 해외 특히 동남아 지역으로 진출한 화교들 대부분은 '육체노동자-자영업자-유통업자'와 같은 발전 패턴을 경험했고, 이들은 특유의 근면성실함과 같은 화교들끼리의 단합에서오는 시너지효과를 향유하며, 현지 국가의 상권을 장악하기 시작했다. 상인으로 발전한 화상들은 곧 현지 국가의 무역, 유통망에서 영향력을 발휘했고, 이들중 일부는 본고에서 소개할 글로벌 1,000대 화상기업에 들 정도의 큰 회사를 설립하기도 했다. 바로 이 화상들은 1979년부터 중국이 시작한 개혁개방정책에 적극 참여하여, 1980~2000년간 중국이 두자리 수의 경제 발전을 구가하는데 커다란 원동력이 되었다.

중국에서 대규모 이민이 시작되어 본격적으로 화교가 해외로 진출하기 시작한 것은 1644년 명나라의 멸망으로 많은 유민들이 동남아시아 지역으로 진출한 17세기 중엽이다. 이후 노동력 수출 차원에서 19세기에 말레이시아, 서인도, 인도네시아 등으로 대규모 중국인들이 이주하였고 이들은 현지 국가에 정착하고 뿌리를 내린 화교 1세대를 구성하였다.

중국 국무원 교무판공실 통계에 따르면 2000년말 현재 세계 화교 인구는 3,975.8만명(홍콩, 마카오 제외)에 달한 것으로 나타나고 있다. 화교에 대한 또 다른 통계를 관리하고 있는 대만교무위원회 통계에 따르면 2007년말 해외화교 수는 3,879.4만명이다. 이들 화교의 고향은 광동성이 54%로 가장 많고 복건성이 25%로 그 다음이며, 하이난(海南) 6% 등이다.

한 화교보고서에 따르면 2008년말 기준 화교 수는 4,800만명으로 추산하고 있는데 여기에는 중국이 개혁개방 정책을 시작하면서 허용한 이민 화교 417만명과 기존 화교 인구 증감율이 포함되어 있다. 세계 화교 인구는 1950년대까지 96% 즉 거의 대부분이 아시아 지역에 거주하고 있었으나, 2000년 기준으로는 미주(10%), 유럽(3.7%), 호주 및 뉴질랜드(2%) 등으로 다변화 되고 있다.[1)]

아시아 지역에서의 화교 파워는 절대적이다. 먼저 싱가포르의 경우, 말레이인과 타밀족·말라얄리족·시크교도를 포함한 인도인 등이 인구를 구성하고 있지만, 화교 인구 점유비는 60%로 265만명에 달한다. 그 다음으로 화교 인구 비중이 높은 국가는 말레이시아이다. 611만명의 화교 인구를 보유한 말레이시아에서 전체인구 중 화교 인구 비중은 26%에 달한다. 태국과 인도네시아 그리고 필리핀 등 국가는 화교 인구가 전체 인구에서 차지하는 비중이 높지는 않으나, 많은 비중의 경제력이 화교에 집중되어 있다. 태국의 경우, 총자본(상장사 주식 점유 포함)의 81%가 화교 자본으로 인구 점유비는 11%에 불과하다. 인도네시아 역시 전체인구 3.1%에 불과한 746만명 화교가 자본의 73%를 점유하고 있는 것으로 조사되었다. 필리핀은 자본집약도가 최고이다. 전체 인구의 1.3%에 불과한 113만명 화교가 필리핀 자본의 절반을 움직이고 있다.

[표 3-1] 동남아 주요 국가에서의 화교 영향력

	싱가포르	태국	말레이시아	인도네시아	필리핀
화교 수(천명)	2,650	7,254	6,115	7,463	1,139
해당국에서 인구비	59.9%	11.1%	25.5%	3.1%	1.3%
상장주식 점유율	81%	81%	61%	73%	50%

자료: 이재유·허홍호(2006), 화교기업의 발전과 경영특성, 「중소연구」110호, 79-80쪽.

2. 세계화상대회

화교 중에서도 비즈니스에 종사하는 화교 상인들 화상(華商)이라고 부른다. 이들 화상들의 단결력은 대단한데, 지난 30여년간 100차례에 달하는 대규모 국제 대회를 개최했다. 이 중 2년 주기로 4일간 진행되는 세계화상대회(世界華商大會)가 가장 규모가 크고 영향력이 있는 행사이다.

첫 대회는 1991년 싱가포르의 당시 수상인 리콴유에 의해서 제안되었으며, 이는 화상 네트워크를 건설하여 싱가포르 경제발전에 대중국 투자 기회를 확대하려는 배경에서 시작되

1) 2008년 세계화상발전보고(中國華網. 2009.2.2).

었다. 세계화상대회는 1906년에 설립된 싱가포르 중화총상회(www.sccci.org.sg) 주관으로 준비되었으며, 1991년 8월 싱가포르에서 30개 국가로부터 800명이 참가한 가운데 첫 세계 화상대회가 개최되었다. 이후 세계화상대회는 홍콩, 방콕, 벤쿠버 등에서 개최되었고, 2005년 10월에서는 서울에서 제8회 화상대회가 열렸다. 2011년 10월 5일부터 7일까지 개최된 제11회 화상대회는 다시 싱가포르에서 열렸다.

2009년 11월 20일, 필리핀 수도 마닐라에서 제10회 세계 화상대회가 개최되었다. 아로요 대통령은 중국과의 인연을 강조하면서 필리핀 경제에 대한 화교 자본의 기여를 치하했다. 세계경제의 위기에서도 필리핀은 2009년 1/4분기에 6.9%라는 고성장을 기록했는데, 이는 총 자산이 2조 5천억 달러에 달하는 화교 자본이 동남아 경제에 절대적이기 때문이다. 이번 10회 화상대회는 20여개 국가(지역)에서 온 3,300여명의 화상(華商)이 모이는 자리여서 필리핀의 국가적인 관심사가 될 수 밖에 없었다.

화상은 세계 어디에서든지 생존할 수 있는 적응 능력, 두 사람만 모여도 혈연·지연 등 연결고리를 동원하여 협력 관계를 구축할 수 있는 네트워킹 능력, 낭비를 줄이고 실리를 우선시하는 자금 축적 능력, 어떤 위험을 감수하더라도 사업에 뛰어드는 도전 정신(Risk Taking)과 같은 장점을 보유하고 있다.

화상들을 연결하는 끈을 보통 3연이라고 부른다. 즉 혈연(가족, 친지), 지연(同鄕), 업연(같은 업종에 종사)이다. 화상들은 출신 지역만 같아도 마음을 열고, 신뢰가 쌓이면 협력자이자 파트너가 된다. 20세기부터 동남아 각국에 진출했던 이들 화상들은 담보 없이도 신용으로 자금을 빌려주었고, 성공하면 잊지 않고 원금과 이자를 꼭 갚았다. 이러한 신용관계를 저버리고 블랙리스트에 오르면 화교 사회에서 살아남기 힘들다. 이처럼 화상 기업들은 신뢰를 바탕으로 운영되며, 거기에 혈연, 지연, 업연 등이 신뢰를 창출하는 기반이 된다.[2)]

2) 김창도(2009), 화상 네트워크 모국과 상생, 친디아저널(2009년 12월호), 포스코경영연구소. 48쪽.

[사진 3-1] 2019년 런던에서 개최된 제15회 세계화상대회

자료: 中新網 (2019.10.24)

[표 3-2] 역대 세계 화상대회 개최 현황

회차	일시	장소	대회 주제
1	1991.8	싱가포르	화인 기업 발전 및 세계경제 영향
2	1993.11	홍콩	세계경제 뉴 트랜드와 화인기업 역할
3	1995.12	태국 방콕	화인기업의 교류 및 공동발전 촉진
4	1997.8	캐나다 벤쿠버	정보화에 대한 화인기업의 대응
5	1999.10	호주 멜버른	新시대 화인 네트워크
6	2001.9	중국 난징	新세기 화인기업의 공동발전과 전망
7	2003.7	말레이시아 쿠알라룸푸르	글로벌 성장과 번영을 위한 협력과 통합
8	2005.10	한국 서울	화상과의 동반 성장, 글로벌 평화안정
9	2007.7	일본 고베	화합 공영, 세계에 도움을
10	2009.11	필리핀 마닐라	화상네트워크 강화 및 세계 번영
11	2011.10	싱가포르	뉴 프레임, 新화상, 新성장 동력
12	2013.9	중국 청두	중국의 발전과 화상의 비즈니스 기회
13	2015.9	인도네시아 발리	화상의 단결, 인니와 윈윈 전략
14	2017.9	미얀마 양곤	미얀마 경제의 대개방, 신기원의 시작
15	2019.10	영국 런던	뉴노멀 시대, 화상의 기회
16	2023.6	태국 방콕	화교들의 지혜를 모아 새로운 화교 시대 시작
17	2024.9	말레이시아 쿠알라룸푸르	새로운 질서 속에서 새로운 국면 창출

자료: 세계화상연합회 www.wcmu.cn (2013.4). 13차세계화상대회조직위(www.13thwcec.com) 2015.9.
기타 공개자료(2024.7)

[그림 3-1] 중국 경제 관련 역사 연표

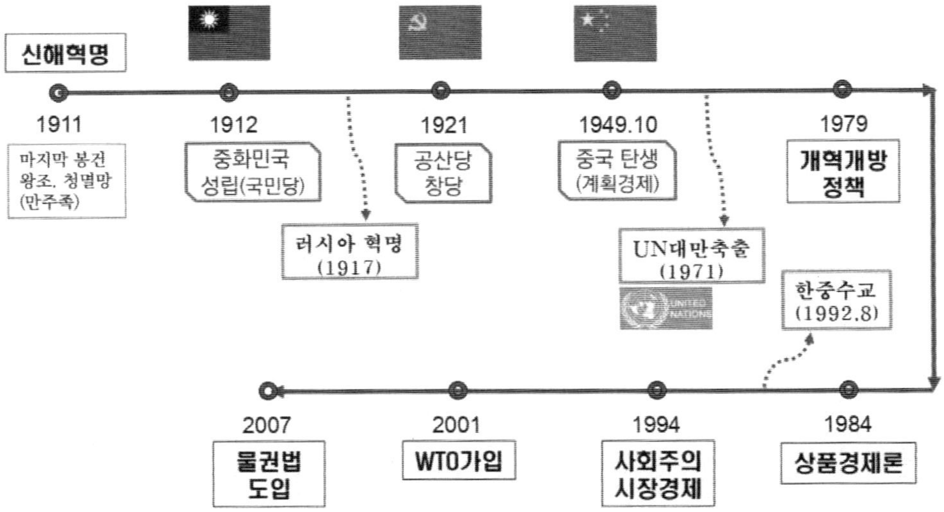

3. 화상과 중국경제의 발전

화상들은 모든 네트워크를 동원해 중국의 성장에 기여하며, 한편으로는 발전 기회를 모색해 왔다. 중국의 개혁개방 초기, 외국 자본이 사회주의 국가 중국에 의심의 눈초리를 보내고 있을 때, 리스크 테이킹을 마다하지 않으며 선봉에 선 것이 화교 자본이다.

1979~1991년간 화교 자본은 총 179억 3천만 달러를 중국에 투자했는데, 이는 같은 시기 중국이 유치한 외국 자본 전체의 66%에 달했다. 2008년말 현재 중국이 유치한 외국 자본 6,598억 달러의 60% 이상이 화교 자본이며, 55만개 외자기업의 70%가 화상기업이다. 광동성은 개혁이후 1,200억 달러에 달하는 화교 자본을 유치했고, 복건성의 3만개 이상 외자기업 중 화교기업이 70%를 차지한다.

태국의 유명한 화상인 시에궈민(謝國民. Dhanin Chearavanont)의 정대그룹(正大集團. Chia Tai Group)은 1979년에 광동성 선전시 제1호 합자기업으로 중국에 대한 투자를 시작한 바 있다. 시에 회장의 본적은 광동성 산터우시이다. 정대그룹은 그 후에도 중국에 대한 투자를 확대하여 2007년말 기준으로 대중투자 총액은 50억달러로 29개 지역에 180여개 기업을 설립하였으며, 직원 수만 8만명을 넘고 연간 매출액은 300억 위안 규모이다. 2011년말 기준으로는 누계 투자액 60억달러, 설립기업 213개사, 연간 매출액 500억 위안으로 성장했다.[3]

개혁개방 초창기인 1980년대 중국에 투자한 동남아 지역 대부분 화상들은 홍콩이나 싱가포르에 투자목적회사(Off-shore SPC)를 먼저 설립한 후, 이곳에서 대중국 투자를 집행했다. 이러한 추세는 1990년대까지 이어졌기 때문에 실제 이 시기에 홍콩투자로 잡히는 수많은 통계치들은 동남아 화상 자본에 의한 투자가 많은 부분을 차지한다.

1990년대 초 싱가포르에서 대중국 투자의 50% 이상 자금이 홍콩 중개로 집행되었으며, 말레이시아의 대중국 투자액 역시 홍콩 경유 투자액이 대중국 직접투자액의 3배 수준에 달했다. 중국에서 화교·화인 화상업무를 전담하는 중앙부처인 국무원 교무판공실은 2003년부터 화상기업을 대상으로 '전국100대 유명 화상기업(全国百家明星侨资企业)'을 선정하는 작업을 해 오고 있다. 그중 2000~2002년도, 2003~2005년도 기업 리스트를 보면 선정된 총 893개 기업 중 60%가 홍콩 지역 출신기업이며, 20%는 구미·호주·일본·기타 선진국, 15%는 동남아 각국 출신 기업들이었다. 2006~2008년 리스트를 보면 홍콩 기업이 58%, 동남아 5개국 기업은 29%, 미국·호주·영국 등 선진국은 7%, 케이만군도 등 조세피난처 출신은 6% 수준이었다.

3) 吴洪芹(2007), 从侨资企业看FDI在我国经济发展中的作用, ≪中国外资≫ 2007年第8期, 国务院侨务办公室国外司司长.

[표 3-3] 세계 100대 유명 화상기업 분포

출신국가(지역)	2000~2008년		2006~2008년도 (기업수)
	기업수(개)	비중(%)	
홍콩	129	62.62	58
싱가포르	23	11.17	14
버진아일랜드, 케이만제도	12	5.83	6
미국·캐나다	11	5.34	4
말레이시아	8	3.88	2
태국	8	3.88	5
필리핀	6	2.91	4
인도네시아	5	2.43	4
호주	2	0.97	2
영국	2	0.97	1
합계	206	100	100

자료: 국무원 교무판공실 www.gqb.gov.cn (검색일자: 2014.6).

1998~2003년간 주요 국가(지역)의 대중국 해외직접투자액 누계는 2476.3억 달러였는데 이는 같은 기간 총 FDI액의 88.56% 수준이었다. 이중 많은 부분은 홍콩·대만·마카오 및 동남아 각국 등 화상으로부터의 직접 투자원 혹은 투자 경유지로 파악되는 곳에서 투자 되었다. 실제 1998~2003년과 2004~2009년간 각 6년간 통계를 보다라도 홍콩은 같은 기간 중 각각 36.7%, 38.9%로 가장 많은 해외직접투자(FDI) 지역이었으며, 홍콩·대만·마카오를 합칠 경우, 그 비중은 각각 44%, 42.7%로 늘어남을 알 수 있다.

중국 같은 개발도상국은 가공무역 비중이 높은 연유로 FDI로 견인되는 수출액 비중이 적지 않다. 같은 기간 대홍콩 수출 비중은 각각 18.1%, 14.9%로 미국에 이어 다음으로 컸으며, 홍콩·대만·마카오를 합칠 경우, 그 비중은 각각 20.5%, 17%를 나타냈다.

1992~2009년간 FDI 기업의 수출액 누계는 4조 5,976.2억 달러이며, 이는 같은 기간 중국 전체 수출액(8조 6124.4억 달러)의 53.4%를 차지하는 비중이다. 이를 같은 기간 홍콩·대만·마카오 등 화상기업의 대중국 FDI 비중인 60%로 추산해 보면, 1992~2009년간 해외 화상기업으로부터 유발된 중국의 수출액은 약 2조 7,585.7억 달러이며, 이는 같은 기간 중국 수출액의 32%에 해당한다.

[표 3-4] 주요 국가(지역)의 대중국 투자 및 무역 현황

출신 국가(지역)	FDI 실제이용액 (누계. 비중 %)		수출액 (누계. 비중 %)	
	1998~2003년	2004~2009년	1998~2003년	2004~2009년
홍콩	36.71	38.97	18.18	14.93
버진아일랜드, 케이만제도	11.41	19.29	0.01	0.01
싱가포르	5.28	4.01	2.16	2.34
미국	9.5	4.08	21.03	19.39
일본	8.18	6.32	15.47	9.15
홍콩·대만·마카오	44.01	42.78	20.5	17.09
아세안 국가	6.98	5.44	6.85	7.84
미일·캐나나·호주·뉴질랜드	19.42	11.92	39.33	31.77
영·독·프랑스·이태리·스페인	6.47	4.33	10.13	11.24
기타 10개국	0.26	0.51	4.72	7.41
소계	88.56 (2476.3억$)	84.28 (3718.3억$)	81.54	75.36
기타	11.44	15.72	18.46	24.64
합계	100%	100%	100%	100%

주: 기타 국가는 러시아, 헝가리, 루마니아, 폴란드, 브라질, 멕시코, 아르헨티나, 베네수엘라, 남아공, 아랍에미레이트 등 임.

자료: 商务部·国家统计局·国家外汇管理局(2010), 「2009年度中国对外直接投资统计公报」.

또 다른 통계를 보자. 아주주간(2009)에 따르면 전세계 화상기업 1,000개 중 동남아 지역에 분포한 기업은 2007년 514개로 51.4%를 기록했으며, 2009년에는 다소 줄어 335개(33.5%)를 기록한 바 있다. 기업수 기준으로 2009년말 가장 많은 기업은 홍콩에 소재했으며, 총자산 및 매출액 기준으로는 타이완 내 1,000대 화상기업이 가장 많은 매출과 자산보유액을 기록한 바 있다.

화상이 중국에 가져온 것은 자본뿐만이 아니다. 선진 관리경험과 기술도 동시에 전파했다. 또한 그들이 갖고 있던 세계 각지의 비즈니스 네트워크도 중국 내 사업장에서 활용되었다. 2000~2008년간 국무원 교무판공실이 선정한 '전국100대 유명화상기업'에 선정된 206개 기업의 업종별 특징을 보면 전통제조업(포장, 인쇄, 제지, 유리, 타이어, 건자재, 금속, 화공, 화섬)에 종사하는 기업 비중은 24.3%였으며, 소비품 제조업(방직, 가전, 신발, 식품, 음료,

화장품) 종사기업은 21.8%, 부동산과 건축업은 17%를 점유하고 있었다. 이에 반해서 첨단 기술산업(바이오, IT, 신에너지, 신소재)과 기계전기(자동차, 기계전기, 기계, 설비, 전기) 종사기업도 20.8% 점유하고 있어, 이들 화상기업이 중국 산업구조 업그레이드에 일정 역할을 했음을 짐작할 수 있다. 이들 화상기업의 첨단기술산업 종사 비율은 최근들어 더욱 늘어나는 추세이다.

[표 3-5] 주요 국가(지역)의 세계 1000대 화상기업 경영실적

(단위: 억달러)

국가(지역)	2007년			2009년		
	기업수	총자산	매출액	기업수	총자산	매출액
필리핀	8	337	86	8	405	117
말레이시아	31	1,418	272	25	1,838	337
타이완	255	11,053	4,891	119	12,141	4,734
태국	9	910	135	7	1,173	147
홍콩	159	7,174	2,044	139	10,247	2,652
싱가포르	232	2,732	396	28	3,847	609
인도네시아	35	175	92	9	316	173
합계	514	23,799	7,915	335	29,967	8,771

자료: '全球华商1000排行榜「亚洲周刊」2009年12月6日 48期, 22-49쪽.

이들 화상기업이 중국경제 발전에 어느 정도 공헌을 했을까? 라오즈밍(饶志明) 화교대학 교수는 기존 알려진 통계수치를 활용하여 추산한 바 있다.[4] 라오즈밍 교수에 따르면 2004~2009년간 해외화상 FDI 총액은 2,647억달러를 기록했으며, 같은 기간 수출총액은 15조 8,642억 위안을 기록한 바 있다.

같은 기간 해외화상들은 중국 전체 GDP의 11.9%에 달하는 투자 및 수출을 견인하였으며, 같은 기간 중국 전체수출액중 이들 화상투자기업의 수출비중은 34%에 달했다. 또한 같은 기간 중국고정자산투자총액 대비 이들 화상의 FDI 총액 비중은 3.05%를 기록한 바 있다. 1992년부터 2009년까지 추세를 보더라도, 이들 해외화상의 중국 내 수출, 투자 비중은 큰 폭으로 늘어나고 있다.

4) 丘进(2011),『华侨华人研究报告(2011)』, 社会科学文献出版社, 297쪽.

[표 3-6] 해외화상 및 화상투자기업의 중국경제 발전 기여도 추정치

	단위	1992~1997년	1998~2003년	2004~2009년
해외화상 FDI 투자액	억달러	1,180.76	1,677.74	2,647.03
해외화상 수출총액	억위안	12,392.92	41,364.11	158,642.54
중국GDP 대비 해외화상 투자 및 수출액비중	%	6.49	8.6	11.94
중국전체 수출액 중 해외화상투자기업 비중	%	20.46	30.13	34.10
중국전체 고정자산투자액 중 해외화상 FDI투자액 비중	%	7.11	5.78	3.05

자료: 丘进(2011),『华侨华人研究报告(2011)』, 社会科学文献出版社, 297쪽.

중국정부 역시 다양한 우대정책을 화상에게 제공하면서 공생관계를 구축했다. 중국은 개혁개방 초기 선전, 주하이, 산터우, 샤먼 등 4대 경제특구를 홍콩 및 대만과 가장 인접한 광동성, 복건성에 설립해 화교 자본을 유치했다. 1990년에는 <화교와 홍콩·마카오·대만 동포의 투자 규정>을 공포하여, 다양한 우대정책을 제공했으며, 1994년에는 <중국 대만동포 투자보호법>을 공포하여 대만 투자에 대해서도 법적인 보장 조치를 마무리 지었다.

앞서 소개한 세계화상대회에 대한 중국 지원도 전폭적이었다. 2001년 9월 17일, 중국 강소성 난징시에서 개막된 제6회 세계 화상대회에는 당시 주룽지 중국 총리와 리루이환 정치협상회의 주석 등 중국 고위층이 대거 참석해 화상에 대한 중국정부의 기대를 반영했다. 주룽지는 21세기를 여는 새천년 신중국 건설에서 화상들의 중추적인 역할을 주문했고, 리루이환은 세계경제의 중국경제 의존도가 날로 높아가는 상황에서 모든 국가에 포진해 있는 화교들의 네트워크 중요성이 확대되고 있음을 강조했다. 중국정부는 성공적인 대회 진행을 위해, 막대한 재정지원을 아끼지 않았으며, 난징시 정부 역시 주대회장으로 쓰일 11만㎡ 규모의 국제전시장 건설을 위해 6억 위안(약 1천억원)을 투자했다.

4. 세계 화상의 규모

2010년 Fobes지에 따르면 2010년말 기준 중국, 타이완, 홍콩을 포함한 전세계 각국에서 활동중인 40명(각 국가별 1위-40위)의 부호 중에 포함된 화상(華商)은 총 241명인 것으로 나타났으며, 이들의 재산은 총 4,854.4억 달러로 조사되었다. 이들 241명의 부호 평균 자산은 20.14억 달러였으며, 이중 동남아 지역 화상이 31.3%를 차지했고, 홍콩 지역 화상이 26%, 타이완이 14.5%, 중국 대륙은 28.2%를 차지했다.

동남아 5개국 총 124명의 부호가 리스트를 올린 화상들의 총 자산액은 1,520.2억 달러로 1인당 평균 자산은 12.3억달러에 달했다. 홍콩의 37명 부호 자산은 총 1265억 달러였으며, 1인당 평균치는 34.2억 달러였다. 타이완의 40명 부호 자산은 702.6억 달러로 평균치는 17.6억 달러였다. 중국 대륙의 40명 부호의 자산 합계는 1,366.6억 달러로 평균치는 34.2억달러로 홍콩과 비슷한 수준을 나타냈다.[5)]

[표 3-7] 중화경제권 내 화상의 규모(2010년)

(단위 : 인, 억달러)

국가(지역)	부호 수	가족 및 개인 재산	
		합계	평균
싱가포르	37	418.9	11.3
말레이시아	25	382.6	15.3
인도네시아	19	272.2	14.3
태국	20	273.5	13.7
필리핀	23	173.0	7.5
동남아 5개국 소계	124	1,520.2	12.3
홍콩	37	1,265	34.2
타이완	40	702.6	17.6
중국(대륙)	40	1,366.6	34.2

주: 동남아 각 국 화상 부호 수는 각 국 부호 1-40위 부호 중 포함된 華商의 수를 의미함.
자료: Forbes 중문 사이트 (www.forbeschina.com 검색일자: 2012.5)

5) 丘进(2011),『华侨华人研究报告(2011)』, 社会科学文献出版社, 267쪽.

동남아 5개국 내 화상의 자산 비중을 보면, 2010년말 현재 동남아 5개국 내 1-40위 부호 중 총 62%인 124명이 화상이었다. 또한 이들의 자산 비중을 보면 5개국 200명 부호의 총자산이 1983억 달러 규모였는데, 이중 76.6%에 해당하는 1520억 달러가 화상의 자산이었다. 자산 비중으로만 보면 동남아 5개국 가운데 싱가포르 비중(91%)이 가장 높았으며, 그 다음이 필리핀(75.8%)이었다. 부호 중 화상 비중은 싱가포르가 가장 많았으며, 그 다음은 말레이시아였다.

2012년 기준 전세계 1000대 화상기업 중 동남아 화상기업의 위치를 보면, 먼저 중국 대륙을 제외한 1,000대 화상기업 334개사 중 동남아 5개극(싱가포르, 말레이시아, 필리핀, 인도네시아, 태국)에 소재한 기업수는 모두 82개로 24.6%를 점유하고 있다. 즉 전세계 주요 화상기업 중 1/4이 동남아에 있는 셈이다. 동남아 5개극 중에서도 싱가포르와 말레시아에 가장 많은 기업이 있다.

이들 동남아 5개국 내 화상기업의 규모를 보면 시가총액은 3,991억 달러에 달하고, 총자산은 1조 1737억 달러 규모이다. 시가총액과 자산규모 면에서는 싱가포르 화상기업(27개사)이 가장 높은 수준을 보이고 있다.

[표 3-8] 동남아 내 화상의 자산 비중(2010년)

(단위 : %, 인, 억달러)

국가(지역)	1-40위 부호 자산합계	그중 화상의 비중			
		부호 수	부호 비중	자산	자산 비중
싱가포르	456.84	37	92.5	418.9	91.69
말레이시아	512.67	25	62.5	382.6	74.63
인도네시아	420.75	19	47.5	272.2	64.69
태국	364.65	20	50	273.5	74.99
필리핀	228.15	23	57.5	173.0	75.84
동남아 5개국 합계	1,983.06	124	62.0	1,520.2	76.66

주: 각 국 부호 1-40위는 華商을 포함한 모든 부호의 자산 합계를 의미함.
자료: Forbes 중문 사이트 (www.forbeschina.com 검색일자: 2012.5)

[표 3-9] 2012년 글로벌 1000대 화상기업 중 동남아 현황

(단위 : 억달러, %)

국가(지역)	1000대 순위 진입기업	시가총액	총자산
싱가포르	27	1,495.4	5,942.5
말레이시아	26	1,023.5	2,882.7
필리핀	10	510.3	670.7
인도네시아	10	392.5	532.2
태국	9	570.0	1,708.9
동남아 5개국 합계	82	3,991.7	11,737
전세계 (중국대륙 제외)	334	16,558.2	43,269.5
동남아 5개국 점유비(%)	24.55%	24.11%	27.13%

자료: <亞洲周刊> 2012년 제26권, 제50기.

[표 3-10] 2014년 글로벌 화상 부호 리스트

국가	성명	자산 (억달러)	본적	주요 사업	주요 기업
싱가포르	黄廷方/黄志祥. 黄志达兄弟(자)	110	莆田涵江	부동산, 호텔	信和集团
	邱氏家族(邱德拔)	55	厦门海沧	은행, 건설	马来亚银行
	郭孔丰	23	福州仓山	무역, 식용유	Wilmar International
	郭氏四兄弟 (郭良耿. 郭良德)	52	n.a	건설, 호텔	Pontiac Land, Capella Hotel
	黄祖耀	52	福建金门	금융	싱가포르대화은행
	钟声坚	20	汕尾陆丰	부동산, 제지	仁恒置地集团
	郭令明	28	厦门同安	부동산, 호텔	丰隆集团
	李成伟	18	泉州南安	은행, 부동산	华侨银行
	王明星	7	泉州南安	부동산	Hotel Properties Ltd
	林荣福 (PeterLim, 彼得·林)	23.5	福建莆田	금융, 증권	-
인도네시아	黄惠忠·黄惠祥兄弟	150	福建晋江	은행, 연초업	Bank Central Asia
	吴笙福 (MartuaSitorus)	30	泉州晋江	식용유	Wilmar International
	蔡道平	26	福州福清	연초업	Gudang Garam
	黄亦聪	24	泉州洛江	제지, 식품, 은행	金光集团
	林天喜 (Putera Sampoerna)	20	泉州安溪	담배, 제지	KianiKertas
	陈江和	19	莆田荔城	제지, 화섬, 에너지	金鹰国际集团
	林逢生	14	福州福清	부동산	LLIANZ GROUP

국가	성명	자산 (억달러)	본적	주요 사업	주요 기업
말레이시아	郭鹤年 (Robert Kuok)	120	福州仓山	원당, 무역 조선, 금융	郭氏集团
	李深静	46	泉州永春	원재료, 부동산 유지, 정유	IOICORP
	郭令灿	64	厦门海沧	은행, 부동산	丰隆集团
	郑鸿标	56	广东潮州	은행	大众银行
	杨忠礼	27	福建金门	건축, 공정, 부동산	杨忠礼电力
	陈志远	16	泉州永春	종합그룹 (제조, 무역, 보험)	成功集团
	张晓卿	18	福州闽清	원재료, 매스컴	常青集团
태국	谢国民	114	广东澄海	식품, 음료, 사료	正大国际集团
	苏旭明	90	广东汕头	식품, 음료, 주류	SuraMakeras.TCC集团
필리핀	施至成	114	泉州晋江	소매, 금융	SM集团
	陈永栽	61	泉州晋江	부동산, 주류 음료, 연초	필리핀항공, 联盟银行
	吴奕辉	39	泉州晋江	종합그룹	URC
	吴聪满	47	泉州晋江	종합그룹	美佳世界集团
	陈觉中	17	泉州晋江	식품 음료	Chowking, Greenwich, 永和大王
	郑少坚	23	泉州永春	은행	首都银行

자료: Forbes 중문판, 2014福布斯华人富豪榜(2014.4.21.), 「亚洲周刊」亚洲富豪排行 (2013).

1) 복건 출신 화상

경제지 Forbes와 홍콩에서 발행되는 중국어 주간지인 <亞洲周刊>은 매년 글로벌 화상 부호 리스트를 공포한다. 먼저 이들 32명 화상의 고향을 보면 복건성에 있는 항구무역 도시인 취안저우(泉州·천주) 출신이 압도적으로 많은 것을 알 수 있다. 취안저우는 지금도 복건성의 성도인 푸저우(福州)보다도 경제 규모가 높은 지역이다. 취안저우 출신 화상이 많은 이유를 살펴보면, 첫째로 청나라 무역정책의 영향으로 광동성 지역 항구를 제외한 모든 세관이 폐쇄되어 무역이 불가능해지자 복건성에서 무역을 영위하던 상인들이 다수 동남아로 진출한데 기인한다. 1757년 청나라 정부는 절강성 닝보(영파), 복건성 취안저우, 상해 송장 등 3곳의 기존 세관을 폐쇄하고, 광동성 광저우 한 곳만을 남겨두는 해금정책(海禁)을 쓰게 된다.

결국 기존 취안저우에서 무역업을 영위하던 수많은 무역업자들은 그들의 사업을 포기하거나, 아니면 정부가 허가하지 않는 밀무역업자로 빠져들게 된 것이다. 이들 중 일부는 그들이 무역을 영위하던 동남아 각국으로 진출하여 화교가 된다.

둘째로는 취안저우 지역의 특성이다. 취안저우는 복건성 남부에 있어 민남 지역에 있다. 민남(閩南)은 통상 복건남부 하문, 장주와 천주지역을 가리키며 이 일대의 백성들은 민남어를 사용했고 자신들만의 독특한 역사배경과 문화전통을 갖추고 있다. 대만, 홍콩과 동남아 일대에 천주인이 많으며 취안저우는 중국 최대의 화교들의 고향이다. 민남은 상인 문화를 중시하는 분위기가 강해 민남인들은 장사를 하여 돈을 벌겠다는 의식이 아주 강하다. 취안저우에는 '사장이 될 수 없다면 용감한 남자라 할 수 없다.'는 속담이 있을 정도이다. 오늘날 취안저우시 진강(晋江) 유역의 경제의 번영은 민남인의 중상(重商)전통을 분리하여 생각할 수 없다. 진강유역의 삼각주 일대는 중국의 대형 국유기업들이 미처 개척하지 못한 지역으로, 그 지역의 경제적 특징은 시장경제와 중소기업이 주를 이루며 경제총량의 90% 이상을 차지하고 있다.

민남인들은 역사적으로 바다를 건너 해양세계를 주름잡는 전통이 있었으며 일찍이 송, 원대의 취안저우는 당시 동방의 큰 항구로써 그 명성을 널리 떨쳤다. 해상의 비단길의 중요한 종착역으로, 일찍이 물밀듯이 전 세계의 상인이 몰려드는 상황 속에서 이곳의 대외개방과 해양문화는 유구한 역사를 지니게 되었다. 민남인들의 해양진출 의지는 강렬해서 수백여 년간 '외국으로 나가는 것'은 민남지역에서 영웅적 행위로 간주되었다.

그 결과 민남인의 동남아 이민은 계속 이어져서, 현재 60만 필리핀 화교의 자손중 90%는 민남인의 후손들이다. 또한 싱가포르·말레이시아·인도네시아의 800여만 명의 화교들 중에서 민남어는 광범위하게 통용되는 언어가 되었다. 현재 대만·홍콩 및 동남아 각국의 민남인의 후예는 약 2천만 명으로 추정되며, 그 수는 대륙에 거주하는 민남인의 인구를 상회하고 있다.[6]

---

6) 두위(2011), 「중국인 사용설명서」, 문화발전, 270쪽.

[그림 3-2] 중국 복건성 취안저우(천주) 위치

자료: 구글 지도 (2024.8)

제2절 상방과 지역별 화상

1. 상방(商幇)과 상관습

상방(商幇)은 상회(商會) 같이 자신들의 이익을 보호하기 위하여 상인들이 만든 단체, 즉 상인의 조직을 의미한다. 영어로는 commercial bang, commercial groups, merchant gang 등으로 번역되어 쓰이고 있다. 하지만 상방은 「現代漢語詞典」등 사전에는 등장하지 않는다. 즉 표준어가 아닌 상회의 속칭인 셈이다. 단지 사전에는 방회(幇會)라는 단어만 있는데, '구사회의 민간 비밀조직의 총칭'이라고 서술되어 있다. 따라서 상방은 공개적으로 조직되고 활동한 단체가 아닌, 배타적이고 비밀스러운 상인 조직이었음을 짐작할 수 있다.

청말, 상인들은 같은 고향 상인들끼리 동향회(同鄕會)를 조직하였는데, 이들 조직이 상방으로 불리었다는 기록도 있다. 상방이 문헌에 등장하기 시작한 것은 명, 청대이다. 명대는 3대 상인이 유명하였는데, 진상(晋商. 산서상인), 휘상(徽商. 안휘상인), 조상(潮商. 광동상인) 등이 그 주인공이다. 조상(潮商)은 조주(潮州)상인으로 불리었으며, 지금의 조주시(潮州)는 광동성 북단에 있으며, 복건성 남단과 인접해 있다.

특히 명대에 이르러 일부 지역 상인들에게 정부가 염전의 독점적 판매권을 주면서, 특정 제품을 배타적으로 경영하는 상인 단체가 등장함에 따라 이들을 중심으로 상방(商幇)이라는 용어가 등장하게 된다.

청대에 이르러서는 10대 상방이 등장하였는데, 복건상방, 광동상방, 섬서상방, 산동상방, 영파상방, 산서상방(진상), 휘주상방(안휘상인), 용유상방(절강상인), 동정상방(강소상인), 강우상방(강서상인) 등이 그들이다.

이중 용유상방은 절강성 중서부 지역 상인들 단체로, 용유현(龍游縣) 출신의 상인이 가장 많아 용유상방으로 불리었다. 동정상방은 호남성에 위치한 담수호인 동정호(洞庭湖) 유역 상인의 조직으로 주로 실크 무역에 종사했으며, 나중에 금융업으로까지 발전하였다. 동정상방은 주로 강소상인들로 구성되었다. 강우상방은 강서지역 농민들이 결성한 상방으로 사업 규모가 크지는 않았다.

[그림 3-3] 중국의 10대 상방 현황

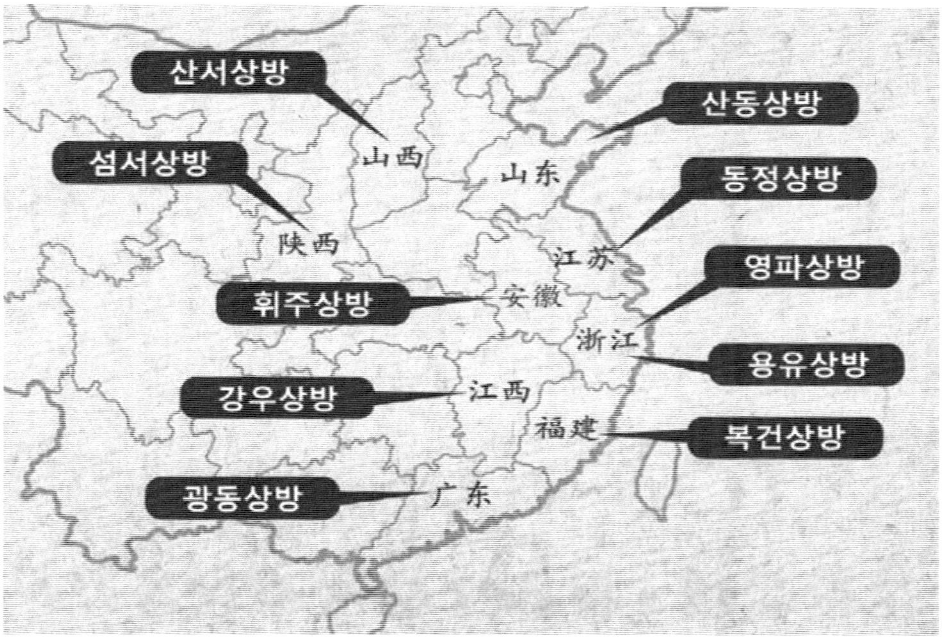

주: 청대의 10대 상방

실제로 청말 상방 조직을 기록한 문헌에는 호북성 무혈시(武穴市)에 1930년대초까지 실존했던 8대 상방을 다음과 같이 서술하고 있다. 무혈시는 장강 연안에 위치하며 호북성, 안휘성, 강서성 교차점에 있는 물산 및 유통 중심지였다. 무혈시에서 활동했던 휘주방은 안휘성 서현(歙縣), 이현(黟縣), 시우닝현(休宁縣) 지역의 상인으로 조직된 상방으로 700여명이 가입하고 있으며 주로 소금, 식용유, 비단, 전당포를 경영하고 있고 거래되는 상품은 남부지역으로 판매하였다. 이들은 당시 무혈시에 있는 300여개 점포중 반수를 점유하고 있었다. 매 점포는 10만元(당시 화폐인 銀元)의 자본금을 가지고 있었고, 도매와 소매에 종사하였으며, 그 경영 범위는 인근 12개 현에 달했다.

이상의 기록을 참조하면, 실존하는 특정 지역의 소규모 상방들은 해당 지역 상인 이익 단체로써 꽤 강력한 조직으로 20세기초까지 독점적이고 배타적인 경영 활동을 영위했음을 알 수 있다. 이들 중 광동상방, 복건상방, 영파상방 등은 해외로 나간 4천만명에 달하는 화교(華僑)들의 주요 출신 지역에 위치한 상방이다. 이들은 21세기인 지금까지 그 영향력을 확대하여 중국은 물론 전세계 비즈니스 영역에서 활발한 활동을 하고 있다.

1) 광동 상방

전세계 화교의 50.8%를 점유하고 있는 광동 출신 화교들 중 비즈니스에 종사했던 화상(華商)들이 바로 광동 상방 출신이다.

광동상방은 광주방(廣州)과 조주방(潮州)으로 이루어졌다. 이들은 명대중기부터 조직되었으며, 바다를 무대로 장사했던 해상(海商), 그들과 관련된 중개인, 장거리 판매상, 도매업자들로 구성되어 있었다. 종사자 수, 경영범위, 자본규모 등에서 다른 상방보다 우위에 있었다.

광동상방의 첫번째 특징으로 복잡한 인적구성을 들 수 있다. 각기 다른 계급, 계층 출신의 사람들로 상방이 구성되었다. 농민은 물론 관리이자 상인인자, 유학을 버리고 장사에 뛰어든 자, 관리에서 상인으로 변신한 자들이 함께 상방에서 일하고 있었다.

이들의 업종은 크게 세가지로 구분되는데, 해상무역 종사자들이 그 첫째이다. 이들은 막대한 자본을 동원하여 스스로 배를 건조하여 무역에 나섰다. 또 일부는 배를 빌려서 선원과 상인을 태우고 무역에 나서기도 하였다.

둘째 유형은 중개상 내지는 브로커이다. 청대 광동에는13개의 중개상이 있었는데, 이들은 청 조정의 직접적인 관할에 있었다. 이들은 대외무역을 관장하는 관상(官商·공기업)적인 성격을 지녔다. 세번째 유형은 국내 장거리 판매상과 도매상이었다. 이들은 전국 각지의 도매상을 상대로 장사를 영위했다.

광동상방은 상업자본을 축적하여 산업자본, 토지자본, 금융(고리대)자본으로 발전시켰다. 또한 도자기, 차(茶), 철강 등 수출용 수공업의 발달에도 관여했다. 그 결과 불산시(佛山) 같은 신흥도시가 광동성에 탄생하기도 하였다.

2. 패밀리 비즈니스와 복건 상방

복건상방은 해상(海商)의 왕이라 불렸다. 광동상방이 정부의 보호 아래 움직여 왔다면, 복건상방은 거친 파도와 해적들과 싸워가며 이익을 지켜냈다. 복건상방은 당나라 시대부터 구성되어 그 역사도 유구하다.

복건상방은 해상무역에 적극적으로 종사하였으며, 밀무역도 서슴지 않았다. 그들은 해상무역을 위해 배를 운영하면서 무장을 하지 않을 수 없었고, 이는 해적과 다름이 없게 보이기도 하였다. 복건상방은 명·청대부터 밀무역에 종사한 역사가 있다. 복건상방은 동향, 동족에 의한 장사가 관습이었다. 어느 상방보다 지역적이고 혈연적인 색채가 강했다. 복건상방의 일원들은 과감하게 동남아시아 각국으로 이주를 선택했으며, 이들은 초기 화교로 변신함으로써 다시 복건상방의 비즈니스 기회를 확대하는 역할을 해 내었다.

절강성의 온주상인은 일찍이 '가족 중심'의 기업에서 시작해서, 나중에는 '주식제 경영 방식'으로 발전시켰다. 이에 반해 복건상인은 가족중심 경영인 '패밀리 비즈니스' 경영방식을 고집하였다. 즉 초창기 복건상인은 가족의 자본과 가족 구성원의 노동력에 의존하여 회사를 창립하였다. 기업의 주식은 유통시키지 않고 가족과 친지, 친구들에게 분배하였으며, 기업 경영자 역시 가족 중 가장 신임 받는 자가 임용되었다. 할아버지가 아버지에게, 또 아들이 그 자리를 물려 받는 부자 세습이 이루어졌다.

이런 복건상인의 기업들은 환경 변화에 대한 적응력이 뛰어났다. 즉 기업의 운명은 곧 바로 가족의 운명이었기 때문에 치명적인 실수를 할 가능성 있는 결정은 배제되어야 했다. 기업 규모는 당연히 중소기업이였으며, 따라서 제품도 단일화되었고, 반면에 전문성은 높아갔다. 가족 경영법은 기업이 대형화되면 비과학적이 될 가능성이 많아진다. 인재 보다는 믿고 맡길 수 있는 가족에게 중요한 직책을 일임하기 때문이다.

대표적인 복건상인인 대만 플라스틱 회장 왕융칭은 이렇게 언급한 바 있다. '회사 경영의 성패는 사람의 요인이 크다. 사람의 경험, 관리 지혜, 품행, 마인드, 근면함 등 무형의 자원이 유형의 자원보다 중요하다. 사람에 효과적인 관리를 더한 것이 기업의 생명이다.' 즉 왕융칭 회장은 가족 참여 경영법이 가지는 단점을 '가족식 경영'으로 승화 하였다. 기업에 들어온 인재들 하나 하나를 중히 여겨 마치 가족처럼 대했으며, 종업원들은 자발적으로 내가 기업이라는 가정의 가족인 것처럼 행동하였다. 현재 동남 아시아 각국의 화상들이 성공 비즈니스를 펼치는 이유 중 하나는 이러한 친화적 기업 경영 문화에 있을 것이다.

1990년대초 많은 경제학자들은 온주상인들에게 빨리 '가족경제'를 벗어나 대기업을 만들어야 하며, 그렇지 않으면 더 이상의 발전은 기대하기 어렵다는 진단을 내린 바 있다. 그러나 그후 온주경제는 '가족경제'를 중심으로 승승장구했고, 일부 대기업의 부실에도 온주경제를 버티는 역할을 해 내었다. 전세계 화교 기업을 상대로 조사한 결과, 성공한 기업 중 90%가 가족기업이었다고 한다. 가족기업, 즉 패밀리 비즈니스는 다음과 같은 장점을 가지고 있다.[7]

[표 3-11] 화상의 가족 경영(Family Business)의 장단점

구분	장점	단점
수직 협력	• 조직과 조직구성원의 이해와 목표일치 • 근면성실한 하층부 종업원의 복종 • 원활한 상하관계의 지속	• 조직내 파벌 형성 가능성 • 하층부 종업원의 창의성 및 개성 반영 미흡 • 권한·책임범위 불분명
수평 협력	• 거래비용의 축소 • 인맥 네트워크의 높은 신뢰성 • 인맥 기반하에 융통성 발휘 가능	• 협력범위 확대 제약: 중소기업화 • 불신과 통제: 인력과 자금한계 • 중소규모에 따른 기술발전 한계
통제	• 강한 경영책임 의식 • 경영자에 대한 신뢰 • 관료주의적 통제 시스템 불필요: 비용 절감	• 중립성과 전문성 미흡 • 통제목표 불명확: 목표변경 • 통제 중점분야 불문명: 상호조정 취약
적응성	• 전략적 유연성 • 신속한 대응	• 비합리적인 판단에 따른 위기 가능성 • 조직의 이완과 토론문화 결여

자료: 강영문(2014),『동남아 화교비즈니스』, 전남대출판부, 193쪽

첫째, 창업이 쉽다. 혈연관계를 바탕으로 자금을 모을 수 있고, 인적 자원의 동원 또한 어렵지 않다. 남방 상인들은 개인기업 창업과 관련된 법률·법규가 완전하지 않을 개혁개방 초기(1980년대) 창업을 하면서 불필요한 분쟁을 피하기 위해 가족기업을 설립했다. 둘째, 일의 진행이 빠르다. 가족기업은 보통 구성원들의 이익이 일치하기 마련이다. 따라서 어떤 사안에 대한 결정과 집행이 빠르게 이루어질 수 있다. 그 결과, 신제품 개발에 걸리는 시간이 신속하다. 일반적으로 새로운 의류를 만드는데 일반 제조공장은 3~5개월이 소요되지만, 절

7) 룽쯔민(2005),「상경상술」, 팜파스, 337-359쪽.

강성의 민영기업은 12일만에 가능하다.

셋째, 관리비용이 낮다. 가족기업은 경영권과 소유권이 일치하기 때문에 다른 기업에 비해 관리비용이 적게 든다. 이는 가격 경쟁력으로 나타난다. 넷째, 기업간 응집력이 뛰어나다. 1991년부터 EU는 중국산 1회용 라이터에 대해서 반덤핑관세를 부과했다. 당시 1회용 라이터는 절강성 영파시, 온주시 등지에 산재한 '가족기업'이 주로 생산했었는데, 중국이 WTO에 가입한 2001년부터 이들 기업이 주축이 되어서 본격적으로 EU에 응소하기 시작했다. 2002년과 2003년에 공식적으로 WTO와 EU에 응소했고, 10여년이 지난 2012년 11월, 일부 기업에 대해 EU는 반덤핑 소송을 철회하게 된다.[8]

1) 복건 화교, 천지아경

광동성 다음으로 화교를 많이 배출한 곳이 복건성이다. 동남아 9개국(태국, 말레이시아, 싱가포르, 인도네시아, 필리핀, 베트남, 캄보디아, 미얀마, 브루나이)에 분포한 화교 3,050명 중 광동성(50.8%) 다음으로 많은 화교를 배출(복건성. 34.2%)했다. 복건성의 수도는 푸저우이지만, 중국 최초의 화교박물관은 바로 하문(샤먼)에 있었다. 하문은 청대 1685년(강희제 24년)에 세관을 개설하여 대외통상에 나섰으며, 이후 동남아로 화교를 배출하는 주요 창구역할을 하여왔다.

광동성 출신 화교들이 많은 동남아 주요 국가들과 달리 싱가포르에는 복건 출신 화교들이 특히 많다. 싱가포르 인구 531만명 중 74.2%가 중국계이다. 모계 언어에 따른 싱가포르 화교를 구분하여 보면, 화교 중 복건어를 쓰는 복건계가 43.4%이고, 객가어를 쓰는 객가인도 8.34%(23만명)에 달한다.

하문화교박물관을 만든 사람은 하문 출신 싱가포르 화교인 천지아경(陳嘉庚. 1874-1961)이다. 하문화교박물관은 1959년 5월 14일 개관했다. 중국 최초로 화교들의 자본과 노력에 의해 만들어진 박물관이기도 하다. 초창기에는 주로 동남아 지역에 분포한 화교 유물, 사진, 문물들을 전시했고, 이외에도 중국 상(商)나라부터 명대에 이르는 문물까지 전시하여 전 세계 각지에 흩어진 화교 자손들을 대상으로 중국 역사와 문화를 가르치는 교육장으로 조성하고자 했다. 개관당시 전시실 면적은 2,400㎡였으며 전시물은 6,840건에 달했다.

---

8) 新華網(2012.11.28.)

[사진 3-2] 복건 출신 화교, 천지아경

자료: 하문화교박물관. 김동하 © 2017.

중국 최대 화교박물관인 이곳도 문화대혁명의 혼란을 피해갈 수 없었다. 1965년 9월부터 1978년 8월까지 문을 닫게 된 것이다. 폐관한 지 16년이 지난 1981년 2월에 다시 천지아경과 전세계 각지 화교들의 기부금으로 재개관하기에 이른다. 이후 여러 번의 증축을 거쳐 현재는 전체 면적 12,000㎡, 전시물 7천여건으로 확장되었다. 또한 그후 동남아에 위치한 수많은 화교 단체들과 화교 자손들이 반드시 들리는 교육장 역할을 하여 왔다.

2008년 6월에는 국가1급 박물관으로 승격되어 개관 후 50년동안 160만명이 찾는 복건성 내 5대 박물관 중 하나로 자리잡았다. 천지아경은 박물관에 필요한 자금 외에도 본인이 수집하고 소장했던 국보급 유물(청동기·도자기·서화·동전 등)을 기증하여 박물관을 채웠다. 다만 이후 시설투자 및 전시물 확충이 이루어지지 못해, 2013년에는 국가2급 박물관으로 한 단계 하락하였으며, 이를 보완하기 위해 2016년 6월부터 재정비에 나서게 된다.[9]

천지아경(陳嘉庚)은 복건출신의 대표적인 화교 상인, 교육가, 사회활동가이다. 청대인 1874년에 복건성 천주부 동안현 집미촌(泉州府 同安縣 集美村)에서 태어났다. 이곳은 지금

9) 하문화교박물관 http://www.hqbwy.org.cn (검색일자:2017.7)

의 하문시 집미구이다. 그가 태어났을 때 부친은 이미 싱가포르에서 쌀집을 경영하고 있었고, 17세때 그도 싱가포르로 건너가 장사를 시작했다. 31세 때 파인애플 통조림 공장을 창업했고, 44세때는 고무공장으로 사업을 확대하였다. 50세(1924년)에는 말레이시아와 인도네시아에 10개의 분점을 낼 정도로 사업이 커졌고, 이미 동남아 최대 화교상인 반열에 오르게 된다. 당시 동남아 각국에 분포한 직원수는 3만명으로, 자산은 1,200만 싱가포르 달러에 달했다. 동남아 화교상인들 사이에서 그는 '고무 대왕'으로 불렸다.

복건상인은 돈을 벌면 항상 고향의 발전에 아낌없이 투자하는 '대상인'으로 유명하다. 천지아경도 예외는 아니었다. 1912년 그의 고향인 집미촌에 집미소학교를 설립했으며, 1917년에는 중고등학교와 사범학교까지 설립했다. 화교 교육에도 나선 그는 싱가포르 남양화교중학을 1918년에 설립했고, 1921년 복건성에 하문대학(厦門大學)을 설립했다. 1937년에 국립으로 전환된 하문대학은 현재 재학생 4만명, 79개 학부(과)가 설치된 중국 중점대학으로 발전해 있다. 필자가 찾은 하문대학에서도 창립자인 천지아경 동상을 마주할 수 있었다.[10)]

[사진 3-3] 하문화교박물관 전경

자료: 하문화교박물관. 김동하 © 2017.

10) 1963년 9월에, 하문대학은 복건성 관할에서 중앙정부의 관리를 받는 중점대학으로 승격되었으며, 1981년 12월에는 중국 내 최초로 석사 및 박사 학위 수여 대학 중 하나로 지정된다. 2001년 4월에는 하문 인근 지역은 장주(漳州)에 캠퍼스를 확충하였으며, 2012년에는 중국 중점대학 중 처음으로 말레이시아 쿠알라룸프르에 분교를 설립했다. 말레이시아 분교는 중국 유학생들은 물론 말레이시아 및 동남아 화교 학생들도 입학하여 해외 화교 교육기지 역할을 시작하게 된다. 2017년 5월 기준, 하문대학 말레이시아 분교 재학생 수는 1900여명으로 늘어났다. (자료: 하문대학 홈 페이지 www.xmu.edu.cn)

3. 객가인(客家人)과 화상

객가인은 '타향에 사는 사람들'이라는 뜻으로, 그들이 자칭한 이름이다. 한족의 지계이며, 세계 전역에 8천만 명 정도가 살고 있다. 타이완 인구 15%가 객가인이고, 동남아에 거주하는 화교 대부분도 객가인이다. 객가인의 조상은 본래 중원지역의 한족이었다. 당나라 말엽과 송나라시대에 가뭄과 전쟁을 피해 많은 사람들이 고향을 등지고 타지로 이주를 하게 되었는데, 이 때 객가인들도 강서성, 복건성과 광동성이 교차하는 지역에 처음으로 거주지를 마련하게 된다.

현재는 광동, 복건 등 중국남부를 비롯해 인도네시아, 말레이시아, 필리핀, 싱가포르, 태국 등 80여 개 국가와 지역에 산다. 언어는 고유어인 객가어를 사용한다. 머리가 좋고 부지런해서 경제에 강하고 관료 출신도 많다. 태평천국의 창시자인 홍수전(洪秀全)을 비롯해 쑨원(孫文)·덩샤오핑, 타이완 前총통 리덩후이(李登輝), 필리핀 정치가 아키노(Corazon Aquino), 싱가포르 前총리 리콴유(李光耀) 등도 객가인이다.

객가인은 교육을 중시하여 문풍(文風)이 흥성했다. 이들의 선조는 중원의 사인 집단으로 높은 문화적 소양을 지니고 있었기 때문이다. 따라서 객가상인은 돈을 벌면 반드시 사원을 세워 후학을 양성했다. 객가인의 또 다른 특성중 하나는 종족 관념과 고향 관념이 강하다는 점이다. 복건성에 아직도 남아 있는 객가인의 거주지인 토루(土樓)는 외관이 웅대하여 성벽같이 보이기도 하는데, 이러한 객가인의 관념을 잘 나타내고 있다. 객가인은 근면하고 어려움을 잘 견디며 스스로 노력하고 게으름을 피지 않는다. 이러한 특성을 지닌 객가인들이 광동상인, 복건상인으로 탄생한 것이다.

이미 해외로 많이 진출해서 각 지역 내에서 일정한 경제권을 형성한 이들은 매년 세계객가대회(世界客属悬親大会)를 열어 전통을 계승하고, 그들만의 비즈니스 기회를 포착하고 있다. 1971년 홍콩에서 세계객가대회를 개최한 이후, 타이베이(1973, 1976, 1984, 1998, 2006), 미국 L.A 및 샌프란시코(1978, 1988), 일본 도쿄(1980), 태국 방콕(1982), 말레이시아(1990, 1999), 대만 까오숑(1992), 싱가포르(1996), 인도네시아 자카르타(2002) 등에서 개최되었다.

[사진 3-4] 제24회 세계객가대회 폐막식 (광서 북해. 2011.12)

자료: 제26회 세계객가대회 공식 사이트 www.hakka26id.com (2014.7)

1994년 12월에는 처음으로 객가인의 고향 중 한 곳인 광동성 메이저우시(梅州)에서 제12회 대회가 개최되었는데 이를 계기로 이후에는 중국에서 세계객가대회가 여러 차례 치루어졌다. 2000년 11월에 복건성 롱옌시에서 제16회 대회가 개최되었고, 2003년 10월에는 하남성 정저우(18회)에서, 다음 해인 2004년 11월에는 강서성 간저우(赣州 19회)에서 대회가 치루어졌다. 2005년 10월에는 사천성 청두에서(20회), 2008년 10월 섬서성 시안(22회)에서, 2010년 11월 광동성 하원(河源.23회)에서, 2011년 11월 광서북해(广西北海.24회)에서, 2012년 11월에는 복건성 삼명시(三明. 25회)에서 개최된 바 있다. 제29회 대회는 2017년 10월 13일, 홍콩에서 개최 되었다. COVID-19 팬데믹이 종료된 후, 2022년 6월에 제 31회 대회가 캐나다에서 개최되었으며, 32회(2023년) 33회(2024년) 대회는 다시 중국 깐저우와 뤄양에서 개최되었다.

[표 3-12] 역대 세계객가대회 개최 현황

회차	일시	장소	회차	일시	장소
1	1971.09	홍콩	18	2003.10	중국 하남 정저우
2	1973.10	대만 타이베이	19	2004.11	중국 강서 깐저우
3	1976.10	대만 타이베이	20	2005.10	중국 사천 청두
4	1978.09	미국 샌프란시스코	21	2006.10	대만 타이베이
5	1980.10	일본 도쿄, 오사카	22	2008.10	중국 섬서 시안
6	1982.09	태국 방콕	23	2010.11	중국 광동 허위안
7	1984.10	대만 타이베이	24	2011.11	중국 광서 베이하이
8	1986.05	모리셔스 포트루이스	25	2012.11	중국 복건 산밍
9	1988.10	미국 샌프란시스코	26	2013.09	인도네시아 자카르타
10	1990.06	말레이시아 코타키나발루	27	2014.10	중국 하남 카이펑
11	1992.10	대만 가오슝	28	2015.10	대만 신주
12	1994.12	중국 광동 메이저우	29	2017.10	홍콩
13	1996.11	싱가포르	30	2019.10	말레이시아 쿠알라룸푸르
14	1998.10	대만	31	2022.6.25	캐나다 Markham
15	1999.11	말레이시아 쿠알라룸푸르	32	2023.11.7	중국 강서 깐저우
16	2000.11	중국 복건 롱옌	33	2024.10.24	중국 하남 뤄양
17	2002.11	인도네시아 자카르타			

자료: 제26회 세계객가대회 공식 사이트 www.hakka26id.com (2014.7) 및 최근 공개자료 참고(2024.8)

객가인들의 결속력은 그들만의 언어인 '객가어'에서 나온다. 중국의 방언은 '객가어'를 포함하여 크게 9가지로 분류된다. 먼저 관화 방언(官話方言)으로 북경어이며, 현재 중국 표준어인 만다린(Mandalin)이다. 관화 중에는 중원관화(中原官話) 혹은 하남방언(河南方言)도 있다. 현재 하남성 지역인 중원 지역을 중심으로 한 고대 표준어이다. 세 번째로는 사천지방을 중심으로 쓰이는 사천어(川語), 네 번째로는 절강 지역을 중심으로 한 오방언(吳方言, 蘇州話)이 있다. 다섯 번째로는 공방언(贛方言)이 있는데 이는 강서지역을 중심으로 한 방언으로 남창어(南昌話)라고도 한다.

여섯 번째는 상방언(湘方言)으로 호남성 지역을 중심으로 호남어(湘鄉話)라고도 한다. 일곱 번째는 민방언(閩方言)으로 복건성을 중심으로 한 방언인데, 민북화(閩北話) 민동화(閩東話) 민중화(閩中話) 민남화(閩南話) 등 복건성 내 각기 다른 지역별 방언으로도 구분된다. 대만 사람들이 쓰는 방언이 민남화 이다. 여덟 번째는 월방언(粵方言)으로 광동 지역을 중심으로 한 광주화(廣州話. Cantonese)이다. 홍콩인들이 쓰는 캔토니즈가 바로 광주화이다. 마지막으로 객가어는 지역으로는 복건성 장정(福建長汀), 광동 매현(廣東梅縣)에서 쓰이는 언어이며, 객가인(客家人)들의 언어이다.

광동어, 복건어(민남어) 등 지역을 중심으로 규정되는 다른 방언들과는 달리 객가어는 집단에 의해 규정되는 방언이다. 그 이유는 객가인들이 중국 여러 곳에 흩어져 있기 때문이다. 강서성 남부와 광동 동부에서 객가어 통용 비율이 크며, 타이완 인구(2,300만명) 중 12%인 276만명이 객가인이다. 이런 연유로 타이베이 지하철 안내방송도 표준중국어, 민남어, 객가어, 영어로 하고 있다. 2003년 7월에는 세계 최초의 객가어 방송국인 객가TV도 타이완에서 개국한 바 있다.[11)]

1) 객가인의 수도, 메이저우(梅州)

중국객가박물관은 광동성 메이저우(梅州)시에 자리 잡고 있다. 객가박물관이 왜 메이저우에 자리잡고 있는지 알기 위해서는 메이저우 위치를 볼 필요가 있다. 메이저우는 광동성 동단 내륙지역에 위치하며, 특히 복건성, 강서성과의 교차 지역에 위치한다. 메이저우시의 면적은 15,876㎢이고, 2개의 직할구, 1개 직할시, 5개 현을 두고 있으며, 인구는 551만명 수준이다. 중국 내 유명한 '화교의 고향' 중 하나이며, 메이저우 출신 해외 화교 수는 700만명으로 추산된다. 특히 홍콩, 마카오 주민들 대부분의 고향이 바로 메이저우이다. 메이저우 출신 화교 중 우리에게 가장 유명한 인물은 싱가포르 국부로 칭송되는 리콴유 전 총리이다. 리콴유 전 총리의 조부가 메이저우 출신이며, 리콴유(李光耀, Lee Kuan Yew)는 가장 유명한 객가인 중 한 명이기도 하다.

1949년에 성립된 신중국 이후 가장 유명한 메이저우 출신 인사는 바로 중국 창건 10대 원수로 칭송되는 예젠잉(葉劍英. 1897~1986) 원수이다. 메이저우시 중심에는 1986년에 조성된 젠잉(劍英)공원이 있는데, 공원 안에는 예젠잉 동상이 있다.[12)]

---

11) 우리 나라 인구의 9.5%를 차지하는 김해 김씨가 그들만의 방언(김해김씨어·민족적 특성언어)을 2천년간 유지해오고 있다고 가정하면, 경상도에 사는 김해 김씨는 김해김씨어와 경상도 방언(지역적 특성언어)을, 제주에 사는 김해 김씨는 김해김씨어와 제주 방언을 쓰는 셈이다. 즉 김해김씨어는 객가어, 경상도 혹 제주 방언은 광동어 혹 복건어에 비유할 수 있다.

12) 예젠잉(葉劍英): 1949년 신중국 성립 후 베이징시장, 광저우시장 등을 역임하였다. 문화대혁명 후에도 국방위

메이저우의 다른 별칭은 '전세계 객가인의 수도(世界客都)'이다. 대만에 거주하는 객가인이 500만명으로 추산되는데 이중 180만명 본적이 메이저우이다. 2017년 7월, 필자는 메이저우를 방문했는데 1700년 전부터 존재했던 객가어를 메이저우 시내 도처에서 들을 수 있었다.

객가(客家)는 영어로 Hakka 로 표기한다. 객가인은 중국 민족의 92% 점유하고 있는 한족(漢族)의 한 분파이다. 이들이 별도의 민족으로 인정받는 여러 이유 중 하나는 '객가화'라는 자신들 만의 언어와 독특한 객가 문화를 1700여년 넘게 유지하고 있기 때문일 것이다. 객가인들은 원래 중국의 중원에 해당하는 황하유역인 지금의 하남성 지역에서 거주하고 있었다. 서기 300년 서진(西晉)이 멸망하고, 사회가 혼란하게 되자 지금의 호북, 안휘, 강소 지역으로 남하하게 된다. 이것이 객가인들의 1차 이주이다. 당대인 755년 '안사의 난'이 일어나서 다시 중원이 전란에 휩싸이게 된다. 이때 객가인들은 다시 남쪽으로 이주(2차 이주)를 결정하게 되는데, 이 시기에 강서성 남쪽, 복건성 서쪽, 광동성 동북 지역으로 대거 이주를 했다.

객가인들의 3차 이주는 북송시기 '정강의 난' 이 발생한 1126년에 있었다. 북송이 멸망하고 남송이 들어서자 객가인들은 다시 남쪽으로 이주하여, 지금의 광동성 혜주와 메이저우 일대에 주거하게 된다. 객가인들의 4차 이주 역시 한족 나라인 명나라의 멸망과 만주족의 나라였던 청대 등장과 관계가 있다. 한족의 지계였던 객가인들은 명나라를 도와 만주족에 대항했으나, 1644년 명조는 멸망하고 청대가 들어선다. 이후 객가인들은 앞서 소개한 명나라 장수 정성공을 따라서 대만으로 이주하거나, 광동성 동단에 있는 메이저우에서 광동성 서쪽, 북쪽, 남쪽으로 흩어지게 되었다. 이중 일부는 광서, 호남, 사천 지역에까지로 이주하게 된다. 4차 이주 원인 중 하나는 청대의 객가인 이민 정책에도 있다. 청나라 강희제 연간(1661~1722)에 복건성과 광동성 내 객가인 인구가 급속히 늘어나자 호북, 호남, 광동, 광서 지역의 객가인들을 사천성 지역으로 이주를 시켰다. 이 시기 대량의 객가인들이 내륙 지역인 사천성으로 이주하게 된다. 그 결과 사천성은 현재도 중국 내 5번째로 객가인이 많이 거주하는 지역이 되었다.

객가인들의 다섯 번째 이주는 태평천국의 난(1851~1864) 때문이다. 홍수전이 일으킨 태평천국을 구성하던 주요 민족이 바로 객가인들이었다. 이들은 태평천국의 난이 진압된 후, 해남도와 광서지역 및 심지어 동남아(베트남 등)로 이주하게 된다.

원회 부주석 등 요직에 있었다. 1983년 국가중앙군사위원회 부주석을 지냈으며, 1985년 정치 일선에서 물러났다. (자료:中國網)

이와 같은 5차례의 이주로 인해 객가인은 중국 전역에 분포하게 되었다. 대만을 포함한 중국 내 거주하는 객가인 인구수는 5천만명에서 5,500만명으로 추산되는데, 이중 40%가 광동성 내에 살고 있다. 그 다음으로 객가인이 많이 거주하는 지역은 강서성(1,200만명)이며, 광서자치구에는 560만명이, 복건성에는 400만명이 거주하고 있다. 중국 서부권이자 내륙 지역인 사천성에도 250만명의 객가인이 거주하고 있는데, 이는 앞서 서술한 명대 멸망과 청대 등장에 따른 4차 이주에 기인한다. 중국객가박물관에 따르면 대만에 거주하는 객가인은 460만명 규모로 대만 인구(2,300만명)의 20%에 달하나, 대만 통계에 따르면 대만 인구의 13% 수준(300만명)이다.

[표 3-13] 중국 내 객가인 거주 현황

지역	인구수 (만명)	주요 분포 지역
광동성	2000~2200	광동성 인구의 1/4 규모
강서성	1000~1200	강서성 남부 및 서북 지역에 거주(修水縣, 銅鼓縣)
복건성	350~400	복건성 서쪽 지역 (長汀)
광서자치구	500~560	광서자치구 남쪽 및 동남쪽 현에 거주
사천성	150~250	사천성 수도인 청두 동부지역
호남성	100~200	강서, 광동성과 교차 지역에 거주
절강성	50	절강성 서남쪽에 거주
해남성	30~40	주로 儋州市에 거주
귀주성	10	-
대만	460	대만 통계에서는 300만명 수준임
홍콩	50~100	-
마카오	10	-
운남·강소·안휘·섬서·신강	6.8	-
합계	5000~5500	

자료: 羅英祥(1994), 『漂洋過海的客家人』, 河南大學出版社.

羅英祥(1994)에 따르면 전세계에 분포한 객가인 화교는 414만명으로 이는 전세계 화교 총인구수의 10%를 점유하는 비중이다. 권역별로 보면 아시아 지역에 전체 객가인 화교의 85%가 거주하고 있으며, 그중에서도 인도네시아(120만명)와 말레이시아(109만명)에 거주하고 있는 객가인이 가장 많다.

미주 지역을 보면 페루에 15만명의 객가인이 거주하고 있어, 가장 많은 인구 점유비를 보이고 있다. 이외에도 미국 13만명, 캐나다에 4.5만명의 객가인이 있으며, 아프리카에도 5.5만명의 객가인이 거주하고 있다. 호주를 중심으로 하는 대양주에는 3.5만명의 객가인이 거주하고 있는 것으로 조사되었다. 유럽에는 영국과 프랑스를 중심으로 약 5만명의 객가인이 거주하고 있다.

[표 3-14] 세계 객가인 거주 현황

권역	국가	인구수 (만명)	권역	국가	인구수 (만명)
아시아	인도네시아	120	미주	미국	13
	말레이시아	109		캐나다	4.5
	태국	60		쿠바	0.8
	싱가포르	50		페루	15
	필리핀	0.65		브라질	0.2
	베트남	5		자메이카	10
	미얀마	2.7		트리니다드 토바코	0.6
	캄보디아	0.2		파나마	0.4
	인도	2.2		가이아나	0.5
	라오스	0.4		수리남	0.4
				기타 국가 및 지역	0.1630
	한국	0.02		소계	45.563
	일본	1	아프리카	모리셔스	2.5
	브루나이	0.8		레위니옹	1.3
	기타 국가 및 지역	0.495		남아공	1.5
	소계	352.465		기타 국가 및 지역	0.136
유럽	영국	3.6		소계	5.436
	프랑스	1	대양주	호주	1.1
	네덜란드	0.1		뉴질랜드	0.08
	기타 국가 및 지역	0.283		타히티	1.65
	소계	4.983		피지	0.4
합계		**414.6**		기타 국가 및 지역	0.27
				소계	3.5

자료: 羅英祥(1994),『漂洋過海的客家人』, 河南大學出版社.

제3절 중화경제권 현황

1. 개황 및 경제 규모

동남아 화교까지 포함된 중화경제권의 경제규모는 정확한 집계를 내기 어렵다. 중국, 홍콩, 마카오, 타이완 등 네 개 지역만 보면, 2011년 현재 전체 면적은 963.7만㎢(세계의 7.2%), 인구는 13억 8천만 명(세계의 20%), GDP 규모는 8조 450억 달러(세계의 11.5%)에 달한다. 2000~2009년 10년 간 중국, 홍콩, 마카오, 타이완의 GDP 연평균 성장률은 각각 10.3%, 4.2%, 12.4%, 2.7%를 기록해 세계 평균 2.6%보다 높다. 그동안 해외화교들은 중화경제권 부상에 중요한 역할을 해왔다. 화교 인구는 경제권 범위 설정에 따라 최소 3,000만 명에서 최대 8,700만 명에 달한다. 중국 샤먼대 연구결과에 따르면, 동남아 화교는 3,349만 명으로 전체 화교 인구의 73.5%를 차지하며 동남아 인구의 6%를 차지한다. 특히 이들은 동 지역 상권의 50% 이상, 대외무역의 40%를 장악하고 있다. 특히 2010년 중국-아세안 FTA가 체결되면서 동남아에서 중국을 중심으로 하는 중화경제권의 영향력이 확대되고 있다.

지금까지 중화경제권의 경제교류는 중국을 중심으로 이루어져 왔다. 중국이 외국자본, 기술 및 경영관리 도입에서 적극적으로 나섰고, 또한 수출기지로서 매력이 컸기 때문이다. 개혁개방 초창기 중국의 대외수출은 화교기업들이 견인했었다. 2011년 중국정부가 발표한 '화인화교청서'는 중화경제권이 갖고 있는 경제교류의 특징을 다음과 같이 요약했다.

첫째, 중국의 FDI 규모에서 화인 자본이 차지하는 비중이 높다. 1998~2003년 중국의 FDI 유치에서 화교자본이 차지하는 비중이 88.6%(2,476억 달러)에 달했고, 2004~2009년에도 84.3%(3,718억 달러)를 기록했다. 뿐만 아니라 최근에는 아세안 국가 및 아랍에미리트 등 지역의 화교들의 대(對)중국 투자가 급증하고 있다.

둘째, 화교 거주국(지역)이 중국 제품의 주요 수출대상지역이다. 1998~2003년 중국 대외수출의 81.5%가 화교 거주국(지역)을 목표로 했다. 2004~2009년에는 75.4%로 다소 하락세이나 아세안 및 중동 등 새로 부상한 지역에 대한 수출은 증가세다.

셋째, 화교 거주지역에 중국기업이 주로 투자하고 있다. 2009년 말 중국 해외투자의 79%가 화교 거주 국가를 대상으로 이루어졌다. 2004년~2009년 5년 간 화교 거주 지역에 대한 중국기업의 투자 증가율은 총 대외투자 증가율의 6.4배에 달했다. 특히 아세안지역에 대한 투자 증가율은 평균 증가율의 15.3배에 달했다.

[표 3-15] 2019년 기준 중화권 역내 교역 현황 및 비중

(단위: 백만$)

<table>
<tr><th></th><th>수출</th><th>수입</th><th>수출비중</th><th>수입비중</th></tr>
<tr><td>중국</td><td>2,497,952</td><td>2,060,785</td><td></td><td></td></tr>
<tr><td>對 홍콩</td><td>279,617</td><td>9,037</td><td>11.2%</td><td>0.4%</td></tr>
<tr><td>對대만</td><td>55,080</td><td>172,801</td><td>2.2%</td><td>8.4%</td></tr>
<tr><td>對싱가포르</td><td>54,964</td><td>35,230</td><td>2.2%</td><td>1.7%</td></tr>
<tr><td rowspan="2">對중화권 합계</td><td>389,661</td><td>217,068</td><td>15.6%</td><td>10.5%</td></tr>
<tr><td>교역액</td><td>606,729</td><td>비중</td><td>13.3%</td></tr>
<tr><td>대만</td><td>330,537</td><td>281,732</td><td></td><td></td></tr>
<tr><td>對중국</td><td>92,098</td><td>57,455</td><td>27.9%</td><td>20.4%</td></tr>
<tr><td>對홍콩</td><td>40,486</td><td>1,062</td><td>12.2%</td><td>0.4%</td></tr>
<tr><td>對싱가포르</td><td>18,208</td><td>7,926</td><td>5.5%</td><td>2.8%</td></tr>
<tr><td rowspan="2">對중화권 합계</td><td>150,792</td><td>66,443</td><td>45.6%</td><td>23.6%</td></tr>
<tr><td>교역액</td><td>217,235</td><td>비중</td><td>35.5%</td></tr>
<tr><td>싱가포르</td><td>390,652</td><td>359,180</td><td></td><td></td></tr>
<tr><td>對중국</td><td>51,660</td><td>49,079</td><td>13.2%</td><td>13.7%</td></tr>
<tr><td>對홍콩</td><td>44,460</td><td>3,516</td><td>11.4%</td><td>1.0%</td></tr>
<tr><td>對대만</td><td>16,398</td><td>32,358</td><td>4.2%</td><td>9.0%</td></tr>
<tr><td rowspan="2">對중화권 합계</td><td>112,518</td><td>84,953</td><td>28.8%</td><td>23.7%</td></tr>
<tr><td>교역액</td><td>197,471</td><td>비중</td><td>26.3%</td></tr>
<tr><td>홍콩</td><td>535,710</td><td>578,590</td><td></td><td></td></tr>
<tr><td>對중국</td><td>296,069</td><td>264,602</td><td>55.3%</td><td>45.7%</td></tr>
<tr><td>對싱가포르</td><td>10,770</td><td>37,629</td><td>2.0%</td><td>6.5%</td></tr>
<tr><td>對대만</td><td>11,630</td><td>42,305</td><td>2.2%</td><td>7.3%</td></tr>
<tr><td rowspan="2">對중화권 합계</td><td>318,469</td><td>344,536</td><td>59.4%</td><td>59.5%</td></tr>
<tr><td>교역액</td><td>663,005</td><td>비중</td><td>59.5%</td></tr>
</table>

자료: 한국무역협회, 국가통계국, 홍콩통계청, 대만경제부, 싱가포르 통계청 수치 종합 (검색일자: 2021.1).

넷째, 화교 기업과 중국의 경제교류(투자 및 무역)는 중국 산업구조 고도화에도 기여했다. 화교 기업들은 주로 전통산업과 부동산 등 산업에 투자하는 것으로 알려졌지만, 2000~2008년 중국국무원화교 판공실에서 선정한 '전국 100대 화교기업'을 분석한 결과 첨단기술 및 기계전기산업 기업이 21%를 차지했다. 전통산업 기업의 비중은 24.3%, 소비품 기업 비중은 21.8%, 부동산 및 건축기업이 17%를 차지했다.

[그림 3-4] 중화권 역내 교역 흐름드 (2019년)

(단위: 억달러)

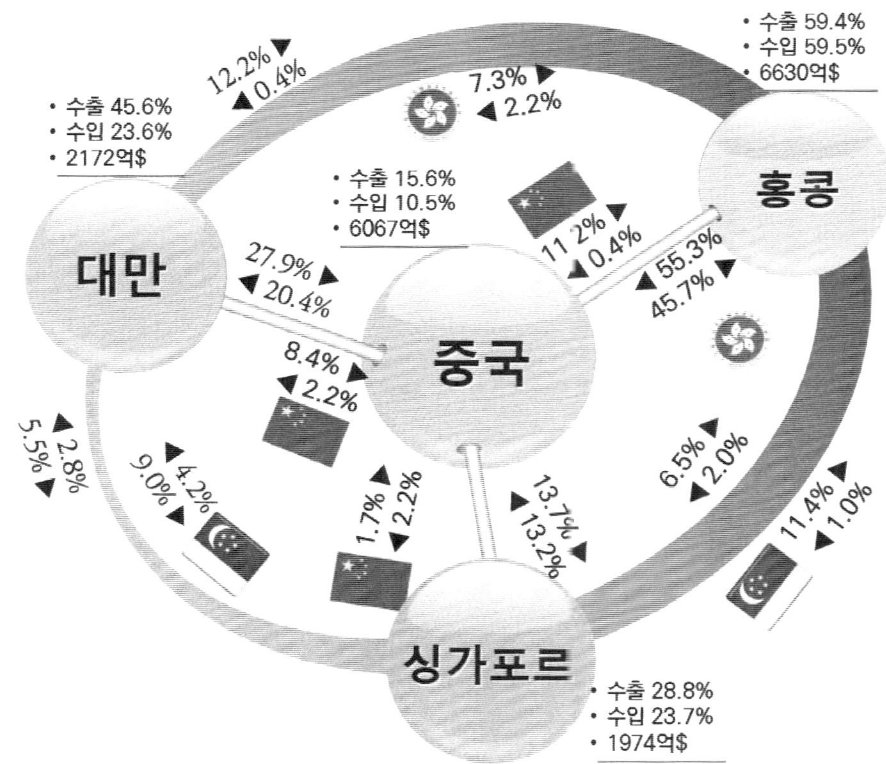

주: 화살표 옆 수치는 상대국간의 수출입 비중을 나타냄. 실선 위 수치는 중화권 전체 비중과 교역액 임.
자료: 국가통계국, 홍콩통계청, 대만경제부, 싱가포르 통계청 수치 종합 (검색일자: 2021.1).

현재 중화경제권은 중국이 중심이 되어 홍콩, 마카오, 타이완 경제를 이끌고 이제 그 영향력을 동남아 및 세계로 확장하는 추세다. 이미 홍콩 및 마카오와는 CEPA를, 타이완과는

ECFA를 체결해 경제통합을 가속화하고 있다. 중국은 또한 동남아 미개척 국가를 대상으로 메콩강 유역 개발계획(GMS, Great Mekong Subregion)을 발표해 인프라 투자에 나서고 있다. 또한 베트남, 태국, 말레이시아, 싱가포르를 잇는 아세아 횡단철도(TAR, Trans-Asian Railway)를 이용해 광서자치구 북부만 개발에도 매진하고 있다. 중국을 중심으로 진행 되고 있는 이러한 프로젝트는 중국과 중화경제권 간의 연계를 강화해 그 기반을 공고히 할 것으로 전망된다.[13)]

2019년 기준 중국과 홍콩, 싱가포르, 대만과의 교역 현황을 보면, 먼저 4대 지역(국가)간 홍콩 다음으로 교역액(수출+수입)이 가장 많은 곳은 중국(6,067억 달러)이며, 다음이 대만(2,172억달러), 그리고 싱가포르(1,974억달러)가 가장 작은 규모를 보이고 있다.

중국은 전체 수출의 15.6%와 수입의 10.5%를 중화권과의 거래에서 실적을 올리고 있다. 홍콩은 수출총액의 90% 이상이 재수출(중국에서 수입, 후 홍콩에서 재수출)이라는 특징이 있으나, 60% 가까운 비중을 중화권과 교역을 하고 있음을 알 수 있다. 싱가포르의 경우, 수출의 28.8% 수입의 23.7% 교역액의 26.3%가 중화권으로 향하고 있어 3대 지역(국가)에 대한 교역 의존도가 1/4 이상이다. 대만은 전체 수출의 27.9%가 중국 비중이며, 홍콩을 포함한 중화권에 대한 수출 비중은 45.6%로 거의 절대적이다. 따라서 중화권에 대한 교역 의존도가 아주 높은 것을 확인 할 수 있다.

협의의 중화경제권인 중국, 대만, 홍콩에 싱가포르를 더한 중화권의 전세계 내 주요 지표별 비중(2017~2020년)을 보면, 국토면적은 전세계 7.3% 수준이지만, 인구는 19.3%, GDP는 18.2%를 점유하고 있다. 특히 수출액 비중은 19.9%, 수입액 비중은 17.3%로 이 둘을 합친 교역액 비중은 18.6% 수준이다.

외환보유액의 경우, 이미 중국은 3조 1785억 달러(2020년 11월말 기준)로 22%를 점유하며 세계 1위를 기록하고 있다. 중화경제권 전체로는 세계 외환보유고 점유비는 31.3%에 이른다.

13) 리단(2009), 해외 화교 중국의 소프트 파워 네트워크, 친디아저널 2009-12월호. 24-26쪽.

[표 3-16] 주요 지표별 중화경제권 규모와 비중

	단위/기준연도/자료	전세계	중국	홍콩	대만	싱가포르	중화권 합계(비중)
수출액	백만$/ 2019/ KITA	18,694,022	2,464,407	535,807	330,537	388,450	3,719,201 (19.9%)
수입액		18,988,459	2,067,974	578,783	281,732	359,251	3,287,740 (17.3%)
교역액		37,682,481	4,532,381	1,114,590	612,269	747,701	7,006,941 (18.6%)
GDP	억$/2019/ KOSIS	863,300	143,429	3,660	6,108	3,720	156,917 (18.2%)
국토면적	천ha/2017/ KOSIS	13,239,118	960,001	0.01	3,596	71.9	963,669 (7.3%)
인구	만명/2019/ 세계은행	767,353	144,421	755	2,385	589	148,150 (19.3%)
외환보유고 (194개국)	억$/2020/IMF	144,486	31,785	4,857	5,134	3,493	45,269 (31.3%)

자료: 한국무역협회, 국가통계국, IMF, KOSIS, 세계은행, 한국은행 (2021.1)

참고로 2020년말 기준 미국의 외환보유고는 1,427억 달러(세계 21위)인데 여기에는 IMF 특별인출권인 SDR과 IMF 지분(출자금) 대부분이 포함되어 있다. 미국은 현재 전세계 외환보유액의 기준이 되는 기축통화인 달러 발행권을 가지고 있어서, 미국의 외환보유고는 큰 의미가 없다. 현재 미국은 전세계에서 가장 많은 금(외환보유고로 산정)을 보유하고 있는데, 8134억톤에 달한다. 이를 최근 시가(1kg=52,187$. 2021.1.14.)로 환산해보면 4,244억 달러에 달해, 금을 더한 미국 외환보유고(5671억달러) 수준은 대만(6위) 홍콩(7위)을 제치고 5위로 올라서게 된다.

아래 <표>는 2000년부터 2019년까지 중화경제권이 전세계 GDP에서 점유하는 비중을 보여주고 있다. 2000년 5.3%에 머물렀던 중화경제권 경제 규모는 2010년에 10.5%로 두 배 넘게 성장하여 10%대를 넘어섰으며, 가장 최근인 2019년에는 18.2%까지 올라왔다. 이러한 증가세를 볼 때 향후 수년 내에 세계 경제에서 중화경제권이 점유하는 비중은 20%를 넘어설 전망이다.

중화경제권이 세계 경제에서 차지하는 비중

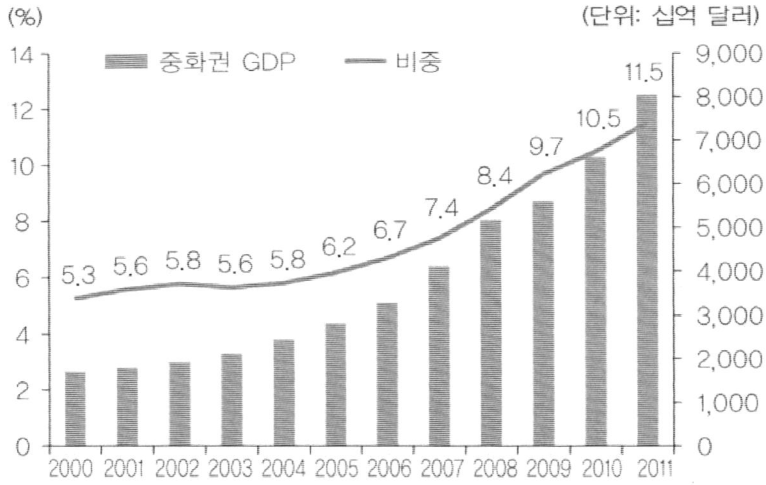

자료: IMF, World bank

[표 3-17] 전세계 GDP 중 중화경제권 비중

(단위: 억달러)

	전세계	중국	홍콩	대만	싱가포르	중화권 합계	중화권 비중
2015	745,837	110,616	3,094	5,345	3,080	122,135	16.4%
2016	757,106	112,333	3,208	5,430	3,187	124,158	16.4%
2017	805,641	123,104	3,412	5,908	3,419	135,843	16.9%
2018	852,092	138,948	3,617	6,082	3,732	152,379	17.9%
2019	863,300	143,429	3,660	6,108	3,720	156,917	18.2%

자료: KOSIS, 세계은행 (2021.1)

2. 중화경제권의 개념과 정의

'중화권'이라는 용어는 정확한 정의가 존재하는 것도 아니고, 포괄하는 범위도 다양하다. Harding(1993)에 따르면 'Greater China(大中華)'라는 용어는 경제, 문화, 정치 등의 부문에서 중국인들이 결속되고 있는 현상을 지칭할 때 다양하게 사용되며, 그 대상도 홍콩, 마카오, 대만과 같은 중국의 통합 대상에서 확대되어 싱가포르, 더 나아가 동남아시아, 미국 및 유럽에 사는 화교까지 포함하는 경우도 있다. 현재 사용하고 있는 중화권의 개념은 1970년대 개혁·개방으로 홍콩과 중국이 경제교류가 활발해지던 시기에 '중국인공동체(中國人共同體)'와 '중국인경제집단(中國人經濟集團)'라는 용어로 등장하였고, 1980년대 중반부터 '중화권'이라는 용어가 사용되고 있다. 특히 경제통합과 관련해서는 홍콩학자 황즈렌에 의해 '다국적 중화경제권(Transnational Chinese Economy)'이라는 개념이 제시되었다. 그는 중화권을 홍콩과 대만을 중심으로 한 남중화권(Greater South China), 상하이 중심의 장강권(Yangzi Circle), 천진과 대련부터 한국까지 연결되는 발해권(Bohai Circle)과 사천성, 운남성에서 남동아시아를 잇는 남서중화권(South-west China Circle)과 중국 서부, 러시아와 중앙아시아 국가를 연결하는 북서중화권(North-west Circle)으로 나누었다.

Naughton(1997)은 중국, 홍콩, 대만이 정치·군사적 대치상태에서도 경제적인 필요에 의해 형성하게 된 기업활동, 생산 및 교역의 네트워크를 '중국 서클(China Circle)'이라고 명명했다. 그리고 지역적 범위를 세 종류로 분류하였는데, 가장 작게는 홍콩 메트로폴리탄 지역으로 홍콩 중심부에는 선진 서비스업과 기업의 지역본부가 자리하고, 생산 기능은 주변부인 광동성 주강삼각주 쪽으로 확대된 지역이다.

좀 더 확대된 '중국서클'은 대만, 홍콩과 남부 연해의 광동 및 복건성을 아우르는 지역이다. 가장 넓게는 동아시아 지역 통합의 관점에서 홍콩과 대만이 투자한 남부 연해지역뿐 아니라, 일본과 한국이 투자를 주도한 북부 연해지역의 산동성, 요녕성 그리고 이 두 연해지역이 만나는 장강삼각주(상해, 강소, 절강)까지 이어지는 범위라고 규정하였다. 그는 홍콩-광동, 타이완-복건성을 아우르는 두 번째 서클에 주목했는데, 이는 어떠한 제도적 장치도 없으며, 더욱이 정치적 차이와 긴장이 존재하는 이 지역에서 일어난 생산 네트워크의 긴밀한 통합 때문이었다.

[그림 3-5] 중화권 및 화교경제권 개념도

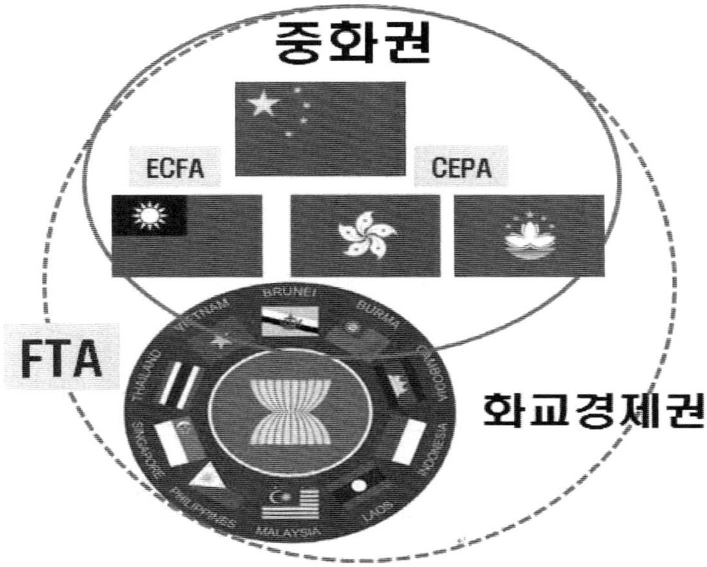

자료: 기존 문헌 참고하여 저자 작성 (2014.7)

중국이 개혁개방을 하면서 홍콩, 대만, 동남아 화교들이 중국에 몰려들고, 홍콩, 마카오 등 영국에 조차(租借)되었던 지역들도 반환되면서 '중국인경제권', '대중화경제권', '중국경제권' 등에 대한 논의가 있었다. 특히 2001년 중국의 WTO 가입을 계기로 활발해졌다. 그러나 중화경제권의 범위 및 경제규모를 어떤 수준에서 규정할 것인가에 대해서는 모두가 공감하는 합의점을 얻지 못한 상태다.

현재까지 주요 논쟁을 보면 크게 네 가지로 분류된다. 첫째, 중국을 제외한 홍콩, 타이완과 동남아 지역의 화교경제권에 한해서만 '화인경제권'이라 부르는 견해다. 둘째, 중국과 홍콩, 마카오, 타이완 지역을 포함해 이른바 '중국인경제권'이라 하는 주장이다. 셋째는 '중국인경제권'에 싱가포르, 태국, 말레이시아, 인도네시아 등 동남아 화교들을 아우르는 이른바 '대중화경제권' 주장이 있다. 마지막으로 동남아뿐만 아니라 유럽과 미국의 화교 모두 아우르는 이른바 '해외화인경제권'을 주장하는 견해도 있다.

본고에서 사용하는 중화경제권의 개념은 중국, 홍콩, 마카오, 타이완 외 싱가포르, 태국,

말레이시아, 인도네시아 등 동남아 화교경제를 모두 포함한다. 중화경제권은 일반적으로 중화민족이라는 혈연적 유대관계를 바탕으로 서로간의 정치·경제·문화적 통합을 강조하는 성향을 갖고 있다. 중화경제권 형성에는 지리적, 문화적 및 제도적 요인과 지역간 상호보완적 관계요인이 있다.

지리적으로 보면 중국 남부지역과 기타 화인경제권은 바다를 사이 두고 있어 경제 활동에서 거래비용이 절감되는 장점을 갖고 있다. 문화적으로는 동일 언어권(漢字)으로 구성되었기에 이들 간의 유대감은 강했고, 상호간 교류도 용이했다. 또한 이들은 근면하고 인내력이 강하며 화목한 인적관계를 추구하는 공통된 성향을 갖고 있어 상호신뢰를 바탕으로 협력 메커니즘을 형성할 수 있었다. 또한 제도적으로 볼 때, 개혁·개방 이후 중국정부는 화인기업을 포함한 외자기업에 많은 우대정책을 제공했고, 이는 화교들이 중국시장에 뿌리 내릴 수 있는 기반을 마련해주었다. 1990년 중국정부는 '화교와 홍콩·마카오 동포투자 격려를 위한 규정'을 발표했고, 1994년에는 '타이완동포투자보호법'을 제정했다. 마지막으로 중국과 화교들은 상호보완적인 관계를 구축했다. 중국이 풍부한 자원과 노동력 및 거대한 시장을 제공했고 홍콩, 타이완 등 해외화교들은 방대한 자본과 기술력 및 서구적 관리경험을 이전해왔다. 이러한 상호보완적 관계는 중화경제권이 빠르게 부상하는데 기여했다.

제4절 FTA와 중화경제권

1. FTA와 지역무역협정 개념

지역경제통합(Regional Economic Integration), 혹은 국제지역간 경제통합은 지역 내 각 경제체제 사이에 상품과 생산요소 이동의 장벽을 제거하고, 최종적으로는 상품 판매의 자유시장, 자본과 노동의 동일한 시장을 형성하는 과정을 의미한다. 즉 지역 내 각 경제체가 경제적으로 통합을 이루는 과정이다.

국제지역의 경제통합은 많은 경제적 장점이 있다. 첫째, 비교우위 이론에 의해 통합과정에서 경제적 특화 정도의 제고를 통해 생산효율을 향상 시킬 수 있다. 둘째, 시장 규모의 확장을 통해 규모의 경제가 이루어지고 이로 인해 생산수준이 향상 될 수 있다. 셋째, 치열한 경쟁을 통해 보다 높은 경제효율을 도모할 수 있다. 넷째, 통합 지역 내의 기술향상에 의해 상품 수량의 증가와 품질 향상을 도모할 수 있다. 다섯째, 생산요소가 일체화 지역 내에서 자유롭게 이동됨으로서 장점을 극대화 할 수 있다. 여섯째, 지역 내 화폐금융정책이 통합되어 리스크를 분산할 수 있다. 일곱째, 경제 고도성장, 충분한 취업, 공평한 소득분배 등 통합 지역 내의 공동적 목표를 성립하고 효과를 극대화 할 수 있는 기반을 마련하게 된다.[14)]

지역경제 통합(Regional Economic Integration)을 위한 발전 단계별 특성을 보면 다음과 같다. 첫번째 단계는 상품시장의 통합이다. 즉 지역 내 상품 이동의 장벽을 제거한다. 두번째 단계는 생산요소(토지, 노동, 자본)의 통합이다. 즉 지역 내 생산요소의 자유 이동을 실현한다. 세번째 단계는 정책의 통합이다. 즉 지역 내 각 나라가 경제정책의 일치를 달성한다. 네번째 단계는 완전한 통합이다. 즉 지역 내 모든 나라가 동일한 정책을 집행한다.

지역경제 통합 중 하나인 자유무역협정(FTA. Free Trade Agreement)은 WTO 출범이후 거의 모든 국가의 가장 중요한 통상 현안으로 떠올랐다. 가장 널리 통용되는 지역무역협

14) 왕기공·김민영·류경(2008), 아시아태평양 지역 FTA의 현황과 발전 전망, 「지역발전연구」 제8권 제1호, 55-56쪽.

정 분류방식인 바이너(Viner) 분류에 의하면 지역협력체제에는 네가지가 있는데, 자유무역지대(Free Trade Area), 관세동맹(Customs Union), 경제공동체(Economic Community), 경제연합(Economic Union) 등이 그것이다. 지역 내 시장 융합의 정도와 진행하고 있는 단계에 따라 지역경제 통합 조직은 다음과 같은 6가지로 나누어 볼 수 있다.

1) 특혜무역협정 (PTA. Preferential Trade Arrangement)

협정국간 무역에는 관세를 비롯한 무역장벽을 낮추는 반면, 나머지 비협정국에 대해서는 예전과 똑같은 수준의 관세 및 무역장벽을 적용하는 것이다. 1932년에 영국과 그 식민지가 맺은 특혜관세제도는 PTA의 좋은 예이다. 경제체들간의 FTA를 체결하기 전에 먼저 PTA를 맺는 것은 국제적 관례이다. 그리고 1976년에 '방콕협정'으로 시작한 아시아·태평양 지역 국가들 간의 특혜 무역협정인 아시아태평양 무역협정(APTA. Asia-Pacific Trade Agreement)이 있다.

APTA는 무역자유화와 무역확대를 통하여 아·태지역 개발도상국들의 경제발전과 생활수준향상을 꾀하기 위해 역내의 개도국 사이에서 체결되었고, ESCAP사무국이 있는 방콕에서 체결됐기 때문에 '방콕협정'이라 불린다. 이는 '아시아·태평양 경제사회위원회(ESCAP) 개발도상회원국간 무역협상에 관한 1차 협정'의 약칭이다. 1976년 6월, 발효된 방콕협정은 한국, 인도, 라오스, 스리랑카, 방글라데시 등 아시아 5개국이 상호 교역활성화를 위해 회원국들끼리 WTO 규정상의 최혜국대우보다 더 낮은 관세율을 적용하기로 합의하였고, 중국은 지난 2001년 4월 회원국으로 가입했다. 회원국들은 총 782개 품목에 대해 서로 특혜관세를 적용하고 있고, 한국은 250개 품목에 대해 현행 세율 기준으로 평균 30%의 관세인하 혜택을 회원국에 주고 있다.

한편, '방콕협정'은 2006년 9월 1일에 APTA로 개정되어 발효된 바 있다. 관세, 비관세 장벽 제거를 통해 ESCAP 관할내 개발도상국간의 무역확대를 목적으로 현재 회원국간에 특정 품목에 대하여 양허관세(讓許關稅)를 실시하고 있다.

2) 자유무역지대 (Free Trade Area)와 FTA

자유무역협정(Free Trade Agreement. FTA)을 체결한 나라들이 형성된 하나의 무역지역이다. 자유무역지역 내의 회원국들 간에 관세를 비롯한 무역장벽이 폐지되고 지역내 상품의 자유이동이 실현된다. 반면, 비회원국에게는 이전과 동일한 수준의 관세 및 무역장벽이 적용된다.[15)]

1993년 유럽경제지역(EEA)으로 통합된 유럽공동체(EC)와 유럽자유무역연합(EFTA), 북미자유무역협정(NAFTA)의 모체가 된 1988년 미국과 캐나다간의 자유무역협정이 대표적인 예이다. 미국-캐나다자유무역협정(USA-Canada Free Trade Agreement)는 1988년 1월 2일 미국 대통령 레이건과 캐나다의 수상 멀로니가 오타와에서 조인한 양국간의 무역협정이다. 이 협정으로 미국·캐나다 양국간의 경제장벽 철폐를 목적으로 한 자유무역권이 1989년 1월 1일 탄생하였다.

이 협정은 ① 양국간에 아직 관세가 남아 있는 품목(수출입 총액의 25%)에 대해서 관세를 단계적으로 10년 이내에 철폐하고, ② 농산물·자동차제품·에너지의 무역을 자유화하고, ③ GATT에서는 다루고 있지 않은 서비스무역·금융서비스·투자에 대해서도 쌍방이 상대방 국민의 내국민대우를 보증하고, ④ 중립적인 분쟁처리기관을 설치하고 그 재정(裁定)에 구속력을 가지게 하는 등을 규정하였다. 이로써, 인구 2.7억명, 역내 총생산 4.9조 달러의 거대시장이 북미에 탄생한 바 있다.

3) 관세동맹 (Customs Union)

관세동맹이란 경제적 정치적으로 이해 관계가 깊은 2개국 이상이 결합하여 상호간의 관세를 철폐 또는 경감하여 무역을 자유롭게 하고, 동맹 외의 나라에 대해서 경제상 1단위를 구성하여 공통의 관세를 부과하는 경우를 말한다. 1834년에 결성된 독일관세동맹, 이후 1957년에 발족된 유럽경제공동체(EEC. European Economic Community) 등에서 그 예를 찾아볼 수 있다.

---

15) FTA는 자유무역지대(Free Trade Area) 혹은 자유무역협정(Free Trade Agreement)의 약어이나, 본고에서는 별도 설명이 없으면, 자유무역협정을 뜻하는 Free Trade Agreement를 의미하기로 한다.

1834년 프로이센(Preussen) 주도하에 결성된 독일 관세동맹으로 대내관세(對內關稅)가 철폐되고, 화폐·어음·도량형·교통제도 등의 국내적 경제영역의 통일이 이룩되었으며, 철도망의 발전과 더불어 광범한 국내시장의 형성을 보게 되었다. 이를 통해 중공업을 중심으로 한 독일 자본주의의 본격적인 발전을 이룩했다. 이 동맹은 1871년 독일제국의 탄생과 함께 정치적으로 통일되었다.

제2차 세계대전 후 1944년 네덜란드·벨기에·룩셈부르크 등 3국이 결성한 베네룩스 관세동맹(Benelux Customs Union)은 1958년 '베네룩스 경제동맹(Benelux Economic Union)'으로 발전하였으며, 유럽경제공동체(EEC)는 이 경제동맹이 확대된 것이다. EEC는 프랑스·독일·이탈리아·네덜란드·벨기에·룩셈부르크의 6개국이 역내관세(域內關稅)의 철폐와 대외공통관세의 설정으로 자유시장의 창설과 더불어 자본이나 노동의 이동까지도 자유화하여 역외(域外)에 대항하는 경제권을 설립하려는 것을 목적으로 했다.

관세동맹이 FTA와 가장 큰 차이는 지역 내의 나라들이 공통의 대외 관세를 부여한다는 점이다.

4) 공동시장 (Common Market)

관세동맹에서 나아가 경제적인 국경을 철폐하고 국가간 무역량 확대와 사회적 경제적 발전을 도모하기 위해 회원국간 노동(건설, 컨설팅 등), 자본(은행, 기타 금융서비스, 해외직접투자 등), 기술 등의 생산요소를 자유롭게 이동할 수 있는 지역경제협력의 단위를 공동시장이라고 한다.

이전에는 국내 영역으로만 간주되었던 법과 제도에까지 영향이 미침으로써 보다 발전된 통합의 단계이다. 대표적인 예로 유럽연합 이전 형태의 1957년 유럽경제공동체(EEC European Economic Comuunity), 앞서 설명한 1994년 북미자유무역지역(NAFTA)을 들 수 있으며, 중미공동시장(CACM Central American Common Market), 안데스 공동체(ANCOM) 등을 들 수 있다.

먼저 CACM(中美共同市場)의 경우, 1960년 조인된 '중앙아메리카 경제통합에 관한 일반조약'에 의거 1961년 7월 발족한 지역경제 협력기구이다. 가입국은 과테말라·엘살바도르·온두라스·니카라과·코스타리카이다. 주요 기관에는 중미경제통합은행·중미경제통합기금·

중미결제기구도 설립되어 있다. 역내무역(域內貿易)의 자유화, 역외관세(域外關稅)의 통일화, 산업통합을 포함한 공동시장의 형성을 목적으로 하며, 이미 역내무역의 자유화, 역외관세의 통일화는 달성된 상태이다. 그러나 CACM은 통합산업제도 개선시점부터 역내 발전격차에 대한 배려 부족으로, 처음부터 유리한 공업조건을 갖고 있던 나라만 더욱 유리해지는 결과를 낳아 과테말라와 엘살바도르에만 이익이 집중됨으로써 균형 발전은 이루어지지 못했다.

다음으로 안데스 공동체(Comunidad Andina)는 콜롬비아·페루·에콰도르·볼리비아·칠레 5개국이 1969년 콜롬비아의 카르타헤나에서 조약조인으로 발족한 지역적 경제통합이다. 약칭은 ANCOM이며, 본부는 페루의 리마에 있다. 1976년 외자규제에 반대하여 칠레가 탈퇴했다. ANCOM은 라틴아메리카 자유무역연합(LAFTA)내의 중소국가인 안데스그룹이 브라질·아르헨티나·멕시코와 같은 LAFTA 내의 대국에 대항하여 그룹의 입장을 개선하고, 국내시장의 협소로 인한 불이익을 극복할 것을 목적으로 결성되었다. ANCOM의 특색으로는 ① 지역내 무역장애의 자동철폐 및 공통지역外 관세설정 ② 산업통합, 즉 부문별로 지역내 모든 산업의 계획적 분배 실시 ③ 대외공동제경정책, 특히 공동외자정책 실시를 들 수 있다.

5) 경제 동맹 (Economic Union)

공동시장에서 한 단계 더 낳아가 상품과 생산요소가 자유롭게 이동하고 공통의 대외관세를 부과할 뿐만 아니라 정책적인 차이를 철폐하고 같은 경제정책과 사회정책을 집행해서 하나의 경제적 실체를 형성하는 단계를 경제동맹이라고 한다. 현재의 유럽연합(European Union. EU)은 그 전형적인 예이다.

참고로 세계 최대 지역경제통합체인 EU는 'ECSC·EEC·EURATOM → EC → EU' 와 같은 순서로 발전을 해왔다. 1952년 8월 프랑스, 독일, 이태리, 베네룩스 3국이 석탄, 철강부문 공동정책으로 전후 경제 복구와 독일의 국제사회 복귀를 통한 전쟁 재발 방지를 위하여 파리 조약에 따라 유럽석탄·철강공동체(ECSC)를 발족시켰다. 로마조약에 따라 1958년 1월 회원국간 자본, 상품, 노동력, 서비스의 자유로운 이동을 목적으로 하는 유럽경제공동체(EEC)와 원자력의 공동 이용을 위한 유럽원자력공동체(EURATOM)를 발족하였다.

다시 1967년 7월 EEC, ECSC, EURATOM 집행부는 유럽공동체(EC)로 일원화하고

1968년 7월 EC의 관세동맹을 완성(역내관세 철폐 및 공동관세제 실시)하였다. 1979년 6월 최초로 유럽 의회를 직접선거에 의해 선출하였다. 1993년 11월 발효된 마스트리히트 조약에 따라 통화 및 정치동맹을 추진하기로 하였으며, 1994년 2월 EC를 유럽연합(EU)으로 변경하였다. 2020년말 현재 EU 회원국 수는 모두 27개이며, 영국은 2021년 1월 1일자로 EU를 탈퇴하였다.

[그림 3-6] 유럽의 경제통합 추이

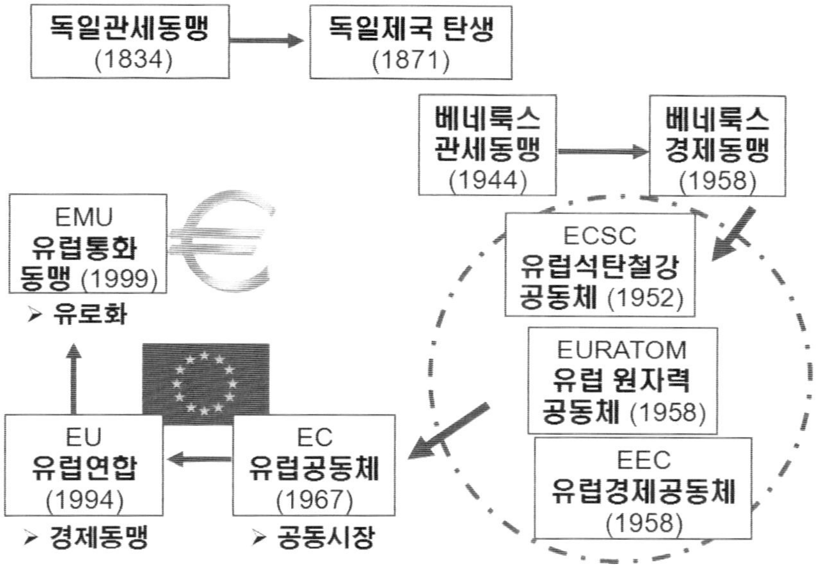

6) 완전경제 통합 (Complete Economic Integration)

이 단계는 지역경제통합의 최종 단계이다. 다수국이 경제통합에 관한 협정을 체결하여 가맹국에서 실시되는 경제정책을 조정하는 데만 그치지 않고 초국가적 기구 설립으로 통화, 금융, 재정, 사회, 경기정책 등을 통합함으로써 사실상 새로운 국가를 결성하는 것과 다름없는 하나의 조직체를 구성하는 경제통합체이다. 아직까지 이런 통합체는 세계에 나타나지 않았으나, 유로화를 쓰는 국가들 모임인 유럽통화동맹(EMU European Monetary Union) 가장 유사하다. 단, EMU의 통화정책 창구는 유럽중앙은행(ECB)으로 통일돼 있지만, 재정정책은 각 회원국이 독자적으로 집행하고 있다.

유럽연합(EU)은 1991년 12월 '마스트리히트 조약'에서 EMU 추진일정 및 단일통화 참여 조건에 합의하였으며, 1995년 EU 정상회담(마드리드)에서 유럽통화동맹(EMU) 출범과 단일통화인 유로(Euro)화 도입까지의 구체적인 3단계 일정이 확정하였다. 이에 따라 1999년 1월 EMU가 출범하였는데, 1차 참가국은 EU 15개국 중 영국·덴마크·스웨덴·그리스를 제외한 11개국이었다. EU회원국 중 영국·덴마크·스웨덴은 스스로 불참 결정에 따라, 그리스는 기준 미달로 통화동맹에 참가하지 않았다.

[표 3-18] 지역경제통합의 각 단계별 특징

구분	특혜관세, 역내관세철폐	상품 자유이동	공통 대외관세	생산요소 자유이동	공동 경제정책조정	초국가 조직
PTA	O					
FTA	O	O				
관세동맹	O	O	O			
공동시장	O	O	O	O		
경제동맹	O	O	O	O	O	
완전경제통합	O	O	O	O	O	O

자료: 왕기공 외(2008), 아시아·태평양 지역 FTA의 현황과 발전 전망, 「지역발전연구」 제8권 제1호, 58쪽

2023년말 현재 EMU(유럽통화동맹) 가맹국은 20개국으로 늘어났다. EMU 20개국은 Belgium, Germany, Estonia, Ireland, Greece, Spain, France, Italy, Cyprus, Luxembourg, Malta, Netherlands, Austria, Portugal, Slovenia, Slovakia, Finland, Latvia, Lithuania, Croatia 등이다. EMU 참가국에서는 유럽단일통화 유로(Euro)가 1999년 1월부터 도입돼 금융시장거래, 국가간 거래 등에 사용되기 시작했다. 도입 후 3년간은 장부화폐 및 회계단위로만 사용되었으며, 실물화폐는 2002년 1월부터 통용되기 시작하였다. 1998년에 유럽중앙은행(European Central Bank, ECB)이 창설되면서 유로존 국가(유로화를 쓰는 나라들)의 통화정책을 총괄하고 있다. ECB 본부는 독일 프랑크푸르트에 위치하고 있다.

2. 중국의 FTA 체결 현황과 목적

1) 체결 현황

중국의 첫번째 FTA 체결 실적은 2003년 6월에 체결한 홍콩 및 마카오와의 CEPA 즉 포괄적 경제동반자 협정을 들 수 있다. 이는 중국으로 '内地与港澳更紧密经贸关系安排'라고 칭하며, 영어로는 'Mainland and Hong Kong Closer Economic and Partnership Arrangement' 라고 칭한다. 물론 홍콩과 마카오가 WTO 회원 자격이기 때문에 FTA로써의 의미가 있지만, 1국가 2체제 대상 지역이자 중국의 영토인 홍콩 및 마카오와의 CEPA 체결은 타국과의 FTA 체결과는 다른 의미를 가진다.

중국이 타국과 체결한 첫번째 FTA는 2005년 7월 ASEAN과 체결한 FTA(ASEAN.东盟)를 들 수 있다. 또한 ASEAN이 10개국이 모인 경제공동체임을 고려하면, 중국이 단일국가와 체결한 첫번째 FTA는 2006년 10월 1일, 칠레와 체결한 FTA 이다.

이후 중국은 순차적으로 파키스탄, 뉴질랜드, 싱가포르, 페루, 코스타리카, 대만, 아이슬란드, 스위스, 한국, 호주, 몰디브, 조지아, 모리셔스, 캄보디아, RCEP 등 총 19개 국가(지역)와 FTA를 체결했다 (2023년말 기준).

2) 추진 목적

가. 세계화와 역내 안정화

지역주의 확산에의 대응과 경제협력을 통한 역내 경제의 안정화이다. 오늘날 세계경제는 범세계화와 지역주의가 양립하는 가운데, 자국의 경제적인 이해관계로 지역주의의 연계를 통한 경제통합이 급속히 진행되고 있으며, 그러한 추세는 더욱 확대·심화될 것이다. 2005년 7월말, WTO에 통보된 333건의 지역무역협정이 전체 국제무역에서 차지하는 비중은 최소 50%이상에 이르고 있다. 따라서, FTA와 같은 지역무역협정에 참여하지 않은 비회원국의 경제적 손실은 시간이 흐를수록 더욱 증가할 것이다. 1997년 아시아 금융위기를 거치면서 중국은 동아시아지역내 경제협력의 중요성을 크게 인식하였으며, 역내 경제의 안정과 교역확대 등을 위해 FTA 등 다각적인 지역협력의 필요성을 크게 느끼고 있다.

[표 3-19] 중국의 FTA 체결 현황

국가	타결 연도	비고
홍콩, 마카오	2003년 6~10월	2004.1. 발효 2006.6. 서비스분야 (HK-CEPA-IV) 2011.12. 제9차 보충협상(HK)
ASEAN	2005년 7월	'04.11월 상품무역협정 체결('05.7.발효) '07.1월 서비스협정 체결('07.7.발효) 2010년. 투자협정 발효
칠레	2006년 10월 1일	'05.11. 상품무역협정 체결('06.10. 발효) '08.4.서비스무역협정 서명('10.8. 발효)
파키스탄	2006년 11월 24일	'06.8월 상품무역협정 서명('07.6월발효), 서비스('07.11)·투자협정('09.6) 서명
뉴질랜드	2008년 4월	2004.12월 협상 개시. 2008.4월 협정 서명('08.10월 발효)
싱가포르	2008년 10월	2006.10월 협상 개시. 2008.10월 협정 서명('09.1월 발효)
페루	2009년 12월	2007.9월 협상 개시. 2009.4월 서명('10.3월 발효)
코스타리카	2010년 4월 8일	2009.1월 협상 개시. 2011.8월 발효
대만	2010년 6월 29일	2010.6월 ECFA기본협정 서명('10.9.발효) 2011년 상품·서비스협상 추진
아이슬란드	2013년 4월 15일	2007.4월 협상 개시, 2008년 4월, 4차 회담 종결 공산물, 수산물에 대한 관세철폐 합의
스위스	2013년 7월 6일	2011.1.28. 1차 회담, 2013.8.7. 8차 회담 종결
한국	2015년 6월 1일	연구착수('06.11), 5차 산관학연구('08.6), 공동연구종료 MOU('10.5). 1차 협상개시(2012.5.14.). 14차 협상(2014.11.4)
호주	2015년 6월 17일	2005년 6월 회담 개시, 2013년 6월 19차 회담 종결
몰디브(Maldives)	2017년 12월 8일	2014.9.16. 협상 개시. 2015.9.15. 2차 협상
조지아(Georgia)	2017년 5월 13일	2015.12.11. 협상개시. 2차 협상(2016.5.16.)
모리셔스	2019년 10월 17일	2017.12 협상 개시. 2018.9.13. 최종 협상.
캄보디아	2020년 10월 12일	2020.6.9. 3차 협상
RCEP (역내포괄 경제동반자 협정)	2020년 11월 15일	ASEAN+5(한·중·일·호주·뉴질랜드).역내포괄적 경제동반자협정. 1차 협상 (2013.5.12. 브루나이).

자료: 중국 상무부, 중국자유무역구복무망 http://fta.mofcom.gov.cn 최근 공개자료 종합(2024.8)

나. 안정적 수출시장 확보

안정적인 수출시장 확보의 목적이다. 중국이 ASEAN과의 FTA를 서둘렀던 가장 큰 이유도 對美 수출의존도를 감소시키고 지속적인 수출확대를 위한 안정적인 수출시장 확보에 있었다. 특히 ASEAN 지역은 중국의 상품 중 선진국에서는 경쟁력이 없는 중저가 제품에 대한 풍부한 수요를 가지고 있어 새로운 수출시장으로 적합하기 때문이다.

새로운 시장의 개척·육성을 추구하는 것은 인도, 브라질, 러시아, 남아공 등 미래의 거대한 유망시장으로 빠르게 부상하는 국가들이 주된 대상이다. 중국은 이들 국가들을 대륙별 수출 교두보로 활용할 수 있기를 기대하고 있을 것이다. 또한 중국은 개도국 시장이 노동집약적 제품의 생명주기상 성장기에 있어서 수요가 비약적으로 증가할 수 있고 중국제품이 개도국의 소득수준 및 소득구조의 특성에 잘 부합하며 관련 기술과 설비, 부품의 수출 증가에도 유리하다는 점에 주목하고 있다.

다. 통상압력 해소

세계에서 반덤핑 제소를 가장 많이 당하는 나라가 된 중국은 갈수록 심화되는 무역마찰과 무역장벽을 우회하거나 회피하기 위한 수단으로서 특히 개도국과의 FTA를 활용하고 있다. 중국의 FTA 추진 대상국이 비선진국에 집중되어 있다는 사실은 중국이 선진국시장에 대한 과도한 의존도를 낮추고 무역마찰을 줄이기 위해, 개도국들을 개척해야 할 수출시장으로서 중시하고 있다는 것을 반영한다. 중국 가전제품에 대한 선진국의 수입 장벽에 대응하기 위해 중동, 아프리카, 남미 등의 개도국을 잠재시장으로 개척할 필요가 있으며, 특히 개도국 시장은 가전제품의 생명주기상 성장기에 있으므로 수요가 비약적으로 증가할 수 있을 뿐만 아니라 중국제품이 개도국의 소득수준 및 소득구조의 특성에 잘 부합하여 관련 기술과 설비, 부품의 수출 증가에도 유리한 것으로 평가하고 있다. 중국의 섬유제품에 대한 서방의 무역장벽을 회피하기 위한 방책의 하나로서 섬유산업 미발달국인 러시아, 몽고, ASEAN 일부 국가 등에 진출하여, 이들 국가의 쿼터를 이용해 구미시장에 수출하는 방안을 활용할 필요가 있다고 보고 있다.

한편, 중국은 WTO 가입시 비시장경제국(non-market economy)으로 분류되어 서방의 반덤핑 내지 세이프가드 조치에 쉽게 노출되는 문제에 대응하여, FTA 추진을 통해 상대국으로 하여금 중국의 시장경제지위(MES) 인정을 유도하고 있다. 중국이 호주, 뉴질랜드 등과의 FTA를 추진하면서 MES 를 인정받은 것이 좋은 예이다.

라. 자원 에너지 확보

자원·에너지 확보의 목적이다. 중국의 에너지 소비증가율은 '제10차 5개년 계획(2001~2005년)' 기간 동안 연평균 11% 증가하여 경제성장률 9%를 크게 상회하였다. 향후 15년후에는 에너지소비량이 현재보다 2배 증가할 것으로 전망되고 있어 안정적인 자원·에너지의 확보 여부가 중국의 경제발전에 있어 핵심적인 문제로 부각되고 있다. 이에 중국정부는 '11차 5개년 규획(2006~2010)' 기간동안 국내외 에너지자원 확보 강화와 에너지수입선의 다변화를 주요 정책으로 채택함으로써, 자원·에너지 외교를 강화하고 다자간 국제협력 네트워크 구축을 위해 노력하고 있다. 이러한 차원에서 중국은 현재 걸프협력기구(GCC: Gulf Cooperation Council), 호주, 뉴질랜드와 FTA 협상을 진행 중에 있으며, 남미 자원부국인 칠레와는 이미 FTA 협정을 체결한 상태이다.

마. 국내 지역개발 전략과의 연계

국토의 균형발전전략을 위한 서부대개발 및 동북진흥사업과의 연계이다. 중국은 개혁·개방정책이후 고도성장을 이룩하였으나, '선부론(先富論)'에 입각한 불균형성장전략은 동부연안지역과 서부내륙지역간의 경제적 격차를 더욱 확대시켰다. 따라서 중국정부는 다양한 FTA의 추진을 통해 투자환경 개선과 FDI 유입 확대에 기여하고자 한다. 특히 ASEAN과의 FTA는 태국, 라오스, 베트남 등과 지리적으로 인접한 운남성, 광서자치구 등 중국의 서남부지역 개발에, 그리고 동북아 국가들과의 FTA 논의는 동북3성 진흥전략에 도움을 줄 것으로 기대하고 있다.

바. 국내산업 경쟁력 제고

산업경쟁력 제고를 촉진하기 위한 FTA 추진 동기는 주로 중국보다 공업화가 선진적이거나 서비스산업이 발전되어 있는 국가들과의 추진에서 강하게 작용하고 있는 것으로 보인다. 홍콩, 호주, 뉴질랜드, 싱가포르 등과의 FTA에서는 주로 이들 국가의 발달된 서비스 산업으로부터 자본, 경험, 기술을 도입해 중국의 관련 산업의 경쟁력 강화, 산업구조조정, 관리방식 개선 등을 촉진하는 효과를 도모하는 것으로 이해된다. 한편 한국, 대만, 홍콩 등과의 FTA에서는 이들 국가의 발달된 제조업 분야와의 교류 확대를 통해 관련 산업의 효율증진 효과를 기대하고 있을 것이다.

사. 중화경제권 블록화

중화경제권(Greater China Economic Zone)의 결속이다. 중국의 입장에서 볼 때, 홍콩과의 '경제·무역관계 긴밀화 협정(CEPA: Closer Economic Partnership Arrangement)' 체결에 따른 경제적 실익은 크지 않음에도 불구하고 전략적인 입장에서 추진된 것으로 평가되고 있다. 즉, 세계 각국 및 화교(華僑)들의 중국에 대한 투자 및 물류창구 역할을 해 왔던 홍콩경제가 최근 침체를 거듭하며 그 위상이 저하되고 있음에 따른 조치로 보인다. 중국은 홍콩이 국제자금조달 창구로서의 역할이 지속되기를 기대하는 한편, 장기적으로 중화경제권의 강화를 도모하기 위해 홍콩정부의 제안을 수용하였다. 대만과 체결한 ECFA 역시 중화경제권 구축에 포함되는 FTA 전략이다.

아. 우회 수출로 확보

미국과 유럽 등 선진국 시장에 대한 우회수출을 목적으로 FTA를 추진하는 동기는 거의 모든 FTA 추진 대상국가(지역)에서 작용하고 있는 것으로 보인다. 호주, 뉴질랜드, 아이슬란드 등에 대해서, 중국은 이들 국가가 다른 선진국들과 FTA 를 맺고 있는 점을 활용해 이들 국가를 통한 서구 시장으로의 우회수출 효과를 도모하고 있고, ASEAN, 남아시아, 중동, 남미, 아프리카 등에 대해서는 주로 이들 국가의 對선진국 수출쿼터를 활용하려 한다.

홍콩을 통한 對서구 우회수출은 자유무역항인 홍콩의 이점을 적극적으로 활용하려는 의도가 포함되어 있다. 이는 중국의 對홍콩 수출의 상당 브분이 서구시장을 최종 시장으로 하고 있는 사실을 통해 이해할 수 있다.

중국이 한국과의 FTA를 서둘렀던 배경에는 한국이 미국(2012), EU(2011)와 FTA를 체결함에 따라 아시아 FTA 허브(Hub)로 급부상하게 된 점도 있다. 즉 중국은 한국과의 FTA 체결을 통해 미국과 EU로의 우회수출 채널을 확보할 수 있기 때문이다.

3) 중국-아세안 FTA

2001년이 WTO 가입으로 중국에 큰 전환을 가져온 한 해라면, 2010년은 아세안과의 FTA 발효로 새로운 시장이 열린 한 해로 자리매김 할 것이다. 아세안(동남아시아국가연합)은 1967년 8월 태국, 인도네시아, 필리핀, 말레이시아, 싱가포르 5개국이 결성한 지역협력기구이다. 1984년 브루나이가 가입했고 최근에 베트남, 라오스, 미얀마, 캄보디아가 가입해 모두 10개국으로 구성되어 있다.

아세안과 중국은 2001년 1월 중·아세안 FTA 협상을 개시하여 2010년 1월 1일부로 상품무역, 서비스무역, 투자 세 분야에 대한 협정체결을 완료한 바 있다. 2001년 타당성 연구보고서가 완성된 뒤, 2002년에는 중·아세안 전면 경제협력 기본협정이 체결되어 이후 FTA 협상의 근간을 이루게 된다. 2002년 11월에는 관세철폐 촉진을 위한 조기자유화계획(EHP: Early Harvest Program)이 체결되어 2004년부터 실시되었고, 양측간 상품무역협정이 2004년 11월 체결되어 2005년 7월부터 감세가 시행되었다. 또한 2007년 7월부터는 서비스협정이 발효되었으며, 2009년 8월에는 투자협정 체결을 거쳐 2010년 1월부터 상품, 서비스, 투자 부문에 대한 전면적인 FTA를 구축하게 된 것이다.

양측 인구는 19억 명으로 세계 최대 규모의 FTA 체제가 출범한 것이다. 중국과 아세안 10개국의 국내총생산(GDP)는 6조 달러, 역내 교역 규모는 4조5000억 달러에 달한다. 중-아세안 FTA 발효로 중국과 아세안 6개 원회원국 간 교역품목의 90%인 7000여 개 상품에 무관세가 적용된다. 이들 6개 원회원국은 싱가포르, 태국, 말레이시아, 인도네시아, 필리핀, 브루나이이다. 중국과 아세안 4개 신회원국(베트남, 캄보디아, 라오스, 미얀마)은 5년 동안의 유예기간 후 2015년부터 FTA가 전면 발효된다.

중-아세안 FTA 출범은 양측 교역이 사실상 영세율 시대에 진입했음을 의미한다. 중국이 아세안 6개 원회원국에 부과하는 평균 수입관세율은 종전 9.8%에서 0.1%로 사실상 무관세이다. 6개 원회원국이 중국에 부과하는 평균 수입관세율은 12.8%에서 0.6%로 인하되었다. 중국과 아세안 4개 신회원국은 2015년까지 교역품목의 90%에 무관세를 적용하기로 했다.

중-아세안 교역규모는 양측 간 FTA 협상이 개시된 1991년 63억 달러에서 2008년 2311억 달러로 약 37배 증가했으며, 향후 보다 큰 폭의 증가세가 예상된다. 2008년 기준으로 중국은 아세안의 3대 교역국이며, 아세안은 중국의 4대 교역 파트너이다. 아세안과 중국의 교역은 2009년에는 2125억 달러에 이르러 중국 전체 교역의 9.7%를 차지하게 됐다. 아세안은 이제 EU, 미국, 일본에 이어서 네 번째로 큰 중국의 교역국이 됐으며 중국은 아세안의 세 번째 교역국으로 자리하게 됐다.

최근 중국세관 통계를 보면, 2016년 중국 전체 무역 중 아세안이 점유하는 비중은 12.3% 수준이었으며, 2019년과 2020년 미국과의 무역 전쟁에 파른 무역 파트너 다변화 전략에 따라 2020년 아세안의 교역 점유비는 14.7%까지 확대 된 것을 알 수 있다.

중-아세안 FTA 출범으로 양측 간 상호 투자가 전반적으로 크게 활성화될 전망이며 향후 아세안의 대중국 투자보다는 중국의 대아세안 투자확대 움직임에 더욱 주목해야 할 것이다. 중국은 막대한 외환보유고와 저부가가치산업의 해외이전, 중국 내 산업구조 조정 가속화 필요성 등에 따라 2010년부터 해외투자(走出去: 저우추취)를 더욱 확대할 예정이어서 중국기업들의 대아세안 투자가 탄력을 받게 될 전망이다.

[표 3-20] 중국의 대아세안 교역 현황

(단위: 억 위안, %)

	중국 전체 교역액	총수출	총수입	무역수지	대아세안			아세안 무역수지
					교역비중	수출 비중	수입비중	
2016	243,386	138,455	104,932	33,523	12.3%	12.2%	12.4%	3,916
2017	277,923	153,321	124,602	28,718	12.5%	12.3%	12.8%	2,960
2018	305,050	164,177	140,874	23,303	12.7%	12.8%	12.6%	3,344
2019	315,505	172,342	143,162	29,180	14.0%	14.4%	13.6%	5,341
2020	321,557	179,326	142,231	37,096	14.7%	14.8%	14.6%	5,743

자료 : 중국세관 통계D/B www.customs.gov.cn (검색일: 2011.1)

중국 상무부가 비준한 19개의 해외경제무역협력단지 가운데 6개가 인도네시아, 베트남, 캄보디아 등 아세안에 있음을 주목할 필요가 있다. 중국이 금융 및 산업협력을 강화하는 싱가포르에도 중국기업들의 진출이 확대될 전망이다.

양측 상호 투자규모는 2008년까지 누계 600억 달러 수준이다. 아세안의 대중국 실제 투자는 연간 실적기준으로 2003년 29억3,000만 달러에서 2008년 54억6,000만 달러로 증가하는 추세이다. 중국의 대아세안 투자도 2003년 한해 2억3,000만 달러에서 2008년 21억8,000만 달러로 약 9배 증가하고 있다. 이는 중국의 전체 해외투자 중 11.4%를 점유하는 비중으로 EU, 미국, 일본보다 높다.

한편 중국과의 자유무역협정발효에 대해 우려의 목소리도 있다. 아세안과 중국은 모두 노동집약적 산업이 집중되어 있는 공통점을 가지고 있다. 따라서 유사한 산업구조로 인해 양 지역 제품들의 경쟁이 더욱 가속화될 수 있다. 아세안의 최고 수출품목은 전자제품이며, 중국의 최고 수출품목 역시 전자제품이다. 2008년 아세안의 전자제품 수출은 1,755억 달러에 이르러 전체 수출의 23.4%를 차지했는데 같은 해 중국의 전자제품 수출은 3,421억 달러로서 중국 전체 수출의 23.9%를 차지했다. 원자로, 보일러, 기계류 역시 양 지역의 주요 수출품들이다.

[표 3-21] 중·ASEAN FTA 추진 경과

일시	경과	주요 내용
2001. 11	FTA 협상 개시	-
2002. 11	기본협정 체결	2010년까지 자유무역지대 완성 구상
2004. 1	관세조기철폐계획 (Early Harvest Program)	일부 농수산물(HS 01-08)에 대한 상품양허 발효 전 조기 관세인하
2004. 11	상품협상 체결	예외품목, 민감/초민감 품목을 제외한 모든 제품: 2010년까지 관세철폐 * 단, 후발가입4국은 2015년까지
2005. 7	상품협상 발효	
2007. 1	서비스협정 체결	GATS의 포지티브(positive) 방식 양허안, 점진적인 자유화 방식 채택**
2007. 7	서비스협정 발효	
2009. 8	투자협정 체결	투자 원활화와 단계적 자유화를 촉진하는 27개 조항으로 구성
2010. 1	전면 발효	상품, 서비스, 투자협정이 완성된 전면적 FTA 발효개시

주: * 캄보디아, 라오스, 미얀마, 베트남
** GATS(General Agreement on Trade in Services). 서비스무역에 관한 일반협정
자료: 여지나(2009), 중·ASEAN FTA투자협정의 내용과 시사점, 지역경제포커스 09-44호, KIEP, 4쪽.

4) RCEP

2020년 11월 15일에 ASEAN, 한·중·일, 호주, 뉴질랜드 등 15개국이 참가하는 중국 주도의 지역경제통합체인 RCEP(Regional Comprehensive Economic Partnership. 역내포괄경제동반자 협정. 区域全面经济伙伴关系协定)이 타결되었다. RCEP 무역 규모는 5.4조 달

러로 전 세계 30% 수준이며, GDP는 26.3조 달러(세계 32%), 인구 22.6억 명 규모의 Mega FTA이다.

동아시아 경제통합 관련, 2000년대 들어 중국이 제안한 EAFTA(ASEAN+한중일) 및 일본이 제안한 CEPEA(ASEAN+한중일, 호주, 뉴질랜드, 인도) 논의가 진행되어 온 것이 그 배경이다. RCEP은 국회 비준을 거쳐 우리나라에서는 2022년 2월자로 발효가 되었으며, 중국을 포함한 10개국은 2022년 1월 1일자로 발효가 되어 다자간 무역에 적용되고 있다.

2018년부터 미국과 무역 갈등을 넘어 무역 전쟁을 경험하고 있는 중국은 COVID-19 엔데믹 이후인 2022년부터 RCEP을 적극 활용하여 회원국과의 무역량을 늘려나가고 있다.

[그림 3-7] RCEP 해당 국가와 주요 내용

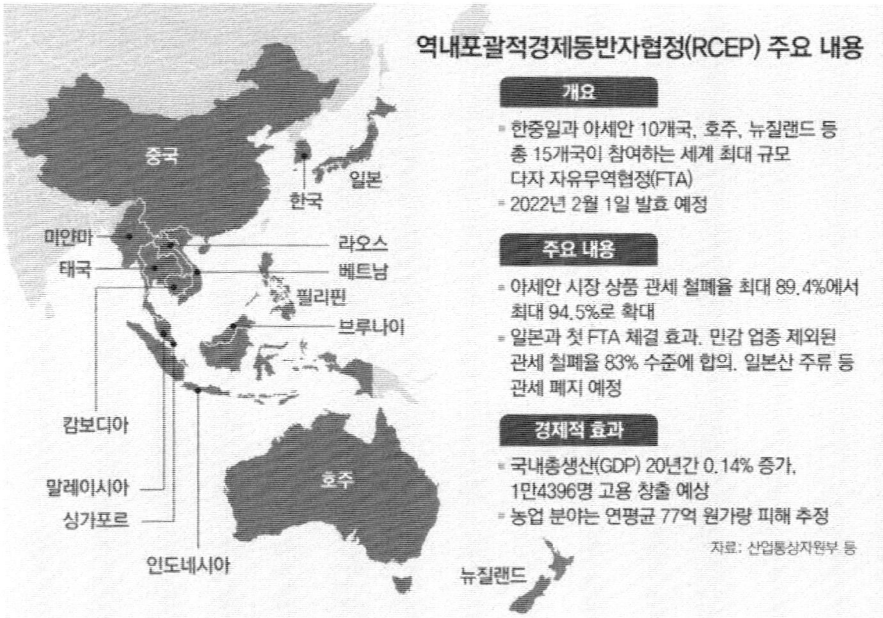

자료: 동아일보(2021.12.7.)

제5절 중국의 화교 정책

1. 청대 화교 정책

1) 총리아문의 등장

청나라(1636~1912년)는 중국 최후의 통일 왕조였다. 앞서 살펴본 것처럼 중국에서는 역사적으로 자발적 이동과 정치적 유배로 해외로의 진출이 있어왔다. 그러나 청대에 이르러 이민을 명백히 금지했는데, 이는 첫째로 해외로 이주한 명나라 신하들이 일으키는 무장반란을 통제할 목적과 둘째로는 해적행위를 금지하려는 배경에 기인한다.

이 당시 중국 이민자들은 청나라 정부의 보호를 받을 수 없었으며, 그 결과 현지 국가에서는 민족적 차별과 심한 착취에 시달려야 했다. 1683년까지 청나라 정부는 해안가에 사는 백성들을 내륙으로 이주시키고 외부와 접촉 및 왕래를 봉쇄하는 정책을 취하기도 했다. 이러한 봉쇄 조치는 청나라 황제의 칙령에 의해서 폐지된 1893년까지 계속 되었다.

그럼에도 불구하고 청말 혼란기에 많은 중국인들은 자발적으로 이민에 나섰으며, 특히 아편전쟁(1840~1842) 이후 경제가 쇠락한 광동성, 복건성 지역 농민들이 적극적으로 해외로 이주하게 된다. 1861년 마침내 청나라 정부는 외국 관련업무를 관장할 기관으로 외무부의 전신에 해당하는 총리아문(總理衙門)을 설치하였다.[16)]

1868년 총리아문 주최로 중국과 미국 사이에 벌링게임 조약(Burlingame Treaty)이 체결되었고, 조약 제5항에 합법적 이민을 명시하게 되었다. 앤슨 벌링게임(Anson Burlingame)은 1861년 링컨 대통령이 지명한 청나라에 대한 미국장관이었다. 조약 5항은 다음과 같다.

16) 공식명칭은 총리각국사무아문(總理各國事務衙門)이며, 총리아문(總理衙門) 또는 총서(總署)라고도 한다. 청나라 말까지 중국의 외국 업무는 예부(禮部), 이번원(理藩院)의 관할로서 조공국(朝貢國)과 같이 취급되어 왔는데, 1860년의 베이징 조약 체결로 대외 업무처리를 위한 부서가 필요해졌다. 1861년 구미 제국의 주중(駐中) 외국공사관 설치에 대비하여 베이징조약 체결의 교섭을 맡았던 공친왕(恭親王) 혁흔(奕訢)을 중심으로 개설했다. 초기 군기대신(軍機大臣) 등이 겸임하여 군기처 하위 부서인 듯한 양상이었다. 1901년에 이르러 6부(部) 앞에 위치하는 격식을 갖춘 외무부가 개설되고 총서는 폐지되었다. (中國網. 검색일자: 2014.7)

'미국과 중국 황제는 국적을 바꿀수 있는 권리를 인정하는 한편, 호기심, 무역, 영주를 목적으로 하는 자국민의 자유로운 이민 그리고 한 나라에서 다른 나라로의 물건의 자유로운 이동을 성실히 인정한다.'17)

[그림 3-8] 아편전쟁 후, 청나라 개항 현황

자료: 두피디아 사진 자료 (검색일: 2021.1.8.)

17) 1867년 청나라 정부는 앤슨 벌링게임 미국 장관에게 미국과 유럽 국가들에 대한 외교 임무를 맡아달라고 요청했다. 그 결과, 미국과 청나라가 1858년에 체결한 '톈진조약'이 개정되어, 벌링게임 조약(1868)이 체결 되었다. 이후, 양국은 '국민이 국적을 바꿀수 있는 권리와 호기심(curiosity), 무역 또는 영주를 위한 자유로운 이주와 이민의 상호이익'을 인정해야 했다. 다른 조항은 '미국을 방문하거나 거주하는 중국인은 여행이나 거주와 같은 특권을 누려야 한다'고 규정했다. 특권과 면책조항은 차별, 착취, 폭력으로부터 미국 내 중국인들을 보호하기 위한 것이었다. (http://immigrants.harpweek.com 검색일자: 2014.7)

이 조약은 미국 캘리포니아 개발을 도울 중국인 계약 노동자의 대규모 수입을 합법화 하였지만, 유럽 출신 이민자들과는 다르게 미국 시민이 되는 것은 허용하지 않았다. 다만 중국인 노동자가 미국 지방정부로부터 받을 공개적인 차별로 부터는 보호하는 역할을 하였다.

또한 총리아문은 1873년 페루와 1874년 쿠바에서 중국인 계약노동자들의 부당한 대우를 조사할 위원회를 설치한 바 있다. 두 위원회의 보고를 기초로 중국과 페루, 중국과 스페인간의 양자 조약을 체결할 기반을 마련하였다. 이러한 조약들과 보고를 바탕으로 청나라의 화교정책은 모양을 갖추어 갔다.

[사진 3-5] 1862년에 설치된 샌프란시스코 중화회관

자료: 미국화인공상업연합회 (www.usccda.org) (검색일자: 2017.6)

2) 중화회관의 역할

또 한가지 청나라 화교 정책의 축은 '중화회관(中華會館)'에 있다. 중화회관은 앞서 살펴본 중국 내 상방(商幇)의 등장에 그 뿌리를 두고 있다. 중화회관의 근원은 명나라 때 타 지역에서 생활하던 상인들이 동향인을 위해 설립한 '회관(會館)'에 있다. 명나라 시절, 영세 자본이 대부분인 상인들은 고향을 떠나 장사를 시작하여, 일반적으로 3년을 전후로 해서 귀향하는 것이 보통이만, 장사에 실패하면 행방불명이 되는 사람도 적지 않았다. 각 지역별 방언

의 차이로 말이 통하지 않는 외지에서 그들이 의지하였던 것은 동족인(同族人)과 동향인(同鄕人) 이었고, 이들을 비지니스의 협력자로 삼았다. 또한 장사에 성공하여 사업을 확대할 때도 동향인들이 가장 믿을 만한 파트너로 등장했다.

명나라 때 상방의 등장으로 상업종사자가 늘어나면서 경쟁이 심각해지자, 가정연간(1522~1566)과 융경연간(1567~1572)에 걸쳐 각 지역에서 동향인을 위한 거점으로 회관(會館), 회소(會所) 또는 공소(公所)라 불리는 공간을 설치하기 시작했다. 공소(公所)는 업종별 친목단체 성격이 강했고, 회소(會所)는 사적인 클럽, 모임을 갖는 공간이었다. 회관은 공소와 회소의 기능을 모두 합쳐 놓은 성격이었다.

동향회(同鄕會)에 상당하는 조직은 이미 송대(宋代)부터 존재했지만, 명·청 시대의 회관과 공소는 일종의 상업조직이었다. 이들은 정기적으로 제사를 거행하면서 회원의 친목을 꾀하는 것 이외에도, 고향에서 온 사람들을 위한 숙박시설을 두거나, 그 지역에서 사망하는 사람의 시신을 고향으로 보내는 등, 장사와 생활의 편의를 도모하였다. 즉 개인적인 지연과 혈연에 기초한 원조와 협력관계가 확대되거나 조직화 된 것이다.

[사진 3-6] 1907년 장쑤성 전장에 설립된 광조공소(广肇公所)

주: 광동성 광저우와 짜오칭 지역에서 오는 상인들을 위한 '회관'이었다.
자료: 강소성 진장시 인민정부 (http://www.zhenjiang.gov.cn)

[사진 3-7] 1907년 톈진에 설립된 광동회관(广东会馆)

주: 1860년 개항한 톈진은 화북지역에서 가장 큰 상업항구도시였으며, 해외로 향하던 유학생, 노동자들의 여객터미널이었다. 18C초 톈진에 처음 진출한 광동상인들이 경영하는 업종은 20여종으로 상호를 가진 상점은 200여곳이 넘었다. 무역상들은 광저우와 홍콩에서 선박을 톈진으로 불러들였으며, 해외유학을 떠났던 광동 출신 청년들도 톈진을 통해 귀국했다. 톈진세관에서 일하던 탕샤오이(唐绍仪)가 광동 출신 상점주, 유력 인사들과 14.7만 은량을 모아 1904년 2월에 착공한 광동회관은 1907년 1월 14일 완공되었다. 회관의 첫째 역할은 광동상인들이 톈진에 도착하면 숙식을 제공하고 사업기회를 도모할 때 까지 지원하는 역할이었다. 숙식을 갖춘 지금의 창업인큐베이터(보육센터)인 셈이다. 이후 광동회관은 광동 출신 상공인들의 사교 모임, 공식회의, 오락 장소로 기능을 확대했다.
자료: 김동하 © 2014.

명나라 때 회관, 공소의 특징을 보면, 회원은 동향인이 갖고 있는 강한 친근감으로 결합되어 있기는 하지만 회원이 되는 데에는 제한이 없었고, 동향이라면 기본적으로 누구나 회원이 되었다. 문헌을 보면 명나라 시가 가장 번화했던 상업 도시 였던 쑤저우(蘇州)에는 중국 내 각 지역 출신의 회관과 공소가 즐비하였다. 청나라 건륭 11년(1746)에 제작된 쑤저우 지도를 보면, 산동, 영남, 신안(휘주), 산서, 영파, 선주, 금화, 조주, 천주 등의 많은 회관이 밀집해 있었다. 명대 말기가 돼서 상업조직으로서의 회관과 더불어 베이징과 각 성도(省都) 등에는 과거 시험을 보기 위한 동향인을 위한 회관인 시관(試館)도 설치되었다.[18]

18) 명·청대에는 과거시험을 치루기 위해서는 본적지까지 와서 시험을 보아야 했다. 상인들의 자제가 과거 시험을 보는데 숙식 편의를 제공하기 위해 각 지역 상방들은 시관을 설치했으며, 여기에는 자신들이 배

문헌을 보면 화교들이 세운 가장 오랜 중화회관(中华会馆)은 윈남성 출신 화교들이 미얀마의 옛 수도였던 만달레이(Mandalay)에 있다. 이곳은 명나라 성화연간(1465~1487년)에 설립된 중화회관이다. 윈난성과 미얀마(옛 버마)는 국경을 마주하고 있어 육로로 이주가 가능했다. 1741년에는 미얀마에 양상회관(洋商会馆) 혹 강절회관(江浙会馆)이 등장했는데, 이곳은 푸젠(福建), 광둥(广东), 하이난(海南), 차오저우(潮州), 객가인(客家人) 출신 화교들이 합자하여 세운 중화회관이었다.

따라서 중화회관은 해외에 있는 중국인들이 만든 '회관'이었으며, 화교 인구가 늘어나자 이들은 각 지역별로 '광동회관' '복건회관' 등 분화하기에 이른다.

'중화회관'은 각 국가에 있는 화교 1세대들이 자신들의 커뮤니티를 조직화 하기 위하여 만든 '상공회의소' 혹은 '교민협의회'와 같은 역할을 수행하였다. 그러나 청말 및 중화민국 초기에 변변한 외사업무 조직을 갖추지 못한 중국정부는 해외 화교들의 업무를 '중화회관'에 의지할 수 밖에 없었고, 또 '중화회관'은 중국정부와 거주국 정부에 영향력을 행사할 수 있었다. 중국의 외교공관들과 '중화회관'은 화교업무의 감독과 정보 집적의 허브 역할을 하였다.

미국의 경우, 1851년에 광동성 남해, 번우 및 순덕 출신들 이주민들이 첫 번째 '중화회관'인 '삼읍(三邑)회관'을 설립했다. 이들은 입회비, 법률소송기금 등을 받고, 자문위원을 두어 화교들의 권익보호에 나섰다. 같은 해 광동 짜오칭현 주민이 주도가 되어 사읍(四邑)회관도 설립되었다. 1852년에는 광동 중산지역 출신들이 양화(陽和)회관을 설립하였고, 객가인들은 인화(人和)회관을 별도로 설립하였다. 1854년에는 영양(寧陽)회관이 설립되었다.[19)]1882년에는 미국 샌프란시스코에 첫 번째 중화회소(中华会所. Chinese Six Companies. Chinese Consolidated Benevolent Association)가 설치된 바 있다.

이들 '중화회관'은 새로운 이민자들에게 숙식을 제공하는 단순한 업무에서부터, 병든 자를 돌보고 사망한 자의 유골은 고향으로 선박 운송하였으며, 각 구성원간의 분쟁이 일어날 경우 이를 중재하기도 하였다. 즉 화교들의 보호막이 됨은 물론, 상조 역할도 수행한 것이다.

출한 상인출신 관료로부터 도움을 받고자 하는 배경도 있었다. (김동하. 2013)

19) 김남현(1997), 초기 중국인 사회조직체 연구: 6大中華會館을 중심으로, 「미국사연구」 6권, 38-41쪽.

[표 3-22] 청대 영사관 설립 현황과 시기

지역(국가)	개관 일시	지역(국가)	개관 일시
싱가포르 (*영국)	1877.10	이태리 나폴리	1904
일본 요코하마, 쓰키지	1878	남아프리카공화국 (*영국)	1904.11
일본 고베, 오사카	1878	모잠비크 (*포르투갈)	1905
일본 나가사키	1878	미국 포트랜드(시애틀)	1906.9
하와이 호노룰루(*미국)	1879.3	미국 시애틀	1908
쿠바 (*스페인)	1879.8	노르웨이	1908
쿠바 마탄사스	1879.8	프랑스 파리 (波鑼)	1908.1
미국 샌프란시코	1880.1	호주 (*영국)	1908.5
미국 뉴욕	1883.3	뉴질랜드 (*영국)	1908.5
페루 리마	1884.12	캐나다	1909.1
일본 홋카이도 하코다테, 니카다	1886.2	캐나다 오타와	1909.1
한국(조선) 부산	1884	호주 시드니 (*영국)	1909.7
말레이시아 페낭섬 (*영국)	1893.3	호주 퍼스 (*영국)	1909.7
한국(조선) 용산, 원산	1896.12	호주 브리즈번	1909.7
한국(조선) 인천, 목포, 군산	1896	사모아 (*독일)	1909.9
러시아 블라디보스토크	1897.4	오스트리아	1909.9
필리핀 마닐라 (*미국)	1898.9	파나마	1910.1
한국(조선) 남포, 평양	1899.10	프랑스 마르세이유	1910.8
버마 양곤 (*영국)	1901	이태리 제노아	1911.1
한국(조선) 원산	1902.11	한국(조선) 신의주	1911.8
미국 보스턴	1902	인도네시아 자카르타, 반둥, 수라바야 (*네덜란드)	1911.9
멕시코	1904.7		

주: * 표시는 당시 해당 국가의 식민지임을 나타냄.
자료: 광동화교박물관 공개사료. (방문일자: 2017.7.4).

3) 중국 최초 국적법의 제정

청 정부는 1909년에 중국 최초의 국적법이라 할 수 있는 '대청국적조례(大清国籍条例)'를 공포하게 된다. 총 24조 법조문으로 된 동 조례를 통해 청 정부는 이민을 법적으로 규정하고, 화교들에게 법적 지위를 부여하였다. 이 시기 청 나라의 화교 정책은 영사관 설립을 통한 화교 권익보호, 교육사업을 통한 화교의 중국문화에 대한 이해 확대, 국내에서의 합법적인 권익보호와 장려 등을 통한 화교의 국내 산업투자 유치, 혈통주의 원칙에 입각한 국적법의 제정 등으로 요약할 수 있다.

국적의 취득과 포기 그리고 국적 회복에 따른 허용 및 제한 조건을 상세하게 명시해 놓은 '대청국적조례'의 주요 조문을 보면 다음과 같다.

·제1장 국적 취득

다음은 출생지가 중국 여부임을 불문하고 모두 중국 국적이다. 1) 아버지가 중국인, 2) 생후 사망한 부친이 중국인, 3) 어머니는 중국인이고 아버지는 무국적자인 경우. 4) 부모 모두 무국적이나 중국에서 태어난 자, 5) 출생지를 모르나 중국에서 발견된 유기 아동.

·제2장 귀화 조건

외국인이 아래 조건을 갖추어 중국 국적을 취득하고자 하면 귀화를 허가한다. 1) 중국에서 10년 이상 계속 주거한 자, 2) 만 20세 이상으로 그 나라 법률에 의한 성인, 3) 품행이 단정한 자, 4) 상당한 자산이나 기술로 자립할 수 있는 자, 5) 그 나라 법률에 따라 귀화한 후 자국 국적을 포기한 자, 6) 무국적자 중 만 20세 이상으로 앞 1, 3, 4항에 해당되는 자. 외국인 또는 무국적자 중 중국에 공이 있거나 특수한 상황이라면 앞 1~4항에 해당되지 않더라도 외무부, 민정부의 요청과 황제의 결정으로 특별 귀화할 수 있다.

외국인 또는 무국적자 중 아래의 조건에 해당되면 귀화할 수 있다. 1) 중국인과 결혼한 부녀자, 2) 중국인을 계부로 둔 동거인, 3) 사생아이나 중국인 아버지가 인정한 자, 4) 사생아이고 중국인 아버지는 인정하지 않으나 어머니가 인정한 자. 앞 1항은 정식 혼인증명이 있어야 하며, 2~4항에 해당하는 자가 미성년자이거나 정식 부인이 아니면 귀화에 제한을 둔다. 남자 귀화자의 부인과 미성년 자녀는 당연히 함께 귀화된다. 이들은 원국적을 포기해야 한다. 부인이 있는 남자는 혼자 귀화를 신청할 수 없다. 귀화자는 아래 관직을 가질 수 없다. 1) 군기처 내무부 각관 및 북경 외 지역의 4품 이상 문관, 2) 각 급 무관 및 군인, 3) 상하원 및 각 성의 협의국 의원. 특별 귀화자는 국적 취득 10년 후, 일반 귀화자는 20년 후 민정부에 관직 취득을 신청할 수 있다. 귀화를 청한 자는 귀화 후 영원히 중국 법률을 준수하고 본국의 권리를 포기함을 선언하여야 한다.

·제3장 국적 포기

외국으로 귀화를 희망하는 자는 먼저 국적포기를 신청하여야 한다. 아래 조항에 해당되는 중국인은 국적 포기가 불가하다. 1) 미결 민형사 소송 사건 해당자, 2) 병역 의무자, 3) 세금미납자, 4) 관리 및 관리 출신. 아래에 해당되면 국적 포기가 가능하다. 1) 외국인과 결혼한 부녀자, 2) 외국인을 의붓아버지로 삼고 동거하는 사람, 3) 사생아이며, 외국인 아버지가 인정한 자, 4) 사생아이며 외국인 어머니가 인정하고, 외국인 아버지가 인정하지 않은 자. 남자가 국적을 포기하면, 아내와 미성년자 자녀도 함께 포기한다. 만일 아내와 미성년 자녀가 중국 국적 보유를 원하면 가능하다. 유부녀는 혼자 국적을 포기할 수 없다. 미성년자, 무능력자는 국적을 포기할 수 없다. 국적 포기자는 중국 내 가진 특별 소유권을 향유할 수 있다. 국적 포기 신청자는 범죄가 없어야 한다.

·제4장 국적 회복

외국인과 결혼하여 국적을 포기한 자가 이혼하거나 배우자가 사망한 경우, 국적 회복신청을 할 수 있다. 국적포기자 처가 이혼했거나 아버지가 사망한 경우, 그 미성년 자녀는 국적 회복을 신청할 수 있다. 국적 회복자는 5년이 경과해야 귀화자에게 금지된 관직을 가질 수 있다.

이상과 같은 청대의 화교 정책은 화교자본 유치, 화교를 통한 선진 생산기술과 경영관리 방법 도입 등으로 민족 상공업의 근대화를 촉진시키고, 이후 정권의 화교 정책 수립에 기초를 제공했다.[20]

20) 毛起雄·林晓东(1993),『中国侨务政策概述』, 中国华侨出版社, 45-53쪽.

2. 중국 개혁개방 이전 화교 정책

중국은 1954년에 공포된 헌법 제98조에서 '중국정부는 국외 화교의 정당한 권리 및 이익을 보호한다'라고 천명하고 화교 업무를 주관하는 전문기관으로 국무원 산하 직속으로 '화교사무위원회'를 설치하였다. 동시에 우리의 국회격인 전국인민대표대회에 화교 대표가 참가한다는 것도 규정화 되어 화교의 국정 참여를 보장하였다.

당시 중국 화교 정책의 목적은 화교들이 본토에 남은 그들의 가족들을 위해서 보내는 부양 자금 획득을 위한 경제적인 이유가 있었으며, 아울러 화교 네트워크를 이용해 중국산 제품의 대아시아 판로 확대를 꾀하고자 하였다. 물론 화교 조직을 대만 통일을 위해 활용하려는 정치적 목적도 있었다. 추후에 다시 바뀌었지만 이 시기 중국은 화교의 이중국적을 인정하는 태도를 표방하였다.

[표 3-23] 개혁개방 이전 중국의 화교 정책

연도	조치	목적
1950	'화교송금우대잠행방법' 제정	화교 송금 장려
1951	'화교투자공사' 창설	화교 투자자금의 생산건설부문 투입
1955	'광동화교투자공사' 등 13개 공사합영화교투자공사 설치 (북경: 화교투자총공사)	직접 혹은 은행환에 의한 투자 허용
1957	'국영화교투자공사에 대한 투자우대방법' 공포 (국무원)	투자에 연 8% 배당, 12년후 원금회수 및 송금 허용

자료: 조정원(2009), 중국의 화교 정책에 대한 연구, 「민족연구」 37권, 140쪽

곧이어 문화대혁명(1966~1976년)의 정치 광풍이 불었다. 이 시기 중국정부는 해외화교에 대한 반감과 불신을 표출하였다. 문화혁명의 노선 자체가 부르주아적 노선을 철저히 배격한 다는 것이었으므로, 국내에서 비교적 유복한 생활을 하던 화교의 자손(僑眷)이나 귀국화교(歸僑)는 홍위병의 공격 대상이 되었다.

홍위병들은 화교 가족을 습격하고 가택 수색을 해서 사치품이나 고가품을 탈취하였으며, 이들을 길거리로 몰아내어 '해외 부르주아 계급'[21]이라고 공개 비판하였다. 가옥 이외의 자

21) 부르주아지(bourgeoisie). 본래는 중세부터 도시에 거주하던 프랑스 시민을 가리켰으나 오늘날에는 자본가 계급을 부르주아지라 한다.

산은 몰수당했으며, 화교투자공사의 투자나 이익은 동결되었다. 이러한 이유로 해외 화교로부터의 송금은 급감하였다. 문화혁명 10년동안 중국의 화교업무는 거의 정지되었으며, 반대로 대만은 화교업무가 활성화되는 계기를 맞이하였다.

이 시기 화교를 정책적으로 이용한 결과가 비극적으로 끝난 사례가 나타났는데 바로 1965년 인도네시아의 '9.30 사건'이다. 마오쩌둥은 인도네시아 화교를 통해 인도네시아 공산당(PKI)의 쿠데타를 지원하면서, 인도네시아의 공산화를 지원하였다. 하지만 쿠데타가 실패하면서 인도네시아 화교는 희생되었고, 새롭게 구성된 수하르토(Suharto) 정부의 묵인 아래 反화교 폭동이 벌어져서 수 만명의 화교가 학살되는 참사가 벌어졌다. 외교 문제를 고려한 중국정부는 이러한 화교의 희생에 대해 외교적인 대응을 하지 못했다.[22]

3. 개혁개방 이후 화교 정책

1) 문혁기간의 오류 수정

개혁개방 정책이 시작된 1979년 이후 중국의 화교정책은 16자 방침(一视同仁, 不得歧视, 根据特点, 适当照顾)으로 요약된다. 즉 모든 것을 동등하게 보고, 차별하지 않으며, 장점을 중히 여기면서 적당하게 보살핀다는 의미이다. 물론 이는 화교를 대상으로 한 방침이다. 화교의 해외에서의 생활 체험을 존중하고, 해외와 가진 네트워크라는 장점을 활용하겠다는 노선이다. 문화혁명 기간 화교와 그 가족들은 심문, 가택수사, 형벌, 하방을 당했고, 소속 직장에서의 승진, 임금에서 차별을 받았으며, 군입대도 허용되지 않았다. 문혁기간에 이루어진 60여만 건의 정치적 판정에 대해 중국정부는 1979년부터 1989년까지 10여년 동안 재심사를 실시하여 6만 4500여건에 대하여 시정조치 및 명예회복을 단행하였다.

2) 기본 방침

개혁개방 이후 중국 화교정책의 방점은 경제발전에 동력으로 활용한다는데 있었다. 화교

22) 최승현(2003), 현대 중국 교민정책에 대한 소고, 「중국학논집」 16호, 74쪽.

들의 자금뿐만 아니라 그들의 기술과 인재를 흡수하기 위해 노력했다. 홍콩·마카오·대만 등 화교들이 가진 네트워크를 활용하기 위해 중국 최초의 경제특구는 1979년에 이들과 인접한 광동성 선전·산터우·주하이 그리고 복건성 샤먼에 설치되었다.

또한 중국이 이미 투자한 화교기업들의 재투자와 사업확대를 위하여 재산권 행사, 과실송금 등 업무에 있어서 다른 외국기업에 우선하는 특혜를 부여하였으며, 중국 내 교육사업에 기부할 수 있는 플랫폼을 만들어 화교들의 나라사랑이 자선사업을 통해 시현되도록 유도하였다.

이외에도 중국 화교정책의 기본 방침을 정리하면 다음과 같다.

첫째, 화교에 대해 이중국적을 인정하지 않고, 거주국의 국적을 취득하도록 권유한다. 즉 화교의 화인(華人)화를 촉진한다. 실제 1980년에 제정한 <국적법(国籍法)>에서도 이중국적을 인정하지 않음을 천명한 바 있다. 이후 1980년대에 해외 화교들은 현지 국적 취득에 대거 나서게 된다.

둘째, 화교의 정당한 권리를 보장하며 화교 거주국 정부에 대하여 화교의 합법적 권익을 보장할 것을 요구한다.

셋째, 화교가 거주국과 거주국의 법률을 존중하고 거주국 국민과 우호 관계를 유지하며 장기간에 걸쳐 공존할 수 있도록 교육한다. 이를 위해 중국정부는 해외 교포들이 거주국에서 중국의 정치적 신념이나 정치적 조직과의 연계활동을 엄격히 반대하고 있다.

넷째, 화교 동포의 애국주의 정신을 수호하고 발양하며 가족보다는 나라를 사랑하도록 장려함으로써 화교 동포 전체 단결을 도모한다.

다섯째, 중국 국내에 있는 귀국화교, 화교 연고자, 화교 가족에 대해 우대하고 보호하는 정책을 견지한다. 현재 중국 국내에는 귀국 화교가 90만명, 화교·화인들의 중국 내 가족들이 약 3천만명 정도 되는 것으로 추산하고 있다. 실제 중국정부는 이들을 위해서 관련 법률 법규를 제정공표 하였는데, 그 대표적인 것이 1990년에 제정된 <귀교교권 권익보호법(归侨侨眷权益保护法)>이다. 동법은 2000년과 2009년에 두 번 수정된 바 있다.

동법은 귀국 화교와 화교 가족들에 대한 차별금지와, 재산, 직장, 교육, 주택 등에 대해 국가가 지원, 특혜를 부여할 수 있는 법적 근거를 제시하고 있다. 또한 인민대표대회 등에 정치 참여를 보장하며, 세금우대와 해외 화교들과 교류할 수 있는 권리가 있음을 명시하고 있다. 또한 동 법의 실시세칙에 해당하는 <귀교교권권익보호법 실시방법(归侨侨眷权益保护法实施办法)>을 1993년에 제정하였으며, 역시 2004년에 수정공포한 바 있다.

3) 교무(화교사무) 판공실

신중국 성립이후 화교 사무를 총괄하던 '화교사무위원회'는 1978년에 국무원 화교사무판공실(國務院僑務辦公室)로 명칭을 변경하였다. 현재 중국의 화교정책은 이 교무판공실을 중심으로 이루어지고 있다.

주요 업무로는 국무원 지도하의 국내외 화교 업무의 통일적 지도, 국내외 화교업무의 상황 조사연구, 당과 정부의 화교업무 기본방침·정책·법규 제정 및 집행 협조, 화교의 정당한 권리와 권익보호, 귀국 거주할 화교의 재배치 등이다.

교무판공실은 다음과 같은 직속기구를 가지고 있다. 먼저 언론사로 중국신문사(中国新闻社. www.chinanews.com. 중국신문망)이 있으며, 전세계 화교 커뮤니티 포털 사이트라 할 수 있는 중국교망(中國僑網. 华声报社 www.chinaqw.com)이 있다.

이외에도 3개 교육기관을 가지고 있는데, 주로 언어 학습 기능을 수행했던 북경화문학원(北京华文学院)과 광동성 광저우에 있는 종합대학인 지난대학(暨南大学), 복건성에 있는 화교대학(华侨大学)이 있다. 지난대학은 1906년 청 정부가 난징에 설립한 기남학당(暨南学堂)이 전신이며, 후에 상해로 옮긴 후 1927년에 지금의 국립기남대학으로 교명을 개칭하였다. 화교 자녀들을 위한 대학이었던 지난대학은 발전을 거듭하여 지금은 종합대학으로써 국가중점대학으로 성장했다. 1960년에 설립된 화교대학은 복건성 샤먼과 취안저우 두 곳에 캠퍼스를 가지고 있는 종합대학이다.

[사진 3-8] 국무원 화교사무판공실 홈 페이지

자료: 국무원 화교사무판공실(www.gqb.gov.cn. 검색일자: 2014.7)

4) 정치 참여 보장

중국의 경우 선거는 공산당의 영향력이 월등한 중국 특색의 선거제도를 가지고 있다. 화교·화인 사회에서 그들의 이익을 주장할 수 있는 정치적 참여 통로를 확보하는 것은 의미 있는 일이다. 중국은 화교를 위한 제도적 기구가 당과 의회, 국무원에 각각 산재해 있다.

우리 국회에 해당하는 전국인민대표대회의 화교위원회는 화교의 이익과 권익 신장에 관한 입법과 관련한 사무를 담당하는 기구이다. 제11기 전국인민대표대회 총 2987 명의 대표수에서 귀국화교 대표는 35명으로 1.2%를 차지하고 있다. 2004년 10월에 개정된 '전국인민대표대회 및 지방 각급 인민대표대회 선거법'의 제6조에는 화교·화인의 대표에 관해 언급되어 있다. 직능 대표적 성격이 강한 전국인민대표대회에서 귀국화교의 대표가 반드시 참여하도록 명문화되어 있는 것은 화교·화인의 정치적 참여라는 측면에서 매우 중요한 의의가 있다고 할 것이다.[23]

---

23) 全国人民代表大会和地方各级人民代表大会选举法 제6조: '전국인민대표대회와 귀국화교가 비교적 많은 지구의 지방인민대표대회에는 적당한 수 의 귀국화교대표가 있어야 한다. 국외에 거류하고 있는 중국 공민은 현급 이하 인민대표대회 대표선거기간에 국내에 있을 경우 본적지 또는 출국 전 거주지의 선거에 참가할 수 있다.

법조문에 의하면 화교를 대표하는 적당한 수의 대표를 반드시 전국인민대표대회에 포함시키도록 못 박고 있으며 국적을 회복한 귀국화교가 많은 지방인민대표대회에도 그들의 이익을 대변하는 대표를 반드시 포함시킬 것을 명문화하고 있다.

대부분 화교 대표는 해외에 거주 중인 화교에서 선발하는 것이 아니라 베이징, 광둥 같은 화교가 많은 지역에서 선발하고 있다. 이들이 귀국화교나 화교 가족인 것은 분명하지만 해외에 거주 중인 화교의 이해를 반영하는 데에는 한계가 있을 수밖에 없다.

또한 아직까지 화교가 거주국에서 투표할 수 있는 법적 장치는 마련되어 있지 않다. 전반적으로 재외국민의 선거 참여가 보장되는 방식으로 선거법이 정비되거나 참정권이 주어지는 민주 국가에서의 선거법과는 달리 해외에 거주하는 화교의 선거 참여 보장에 관한 언급은 구체적으로 아직 마련되지 않았다.[24]

[사진 3-9] 캐나다 오타와 소재 차이나타운

주: 일부 국가에서 차이나타운을 당인가(唐人街), 즉 '당나라 사람들 거리'라고 함. 이는 중국 역사상 가장 호황기를 누렸던 당나라 왕조를 선망해서임. 17C부터 일본에서 '당인가'가 등장함.
자료: 中國僑網 (검색일자: 2014.7)

24) 나영주(2015), 중국의 화교화인 정책: 변화와 전망,「민족연구」61권, 54-78쪽.

제 4장
타이완

제1절 개황

1. 개황

타이완(臺灣. Taiwan)은 국민당이 1949년 10월 내전에서 공산당에 패한 후 대만으로 이주하여 같은 해 12월 7일, 정권을 수립함으로써 성립되었다. 주민 구성을 보면 98%가 한족이나, 크게는 본성인, 외성인, 원주민으로 구분된다. 즉 17세기부터 중국의 복건성, 광동성 등지에서 이주하여 대만에 정착한 본성인(本省人, 83%), 1945년 일제 패망 후부터 1949년 말까지 국민당과 함께 이주한 본토 중국인 즉 외성인(外省人, 12%)으로 구분되며, 나머지는 원주민들이다. 본성인은 민족적으로 민남인과 객가인 대부분을 포함하고 있다.

공용어는 표준 중국어이나 74%가 넘는 대만인들은 민남어(閔南語)라고 불리는 방언을 사용한다. 중국 복건성의 최대 경제도시인 취안저우시와 타이완의 3대 도시인 타이중시는 타이완 해협을 두고 직선거리로 210㎞에 불과하여, 복건성과의 지리적 영향은 경제(투자 및 무역), 사회, 문화 등 다방면에서 나타나고 있다.

타이완은 세계적인 반도체, LCD, 컴퓨터 관련 제품 생산지로, 정부주도로 전자, 화학제품 등 자본·기술집약적인 산업을 중점 육성하여 대한민국, 홍콩, 싱가포르와 함께 아시아의 네마리 용으로 불리는 등 짧은 시간에 비약적 경제 성장을 이룩하였으며, 중소기업 및 공산품 수출 중심의 경제구조를 갖추고 있다. 타이완의 경제적 강점은 효율적 경제 운용, 중소기업 위주의 경제구조를 들 수 있고, 반면 경제적 약점으로는 과도한 외부 의존도(중국, 일본)와 부존 자원이 빈약한 점을 꼽을 수 있다.

[표 4-1] 타이완 경제 특성

경제

GDP	7,519억 달러('23)
1인당 GDP	32,340달러('23)
화폐단위	New Taiwan Dollar(NT$)
회계연도	1. 1. ~ 12. 31.
산업구조	서비스업 56%, 제조업 42%, 농업 2%('22)
주요 수출품	집적회로, 사무기기, 컴퓨터, 정제유
주요 수입품	집적회로, 원유, 촬영장비, 천연가스, 정제유
주요 부존자원	석탄, 천연가스, 석회암, 대리석, 석면
국제신인도	OECD 2등급, Moody's Aa3, Fitch AA

경제지표	단위	2020	2021	2022	2023[e]
GDP	억 달러	6,732	7,757	7,605	7,519
1인당 GDP	달러	28,571	33,186	32,687	32,340
경제성장률	%	3.4	6.5	2.4	0.8
재정수지/GDP	%	-2.9	-2.1	-1.7	0.3
소비자물가상승률	%	-0.2	2.0	2.9	2.1

대외거래

환율(달러당, 연중)	NT$	29.6	28.0	29.8	31.3
경상수지	백만 달러	97,482	117,976	101,305	91,877
경상수지/GDP	%	14.5	15.2	13.3	12.2
상품수지	백만 달러	75,273	87,963	68,346	86,371
상품수출	백만 달러	342,503	453,603	465,944	422,742
상품수입	백만 달러	267,230	365,640	397,598	336,371
외환보유액	백만 달러	529,911	548,408	554,932	-

자료: 한국수출입은행 해외경제연구소 국가별통합정보(2023)

[표 4-2] 타이완 개황

구분	내용
국명	臺灣(Taiwan) - 대만이 사용하는 공식국호는 "中華民國(Republic of China)" - 중국이 참석하는 국제 행사에서는 'Chinese Taipei' 사용
면적	36,188㎢ (한반도의 1/6배, 남한면적의 1/3배)
기후	아열대 동북 몬순 기후권
수도	타이베이(Taipei, 台北, 서울의 약 1/2 크기)
인구	2,360만명
주요도시	Taipei City(263만 명), New Taipei City(390만 명), Kaohsiung City(227만 명), Taichung City(265만 명), Tainan City(187만 명)
민족구성	민남인(74%), 외성인(12%), 객가인(12%), 원주민(2%)
언어	공용어(중국어) / 상용어(민남어, 객가어, 원주민어)
종교	불교(35%), 도교(33%), 기독교(2.6%), 천주교(1.3%), 회교(0.2%) 등
건국일	1912. 1. 1(중화민국 건국일)
국가원수 (실권자)	총통: 라이칭더(Lai, Ching-Te. 賴淸德. 1959년생) 부총통: 샤오메이친(Hsiao Bi-khim. 蕭美琴. 1971년생) 16대 총통(2024.5.20~2028.5.20)

자료: 대만 행정원 주계처(2024.8), 주타이베이 한국대표부 (http://overseas.mofa.go.kr/tw-ko)

[그림 4-1] 대만 국기

주: 대만국기는 청천백일기 혹은 청천백일 만지홍이라고 부른다. 청천(靑天)은 푸른하늘, 백일(白日)은 흰 태양, 만지홍(滿地紅)은 꽉 차게 붉은 땅을 의미한다.

2. 대만 약사

대만은 입헌민주공화제 체제를 택하고 있으며, 주요 정당으로는 국민당과 민진당이 있다. 1949년 국공내전에서 패배한 장제스(蔣介石) 국민당 정부가 대만으로 넘어오며 중화민국을 계승하고 있다. 1949년 국공내전(중국내 국민당과 공산당간 전쟁)을 기점으로 중국 대륙에서 옮겨온 한족(漢族)들과 그 이전에 대만으로 이주했던 한족들을 각각 외성인과 본성인으로 부르며, 매번 총통선거 때마다 본성인(本省人)으로 대변되는 민진당과 외성인(外省人)의 지지도가 높은 국민당 간 격전이 벌어진다.

본성인이란 중국에서 대만으로 건너 온 한족 중에서 1949년 이전부터 대만성에 거주한 주민을 지칭하며, 외성인은 1949년 중국 국공내전에서 패한 장제스 국민당 정부와 함께 대만으로 이주해 온 주민을 말한다.

장제스 총통부터 국민당이 대만을 집권해오다 2000년 처음으로 민진당 천수이벤이 총통자리에 올라 연임에 성공하며 2008년까지 집권하였으며, 2008년에는 다시 국민당인 마잉지우 총통이 집권하게 되었다.

2008년 총통에 당선된 국민당 마잉지우(馬英九)는 2012년 1월 14일 총통선거에서 재선에 성공함으로써 집권 2기를 이어갔다. 마잉지우 총통의 집권 2기 신임 내각 임명자들은 정치관료보다는 경제, 기술관료들을 포진하였다. 이는 장징궈(蔣經國), 리덩후이(李登輝) 총통시대 이후로 12년만에 경제전문가가 행정원장(국무총리)으로 임명된 것으로, 집권 2기 마잉지우 정부의 경제 중심의 국정운영 의지를 시사한 것으로 평가받았다.

집권 2기째인 마잉지우 총통이 당면한 중대 과제로는 양안 경제협력 추진을 첫 번째로 꼽을 수가 있다. 대만은 2010년 중국과의 ECFA 체결을 계기로 양안간 경제협력의 물꼬를 튼 후, ECFA 후속협상을 통하여 조기자유화 무관세화 품목을 확대하여 2012년에 들어서는 조기자유화 품목의 95%가 무관세화 혜택을 받고 있다. 또한 2012년 8월에는 수차례 미뤄졌던 양안투자보장협정이 체결되어 양안간 투자환경 개선에 기여하였다.

2016년 5월 20일에는 다시 타이완에서 정권 교체가 이루어졌다. 2015년 4월에 민주진보당의 총통 후보로 선출되었으며, 2016년 총통 선거에서는 중국 국민당의 주리룬 후보를 누르고 타이완 최초의 여성 총통으로 선출되었다. 차이잉원은 특정 가문이나 결혼의 영향력이 없이 아시아에서 처음으로 자신의 힘으로 취임한 여성 국가원수이기도 하다. 차이잉원은 타이완의 총통을 역임하던 동안에 타이완의 민주주의, 자유의 가치를 중시하는 한편 2025년까지 타이완의 모든 원자력 발전소를 폐쇄하는 탈원전 정책, 타이완의 성소수자의 권리를 지지하고 동성결혼을 법제화하는 정책 등을 시행했다. 하지만 경제 정책, 연금 개혁 정책 등을 놓고 야당인 중국 국민당과의 갈등을 빚기도 했다.

국방 분야에서 타이완에 대한 중국의 군사적 위협과 압박에 대응하기 위해 국산 잠수함 건조 정책, 미국산 최신 무기 구입 정책을 시행했다. 반면 외교 분야에서는 타이완과 외교 관계를 맺고 있던 상투메 프린시페, 파나마, 도미니카 공화국, 부르키나파소, 엘살바도르, 솔로몬 제도, 키리바시가 외교 관계를 단절하고 중국과 수교하면서 외교적 고립 현상이 일어났다. 이에 미국의 도널드 트럼프 행정부에서는 미국과 타이완 고위급 인사들의 상호 방문을 허용하는 내용이 담긴 《타이완 여행법》, 미국이 타이완과 세계 각국 간의 실질적인 외교 관계 증진을 지원하는 내용·미국이 타이완의 국제적 지위 확립을 지지하는 내용이 담긴 《타이완 동맹 국제 보호 강화법》을 제정하여 타이완에 대한 지원을 가속화했다.

이후 4년이 지난 2020년 5월, 차이잉원(蔡英文) 현 대만 총통이 재선에 성공했다. 대만 선관위 최종 개표 결과, 민진당 차이잉원 현 총통이 817만표(57.2%)를 얻어 552만 표(38.6%)에 그친 국민당 한궈위(韓國瑜) 후보를 265만 표 차이로 눌렀다. 역대 총통 선거 중 가장 많은 득표 차이였다. 재선에 성공한 차이잉원 대만 총통의 취임 일성은 대만 독립 선언이었다. 차이잉원 총통은 당선 확정 직후 가진 기자회견에서 '중국은 대만에 일국양제(一國兩制) 방안을 받아들이라고 압박했다'며 주권을 양보하라는 중국의 일방적인 시도에 맞서 대만은 방위체제를 지속적으로 강화하고 대만해의 안전을 지킬 수 있는 국방력을 갖출 것이라고 했다. 나아가 중국이 대만에 대한 무력 위협을 포기하는 것이 평화이고, 양국이 상호 존재를 인정하는 것이 대등이며 쌍방이 마주 앉아 미래 관계 발전을 말할 수 있는 것이 대화라며 대만의 미래는 2,300만 대만 국민이 결정하는 민주에 따를 것이라는 양안(중국과 대만) 관계의 4대 원칙을 천명했다.

2024년 1월, 집권 민진당은 창당 38년 만에 처음으로 12년 연속 집권에 성공했다. 차이잉원 총통 체제에서 8년을 집권한 민진당은 라이칭더 당선으로 타이완 정치계에서 이어진 이른바 '8년 주기 교체 공식'을 깨고 12년 집권에 성공한 것이다.

1959년생인 라이칭더 당선인은 가난한 광부의 아들로 자수성가한 입지전적 인물이다. 대만대 의대 합격 후 의사를 그만두고, 1998년 시의원으로 정치를 시작한다. 2010년에는 타이난 시장에 당선됐으며, 2017-2019년간 행정원장을 거쳐, 2020년에 부총통(당시 총통은 15대 차이잉원)에 취임했다. 민진당 주석을 거쳐 2024년 5월 20일 타이완 제16대 총통으로 선출되었다. 친미 정책 계승 입장을 밝혀 온 라이칭더 총통은 중국 위협으로부터 타이완을 보호할 것이라고 다짐했다.

[사진 4-1] 타이완 제16대 총통 라이칭더

자료: 타이완 총통부 (www.president.gov.tw) (검색일: 2024.8.1)

[사진 4-2] 장제스와 그 아들 장징궈(좌)

자료: 바이두 사진 D/B (검색일자: 2014.7)

[사진 4-3] 타이완 제14~15대 총통 차이잉원

자료: 타이완 총통부 (www.president.gov.tw) (검색일: 2021.1.21.)

제2절 경제 개황

1. 개요

1) 경제 구조와 특성

타이완은 정부 주도의 첨단산업 육성으로 반도체, LCD 등 IT산업이 발달해 있다. 타이완 정부는 1973년 ITRI(Industrial Technology Research Institute)를 설립하여, 전자통신부문에 대한 연구개발을 주도하고, 민간기업 창업 촉진을 위해 첨단산업단지를 조성하는 등 정책적 지원을 집중하고 있다. 타이완의 실리콘밸리는 타이페이에서 카오슝에 이르는 서부 지역에 주로 발달하였으며, 신주과학공업단지(Hsinchu Science Industrial Park), 타이난(Tainan)의 과학단지, 대만중앙과학단지(Central Taiwan Science Park)가 IT설비산업의 중심지이다. 그 결과 세계적 수준의 반도체 및 LCD 생산능력을 갖추게 되었으며, 특히 반도체 파운드리(Foundry)부문에서는 대만기업인 TSMC와 UMC가 세계 1, 2위를 차지(2007년 기준)한 바 있다.

ICT(Information & Communication Technology) 산업의 명목 부가가치는 타이완 전체 GDP의 13%를 점유하고 있으며, ICT 산업의 연간 수출규모는 총 수출의 40% 이상을 차지하고 있다. 또한 취업인구의 13%가 ICT 분야(R&D 인력은 40% 이상)에서 종사하고 있다. OECD 통계에 따르면 2010년 기준 세계 250대 IT기업 중 타이완 기업은 18개사(한국은 6개사)에 달했다.

타이완은 대외의존도가 높은 경제구조로 대외환경 변화에 민감하다. 타이완의 GDP대비 수출과 수입 의존도는 각각 74.4%, 69.8%로, 대외의존도가 144.2%에 달한다(2008년). 주력 생산품인 기계류와 전기기기가 전체 수출의 약 50%를 차지하는 등 주력 생산품의 수출 의존도도 높은 수준이다. 타이완이 신산업으로 육성하고 있는 분야는 신재생 에너지(태양광, 풍력), LED, 바이오테크, 디지털 컨텐츠 등이다.

[그림 4-2] 타이완 지도

자료: 바이두 이미지 D/B(2013.7).

對중국 규제완화로 중국으로의 설비이전이 활발해지고, 중국에 대한 교역의존도도 증가하고 있다. 1980년대 후반부터 생산비 절감을 위해 일부 생산설비를 중국, 동남아시아 등 해외로 이전하였으며, 1990년대부터 對중국 규제가 완화되면서 중국으로의 설비이전이 특히 활발해졌다. 1993~2007년간 타이완의 중국본토에 대한 투자는 46,365건, 799억 달러에 달한다. 한편, 대만의 對중국 교역액은 매년 증가해 2007년에는 총 수출액의 26.6%, 총 수입액의 12.8%를 기록한 바 있으며, 중국은 타이완의 최대 수출대상국이며 일본에 이어 2위의 수입대상국이었다.

인구 2,339만명(2013년)의 타이완은 자체 내수로만 경제를 운용하기에는 한계가 있다. 2008년 금융위기 이전 타이완 GDP 대비 수출액 비중은 100% 수준에 달해 경제성장시 수출의존도가 아주 높았다. 2013년에는 그 비중이 63% 수준까지 떨어졌는데, 이는 금융위기 이후 타이완 역시 내수 비중을 높이는데 주력했기 때문이다.

2022년 GDP 기준, 대만의 산업구조를 보면 서비스업 61%, 공업 38%, 농업 1% 구조로 형성되어 있다. 하위 업종별 GDP 구성비(2021년 기준)는 도·소매업(15.49%), 전자부품 제조업(15.17%), 부동산·주택 서비스업(7.65%), 금융·보험업(6.72%), 공공행정·국방·사회보장행정(5.46%) 순이다. 전자부품 제조업, 컴퓨터·전자제품·광학제품 제조업, 통신업, IT 서비스업을 포함하는 ICT(정보통신기술)산업은 대만 전체 GDP에서 21.1%(2021년 기준)를 차지하고 있다.

[표 4-3] 대만 산업구조

구분	GDP 구성비 (2022년기준)	상위 3대 하위 업종 (2021년 전체 GDP대비 기준)
서비스업	60.85%	① 도·소매업(15.49%) ② 부동산·주택 서비스업(7.65%) ③ 금융·보험업(6.72%)
공업	37.74%	① 전자부품 제조업(15.17%) ② 컴퓨터·전자제품·광학제품 제조업(3.46%) ③ 건설업(3.05%)
농업	1.41%	-

자료: 대만 행정원 주계총처(2023.10. 조회 기준)

대만 대표 기업을 보면 10대 제조업체 가운데 7개 사가 전자 제품·부품 제조사이며 글로벌 브랜드 제품을 수탁 생산하는 기업이 많다. 서비스업 분야의 상위 10위 기업은 공기업 유형의 공공서비스업체로, 전자 부품·제품 판매·유통업체, 해운업체, 소매유통업체로 구성돼 있다.

매출액 기준 대만 최대 제조업체는 아이폰 위탁 생산업체로 잘 알려진 폭스콘이다. Foxconn(富士康·鸿海精密工业)은 궈타이밍(郭台铭. 1950년생)이 1974년 대만에서 설립한 세계 최대 EMS(Electronics Manufacturing Service) 기업으로 대만과 중국에 핵심 제조시설이 있다. EMS란 전자제품을 상표 없이 수탁 생산하는 기업이다. 애플(iPhone)의 최대 부품 공급사이며, MS Xbox, 소니 PlayStation, 닌텐도 Nintendo Switch도 생산한다. 2022년 매출액은 1조 7천억$를 기록했으며, 전세계 70만명의 직원이 있다. 2016년에 일본 샤프를 인수(58억$)했다. 1988년에 광동성 선전에 첫 공장을 개설한 후, 정저우, 포산, 후이저우, 우한, 난닝, 쿤산, 난징, 창수, 항저우, 상하이, 타이위안, 옌타이, 베이징, 톈진, 랑팡, 친황다오, 잉커우, 중산, 충칭, 청두, 형양, 창사, 구이양, 웨이하이 등 전국 각지에 36개 생산기지를 두고 있다.

[표 4-4] 제조·서비스 업종의 대만 10대 기업 (2022년 매출액 기준)

<table>
<tr><td rowspan="4">제조업</td><td>업체명</td><td>① Foxconn</td><td>② TSMC</td><td>③ Pegatron</td><td>④ Quanta</td><td>⑤ Compal</td></tr>
<tr><td>업종
(비고)</td><td>전자제품
(수탁생산)</td><td>반도체
(파운드리)</td><td>전자제품
(수탁생산)</td><td>전자제품
(수탁생산)</td><td>전자제품
(수탁생산)</td></tr>
<tr><td>업체명</td><td>⑥ CPC</td><td>⑦Formosa Petrochemical</td><td>⑧ Wistron</td><td>⑨ Inventec</td><td>⑩ CSC</td></tr>
<tr><td>업종
(비고)</td><td>석유화학
공기업</td><td>석유화학</td><td>(수탁생산)
전자제품</td><td>(수탁생산)
전자제품</td><td>국영 철강사</td></tr>
<tr><td rowspan="4">서비스업
*</td><td>업체명</td><td>① TaiPower</td><td>② WT Micro electronics</td><td>③ASUSTek</td><td>④ MediaTek</td><td>⑤ CPC</td></tr>
<tr><td>업종
(비고)</td><td>전력 공기업</td><td>전자부품
유통</td><td>전자제품
판매</td><td>(팹리스)
반도체</td><td>주유소 운영
(국영기업)</td></tr>
<tr><td>업체명</td><td>⑥YangMing</td><td>⑦Morrihan</td><td>⑧ President ChainStore</td><td>⑨ChungHwa Telecom</td><td>⑩ Acer</td></tr>
<tr><td>업종
(비고)</td><td>해운</td><td>전자부품
유통</td><td>세븐일레븐
편의점</td><td>통신 공기업</td><td>전자제품
판매</td></tr>
</table>

주: *금융업 제외 기준
자료: CRIF 'The Largest Corporations in Taiwan 2023

대만 2위의 제조업체는 TSMC(Taiwan Semiconductor Manufacturing Company, Limited, 台灣積體電路製造股份有限公司)인데 대만의 반도체 제조기업(파운드리)이다. 세계 파운드리 점유율 60%로서 530개의 기업들을 위해 12,000개 이상의 반도체를 제조하고 있는 기업이다. 2022년 760억 달러의 매출에 340억 달러의 순이익을 올렸으며, 세계 1위 반도체 업체로 등극한 바 있다. TSMC는 대만의 반도체 산업 진흥 프로젝트의 일환으로 1987년 2월 21일에 공기업으로 설립됐다.

설립 당시에는 대만 행정원 소속의 산업기술연구회에서 전액 출자(네덜란드 필립스소수 지분 출자)했다. 1992년 민영화되는 과정에서 정부 지분은 주식시장에 전량 공개 매각됐으나, 지금도 6.68%는 대만 행정원 국가발전기금이 보유하고 있다. 당시 대만 정부 산하 공업기술연구원 원장이었던 장중머우(張忠謀) 박사가 설립했다. 그는 텍사스 인스트루먼트사에서 25년간 재직(반도체 사업부 부사장)한 인물로, 설계부터 제조까지 하던 거대 반도체 기업과 달리 위탁생산만 하는 파운드리 사업이 유망하다는 점을 간파했다. 그리고 대만 정부를 설득해 TSMC를 설립하고 CEO를 맡게 된다. TSMC는 타 기업으로부터 설계도를 받아 반도체를 위탁 생산하는 기업이다. 삼성전자와 SK하이닉스, 인텔 등은 설계 능력을 갖추고 있으므로 IDM(Integrated Device Manufacturer·종합반도체기업)으로 분류되나, TSMC는 설계는 하지 않고 팹(Fab. 생산설비)만 운영하는 파운드리(Foundry) 업체이다.

제조업 매출 상위 10위개 사 중 7개사가 전자제품, 반드체인 만큼, 반도체 수출 규모는 대만 전체 수출에서 38.41% 비중을 차지(2022년)하고 있다. 또한 반도체 생산액 ÷ 명목GDP 기준, 대만의 반도체산업 의존도는 21.3%(2022년)에 달한다. 대만 반도체산업 규모는 2020년 3조 대만달러 돌파 이어 2021년 4조 대만달러를 돌파했고, 2022년에는 4조 8,370억 대만달러(원화로 약 210조 원)로 확대됐다.

대만의 반도체 분야별 규모는 파운드리 > 팹리스 > 패키징 > 메모리 > 테스트 순이며, 파운드리 비중은 2022년 이후 과반을 점유한다. 대만 경제부 기준, 2022년 대만 파운드리, 후공정(패키징·테스트) 분야의 세계 시장점유율은 각각 77.6%, 53.9%로 세계 1위 수준이다. 팹리스의 세계 시장점유율은 20.8%로 세계 2위 수준이다.[1)]

대만은 많은 중소기업 제조기반을 토대로 IT 하드웨어(노트북·데스크탑·태블릿 PC, 마더보드, 서버, 모니터 등 포함) 분야에서도 세계 1위 시장 점유율을 보이고 있다. 세계 1위를 차지하고 있는 컴퓨터, 서버, 마더보드 제품의 경우, 대표 기업으로 ASUS, Acer, MSI, Gigabyte, Delta 등이 있다. 2022년 생산량(비중)과 세계순위를 보면, 먼저 데스크탑 PC는 4,161만 대 세계1위(54.2%), 노트북 PC 15,120만 대 세계1위(78.2%), 마더보드 6,757만 대 세계1위(80.6%), 서버 533만 대 세계2위(39.2%) 수준이다.[2)]

1) 반도체 패키징은 웨이퍼 형태로 생산된 반도체를 자르고 전기 배선 등을 연결해 전자 기기에 탑재할 수 있는 형태로 조립(패키징)하는 작업이다. 전(前) 공정이 웨이퍼에 회로를 새기는 것이며, 이후 웨이퍼를 가공하는 작업인 패키징을 후(後) 공정이라고 한다. 팹리스(Fabless)는 Fabrication+less의 합성어로 반도체 제품을 생산(fabrication)하지 않고 설계를 전문적으로 하는 회사이다. 팹리스 회사들은 100% 위탁 생산하여 판매한다. 대표 업체는 Apple, 퀄컴, 엔비디아, AMD, 미디어텍, 브로드컴이다.

2) KOTRA(2023), 「KOTRA 2024 대만진출전략」p.22. (2023.12).

[표 4-5] 타이완 주요 경제 지표

	단 위	2017년	2018년	2019년	2020년	2021년	2022년
인 구	백만 명	23.6	23.6	23.6	23.6	23.4	23.3
명목GDP	십억 달러	590.7	609.2	611.4	673.2	775.7	760.5
1인당 명목GDP	달러	25,062	25,826	25,903	28,571	33,186	32,687
실질성장률	%	3.3	2.8	3.1	3.4	6.5	2.4
실업률	%	3.8	3.7	3.7	3.9	4	3.7
소비자물가	%	0.6	1.4	0.6	-0.2	2	2.9
총수출	백만 달러	315,487	334,007	329,157	345,126	446,371	479,442
총수입		257,200	284,792	285,651	286,148	381,958	428,010
무역수지	백만 달러	58,287	49,216	43,506	58,978	64,414	51,432
경상수지		83,037	70,883	65,710	97,254	117,976	101,305
환율(연평균)	현지국/ US$	30.4	30.2	30.9	29.6	28	29.8
해외직접투자	억 달러	208.2	227.9	110.2	177.1	184.6	150.1
외국인직접투자	억 달러	77.8	116.7	112.9	92.7	75.9	133.4

자료: 대만 정부망(https://taiwan.gov.tw) 및 KOTRA 2024 대만진출전략(2023.12).

대만 정부는 2021-2024년간 6대 핵심 전략산업 육성정책과 반도체산업 육성정책(Program for Promoting Six Core Strategic Industries 2021~2024)을 책정했다. 6대 핵심 전략산업은 ① 정보·디지털, ② 정보 보안(사이버 보안), ③ 정밀 헬스케어, ④ 국방(방위)·전략(항공우주), ⑤ 재생에너지, ⑥ 민생·전략비축 물자 산업을 의미한다. 이를 통해 반도체, 5G, AIoT(인공지능융합기술·AI Convergence Technology), 오픈랜, 태양광, 풍력, 정밀·재생·디지털 의료, 보안 솔루션, 차량용 배터리, 위성 등 첨단·미래 산업 분야의 경쟁력 강화를 목표로 하고 있다.

타이완은 중소기업 강국이다. 타이완 중소기업처 통계에 따르면 전체 기업 중 약 98%가 중소기업이며 전체 취업인구 중 76% 이상이 중소기업에 종사하고 있다. 이처럼 타이완이 중소기업 강국이 된 이유는 정부 차원의 지원정책은 물론 자유방임적인 기업문화 아래 창업 활동이 활발하기 때문이다. 또한 패밀리 비즈니스로 대표되는 '복건상인'의 특성에도 기인한다. 타이완은 정부의 규제와 간섭을 최소화 하여 업체간 상호 자유경쟁 환경을 조성하고 있으며, 타이완 시장은 개방된 구조로 세계 유명 브랜드들의 테스트 마켓 기능을 수행하고 있다.

2) 무역 구조

대만은 2022년 세계에서 16번째 상품 수출국, 18번째 상품 수입국이었다. 새로운 남향 정책에 따라 대만은 10개 동남아시아 국가 연합 회원국, 6개 남아시아 국가, 호주 및 뉴질랜드와 전반적으로 유대를 강화하고 있다. 대만은 전 세계 정보 통신 기술 산업의 선두 주자이자 산업 스펙트럼 전반에 걸친 주요 상품 공급 업체이다.

2009년 글로벌 금융 위기를 극복 한 대만의 수출 지향 경제는 2015년에 타격을 입었다. 주로 원유 가격 하락과 함께 소비자 가전제품에 대한 글로벌 수요가 약해졌기 때문이다. 대만 경제는 2015년 0.81 % 성장에 그쳤고 전체 무역량은 13.2 % 감소했다. 2016년 이후 상황이 개선되었으며 통계에 따르면 2018년 대만의 전체 수출입은 각각 5.9 %와 10.4 % 증가한 반면 경제는 2.63% 증가했다. 대만의 주요 수출 대상국(지역)은 중국(홍콩 포함), 아세안, 미국, EU, 일본 순이며, 주요 수입 대상국(지역)도 이들 5개 국가(지역)이다.

2013년 7월 대만은 뉴질랜드와 OECD 회원국과 최초로 경제 협력 협정을 체결했다. 같은 해 11월 싱가포르와 경제 파트너십 협정이 체결되어 동남아시아 무역 파트너와 대만이 처음으로 협정을 맺었다.

COVID-19 상황임에도 불구하고, 대만의 2020년도 무역총량은 6,313억 달러로 전년비 2.68% 증가를 기록했다. 이중 수출이 3,451억달러(4.85%), 수입 2,861억 달러(0.17%)를 기록했다. 2021년에는 큰 폭의 성장세를 기록했는데 무역액 8,283억달러로 전년비 31.22% 증가했다. 이중 수출 4,464억 달러(29.34%), 수입 3,820억 달러(33.48%)를 기록했다. 2022년에도 증가세를 이어가서 무역액 9,075억 달러(9.55%), 수출 4,794억 달러(7.41%) 수입 4,280억 달러(12.06%)를 기록했다.

무역 대상국별로 중국은 대만 전체 수출의 22%('23년 1~9월 기준 홍콩·마카오 포함시 35.36%)를 차지하는 1위 대상국이다. 수입에서도 중국이 19%로 1위를 차지하고 있다. 최근 미중간 무역분쟁이 심화된 이후 對美 수출 비중은 확대된 반면, 對中 수출 비중은 축소하는 추세를 보이고 있다.

중국: ('18년) 28.89% → ('22년) 25.26% (3.63%포인트↓)

미국: ('18년) 11.82% → ('22년) 15.65% (3.83%포인트↑)

한국은 대만의 6위 수출대상국(홍콩을 중국에 포함할 경우, 5위)이자 4위 수입대상국이다.

[표 4-6] 대만의 10대 수출입 대상국 (2023년 1~9월 기준)

(단위: 억 달러, %)

수출				순위	수입			
국가명	금액	비중	증감률		국가명	금액	비중	증감률
중국	693	21.86	-25.00	1	중국	510	19.39	-22.15
미국	527	16.64	-7.62	2	일본	333	12.66	-20.10
홍콩	427	13.48	-16.16	3	미국	307	11.67	-11.42
일본	435	7.43	-5.53	4	한국	201	7.66	-24.50
싱가포르	222	7.01	-1.69	5	호주	140	5.33	-24.55
한국	136	4.29	-21.12	6	독일	107	4.07	3.54
말레이시아	107	3.37	-18.69	7	싱가포르	74	2.83	-20.16
네덜란드	99	3.11	54.9	8	말레이시아	71	2.69	-31.67
베트남	85	2.69	-26.15	9	사우디아라비아	68	2.57	-25.62
태국	74	2.33	28.36	10	네덜란드	60	2.28	-13.39

자료: 대만 재정부 (2024.7)

대만 무역 품목 구조는 수출의 75%가 중간재이며, 수입은 68%가 원자재로 형성되어 있다. 즉 최종재(예: 전자제품)가 필요로 하는 중간재(예: 반도체)를 생산·수출하기 위해 원자재(예: 화석연료)와 자본재(예: 반도체 제조장비)를 수입하는 구조이다. 따라서 글로벌 공급망과 유기적으로 연결되어야 하며, 전쟁 등 국제 정세에 따라 글로벌 공급망에 문제가 발생하면 영향이 불가피한 무역 구조이다.

제품별로는 전자집적회로(반도체)는 대만 1위 수출품(중간재로 분류)이자 수입품(원자재로 분류)이다. 대만 수출에서 상위 10대 품목 중 7개가 ICT(정보통신기술) 분야의 제품이며, 수출의 과반(54.74%)을 차지하고 있다. 대만 수입에서는 화석연료, 석유제품이 전체 수입의 약 17%에 달한다.

2. 한국과의 관계

타이완과는 1948년 8월, 중화민국이라는 국호로 수교한 바 있고, 1992년 8월에 중국과 수교를 맺게 되면서 단교하게 되었다. 타이완과 단교 후 기체결한 모든 협정은 효력이 상실되었다. 이후 1993년 11월에 타이완 대표부를 서울에 설치하여 실질적인 영사업무를 진행하고 있다.

우리나라의 對타이완 주요 수출품목인 반도체, 석유화학제품, 기초유분, 반도체 제조장비 등의 수출 급증으로 2010년도 한-대만 무역규모가 금융위기 이전 수준을 회복했다. 2011년 상반기 양국간 활발한 교역에 힘입어 하반기 세계경기 침체에도 불구하고 양국간 무역액이 사상 최초로 300억 달러를 돌파했다. 한국과 타이완은 산업의 유사성으로 인하여 주요 수출입 품목이 반도체, 철강판, 컴퓨터, 정밀화학원료 등으로 중복되는 경향이 강하며, 상호 비교우위 품목을 위주로 활발한 무역이 이뤄지고 있다. 실제 2011년 1~12월 기준, 對타이완 10대 수출품목이 전체 수출품목의 69.7%, 10대 수입품믁이 전체 수입품목의 77.9% 차지하고 있다. 10대 수출품목 중 반도체 제조장비는 타이완 민간투자 경기를 가장 잘 반영하는 품목이다.

1992년 8월 단교 당시 대만은 항공협정 폐기, 한국산 자동차 수입할당제 폐지, 한국 과일 수입금지, 한국기업의 토목 프로젝트 참여 금지 등 각종 경제적인 왕래를 중단했다. 1993년 비공식 대표기구 설치 이후 2000년 민간 경협위원회 합동회의 재개에도 합의했고 단교 후 약 12년 만인 2004년 9월에는 민간항공협정을 체결해 한국-대만 간 하늘길이 열렸다.

경제교류는 2010년 이후 더 활발해졌다. 2015년 12월에는 성실무역업체 상호인정약정을 체결해 한국-대만기업의 수출입 통관이 더 편리해졌고, 2016년에는 한국거래소와 대만증권거래소가 상장지수펀드(ETF)를 교차 상장한 데 이어 2018년 6월에 한국-대만 IT 프리미어 ETF도 동시 상장해 상호 투자가 더 쉬워졌다.[3)]

특히 교역 부문에서 활발한 교류가 이뤄지고 있다. 2020년 1~9월 기준, 한국과 대만은 각각 5위 교역 파트너로 협력 중이다. 수출입을 구분해서 볼 때 대만은 한국의 수출 6위, 수입 7위 상대이며 한국은 대만의 수출 6위, 수입 4위 상대이다.

3) 주 타이베이 대한민국 대표부 (http://overseas.mofa.go.kr/tw-ko) 검색일자 (2021.1.11)

[표 4-7] 한국 타이완 간 주요 협정 현황

협정명	발효일자	발효내용
수교	1948년 08월 13일	수교
진해회담	1949년 08월 07일	아시아민족반공연맹 발족 논의
무역회담	1961년 03월 03일	체결
문화협정	1965년 05월 15일	체결
단교	1992년 08월 24일	단교
오사카회담	1993년 07월 27일	비공식 대표기구 설치 논의
한국 대표부 개관	1993년 11월 25일	주타이베이 한국대표부
대만 대표부 개관	1994년 01월 25일	주한국 타이베이대표부
민간항공협정	2004년 09월 01일	체결
워킹홀리데이 프로그램	2010년 11월 23일	양해각서 체결
무비자 체류기간 연장	2012년 07월 01일	최장 90일
성실무역업체 상호인정약정	2015년 12월 22일	체결
상장지수펀드 교차 상장	2016년 10월 07일	2018년 6월 11일에는 IT프리미어 상장지수펀드 교차 상장
자동출입국 심사대 상호이용	2018년 06월 27일	양해각서 체결 및 개통

자료: KOTRA 국가정보 (검색일자: 2021.1)

제3절 중국-대만 ECFA

1. 개요

중국과 대만은 둘 사이의 관계를 양안(兩岸) 관계라고 표현하며, 이는 두 해안 사이의 관계라는 뜻이기도 하다. 중국과 대만은 중국이 성립된 1949년부터 1978년까지는 군사적 충돌관계에 있었다. 중국의 주장은 '무력을 통한 대만 해방', 대만의 주장은 '본토 회복'이어서 양자 간 갈등 정도를 가늠해 볼 수 있다. 이후 1979년에 대만을 지원해온 미국이 중국과 수교하면서 실질적인 군사적 충돌을 사라졌고, 1987년부터 민간 교류단계에 접어 들었다. 1990년에는 대만에서 '해협교류기금회'를, 1991년에는 중국이 '해협양안관계협회'를 설립하여 정부를 대신하여 두 민간 단체들이 양안 관계를 조율하여 왔다.

2000년에는 새로운 형태의 긴장 국면이 조성되었는데, 그 주인공은 대만의 독립을 주장하며 총통(우리 대통령에 해당)으로 당선된 민진당의 천수이볜(陈水扁·1950년생)이다. 실제로 중국은 대만 해협에 미사일을 발사하고 미국은 항공모함을 파견하는 등 일촉즉발 상황을 조성하였다. 2001년과 2002년에 중국과 대만이 나란히 WTO에 가입하면서 경제적으로 양안은 발전 단계에 접어들게 된다.

2008년 1월, 국민당이 입법원 선거에서 다수당이 되고, 3월에 마잉주 후보가 대만 총통에 당선되면서, 양안 관계는 차이완(ChiWan=China+Taiwan)이라는 신조어를 탄생시킬 만큼 가까워졌다. 2008년 5월 28일, 국민당의 우보슝 주석과 후진타오 국가 주석은 59년만에 국공 영수회담(중국 공산당과 대만 국민당간 회담)을 다시 열었으며, 10년간 중지되었던 양안 민간기구간 대화 제개에 합의한다.

그에 따라 2008년 6월부터 3차례에 열련 회담 결과, 중국인 단체 관광객의 대만 관광이 허용되었고, 양안간 매주 270편에 달하는 직항기 항로가 개설되었다. 같은 달 대만에서는 시중 은행이 위안화를 환전할 수 있도록 허용하였다. 2009년 5월에는 대만 금융감독원이 중국 투자자들의 대만 증시에 대한 투자를 허용하였고, 대만인들은 은행으로 달려가 평가절상 될 위안화를 사들이기도 하였다. 2010년 4월에는 대만의 6개 은행(토지·제일·화남·창화·합작금고·국태세화)이 중국 대륙에 지점 개설을 신청했다.

2010년 1월 26일부터는 양안간 경제 통합을 위해 경제협력기구협정(ECFA. Economic Cooperation Framework Agreement) 체결을 위한 1차 협상을 개시하였다. ECFA는 실질적인 의미의 FTA 협상으로 2009년 말까지 4차례에 걸친 양안 회담을 통해 경제이슈에 관한 12개 협정을 체결하였다. 드디어 중국과 대만은 2010년 6월 29일 열린 제5차 양안 회담에서 중국·대만 경제협력기본협정(ECFA)에 서명(체결)했다.[4)]

1) 체결 동기

중국은 ECFA 체결을 통해 대만에 대한 정치·경제적 영향력을 확대하고자 한다. 홍콩, 마카오와의 CEPA, 싱가포르와의 FTA 체결 등 중화경제권 강화의 연장선상에 있다. 이러한 전략적 고려 속에서 중국은 EHP(조기수확프로그램)에 대만의 대중 주요 수출품을 다수 포함시켰다. 또한 대만의 취약 산업과 농산품의 개방을 요구하지 않았으며, 중국 인력의 대만 이동을 협정에서 제외시켰다.

중국 협상단 발표에 따르면, 양안의 경제발전 수요 및 산업의 상호보완성을 고려하여 조기수확 리스트에 포함시키고, 대만의 취약 산업, 농산품 개방 및 중국 인력 이동에 대한 부분을 협정에서 제외시켜 중국 측의 최대한의 성의와 선의를 표현하였다.

대만은 글로벌 금융위기로 인한 세계 경기침체 속에서 경기회복과 정치적 안정을 위한 돌파구로서 중국과의 ECFA를 활용하고자 했다. 미국의 피터슨국제경제연구소가 발표한 보고서에 따르면 양안 ECFA 체결로 2020년까지 타이완 GDP를 4.5% 상승시킬 것이라고 분석한 바도 있다. 대만 중화경제연구원의 연구 결과 ECFA의 체결로 대만 경제성장률이 1.65~1.72%포인트 증가하고, 약 35만 개의 일자리가 창출될 것으로 평가했다. 또한 인프라·석유화학·철강 등 산업에서 긍정적 효과가 나타나고, 對대만 외국 자본의 투자가 증가할 것으로 예상했다. ·

4) 통상 FTA(Free Trade Agreement)는 국가 대 국가 간 자유무역협정 체결시 사용하는 용어로 서로를 국가로 인정하고 있는 않은 중국-대만 간 FTA는 ECFA라는 우회적 표현이 불가피했다.

한편 대만은 ECFA 체결을 계기로 세계 각국과 FTA를 체결하여 국제적 고립상태를 벗어나기를 희망하고 있다. ECFA 체결 전 대만의 FTA 체결 국가는 중남미의 과테말라, 파나마, 니카라과, 엘살바도르, 온두라스 등 5개 국가이며, 해당 5개 국가가 대만 전체 무역량에서 차지하는 비중은 0.29%에 불과했다.

2. 중국-대만 ECFA의 특징

중국-대만간 ECFA 체결은 FTA의 체결 또는 완결이 아니라, '기본협정'의 체결로서 향후 본협상의 의제와 일정을 규정하는 것이다. ECFA 발효 후 6개월 이내(2011년 6월 이내)에 분야별 확대 협상을 개시하여 조속히 완결할 것을 명문화했기 때문이다. 실제 2011년 2월 22일, 대만에서는 양안 간 본협상을 위한 1차 회의가 시작됐다.[5)]

두번째 특징은 조기수확 프로그램(EHP: Early Harvest Program)을 적극적 활용한 점을 들 수 있다. EHP는 협상 양측이 시급하다고 인식한 품목과 업종을 우선 개방하는 것이다. ECFA의 가시적인 효과를 조기에 실현하기 위해 중국-대만은 주요 공산품 및 서비스 분야에 대한 EHP를 체결했다.

중국은 ASEAN, 파키스탄과의 FTA에서는 EHP를 활용한 바 있으나 농산물에 한정되거나(ASEAN) 교역액이 작아(파키스탄) 경제적 효과는 크지 않았던 것으로 평가된다. 이번 중·대만 ECFA에서는 양국 간의 주요 교역 대상이 되는 공산품들과 일부 서비스 분야를 EHP에 포함시켰다. 상품 EHP 리스트에는 중국 539개, 대만 267개의 품목이 포함되었다. 중국의 자유화 품목은 농산품(18개), 기계(107개), 석유화학(88개), 자동차부품(50개), 방직(136개), 전자, 경공업, 금속, 의료계측기 및 의료제품 등이며 기계 관련 품목이 금액 및 항목에서 가장 큰 비중을 차지하고 있다.

대만의 자유화 품목은 석유화학(42개), 기계(69개), 방직(22개) 및 기타 제품 등이 포함되었다. 중국이 대만에 개방한 539개 품목은 2009년 기준 대만의 對중국 수출의 16.1%, 137.5억 달러를 차지하고 있다. 현행 수입세율을 기준으로 3단계로 분류하여, EHP 발효 후

5) 지만수·이승신·여지나(2010), 중국·대만 ECFA의 주요 내용과 시사점, 오늘의 세계경제 Vol.10 No.23, KIEP, 2-10쪽.

2년 동안(2011년 발효 시 2013년 1월 1일까지) 3단계에 걸쳐 관세를 철폐하게 된다.

[표 4-8] 중국-대만 ECFA 조기자유화 품목

구분	중국의 對대만 자유화/개방 품목	대만의 對중국 자유화/개방 품목
상품 EHP 관세인하 품목	539개 품목: 농산품(18), 기계(107), 석유화학(88), 방직(136), 자동차부품(50), 기타(140)	267개 품목: 석유화학(42), 기계(69), 방직(22), 자동차부품(17), 기타(117)
서비스 EHP 개방 부문	회계, 컴퓨터 서비스, 연구개발, 회의, 전문 설계, 시청각, 병원, 항공기 수리, 은행, 보험, 증권 등 11개	연구개발, 회의, 전시, 특제품 설계, 영화, 스포츠 레저, 유통, 항공 컴퓨터 예약 시스템 서비스, 은행 등 9개

자료: 지만수 외(2010), 중국·대만 ECFA의 주요 내용과 시사점, 오늘의 세계경제 Vol.10 No.23, KIEP, 3쪽

서비스 분야 EHP의 경우, 중국은 11개, 대만은 9개 분야에 대한 조기 개방을 약속했다. 중국은 회계·은행·보험·전문 설계·병원 서비스 등 11개 부문에서, 대만은 연구개발·유통·은행 등 9개 부문을 개방하기로 한 것이다.

중·대만 ECFA EHP와 중·홍콩 CEPA 서비스 양허안 비교해 보면 그 특징을 알 수 있다. ECFA EHP 서비스에서 개방한 부문의 개수는 11개로 현재까지 중국이 가장 많은 서비스 부문을 개방한 중·홍콩 CEPA 44개의 1/4 수준이다. 개방 확대된 11개 분야의 경우, 대부분 해당 분야 중국-홍콩CEPA 8차 협상과 상응하는 수준의 개방을 양허하였고, 은행업 등 일부 부문에서는 중국-홍콩 CEPA보다도 일부 진전된 개방을 기재했다. 이는 향후 ECFA 서비스 본협상이 전개될 때 추가적으로 개방할 서비스 부문들에서, 기체결 FTA보다 훨씬 높은 수준의 개방을 실시한 CEPA 수준이나 혹은 이보다 더 진전된 개방도 할 수 있음을 시사하는 것으로 분석된다.

인력 이동 관련 내용은 포함되지 않았다. EHP 서비스 양허안에는 인력 이동 관련 내용은 다뤄지지 않았는데, 이는 대만이 견지하고 있는 '중국 노동력의 대만 진입을 허용하지 않는다(不开放大陆劳工来台).'라는 원칙을 중국 측에서 수용한 결과이다.

중국은 금융업에 대해 WTO 가입후 중·홍콩 CEPA를 제외하면 FTA를 통해 진전된 개방을 한 적이 없으나, ECFA에서 CEPA 수준의 금융업의 개방 확대를 EHP에 포함시켰다. 먼저 은행업 진입조건을 완화했다. 중·홍콩 CEPA와 동일한 양허 내용으로는 아래 3건을 들 수 있다.

- 독자은행 설립요건에서 대표처(사무소) 설립요건이 기존 3년에서 1년으로 완화.
- 이익 요건 산정 시 중국 내 모든 지점의 이익을 합산하도록 허용.
- 중국법률에 따른 중소기업 대상 전문 금융기관 설립이 가능.

반면, 중·홍콩 CEPA보다 진전된 양허 내용으로는, 첫째 위안화 업무에서 중국 내 대만기업 대상의 경우를 별도로 기재하고 영업 경력 요건은 CEPA의 2년보다 짧은 1년으로 단축시켰고, 둘째 중서부 및 동북부 지역 은행 개설 시 특별절차(綠色通道)를 마련했다.

보험 서비스에 대해서는 중국 내 외자 보험회사의 시장 진입 요건을 충족시키기 위한 대만 보험회사의 재조직(re-grouping) 및 전략적 합병을 허용했다. 즉, 그룹을 이룬 기업의 총자산 50억 달러, 그룹 내 1개 기업 이상의 30년 이상 영업 경력과 중국 내 2년 이상 대표처 설립으로 진입 가능하게 된 것이다.

증권 서비스에서는 대만 금융기관의 적격해외기관투자자(QFII) 신청을 허용하고, 대만 증권거래소 및 선물거래소를 적격국내기관투자자(QDII)가 투자할 수 있는 금융파생상품 교역소 리스트에 조속히 포함시키도록 하였으며, 대만 증권전문가의 중국 활동을 위한 자격 취득 절차를 간소화하기로 합의했다.

비즈니스 서비스, 시청각 및 운송 서비스를 개방했는데, 회계 서비스에 있어서 중국 내 회계 서비스업 종사를 위해 발행되는 임시회계비즈니스 허가증의 유효기간을 1년으로 연장했다. 컴퓨터 관련 서비스와 컨벤션 및 전시서비스의 경우, GATS 양허에서 합자(JV)만 허용하던 것을 독자기업으로 확대했다. 자연과학과 엔지니어링 연구개발(R&D) 서비스의 경우, GATS에서 미기재한 부문으로, 중국·페루 FTA에서 처음 개방하였으며, 홍콩 CEPA에 이어 대만과의 ECFA에서도 개방했다. 비디오, 음악 레코딩 유통 분야에서는 WTO 양허 이외에 추가 양허로 대만 저작권이 50% 이상인 영화 수입시 스크린쿼터에서 제외시키기로 했다. 또한 항공기 유지보수 서비스에 대해 독자기업의 설립을 허용했다.

3. ECFA 체결에 따른 영향

ECFA의 출현은 그동안 양안간에 존재했던 투자, 무역 장벽이 제거됨을 의미한다. 2008년 양안 회담 결과, 대만의 對중국 투자 상한선이 확대되기 전까지 대만 중소기업은 순자산가치의 40% 혹 8천만 대만달러 이상을 투자할 수 없었다. 이제 투자 상한선은 순자산가치의 60%로 늘어났으며, ECFA 체결로 더욱 확대될 전망이다.

먼저 양안간 ECFA 체결로 중국과 대만의 경제 성장을 더욱 가속화 될 전망이다. ECFA 체결로 대만은 경제성장률이 1.5%포인트 이상, 중국은 0.36~0.4%포인트 증가할 것으로 대만 경제부는 전망하고 있다. 그러나 절대적 GDP 규모 기준 증가폭은 중국이 대만에 비해 3배나 크다. 또한 중국 상무부는 중국 전체 수출대비 對대만 수출비중이 낮은 이유를 들어 ECFA가 중국 산업에 미치는 영향은 상대적으로 작을 것이라고 중국 산업계를 안심시키고 있다. 2008년 기준 홍콩 포함 대만의 대중국 수출비중은 40%에 육박하며, 전체 해외투자 중 대중국 투자비중은 70%에 달한다.

양안간 직항로 개설은 기업 물류비용을 대폭 줄였다. 물류 소요가 가장 많은 노선인 중국 상하이와 대만 타이베이간 종전 비행시간은 홍콩을 반드시 경유하여야 했으므로 6시간에 달했다. 시간은 물론 불필요한 이착륙에 따른 추가 비용은 기업에 부담이 되었다. 이제는 상하이와 타이베이간 직항기가 1시간 반이면 도착한다. 대만 항공사측 추산에 따르면 항공사 및 여행객 시간 및 경비 절감 규모가 연간 30억 대만달러에 달하는 것으로 조사되었다.

해상 운송도 직선화 되었다. 종전에는 일본 오키나와 등 중간 지점을 경유해야만 하였으나, 이제는 직항으로 전환됨에 따라 약 15~30%의 운송비 절감 효과가 기대된다.

실제 ECFA 체결후, 대만의 대중국 수출 및 수입 비중을 보면, 체결전인 2007년 대만의 총수출중 대중국 비중은 30.1%였으나, 체결 후인 2010년에는 39.9%까지 올라갔다. 이후 하락추세를 보였으나, 최근 2년간에는 28% 수준을 유지하고 있다. 대만의 총수입중 중국 비중은 ECFA 체결후 꾸준하게 상승하여, 2019년에는 20.4%까지 상승 되었다.[6)]

---

6) 한국과 대만의 대중국 수출품 상위 20개 품목(HS4분위 기준)중 11개가 중복된다. 이들 11개 품목의 대중국 수출 비중은 각각 39.6%(한국), 61.1%(대만)이다. (한국은행 북경사무소. 2009.6.15)

[표 4-9] ECFA 체결 전후, 대만의 대중국 수출입 비중

(단위: 억달러)

연도	대만 총수출		대만 총수입		대만 전체 무역수지	대중국 무역수지
		중국 비중(%)		중국비중(%)		
2001	1,263.1	20.3	1,079.7	5.5	183.4	197
2003	1,506	25.4	1,280.1	8.6	225.9	272.7
2005	1,984.3	28.4	1,826.1	11.0	158.2	361.8
2007	2,466.8	30.1	2,192.5	12.8	274.3	462.3
2010	1,928	39.9	2,442	14.8	-514	409
2013	3,051	26.8	2,706	15.8	345	390
2015	2,800	25.3	2,251	19.6	549	270
2017	3,178	28.0	2,598	19.3	580	390
2018	3,358	28.8	2,865	18.8	493	429
2019	3,305	27.8	2,817	20.4	488	346

주: 중국 비중에서 홍콩은 제외된 수치임.
자료: CEIC (2009), KITA (2021.1)

산은경제연구소는 중국과 대만이 협정을 체결하면 비메모리 반도체와 스마트폰의 시장 잠식이 우려 된다고 지적했다.[7] 즉 비메모리 반도체는 대만의 기술수준이 높은데다 중국의 반도체 설계전문회사(Fabless) 규모가 확대되고 있는 상황이어서, 양안의 협력 강화시 한국의 대중국 수출시장은 잠식될 것으로 내다본 것이다. 다만 중국·대만 ECFA 체결 5년 뒤인 2015년에 한·중 FTA도 체결되어 이러한 효과를 다소 상쇄시켰다.

4. 중국-대만 ECFA 효과

2010년 9월, 중국·대만 ECFA가 발효된 후 대만에 비해 중국이 더 이득을 본 것으로 분석됐다. KOTRA 베이징무역관은 대만 정부 싱크탱크인 중화경제연구원(CIER) 보고서를 인용해 중·대만이 상대국에 수출할 때 관세인하 혜택을 받는 품목수가 중국에 비해 대만이 2배 더 많았음에도 불구하고 수출증대 효과는 대만에 비해 중국이 더 컸다고 밝혔다. 이는

7) 산은경제연구소(2010), 국내 IT산업에 대한 차이완의 영향력과 대응전략, 산은조사월보(2010.4.19.).

대만이 더 이득을 볼 것이라는 당초 관측과 다른 결과이다. 중·대만 ECFA는 2011년 1월 조기수확프로그램(EHP) 발효와 동시에 상품관세를 인하하는 EHP를 가동했다. 대상 품목은 중국이 539개, 대만은 267개로 결정됐다. 즉 상대국에 수출할 때 관세 인하 혜택을 받는 품목이 대만은 539개, 중국은 267개라는 뜻이다. 더구나 평균 상품 관세율이 중국은 9%선, 대만은 4%선이어서 즉각적인 관세인하 혜택은 중국보다 대만에 더 크게 돌아갈 것이라는 분석이 일반적이었다.

그러나 중·대만 ECFA 적용 첫 해인 2011년 대만이 관세인하 혜택을 받은 539개 품목의 수출총액 중 대중 수출이 차지하는 비중은 2010년 28.4%에서 2011년 28.1%로 줄어들었다. 가장 큰 수혜가 예상되던 석유화학 제품의 대중 수출 비중이 39.7%에서 37.9%로 가장 크게 감소했다. 반면 중국이 관세인하 혜택을 받는 267개 품목의 수출총액 중 대만으로 수출되는 금액 비중은 2010년 25.5%에서 2011년 29.5%로 늘었다. 석유화학과 기계·부품, 방직, 자동차 등 대부분 품목에서 수출비중이 늘어났다.

[표 4-10] 타이완의 FTA 및 경제협력협정 추진 현황

	내용	타결·발효일시
1	대만-파나마 FTA	2004.1.1. 발효
2	대만-과테말라 FTA	2007.7.30. 타결
3	대만-니카라과 FTA	2006.6.16. 타결
4	대만-엘살바도르-온두라스 FTA	2008.3.1. 발효
5	중국-대만 ECFA	2010.9.12. 발효
6	대만-뉴질랜드 경제합작협의 (ANZTEC)	2013.12.1. 발효
7	대만-싱가포르 경제동반자협정(ASTEP)	2013.11.7. 체결 2014.4.19. 발효
8	대만-파라과이 경제협력협정 (ECA)	2017.7. 체결
9	대만-에스와티니 경제협력협정 (아프리카 남동부 국가)	2018.6 체결
10	대만-벨리즈 경제협력협정 (남미 국가)	2020.9 체결

자료: 대만경제부 국제무역국 경제자문망(www.trade.gov.tw) 검색일자: 2021.1

이는 단순히 관세인하 혜택만으로 수출증가 여부를 전망한 분석이 틀렸음을 뜻한다. 이에 KOTRA는 관세인하 품목에 대해 중국이 수입처를 다변화했거나, 중국내 자체 조달을 늘렸을 가능성이 있다고 분석한 바 있다.[8)]

대만은 정치·외교적인 여건상 무역협정 추진이 쉽지 않은 상황 속에도 수교국을 중심으로 무역협정 체결을 확대해나가고 있다. 2000년대 들어 중남미 수교국과 FTA를 속속 체결한 데 이어 2013년에는 비수교국인 뉴질랜드와도 경제협력협정(ANZTEC)을 체결했다. 차이잉원 정부 출범(2016.5.20.) 후에는 파라과이(2017.7.), 에스와티니(2018.6.), 벨리즈(2020.9.)와 경제협력협정(ECA)를 체결하는 성과를 거뒀다.

주요 교역국과 체결한 무역협정으로는 2010년 6월 중국과 체결한 양안 경제협력기본협정(ECFA), 2013년 11월 싱가포르(5위 교역국)와 체결한 경제동반자협정(EPA)이 있다.

그러나 이런 노력에도 불구하고 수교국과의 교역 규모는 대만 전체 교역에서 차지하는 비중이 크지 않고 1위 교역국(중국)과 체결한 ECFA 협정은 추가 개방에 대한 협상이 진행되지 않는 상태이다. 현재 ECFA는 HS코드 8자리 기준 539개 품목이 양허관세를 적용 받고 있으며, 이는 대중국 수출금액의 20% 내외 비중이다.

[표 4-11] 타이완의 FTA 체결국과의 교역 현황 (2020년 1-11월)

(단위: 백만달러, %)

협정종류	체결대상국	수출		수입	
		금액	비중	금액	비중
FTA (자유무역협정)	파나마, 니카라과, 과테말라, 엘살바도르, 온두라스	305	0.1	354	0.1
ECA (경제협력협정)	파라과이, 에스와티니, 뉴질랜드, 벨리즈	423	0.1	933	0.4
EPA (경제동반자협정)	싱가포르	17,366	5.6	8,114	3.1
ECFA (경제협력기본협정)	중국(홍콩, 마카오 제외)	92,542	29.6	57,355	22.1

자료: 타이완 경제부 국제무역국, KOTRA 해외시장뉴스 (검색일자: 2020.12.8)

8) 매일경제(2012.5.30)

제4절 중국과의 관계

1. 양안 관계 개요

1911년 중국 대륙에서 국민당이 중화민국을 건립하였으나 공산당과의 대립으로 인해 국공내전이 발발하였고, 전쟁에서 패한 국민당은 1949년 대만으로 건너오게 되었다. 그리하여 중국에서는 중화인민공화국 정부가 수립되었고 대만은 중화민국을 계승하게 되었다.

1949년 중국 수립부터 1979년 중국의 개혁개방 노선 채택시까지 양안관계는 갈등과 대립의 시기이다. 대만은 '삼민주의 통일중국'(三民主義 統一中國)을 내세우면서 본토의 공산당 정부에 대해 '3불(三不. 불접촉·담판·타협)정책'을 견지하면서 공산주의와 무력사용 포기를 요구하였고, 중국은 무력에 의한 대만통일을 주장했다. 1979년 중국의 개혁개방 이후 중국과 대만은 상호 교류와 협력을 모색하면서 '3통(通商·通航·通郵) 및 4류(경제·문화·체육 및 과학기술 교류)를 제의했다. 이후 중국은 1982년 대만에게 고도의 자치권을 보장하는 형식의 일국양제(一國兩制) 통일 방식을 제안하였고, 이후 중국과의 간접무역과 인적교류를 시작으로 '양안경제무역교류 촉진5원칙'을 제시하여 직접 무역 및 투자, 상호혜택과 이익, 교류 형식의 다양화와 장기적 안정 유지, 이행 준수 등에 합의하였다.

1988년 리덩후이(李登輝. 1988-2000년 대만총통) 총통의 취임으로 양안관계는 변하기 시작했다. 그는 대만의 주인의식과 국가정체성을 강조하며, 양안관계를 특수한 국가 대 국가의 관계로 보는 '양국론(兩國論)'을 제기하였고, 민진당의 천수이볜(陳水扁. 2000-2008년 대만총통) 총통 역시 '대만해협을 사이에 두고 한쪽에 각기 한 나라씩 존재한다'는 내용의 '일변일국론'(一邊一國論)을 주장하면서 긴장은 고조되었다. 그럼에도 불구하고 경제 분야를 중심으로 한 교류는 오히려 심화되었으며, 2008년 국민당 마잉주(馬英九) 총통이 집권하면서 양안관계는 크게 개선되기 시작한다. 그는 친중국적 성향을 가진 지도자였다. 총통 취임 후 불독립, 불통일, 무력불사용을 내용으로 하는 3불(三不)정책을 제시하였으며, 실질적인 FTA(자유무역협정)인 ECFA 체결로 경제적 협력은 더욱 긴밀해졌다. 2013년 양안은 교류사무처를 설립 공무원을 파견하고 2014년에는 장관급 회담이, 2015년 11월에는 최초의 양안 정상회담이 개최되었다.

[표 4-12] 중국과 대만 관계(양안) 변화 추이

시기	주요내용
대립시기 (1949~1987)	상호 무력에 의한 통일 주장. 대만: '삼민주의 중국통일 주장', 대륙과의 '3불정책(不接觸·不協商·不談判)' 견지 중국: 1979년 개방정책 후 평화공세 / 1979.1 '3통 및 4교류 제의 1982.12 개정 <헌법>에서 '특별행정구'설치 조항 신설 및 '1국2체제'방식에 의한 통일 방식 제의
민간 교류 협력 확대시기 및 제도화시기 (1987~1993)	중국: 1987년 친척 방문 등 인적교류를 통한 양안간 교류·협력 모색 대만: 1988년 국민당의 신대륙 정책 채택 (先민심쟁취, 後 대륙통일) 양안:대만해협교류기금회(1991.2), 중국해협양안관계협회(1991.12) 설립 (교류·협력 확대 및 제도화 목적)
양안 간 공식적 접촉 모색 시기 (1993~1999)	두 협회간 회담개시: '하나의 중국' 문제에 대해 각자 구두방식으로 표현한다고 합의 (92년 공통인식. 九二共識) 1996.3 리덩후이 대만총통 재선(對중국 평화공세 및 실용외교) 리총통 1996.6 미국 방문(장쩌민 주석 對대만 강경 선회) 1998.10 대만협회장 방중 및 장주석 예방 1999.7 리총통의 양국론(兩國論) 발언으로 긴장과 이완 반복
'대만독립'의 긴장국면과 실질적 교류 확대시기 (2000~2008)	2000.3 민진당 천수이벤(陳水扁) 대만총통 취임: 四不一沒有(무력침공 없으면 독립선언도 없다 外) 천명 2002.8 一邊一國論(양안 각측은 각각의 국가) 발표 후 양안관계 긴장 국면 2005.3 대만 독립 감행시 무력사용 법제화 '반국가분열법' 중국 전인대 통과 2005.5 和平之旅(평화의 여행). 최초로 국민당 롄잔 주석 중국 방문 2007.3 4要1沒有(국호 변경 外) 독립노선 발표
양안관계의 경제·사회적 통합 강화시기 (2008~2015)	2008.5 국민당 마잉주(馬英九) 대만총통 취임: 3不과 3通 정책으로 對중국 관계 개선 피력 양안: '先화해협력·後통일논의'에 공감, 2008년부터 고위급 회담 개최 및 경제 협력 심화·확대 2010.6 실질적 FTA인 중국·대만 ECFA 체결 2015.11 분단 66년 만에 시진핑 주석과 마총통간 양안 정상회담 (92년 공통인식 재확인 및 양안간 핫라인 개설)
양안관계 진전의 속도조절시기 (2016~현재)	2016.1 민진당 차이잉원(蔡英文) 대만총통 취임: 1992년 양안 회담은 역사적 사실이며 중화민국헌법, 양안인민관례조례 및 관련 법률을 근거로 양안사무를 처리한다고 언급 2020.5. 차이잉원 재선 전까지 긴장국면 조성

자료: 김동하 외(2019), 『차이나 키워드 100』, 시사중국어사. 205쪽.

[사진 4-4] 2015년 11월 7일, 싱가포르에서 만난 시진핑 국가주석과 마잉지우 총통

주: 현직 양안 정상 간의 만남은 1949년 중국 성립 이후 첫 번째임.
자료: 新华网 (2015.11.7.) www.xinhuanet.com/politics/2015-11/07/c_1117071846.htm (검색일: 2021.1)

대만은 2008년 5월 신정부 출범을 계기로 과거 8년 간 민진당의 반(反)중국 정권을 접고 중국과의 우호적 관계 구축에 주력하려는 정치 노선으로 전향하였다. 이에 따라 중국과의 관계 개선이 급물살을 타며, 대만 정부는 중국과의 관계 개선을 위해 대만 독립과 같은 정치적으로 민감한 화제에 대한 언급은 지양하고 양안 간의 실질적 협력관계를 강화할 수 있는 경제 분야에 주력하고 있다.

이러한 정치 방침의 일환으로 양안은 반기마다 양안 회담을 개최하며 양안 경제협력 강화에 힘쓴 결과, 2008년 11월부터는 전면적인 양안삼통(경제, 우편, 항공해운의 자유로운 왕래) 을 실시하게 되었으며, 2010년 6월 29일에는 보다 진일보한 경협체제인 양안 경제협력 기본협정(ECFA. Economic Cooperation Framwork Agreement)이 체결되어 양안 자유무역화가 진행되고 있다. 2012년 1월 1일부터는 ECFA 조기자유화 품목의 95%가 무관세

혜택을 받고 있다. 또한 2012년 8월 양안투자보장협정이 체결되어 양안간 건전한 투자 환경 조성에 기여할 것으로 평가받고 있다.

그러나 2016년 민진당이 정권을 탈환하면서 양안 관계의 정세는 악화되고 있다. 중국은 다시 대만의 외교적 고립을 추진하고 있으며, 양안 관계에 대한 외부의 정치적 이슈화에 대해서도 내정 불간섭을 천명하고 있다. 또한 차이잉원(2015년 5월. 대만 14대 총통 당선. 2020년 5월 15대 총통에 재선) 정부의 '탈중국화' 정책에도 우려를 표명하고 있으며, 양안간의 경제교류와 인적교류, 특히 중국인의 대만행 관광에 대한 통제를 통해 대만을 압박하고 있다. 특히 친대만 정책을 확대해온 미국 트럼프 행정부의 출범으로 최근 양안 관계는 악화된 상태이다.

2. 양안 경제 관계

1) 양안 경제 교류

ECFA 조기자유화 프로그램 도입으로 대만은 539개, 중국은 267개 항목에 대하여 2011년부터 3년간 단계적으로 관세를 폐지하게 되며, 대만은 실시 2년째인 2012년에 이미 조기자유화 품목의 95%가 무관세화됨에 따라 2012년 이들 품목의 對中 수출액은 전년대비 12% 증가한 약 231억 달러에 달할 것으로 전망되고 있다.

양안간 경제 협력 외에도 관광 및 문화 교류 또한 활발해지고 있어 대만은 2008년 중국 단체여행객의 대만관광을 허용한데 이어, 2011년 6월부터 시범적으로 중국 베이징, 상하이, 샤먼 등 3개 도시의 주민들에게 대만 자유여행을 개방하였다. 그 후 점차 더 많은 중국 도시로까지 개방되어 총 13개 도시의 중국 주민들의 대만행 자유여행이 가능하다(텐진, 충칭, 난징, 광저우, 항저우, 청두, 지난, 시안, 푸저우, 선전 등 13개 도시). 2024년 7월 현재, 대만행 자유여행 가능 도시는 47개로 늘어났다. 중국정부가 지정한 311개 여행사(프로그램)를 이용해야 하며, 반드시 미리 구매한 호텔과 왕복 항공권을 제시해야 한다. 또한 재정증명서(예금 5만 위안 혹 12.3만 위안 이상 연봉증명서) 제시가 필요하다. 현재 대만 자유여행 인원은 하루 최대 500명으로 제한되고 있으며, 대만 입국 후 체류 허용 기간은 3개월이다.

[표 4-13] 중국 자본의 對대만 투자 개방 현황

(단위: 개, 항목)

구분	1차 개방	2차 개방	3차 개방	1·2차 개방률	1-3차 개방률
개방시기	2009.6.30	2011.3.7	2012.3.30	-	-
제조업	64	25	204	42%	97%
서비스업	130	8	161	42%	51%
공공건설	11	9	43	24%	51%

자료: 대만 경제부(2014.6)

2012년부터 중국 9개 성시에서 대만인 명의로 요식업과 소매업 분야의 개인사업자등록이 가능해져 대만상인들이 중국인의 명의를 빌려 사업을 하는 등의 리스크가 감소하여 대만의 중소기업과 창업자들에게 상당한 도움이 될 것으로 예상된다.

대만 역시 중국자본의 대만 투자에 대한 규제를 점차 완화하고 있는 추세로 이미 3차에 걸쳐 대만 일부 분야의 제조업, 서비스업, 공공건설의 중국자본을 개방하였다. 특히 특히 2012년 3월 말 3차 개방시에는 제조업 100여개 분야가 추가로 개방되어 제조업 개방폭이 90%에 달하여 아직은 미미한 수준인 중국의 對 대만 투자가 점차 증가할 것으로 보인다.

2) 양안간 투자보장협정 체결

2012년 8월 9일 대만 타이베이에서 개최된 제8차 양안회담에서 대만의 해기회(海基會)와 중국의 해협회(海協會)는 '해협양안투자보장및촉진협의(海峽兩岸投資保障和促進協議, 이하 '투자보장협정')를 체결하였다. 투자보장협정은 경영권, 신변안전 등 양안 투자자들의 권익보장을 제도화하여 건전한 투자 환경을 조성하고 경제협력을 가속화하는데 기여할 것으로 평가된다. 양안 투자보장협정의 주요 내용 중 이슈가 되었던 부분은 다음과 같다.

- '투자자' 정의(定義) 부분에서는 제3국을 경유하여 투자한 투자자에게도 동일한 권익을 보장함. 이는 과거 대만의 대중국 직접투자가 금지되어 상당수 대만 기업이 제3국을 경유하여 중국에 투자하는 실정인데, 이번 투자보장협정 체결 내용 중 대만업체에 가장 큰 혜택을 주는 조항으로 분석된다.

- 대만 투자자의 신변안전 통보 시간에 관해서는 종전의 '48시간 이내 가족에게 통보'에서 '24시간 이내 통보'로 바뀜.
- 기업-정부간(P2G) 분쟁 발생시 협상(協商), 협조(協調), 협처(協處), 조정(調解), 사법(司法) 혹은 행정구제(行政救濟) 등 5가지 방식으로 진행. 기업간(P2P) 분쟁 해결 또한 투자보장협정에 포함

[표 4-14] 대만의 대중국 투자 현황

(단위: 억 달러, %)

연도	프로젝트		투자액	
	투자 건수 (건)	중국 전체중 비중(%)	실제 투자액 (억달러)	중국 전체중 비중(%)
2000	3,108	13.9	23.0	5.6
2001	4,214	16.1	29.8	6.4
2002	4,853	14.2	39.7	7.5
2003	4,495	10.9	33.8	6.3
2004	4,002	9.2	31.2	5.1
2005	3,907	8.8	21.6	3.6
2006	3,752	9.1	21.4	3.4
2007	3,299	8.7	17.7	2.4
2008	2,360	8.6	19.0	2.1
2009	2,555	-	18.8	-
2010	3,072	-	24.8	-
누계	83,133	-	520.2	5.0

자료: 국무원 대만판공실(www.gwytb.gov.cn 검색일자: 2014.7)

3) 대만 내 인민폐 업무 가능

대만과 중국은 2012년 양국은 미달러를 거치지 않고 대만달러와 위완화로 양측이 직접 거래할 수 있도록 하는 통화결제협정을 체결하였다. 이에 따라 중국은행 대만지점이 대만 내 위안화 업무 결제은행 역할을 맡게 된다.

2013년 2월부터 대만의 은행들은 전격적으로 인민폐 업무를 시작하였으며, 대만증권업계 또한 중국 진출 시 기존보다 완화된 규제를 적용받을 수 있게 되었다. 대만 재정부는

2013년 2월 21일부터 인민폐로도 통관 수속을 시행하며, 통관 환율은 대만은행(Bank of Taiwan)이 공고하는 당기 마감 환율에 의거한다고 발표하였다. 인민폐로 가격을 산정한 통관 수속은 대만 세관 역사상 최초이다.

과거에는 중국으로부터 수입하는 상품은 홍콩 달러나 미 달러로 통관 수속을 해야 하여 대만 업체들의 환차에 의한 원가 상승 부담이 있었는데 인민폐로 직접 통관 수속을 하게되어 외화 자본금 절감 효과를 거둘 수 있을 것으로 기대하고 있다.

제5절 대만의 화교 정책

1. 배경

대만의 화교 정책 기원은 청나라 말 해외에 있는 중국인들의 생명과 권리를 적극적으로 보호할 필요성이 제기되어 청 정부가 취한 조치와 손문(孫文)이 주도했던 1911년 신해혁명에서 화교들이 담당했던 역할에서 찾아 볼 수 있다.

이러한 이유로 청나라 말과 국민당 정부 초기에 내각 수준인 교무위원회에 의한 화교정책이 등장하게 되는데 속인주의(屬人主義) 원리와 혈통과 종족에 기초한 것이다. 사람에 대한 효력범위를 결정하는 법의 태도에는 속인주의와 속지주의(屬地主義)가 있다. 속인주의는 자국영역의 내외를 불문하고 국적을 기준으로 하여 모든 자국민에 대해 법을 적용하는 원칙이다. 반면, 속지주의는 자국민과 타국민을 불문하고 자국영역을 기준으로 하여 그 영역 내에 있는 모든 사람에 대하여 법을 적용하는 원칙이다.

1947년 12월, 국민당 정부는 국민대회에서 반포 제정한 <중화민국헌법>에서 '기본국책'으로 해외거주 교민을 지원하고 보호하며, 화교의 경제사업 발전을 지원·보호하기로 명시한 바 있다.

1949년 국민당 정부가 대만으로 후퇴한 이후, 국민당 정부의 화교정책은 정체되지 않고 본토 정부, 미국, 기타 주요국 내 화교 조직과 상호작용으로 역동적으로 변화했다. 장제스(蔣介石)는 손문의 화교정책을 광범위하게 확대하고, 화교 사회에 대한 영향력을 확대하기 위해 기구와 네트워크를 세계 각국에 만드는 전략을 펼쳤다.[9)]

---

9) 장제스(1887~1975): 본명 中正. 저장성 평화현 출생. 1906년 바오딩군관학교에 입학하고 다음해 일본으로 유학갔다. 중국혁명동맹회에 가입, 1911년 신해혁명에 참가 후, 1918년 쑨원 휘하에 들어가 군사 분야에서 활약했다. 1924년 황푸군관학교장, 1926년 국민혁명군 총사령에 취임하여 북벌을 개시한 후, 베이징(1928)을 점령하였다. 난징 국민당 정부 주석과 육·해·공군 총사령이 되어 1930년부터는 공산당 포위전을 수행하였다. 1936년 시안(西安)에서 장쉐량 군대에 감금을 당한 후, 1937년 국공(國共·국민당·공산당)합작으로 항일전을 개시하였다. 2차대전 종전후 1946년 다시 공산당과 내전을 개시하였다. 1949년 12월 패퇴하여 타이완으로 정부를 옮겨 중화민국 총통과 국민당 총재로서 타이완을 지배하였다. 1975년 4월, 그가 사망하자 권력은 아들 장경국

특히 국민당 정부가 타이완으로 패퇴한 이후 외교적 범위가 축소되었으며, 이를 화교를 활용하여 만회하려 하였다. 즉 화교 채널을 이용하여 미국, 일본, 동남아, 아프리카 등 여러 국가에서 외교적 경제적 지원을 도모하였으며, 그 결과 기존 화교들은 공산주의와 자본주의, 중국과 타이완 사이에서 선택을 강요받게 되었다.

1952년 국민당은 '화교관리지침'을 발표하여 '개선된 외교관계를 통해 화교들의 권리와 특권을 보호하고 중국 공산주의자와 소비에트에 대항하기 위해 화교 조직간의 협력을 촉진한다'라는 방침을 내세운 바 있다.

2. 중국의 등장에 따른 대만 화교정책 변화

1971년 10월, 중국에 의해 대만은 UN에서 축출되었다. 게다가 중국은 막대한 권한을 가진 UN 안전보장이사회 상임이사국 지위까지 획득했다. 그 결과, 대만의 외교력은 급격하게 훼손되었으며, 중국의 'One China Policy(하나의 중국 정책)' 때문에 이후 많은 나라들이 대만과 단교를 하고 중국과 수교를 하기 시작한다.

이에 따라 화교 사회에 대한 대만의 영향력 역시 급속하게 쇠퇴하게 된다. 이 시기 화교 사회에서 反국민당 활동이 일어나게 되었는데, 주로 화교 2~3세대를 중심으로 反국민당, 反대만 활동이 거셌다. 이는 대만의 화교업무가 주로 전통적인 화교 사회 혹은 소수의 화교기관에만 초점을 맞추고 진행되어 왔기에, 그동안 소외 되었다고 느껴온 비주류 화교 조직(기구)의 반작용인 셈이었다.

이러한 위기를 감지한 국민당은 1972년 장징궈가 행정원장에 부임하자 대만 출신 화교들의 대만 정치 참여 기회를 늘리는 등 변화를 시도하였다.[10] 그러나 국제무대에서 대만의 영향력 쇠퇴는 화교 사회에서도 증폭되고 있었다. 1984년에는 미국 내 화교사회에 대한 강압적인 관리와 통제를 통해 영향력을 확보하려 하였으나 오히려 부작용만을 나타내고 실패로 끝나고 말았다.

에게 계승되어 1988년까지 계속되었다.

10) 장징궈(蔣經國. 1910-1988). 아버지 장제스. 중산대학교 졸업. 1984~1988.1 제7대 타이완 총통. 1978.5~1984 제6대 타이완 총통. 1975.4~1988.1 타이완 국민당 중앙집행위원회 위원장.

기본적으로 중국은 1955년부터 화교에 대해서 단일 극적 정책을 견지하였다. 즉 현지국 국적이나 중국 국적 하나만을 취득하도록 요구하는 것으로, 이는 실질적으로 현지에 생활 기반을 두고 있는 화교들에게 현지국적 취득을 장려하는 정책 방향이었다. 이에 반해 대만은 '이중국적'을 허용하는 화교정책을 실시하였으나, 이는 현지국 정부의 반발을 일으켰다. 또한 현지 화교에 대한 영향력을 확보하려는 정치적 함의도 가지고 있었기에, 기존 화교 조직들의 불만도 표출되었다.[11]

지금도 대만은 출생시부터 대만 국적을 가진 사람은 선천적인 복수국적과 후천적인 복수국적을 모두 허용하고 있다. 다만 대만 국적법 제 9조에 의거, 외국인으로서 대만에 귀화한 자는 1년 이내에 반드시 원래 국적을 포기해야 하며, 그렇지 않으면 대만 국적 취득이 취소된다. 그리고 중국, 홍콩에서 대만으로 귀화는 이중국적이 인정되나, 그 반대는 안된다. 즉, 대만 국적자가 중국에 호적을 등록하고 중국 국적을 취득하면 '대륙거주주민'으로 분류되어 대만 호적과 여권을 말소시킨다. 또한 2016년 황안(黃安)사태 이후 대만 정부는 대만 국적자가 양안의 국적을 가지는 것을 금지하였다.[12]

마잉주 시대(2008~2016)의 화교 정책에서는 화교 업무의 양안간 갈등해소에 주력했다. 그는 양안 화교들에게 불필요한 대립 투쟁을 중단할 것을 호소하였다. 양안이 국제사회에서 서로 존중하고 협력하도록 했으며, 이러한 화교 정책이 양안 관계를 완화하는 동시에 화교들에게도 도움이 될 것으로 판단했다. 또한 화교들과 연계해 대만의 대외관계에 유리한 국제여론과 공간을 확보하는데 주력했다.

2016년 5월 20일 민진당 차이잉원(蔡英文)이 집권하면서 대만의 화교정책에서도 주목할 만한 변화가 있었다. '화교는 해외에서 가장 소중한 대만의 자산이다. 화교 업무 역시 전세계 화교들을 위해 서비스 하는 것이다. 화교 정책은 이념(중국과 대만)을 구분하지 않고, 일관성과 지속성을 가져야 한다' 라고 주장한 차이잉원 총통은 대만 화교 활동에 여러 차례 참가하였다. 이는 해외 화교들의 대만에 대한 지원을 확보하기 위해서이다.

---

11) 조정원(2009), 중국의 화교 정책에 대한 연구, 「민족연구」 37권, 149-153쪽.

12) 황안(黃安·53)은 트와이스 쯔위(周子瑜)가 대만 국기를 흔드는 장면을 찾아내 '대만 독립주의자'로 몰아세운 가수이다. 대만 신주현에서 태어나 중국으로 넘어가 활동하는 그는 '반(反) 대만독립 영웅'이라고 자처했다. 대만 연예계에서 퇴출된 뒤 1998년 중국으로 이주, 베이징에 주거지를 두고 중국과 대만을 오가며 방송활동을 펼쳤다. 중국 남방도시보(南方都市報)는 '모함꾼 황안이 양안의 정치적 상호신뢰를 파괴했고, 16살 소녀를 정치적으로 박해했다'라고 질타했다. (연합뉴스. 2016.1.18.)

2015년 9월, 차이 총통은 '신남향정책'을 추진할 것이라며, 과거 대만의 '남진정책'은 주로 대만 기업들이 동남아 국가에서 투자를 늘리도록 유도했다며, '신남향정책'은 ASEAN과 인도와의 관계 개선에 역점을 두고 있다. 이는 중국대륙에 대한 대만 경제의 의존도를 축소하려는데 그 배경이 있다. 이를 위해 ASEAN 및 인도와의 협력을 강화하며, 대만 내수시장을 더욱 개방하고 투자유치를 도모하고자 했다.

또한 차이잉원 정부는 해외 화교에 대한 중국어 교육을 대대적으로 실시하여, 화교들이 대만을 방문하여 중국어를 학습하는데 노력을 기울였다. 실제 2016년에만 타이완은 4,494명의 화교 학생을 받아 들였으며, 이는 전년도 대비 341명이 늘어난 규모이다. 또한 2016년에는 406명 화교 학생에 대해서 400.7만 대만달러의 지원금을 주기도 하였다.[13)]

1) 대만 화교 현황

대만에서 규정하는 '대만 화교'는 대만에서 해외로 이주한 중국인과 그 자손들을 의미한다. 대만교무위원회가 파악하고 있는 2023년 기준 '대만 화교' 규모는 208.5만명이다. 이는 같은 해 전세계 전체 화교(5,012만명)의 4.2% 수준이다. 또한 2023년 기준 대만 인구 2341만명의 8.9% 수준이다.

세계 전체 화교를 보면 아시아 지역에 가장 많이 분포 되어 있으나, '대만 화교'의 경우 미주 지역(미국, 캐나다 등)에 129.6만명이 있어 전세계 '대만 화교'의 62.2%가 집중되어 있다. 또한 미주 지역 전체 화교 중 '대만 화교' 비중은 12.8% 수준이다. 특히 미국에만 94.6만명이 거주하고 있다.

아시아 지역에 대만 화교는 65.9만명으로 전체 '대만 화교'의 31.6%가 아시아 지역에 있다. 그러나 전체 화교 수 중 아시아 지역 내 '대만 화교' 비중은 1.9%에 불과하다. 아시아 지역에서도 인도네시아(20.1만), 태국(14.5만), 베트남(7.2만) 등에 많은 '대만 화교'가 거주하고 있다. 유럽에 거주하고 있는 '대만 화교' 4.2만명 중 프랑스(1.2만)에 가장 많은 인구가 분포되어 있다. 그리고 호주(3.4만), 뉴질랜드(9천), 남아프리카 공화국(9천명) 등에도 '대만 화교'가 다수 분포되어 있다.

13) 郑文标·徐佳友·何高平(2018), 台湾侨情现状与大陆侨务对台政策分析,『华侨华人研究报告(2018)』,318-337쪽.

[표 4-15] 2023년 기준 전세계 화교 인구와 '대만 화교' 현황

(단위: 만명, %)

	전세계 화교 규모(A)	대만 화교 규모(B)	권역별 대만 화교 비중 (B/A)	대만 화교 비중 (C의 권역별%)
아시아	3,464	65.9	1.9%	31.61%
미주	1009	129.6	12.8%	62.16%
유럽	244	5.3	2.2%	2.54%
대양주	180	6.8	3.8%	3.26%
아프리카	115	0.9	0.8%	0.43%
합계	5,012	208.5 (C)	4.2%	100%

자료: 中華民國僑務委員會(2023), 「僑務統計年報2023」,

[표 4-16] 최근 대만 화교 현황 및 권역별 비중

(단위: 만명, %)

	전세계	아시아	미주	유럽	대양주	아프리카
2019	205	63.9	128.2	4.7	7.2	1
2020	204	61.6	129.2	4.9	7.4	1
2021	205	62.5	129.5	4.8	7.4	0.9
2022	208.4	64.7	130.1	5	7.8	0.9
2023	208.5	65.9	129.6	5.3	6.8	0.9
2023년도 비중	100%	31.61%	62.16%	2.54%	3.26%	0.43%

자료: 中華民國僑務委員會(2023), 「僑務統計年報2023」,

2) 대만 교무위원회

대만에서 화교 업무를 총괄하는 부서는 대만교무위원회(공식명칭은 중화민국 교무위원회. 中華民國僑務委員會. Overseas Community Affairs Council, Republic of China (Taiwan))이다. 1926년에 국민당 정부 산하에 설치되었으며 1932년에 행정원 소속으로 편제되어 중앙부처 기구가 되었다. 주요 업무는 화교를 위한 문화, 교육, 투자 서비스 업무를 수행하고 있으며, 대만과 외교관계를 맺지 못하고 있는 국가(지역)에서는 '교무서비스센터(華僑服務站)'를 통해 관련 증명서 발급 등 일부 영사업무를 수행하고 있다.

이후에 해외 화교의 교육을 위하여 1941년에는 '교민교육통신학교(僑民教育函授學校)'을

개설하여, 우편통신을 통하여 화교들에게 교육기회를 부여하였다. 1942년 4월에는 화교통신사(華僑通訊社)라는 통신사를 설치하여 전세계 화교를 대상으로 신문을 발행하기 시작했다.

1985년 미국 샌프란시스코에 화교문교서비스센터(華僑文教服務中心)를 설치한 이후 전세계17개 도시에 화교를 교육·문화 서비스를 위한 서비스센터를 보유하고 있다. 현재 대만 교무위원회는 전세계 55개 도시(국가)에 화교 서비스센터를 개설하고 있는데, 아시아 지역에는 한국, 일본, 태국, 필리핀, 말레이시아, 베트남, 인도네시아 등 10곳이 위치하고 있다.

[사진 4-5] 대만 교무위원회

자료: 대만교무위원회(www.ocac.gov.tw. 검색일자: 2017.7)

제 5장
홍콩

제1절 개황

1. 개황

아편전쟁(1840~1842)이 영국의 승리로 종결되면서, 1842년 난징조약에 따라 홍콩섬이 영국에 영구 할양되었다. 당시 홍콩섬은 인구 3,600명의 암석이 많은 조그마한 어촌에 불과했으며, 향나무가 많은 항구라 하여 香港(광동어로 홍콩)으로 불렸다. 1858년 영국의 동의 없이 ARROW호를 무단 수색한 사건과 영국영사 습격사건 발생을 빌미로 영국군이 구룡반도를 점령하였고, 1860년 베이징조약에 의해 구룡반도 남부지역도 영구 할양되게 된다.

[표 5-1] 홍콩 개황

행정구역명칭	중화인민공화국 홍콩특별행정구 ◦ 영문명: The Government of the Hong Kong Special Administrative Region of the People's Republic of China ◦ 중문명: 中華人民共和國 香港特別行政區
위 치	중국, 광동성 동남해안, 주강 입구 동쪽
면 적	1,104㎢(서울 1.8배) 홍콩섬, 구룡반도, 란타우섬으로 구분
기 후	아열대 몬순형 기후
인 구	751만 명(2019년말)
언 어	법정 언어: 중국어, 영어 사용 언어: 광동어(공용어), 표준 중국어(상용어), 영어(통용어) - 광동어 88.9%, 보통어 1.9%, 기타 중국방언 3.1%, 영어 4.3%, 기타 언어 1.9%
종 교	도교·불교(34%), 기독교(4%), 천주교(3%), 이슬람교(1%), 소수 종교(1%), 무교(57%)
성립일	1997년 7월 1일(홍콩특별행정구 성립일)
정부 형태	행정수반 책임제(중국과는 1국 2체제의 자치정부)
행정수반	행정장관: 李家超 (Lee Ka Chiu John)

자료: 홍콩정부웹사이트, 홍콩무역발전국(2024)

[표 5-2] 홍콩 개황

경제

GDP	3,855억 달러('23)
1인당 GDP	51,168달러('23)
화폐단위	Hong Kong Dollar(HK$)
회계연도	4. 1. ~ 3. 31.
산업구조	서비스업 93%, 제조업 6%, 농업 1%('22)
주요 수출품	금, 집적회로, 가스 터빈, 방송장비
주요 수입품	집적회로, 방송 장비, 사무기기, 전화기, 다이아몬드
주요 부존자원	심해항구, 장석
국제신인도	OECD 2등급, Moody's Aa3, Fitch AA-

국내경제

경제지표	단위	2020	2021	2022
GDP	억 달러	3,449	3,689	3,598
1인당 GDP	달러	46,446	49,842	48,154
경제성장률	%	-6.5	5.4	-3.5
재정수지/GDP	%	-9.2	0.0	-6.6
소비자물가상승률	%	0.3	1.6	1.9

대외거래

환율(달러당, 연중)	HK$	7.8	7.8	7.8
경상수지	백만 달러	24,125	43,659	37,909
경상수지/GDP	%	7.0	11.8	10.5
상품수지	백만 달러	-5,315	3,160	-5,702
상품수출	백만 달러	541,268	673,501	614,665
상품수입	백만 달러	546,583	670,341	620,367
외환보유액	백만 달러	491,628	496,734	423,904

자료: 한국수출입은행 해외경제연구소 국가별통합정보(2023)

영국이 중일전쟁(1894)이후 홍콩방위를 위한 토지 무상제공을 요구해 중국정부는 99년간(1898~1997) 구룡 북부와 신계지역 등 235개 섬에 대해 시한부 조차권을 제공했다.[1]

이후 홍콩은 공산당의 신중국 탄생에도 자유시장경제체제가 장점으로 부각되어 무역, 금융 중심의 현대화 된 도시국가로 발전하게 된다. 1941년부터 1945년까지 약 3년 8개월 동안 일본이 점령한 바 있으며, 1946년 영국 직할 통치시대가 재개 되었다. 1982년, 당시 대처 수상의 중국 방문을 계기로 영·중간에 홍콩의 장래를 위한 협상이 시작되었으며, 1984년 영구 할양지를 포함하여 홍콩을 중국에 반환하는 협정이 체결된다. 중국정부는 1997년부터 50년간 1국 2체제 유치하기로 결정하고, 홍콩특별행정구 지정 및 홍콩인에 의한 통치를 보장(港人港治)했다.

[그림 5-1] 홍콩 및 마카오 위치도

자료: 구글 지도 (2024.7)

1997년 7월 1일, 156년 식민통치시대를 종결하면서 홍콩은 중국으로 정식 반환되었고, 1국 2체제가 시작되었으며, 홍콩특별행정구 초대 행정장관으로 둥젠화(董建華)가 취임했다. 1국

1) KOTRA 해외비즈니스 정보포털(2013), www.globalwindow.org 국가정보-홍콩. (검색일자: 2013.7.4)

가 2체제는 중국 소속의 홍콩이 사회주의를 유지하는 본토와 달리, 민주주의에 의한 자치를 허용한 것을 의미한다. 홍콩 반환 이후 국방과 외교만을 중국 중앙정부가 관장하나, 실제로는 홍콩정부의 자치범위가 넓다. 1997년 6월 20일, 중국정부는 1997년 7월 1일 이후에도 홍콩특별행정구 정부가 이행하게 될 국제협약 214개를 추인하고 그 리스트를 UN에 정식 통보했다. (127개 조약은 중국과 홍콩이 동시 가입한 조약이며 87개 조약은 홍콩만 가입). 홍콩이 가입해있는 주요 국제기구는 WTO, UNCTAD, IMF, World Bank, ESCAP, OECD(옵저버), APEC, APS, ADB 등이다. 2007년 선거를 통해 재임된 도날드 창(曾蔭權)이나 2012년 선거에 승리한 홍콩의 4대 행정장관인 렁춘잉(梁振英. 2012.7~2017.6)을 지지한 선거인단의 상당수가 중국에 의해 지정된 인원이라는 점은 홍콩과 중국의 정치적 친밀도가 높아지고 있음을 보여준다.

[표 5-3] 홍콩특별행정구의 주요 경제지표 (2023년)

GDP	산업구조			1인당 GDP (US$)
	1차산업	2차산업	3차산업	
3,855억달러	1	6	93	51,168
인구(만명)	수출액(백만$)	수입액(백만$)	외환보유(백만$)	중국 평균 1인당GDP 대비
750.3	614,665	620,367	423,904	403.4% (85,310元. U$12,683)
주요 수출 대상지역	중국 본토(56.7%), ASEAN(7.9%), EU(6.9%), 미국(6.5%), 인도(3.8%), 대만(3.4%), 일본(2.3%)			
주요 수출 품목	전자제품(72.5%), 귀금속(1.6%), 의류(1.2%), 시계류(1.2%), 식품(1.2%) 등			

자료: 한국수출입은행(2023),「2024 세계국가편람」, 주홍콩대한민국총영사관 (https://overseas.mofa.go.kr/hk-ko/index.do)

1) 아편전쟁과 홍콩 탄생의 배경

홍콩은 중국 남단에 위치한 살아 숨 쉬는 현대 세계사 현장이다. 홍콩의 면적은 서울의 1.8배이지만 인구밀도는 6,516명/㎢으로 서울(16,492명/㎢)보다 여유롭다. 하지만 거주지가 한정적이어서 체감적으로 복잡하다. Hong Kong은 향항(香港)의 광동어 발음을 영어로 표기한 것이다. 홍콩의 중국 표준어는 샹깡(Xiang Gang)이다. 한자처럼 향기로운 항구라는 이름을 얻게 된 것은 이곳이 향료의 수출 항구였기 때문이다.

홍콩 지역은 동진 시대(331년)부터 동완군 보안현(東莞郡 寶安縣)에 속해 있었다. 명조에 이르러 신안현으로 분리되었고, 영국 식민지 직전 청대 홍콩의 행정구역은 광주부 신안현(廣州府 新安縣) 관할이었다. 지금은 중국 IT산업의 메카가 된 동관시(東莞市), 즉 옛 동완군이 홍콩의 명칭과 관계가 있다. 동관시는 홍콩과 90㎞ 거리이다.

동관시에는 완향수(莞香树)라는 나무가 있었는데, 목질에서 나오는 유기물이 수년간 침적되면 독특한 향기가 났다. 이를 침향(沉香)이라 하며, 향료 혹은 약재로 쓰였다. 침향은 다양한 향료를 만드는 기본 재료로도 쓰인다. 침향은 홍콩 반도 끝자락인 침사추이(尖沙咀) 부두로 옮겨져, 광저우, 베이징으로 운반되었다. 이런 연유로 향료는 운반하는 항구로 심사추이 주변 지역이 홍콩촌(香港村)으로 불렸고, 이것이 지금 홍콩 지명의 유래이다.

[사진 5-1] 임칙서(林則徐) 석상

자료: 홍콩역사박물관. 김동하 © 2017.

명대 중국은 관영 조공무역만을 허용하는 해금정책(海禁政策)을 취해 왔다. 따라서 외국과의 무역이 원활하지 못했다. 1685년(강희제 24년), 청나라는 해금정책을 폐지하고 자국 상민(商民)과 외국간 무역을 허용했고, 광저우, 닝보 등 4곳에 통상을 위한 세관을 설치했다. 문헌에 따르면 1689년에 영국 상선이 처음으로 광저우에 도착하였다. 점차 교역이 늘어나자 1715년 5월 영국은 동인도회사를 앞세워 광저우에 가장 먼저 상관(商館. 동인도회사

대리점)을 설치하고 중국과의 무역을 본격화 한다. 당시 광저우 세관은 영국 상관과 8조에 달하는 무역협정을 체결했다. 1728년에는 프랑스도 광저우에 상관을 세웠고, 미국 뉴욕을 출발한 첫번째 상선이 광저우에 도달한 해는 1784년(건륭 49년)이었다. 이후 청대는 서구 열강과 활발한 무역을 전개했다.

18세기부터 중국산 차(茶)와 비단이 영국으로 다량 수출되었다. 반면, 아직 농경사회에 머물러 있던 중국이 영국에서 수입할 제품은 그다지 많지 않았다. 아편전쟁(1차) 직후인 1842년 통계로는 청은 영국에서 면제품 등 상품 960만 달러어치를 수입했는데, 영국에 수출하는 상품은 차(1,500만$), 비단(920만$)을 비롯해서 2,570만 달러에 달했다. 차와 비단이 당시 영국인들 생활에 스며들었음을 알 수 있다.

늘어나는 무역적자를 영국은 아편으로 해소하려 했다. 영국 동인도회사는 인도 벵갈에서 대마를 재배해 만든 아편을 18세기 말부터 중국으로 수출했다. 청나라 부유층은 아편을 담배 형태로 소비했으며, 사교 목적의 연관(煙館)에서 아편을 흡연했다. 1890년에 이르러 아편 흡연자 수는 중국 인구의 10%인 4천만명에 달했다.[2)]

도광제는 임칙서(林則徐)를 특사(흠차대신)로 파견하여 아편거래를 막게 했다. 광저우에 도착한 임칙서는 1839년 6월 3일부터 20일간 2만 상자(1175톤) 아편을 호문(동관 虎門鎮[3)])에 모아 소금물에 넣고 석회를 부어 분해한 후, 주강에 내버렸다. 이러한 조치에 영국은 전쟁으로 대응했는데 이것이 '아편전쟁'이다.

1840년 6월, 4천여 명의 원정군이 광저우에 도착했다. 대포와 증기터빈으로 무장한 영국 함선 앞에 청나라 군대는 종이호랑이였다. 1841년 가을, 영국군은 닝보를, 1842년 6월에는 상하이를 점령하고 난징(南京)으로 진격했다. 결국 1842년 8월 영국 함대의 갑판에서 '난징조약'이 체결되었다. 조약 제3조는 다음과 같다. '중국은 광둥성 보안현 연안에 있는 홍콩섬을 영국에게 넘겨준다' 이것이 홍콩 탄생의 배경이다. 당시 홍콩섬은 인구 3,600명의 암석이 많은 어촌이었다.

이후에도 외침은 계속되었다. 영국의 동의 없이 ARROW호를 수색한 사건과 프랑스 선교사 처형 사건을 빌미로 2차 아편전쟁(1857~1860)이 일어났다. 이를 근거로 영국군은 홍콩

---

2) 박강(2010),『아편과 20세기 중국』, 선인.
3) 중국정부는 1972년 이곳을 소연지(销烟池. 아편소각연못)로 복원하여, 교육장소로 활용하고 있다.

남단인 구룡반도를 점령했다. 1860년 10월, 영국과 체결한 '베이징조약'으로 구룡반도 남부 지역도 할양되게 된다. 홍콩섬에서 시작했던 영국의 지배권이 선전강(深圳河) 경계까지 넓어지게 된다. 영국은 홍콩 대부분을 포함하는 지역을 신계(新界. New Territories)라고 명명하고, 262개 섬을 포함한 홍콩 대부분을 99년간 조차(租借)하는 '전척향항계지조례(展拓香港界址專條)'를 1898년 6월 9일에 북양대신 이홍장과 체결하게 된다. 이후 100년간 홍콩은 영국 식민지 역사를 시작하게 되었다.

2) 커우안(口岸)

중국 광동성 선전시와 홍콩특별행정구의 경계는 커우안(口岸)이라고 한다. 중국어로 커우안은 항만(Port)이며, 또 다른 뜻은 국경 혹은 무역지점에 설치된 통상항구이다. '커우안'은 홍콩과 선전이 갖는 특수성을 투영한다. 나라 간의 국경(border)이 아니므로, 국경을 뜻하는 중국어인 변경(邊境)을 쓰지 않는다. 중국 땅이 되었지만 중국인들은 홍콩을 자유롭게 갈 수 없다. 마치 다른 나라를 갈 때 비자를 받듯이 홍콩·마카오 왕래통행증(往來港澳通行證)이라는 별도의 증명서가 필요하다. 종류별로 다르지만 관광 목적의 중국인들은 1회 7일간 홍콩에 체류할 수 있다.

홍콩인들이 선전을 갈때는 '홍콩·마카오 동포 왕래 내륙통행증(港澳居民來往內地通行證)'을 발급받아야 하는데, 이 증명서는 2008년까지는 '홍콩·마카오 동포 귀향증'이라고 불렸다. 홍콩인들은 자신들의 새로운 조국인 '고향'에 가는 것이므로 체류 제한은 없으며 '귀향증' 유효기간(보통 10년) 동안 자유롭게 머물 수 있다.

홍콩과 선전 간을 왕래할 수 있는 커우안은 모두 8개가 있으며, 이중 2개는 유람선만 다닐 수 있는 항구이며, 3곳은 신선식품 및 공용차량 등 특수목적 차량만 통행할 수 있거나, 화물용으로 전문화되어 있다. 개인이 통행하는 대표적인 커우안은 3곳(로후·푸톈·황강)이다.

로후(羅湖)는 홍콩에서 선전 방향의 지하철 종점이며, 선전에서 홍콩방향 최종 지하철 역이기도 하다. 홍콩 로후 지하철 역을 나서면 바로 선전 로후 커우안으로 연결통로가 있으며, 이곳에서 필자는 중국 입국 수속을 거치고 도보로 홍콩과 선전을 경계 짓는 선전강 위의 다리를 건널 수 있었다.

[사진 5-2] 홍콩·마카오 왕래통행증

자료: 선전출입관리국 (검색일자: 2017.3)

[사진 5-3] 중국 선전 푸텐 커우안에서 바라본 철조망 바깥 쪽의 홍콩

자료: 김동하 © 2017.

2. 1국가 2체제

일국양제(一國兩制)는 '하나의 국가, 두 개의 제도(一个国家 , 两种制度)'의 약칭이다. 중국이 1980년대 이후 타이완과의 통일을 위한 방안으로 제시한 통일방침이 그 효시이다. 즉 통일된 하나의 중국이라는 대전제 하에 국가의 주체는 사회주의 제도를 견지하고, 홍콩· 마카오· 타이완은 기존의 자본주의 제도를 유지하면서 공존한다는 것이다.4)

1981년 당시 전국인민대표대회(전인대) 상무위원장이었던 예젠잉(叶剑英) 명의의 '타이완과의 평화적 통일 관련 9개항 방침정책'을 공포하였는데, 비록 '일국양제'를 직접 언급하지는 않았지만, 최초로 '특별행정구'라는 용어를 사용하고, 기존의 제도를 용인한다는 방침을 구체적으로 제안하는 내용을 담고 있었다. 예를 들면 동 '방침'의 3항에서는 '통일 후 타이완은 특별행정구로서 고도의 자치권을 누리게 될 것이며, 독자적인 군대를 보유할 수 있다. 중앙정부는 타이완의 지방업무에 간여하지 않을 것이다.' 라고 명시하고 있다. 이러한 예젠잉의 제안은 사실상 하나의 국가, 두 개의 제도라는 개념으로 요약할 수 있을 것이다.

1982년에 덩샤오핑은 이 방침을 평가하면서, '양제란 두 개의 제도를 허용하는 것으로 대륙의 사회주의와 홍콩과 타이완의 자본주의가 공존하는 것을 말한다'라고 처음으로 일국양제의 개념을 명확하게 언급하였다. 이 방침은 1982년말 <헌법> 개정을 통해 법제화 되었다. 1982년 12월 제5차 전인대 제8차 회의에서 개정 통과된 <헌법> 제31조에서는 '국가는 필요할 경우 특별행정구를 설치하며, 이 지역 내에서 시행되는 제도는 전국인민대표대회에서 구체적인 법률로 정한다'고 규정한 것이다. 이에 따라 '일국양제'에 의해 탄생된 '특별행정구'는 외교와 국방업무를 제외한 고도의 자치권을 갇게 된다. 또한 행정관리권, 입법권, 독립적인 사법권과 종심권(終審權)을 행사할 수 있게 되었다.

이러한 일국양제에 대한 법률적 정의와 중국 최고지도자의 유권 해석은 추후 홍콩과 마카오 반환에 따라 설치된 특별행정구에서 그대로 적용되어 법률적 근거를 가지고 실제로 운영되게 된다.

홍콩 반환을 위한 협상 과정을 살펴보면 다음과 같다. 먼저 첫 번째 단계로 1982년 9월, 영국 대처(Margaret Hilda Thatcher. 1925-2013) 수상이 중국을 방문하면서 중국과 영국

4) 윤영덕(2007), 중국의 일국양제(一國兩制)와 경제특구 선전, 「아시아연구」 10권 1호, 77-105쪽.

간에 홍콩 반환문제에 대한 협상이 시작되었으며, 1983년 6월까지 반환 원칙과 절차에 대해서 양국은 협상을 진행하였다. 두 번째 단계로 1983년 7월부터 1984년 9월까지 양국은 구체적이고 실질적인 문제에 대해 22차례 협상을 진행한 바 있다.

1982년 9월 22일부터 9월 24일간 중국을 방문한 영국 대처 수상은 자오즈양 총리 및 덩샤오핑 등과 홍콩 반환 문제에 대한 회담을 개최하였으며, 회담 직후 중국정부는 중국이 홍콩의 주권을 회복한 후 '홍콩특별행정구'를 설치하고 홍콩 지역의 중국인에 의한 홍콩의 관리, 현행 사회· 경제 제도와 생활방식의 불변 등을 포함한 특수한 정책을 시행할 것을 처음으로 천명했다. 중국의 '일국양제' 구상이 처음으로 실현되는 순간이었다.

이후 2년간의 협상 과정을 거쳐 양국은 1984년 12월 19일, 홍콩 반환에 따른 중영 공동성명을 조인하였다. 동 공동성명에서 중영 양국은 홍콩 반환이후 50년간 '일국양제'를 견지하기로 합의한 것이다. 이후 전국인민대표회의(우리의 국회)는 1990년 4월에 <홍콩특별행정구 기본법>을 제정하여 '일국양제'를 위한 최고 법률 근거를 통과시켰다. 동 '기본법' 제5조에도 '일국양제'는 향후 50년간 변하지 않는다고 명시되어 있다.[5)]

[그림 5-2] 홍콩특별행정구 깃발

주: 붉은 바탕에 홍콩 시화(市花)인 자형화(紫荊花, Bauhinia)가 새겨지고 그 안에 다섯 개 별이 있음. Bauhinia는 난초과 정원수로서 겨울에 꽃이 만발함. 홍콩을 상징하는 문양이며, 'Hong Kong orchid tree'라는 별명을 가지고 있음. 다섯 개의 노란색 별은 중국 오성홍기의 다섯 개 별에서 유래한 것으로 홍콩이 중국 영토임을 상징함.

5) 第五条 香港特别行政区不实行社会主义制度和政策，保持原有的资本主义制度和生活方式，五十年不变。

[사진 5-4] 홍콩 반환 기념식 (1997.7.1.)

자료: 中国共青团网 www.ccyl.org.cn (2009.9.3.)

제2절 홍콩의 정치·외교·사회 특징

1. 개요

홍콩은 중국의 홍콩특별행정구(Hong Kong Special Administrative Region)로서 중국과는 독립된 조직을 가지고 있다. 기본법에 따르면, 홍콩특별행정구는 중국 영토의 일부로 고도의 자치권을 향유하며, 1997년부터 50년 간 지속하도록 되어 있다. 토지와 자원은 홍콩특별행정구 정부가 그 운영권을 보유하며 기본법 해석 등에 관련된 중요 결정사항은 중국 전국인민대표대회 상무위원회에 보고, 승인을 받는다. 홍콩 정치제도의 기본적인 구조는 행정장관을 정점으로 하는 행정회의와 주요정부기구, 입법기능을 가진 입법회, 그리고 각급 법원으로 구성된 사법기구로 이루어져 있다.

3부는 행정부, 입법부, 사법부로 구성된다. 행정부의 대표는 행정수반(Chief Executive) 즉 홍콩특별행정구의 최고 책임자로 임기는 5년 이며, 1차 연임이 가능하다. 1200명으로 구성되는 선거인단에 의해 간접선거로 선출되나, 대부분 친중국 성향의 정치가가 선출되는 경우가 많다. 행정기관은 政務司, 財政司, 律政司 밑에 12개 국(局)과 3개 서(署)로 구성되어 있다. 입법부의 의원은 70명으로 임기 4년(지역 직선 35명, 직능 간선 30명, 직능 직선 5명)으로 선출되며, 친중국계가 우세하다. 사법부는 지방법원, 고등법원, 종심법원(대법원)의 3심제로 운영되며, 그 밖에 아동, 청소년 범죄를 심판하는 소년법원, 노사분쟁을 조정, 심판하는 노동법원 등 특수법원으로 운영된다.

2012년 3월 25일 치러진 차기 홍콩 행정장관 선거에서 렁춘잉(梁振英·58세)이 선거인단 1,200명의 유효표 1,132표 중 과반을 넘는 689표를 얻어 4대 행정장관에 당선됐다. 렁춘잉은 2012년 7월부터 임기를 시작했다. 당초 강력한 당선 후보로 점쳐지던 헨리 탕후보가 불법건축, 사생아 의혹 등 각종 스캔들에 휘말리며 지지율이 폭락하자 중국정부는 또 다른 친중국계 후보인 렁춘잉을 새로운 행정장관 후보로 낙점하고 지지한 것이다. 이에 민주파와 시민들은 친중국파인 렁춘잉의 당선으로 홍콩에 대한 중국의 영향력이 더 커질 것이라 우려하기도 하지만 홍콩이 중국정부에 귀속하는 것은 자연스럽다는 의견이 일반적이다.

'국민교육' 과목 도입에 대한 반대시위 여파로, 지난 2012년 9월 9일에 치러진 입법회(홍콩의 법률을 만드는 기관)의 투표율이 지난번 보다 8% 상승한 53%를 기록해 홍콩의 주권반환 이후 치른 선거 중 최고치를 기록 했다. 친중파 후보들이 총 70석의 과반수인 43석을 차치하였으나 안정적 정국운영을 위한 2/3 의석선인 47석 확보에는 실패했다. 이는 최근 홍콩내 '국민교육' 실시문제, 중국대륙인 유입증가로 인한 홍콩 내 주택난 등 문제, 지난 7.1 홍콩 신정부 출범을 전후한 중앙정부의 對홍콩개입이 증대한 것에 대한 홍콩시민들의 반정부 및 반중(反中)정서 등이 작용한 데 기인한 것으로 분석된다. 이로 인해 친중국계에 의한 일방적인 정국주도는 견제 가능하게 되었다.

홍콩 입법회 의원은 임기 4년의 총 70명으로서 아래 세가지 경로로 선출된다.

- 지역 직선 35석: 홍콩 전역 5개 구의 유권자 340명이 직접 뽑는다. (홍콩 섬구 7석, 구룡 서구 5석, 구룡 동구 5석, 신계 서구 9석, 신계 동구 9석)
- 직능 간선 30석: 업종 대표 (functional constituency) 약 24만 명이 뽑는다.
  (노동, 보험, 교육, 상업, 금융, 법률, 회계, 의료, 관광, 區의회(Ⅰ) 등 28개 직능분야)
- 區의회(Ⅱ)의원 직선 5석: 지역직선 유권자(1인2표) 및 일부 희망 직능별간선 유권자(1인1표)들이 후보 등록한 현직 區의회 의원들 중에서 선출한다.

2010년에 직능 직선 의원 5석 (區의회(Ⅱ)의원)을 늘리는 법안이 개정 되어, 2012년부터 일반 유권자들도 직능 의원을 직접 선출할 수 있게 되었다. 이는 홍콩 시민들의 민주화 요구에 의한 것이며, 홍콩 반환 10주년이 되는 2017년부터는 행정장관 직선제가 시행될 예정이었으나, 2022년 5월 8일 치러진 홍콩 행정장관 선거는 기존 간선제로 진행되었다.

2. 대외 관계

홍콩 기본법상, 외교업무는 중국 중앙정부의 관할 사항이다. 그러나 특정분야에서 특구 정부에 대해 독자적인 조약 체결권을 일괄 위임하는 한편, 기타사항에 대해서도 특구 정부가 비교적 독자적인 권한을 행사할 수 있도록 처리하고 있다. 중국 중앙정부는 외교부 주 홍콩대표부(주 홍콩 외교부특파원공서)를 설치, 기본법상 특구 정부에 위임되지 않는 일반 외교 사항을 처리한다.

홍콩정부는 전국인민대표대회(전인대, 全人大) 및 인민정치협상회의(정협, 政協)에 홍콩 대표를 파견하며, 중국의 전국인민대표대회 홍콩 대표는 36인, 인민정치협상회의 홍콩대표는 124인 규모이다.[6)]

홍콩정부는 국제기구 및 국제회의체 등에 참여하고 있다. 국가만이 참여할 수 있는 국제기구 및 국제회의체인 경우에는 중국정부 대표단의 일원으로 참가한다. 국가 이외의 행위자의 참가가 가능한 WTO, IMF, APEC, ADB, IOC 등 국제기구 및 국제회의체인 경우에는, '홍콩, 중국(Hong Kong, China)' 명의로 독자적으로 참여·활동한다. 이러한 맥락에서 아래 <표>에서처럼, 우리나라를 포함한 많은 국가와 국제기구들이 홍콩에 영사관과 대표처를 두고 있다.

홍콩정부는 중국 본토 및 외국에 사무소(辦事處, Office)를 설립· 운영중이다. 홍콩과 관계된 중앙정부의 정책, 법규, 출입국, 각종 민원사무 등의 홍콩-대륙간 업무연락을 담당하는 홍콩특구 주베이징사무소를 1999년 3월 4일에 가장 먼저 설치했다. 또한 홍콩-타이완간 경제·무역, 문화방면 교류협력 강화를 위한 홍콩특구 주타이완 경제무역문화사무소도 설치(2011.12.19)한 바 있다. 중국 본토 및 해외에 16개의 홍콩경제무역대표부(Hong Kong Economic and Trade Office)를 설치하고 있으며, HKETO(香港經濟貿易辦事處)는 해외에서 홍콩특별행정구를 대표하는 역할을 담당하고 있다.

홍콩 기본법상, 국방업무는 중국 중앙정부의 관할사항이다. 중국 인민해방군이 홍콩에 주둔하면서 국방을 담당한다. 단, 홍콩내 치안은 홍콩특구 정부가 담당하고 있다. 주홍콩 인민

6) 인민정치협상회의: 1949.9월「인민통일전선」조직으로 설립되어 건국(1949.10) 초기 임시 헌법에 해당하는「정협 공동강령」을 제정하는 등 의회 역할 대행. 1954년 전국인민대표대회(의회) 설립 이후, 정책자문기관 및 홍콩·마카오 접수, 대만 통일을 위한 통일전선 업무 협의체 기능을 수행하고 있음.

해방군은 육·해·공군으로 구성된 중국 국가중앙군사위원회(國家中央軍事委員會) 직속부대로 1997년 7월 1일부터 공식 주둔하고 있다. 홍콩 주둔군은 특구 정부가 중앙정부에 요청, 승인을 받은 경우에 한하여 특구 내 공공질서 유지 및 재난구조 활동에 참여가 가능하다. 주둔군 유지비는 중국 중앙정부에서 부담하며, 영리활동에 종사할 수 없다. 주둔부대원은 공무 이외의 경우에는 캠프 내 상주하고 있다.

[표 5-4] 홍콩주재 영사기구, 국제기구 현황 (2019년 기준)

총영사관 (62개)	앙골라, 아르헨티나, 오스트레일리아, 오스트리아, 방글라데시, 벨기에, 브라질, 브루나이, 캄보디아, 캐나다, 칠레, 콜롬비아, 체코, 북한, 이집트, 핀란드, 프랑스, 독일, 그리스, 인도, 인도네시아, 이란, 이스라엘, 이태리, 일본, 한국, 카자흐스탄, 쿠웨이트, 라오스, 말레이시아, 멕시코, 몽골, 미얀마, 네팔, 네덜란드, 뉴질랜드, 나이지리아, 파키스탄, 페루, 필리핀, 폴란드, 포르투갈, 루마니아, 러시아, 사우디아라비아, 싱가포르, 남아프리카, 스페인, 스웨덴, 스위스, 태국, 터키, 아랍에미리트, 영국, 미국, 바누아투, 베네주엘라, 베트남, 짐바브웨, 헝가리, 아일랜드, 카타르
홍콩이 독자적으로 참여하고 있는 국제기구 현황	Asia-Pacific Economic Cooperation /Asian Development Bank /Bank for International Settlements /Economic and Social Commission for Asia and the Pacific /Financial Action Task Force on Money Laundering /International Chamber of Commerce /International Confederation of Free Trade Unions /International Hydrographic Organization /International Monetary Fund /International Maritime Organization /Interpol /International Olympic Committee /International Organization for Standardization /Venerable Order of Saint John / Universal Postal Union / World Customs Organization / World Confederation of Labour /World Meteorological Organization /World Tourism Organization / World Trade Organization
주홍콩 국제기구 대표처 (6개)	EU(Head of Office of the European Union to Hong Kong and Macao), UNHCR(United Nations High Commissioner for Refugees Sub-Office), IMF(International Monetary Fund Hong Kong SAR Sub-Office), Hague Conference on Private International Law Asia Pacific Regional Office IFC(International Finance Corporation Regional Office for East Asia and Pacific and the World Bank Private Sector Development Office for East Asa and Pacifi) BIS(Bank for International Settlements Representative Office for Asia and the Pacific)

자료: 주홍콩 대한민국총영사관 (http://overseas.mofa.go.kr/hk-ko) 검색일: 2021.1.11

3. 홍콩특별행정구 기본법

1990년 4월 4일, 중국정부와 전국인민대표대회는 <홍콩특별행정구 기본법>을 제정했다. 홍콩특별행정구 기본법(The Basic Law of Hong Kong)은 홍콩 반환 후 사실상 홍콩의 헌법 역할을 한다. 영· 중공동선언(국제협정)과 동법에 의거, 홍콩의 체제 불변을 보장하고 있다. 또한 동법에서 기존의 정부 조직, 의회 및 사회제도 등도 불변을 원칙으로 하고 있어, 주권 이양 이후에도 홍콩의 법제, 생활방식이 보전되고 있다.

중국은 1997년 6월 30일, 자정을 기하여 홍콩에 대한 주권을 회복했다. 이후 동법은 항인치항(港人治港, Rule by Hong Kong People), 일국양제(一國兩制, One Country, Two Systems) 시행을 위한 정치적, 법적 근거가 된 것이다. 또한 1997년 7월 이후 홍콩특별행정구(Special Administrative Region:SAR)의 체제와 운영 골격 마련했고, 외교·국방을 제외한 분야에서 고도의 자치권을 향유 할 수 있었다. 동법에 따르면, 홍콩의 현행 자본주의 체제 및 생활양식은 주권 회복 후 50년간 불변하며, 그 기한은 2047년 6월 30일까지이다.

[표 5-5] 홍콩특별행정구 기본법 주요 내용

<table>
<tr><th colspan="2">일반 분야</th></tr>
<tr><td colspan="2">홍콩특별행정구(Hong Kong Special Administrative Region)는 중국의 일부
고도의 자치 및 행정·입법과 최종심을 포함한 독립된 사법권 향유
자본주의 체제와 생활양식 불변 및 사유재산권 보호
기존의 홍콩법령(보통법, 형평법, 입법의회 제정법률, 부수법령 및 관습법)은 계속 유효
국기, 국가, 국경일, 국가휘장, 영해법, 국적법 등 예외적으로 중국국법의 적용
독자적인 지역기와 지역 휘장 사용 가능</td></tr>
<tr><th colspan="2">중앙정부와 홍콩특구와의 관계</th></tr>
<tr><td colspan="2">중앙정부는 외교·국방을 책임 - 외교부는 홍콩에 사무소 설치 및 인민해방군 홍콩 주둔
특구행정수반(Chief Executive)은 중앙정부가 임명. 기본법의 개정권한은 중국 전인대가 보유
홍콩특구 제정 법률은 기록을 위해 전인대 상무위에 보고.
- 중앙정부 관련 사항으로 전인대 상무위가 기본법에 저촉된다고 판단하는 법률은 반려 및 무효
중앙정부 각 부처와 지방 각 성은 홍콩특구 업무에 불간섭, 홍콩 내 사무소 설치 시 홍콩특구의 동의와 중앙정부의 승인 필요. 중국인의 홍콩 입국 시 허가 필요 및 거주 목적 입국 제한
중앙정부 관련사항으로 기본법에 대한 최종 해석권은 전인대 상무위가 보유</td></tr>
<tr><th>재정·금융</th><td>재정은 독립운영하며, 재정수입의 중앙정부 불납부 및 중앙정부는 특구 내 불징세
독립된 조세제도 시행 및 현행 저세율 제도 유지.
독자적인 화폐·금융정책 수립. 홍콩달러는 법정화폐로서 계속 유통
외환관리제도 불실시 및 자본의 자유이동 보장</td></tr>
</table>

무역	자유무역정책 시행 및 법률로 규정된 것 이외에 불관세. 독자적인 관세지역 유지. 독자적인 원산지 증명 발급 가능
해운 민간항공	기존 해운운영 및 관리체제 유지. 선박·등기업무 수행 및 '중국, 홍콩' 명의 증명서류 발급 가능. 외국 군용 선박은 출입 시 중앙정부의 허가 필요. 기존 민항 관리제도 계속 시행 및 독자적인 항공기 등기체제 수립. 외국 국가 항공기의 특구 진입은 중앙정부의 허가 필요
교육·문화 체육·종교 노동	독자적인 교육정책 수립. 특구 이외의 지역에서 학문 추구의 자유. 종교 신앙의 자유 및 종교 활동 불제한. 독자적인 체육 정책 수립, 독자적인 사회 복지제도 유지, 독자적인 노동 법률 제정 및 정책 수립.
대외관계 (대외업무)	홍콩 정부의 대표는 중국 정부 대표단의 일원으로 홍콩특구와 관련된 외교교섭에 참여. 경제, 무역, 금융, 해운, 통신, 관광, 문화 및 체육등 분야에서 '중국·홍콩' 명칭 하에 외국 정부 및 관련 국제기구와 관계 유지 및 협정체결 가능. - 국가에 한정되지 않은 국제기구 및 회의에는 '중국·홍콩' 명칭으로 참가. 중국이 당사자가 아닌 국제협약은 홍콩에 기적용되던 국제협약으로 계속 적용. 홍콩특구 정부는 독자여권 발급. 외국 내 공식 또는 준공식 사무소 설립 가능. 중국과 외교관계를 맺고 있는 국가의 홍콩 내 기설립된 영사관 및 공식기관은 그대로 유지

자료: 주홍콩 대한민국총영사관 (http://overseas.mofa.go.kr/hk-ko) 검색일: 2021.1.11

4. 최근 사회 이슈

1) 일국일제 정치체제 관련, 항의시위

2012년 4월 1일에는 수천 명의 홍콩시민이 중련판(中聯辦, 홍콩 주재 중국 연락판공실)의 홍콩 행정장관 선거 개입에 항의하는 시위가 있었다. 수 천명의 시위대의 대부분은 대학생들로 공산당 당원으로 의심되는 후임 행정장관이 중련판을 의지해 '자리를 차지했다'며 비판의 목소리를 높였다. 시위대들은 렁춘잉의 행정장관 임명으로 홍콩의 특성을 인정해 준 '일국양제'가 아닌 중국과 유사한 '일국일제'가 가속화될 것이라고 우려하기도 한다.

2014년, 홍콩 정부는 직선제 등 정치개혁 관련 보고서를 중앙정부에 제출하고, 중국 전인대 상무위는 2014년 8월 31일에 직선제 관련 입후보자는 지명위원회에서 지명, 입후보자 지명시 지명위원회 과반수 지지, 입후보자 수 제한(2-3명) 등의 결정을 채택했다. 이에 홍콩 학생연합, 센트럴 점령운동 등 시민단체가 주축이 되어 상기 결정에 반발, 결정의 철회를 요구하는 홍콩 점령시위가 78일간(2014.9.28.~12.11. 최대 10만명 참여)간 발생한 적이 있다.

2020년 7월 31일, 캐리 람 행정수반은 홍콩 내 코로나19 확산을 방지하기 위하여 중국 중앙정부 지지 하에 긴급법을 발동하여 같은 해 9월에 실시 예정이었던 입법회 선거를 2021년 9월 5일로 1년 연기한다고 발표하였으며, 중국 전인대 상무위원회는 입법회의 임기를 1년 이상 더 연장하기로 결정했다. 야당에서는 선거를 예정대로 실시할 경우 친중 건제파(建制派)의 참패가 예상되어 연기한 것이라고 주장하고 있으며, 입법회 의원 선거 연기 등에 대한 항의 시위(2020.9.6.)로 290 여명이 체포되기도 했다.

2) 범죄인 인도조례 개정 반대 시위 발생(2019.6)

2018년 2월 17일에 발생한 찬퉁카이 살인 사건을 계기로 홍콩 정부가 2019년 초부터 범죄인 인도조례 개정안을 추진했다.[7] 홍콩정부의 범죄인 인도조례안 입법예고 직후, 재야단체인 민간인권진선(民間人權陣線)의 주도 하에 2019년 3월 31일, 첫 가두시위가 개최되었고, 이후 6월에도 경찰과 시위대의 첫 무력 충돌을 계기로 시민들의 반(反)경찰·반(反)중국 정서가 고조되며 폭력 시위가 본격적으로 확대되었다.

이에 캐리 람 행정수반이 범죄인 인도조례 개정안 추진 중단 발표(2019.6.15) 및 인도조례 개정안 공식 철회를 선언(2019.9.4)하였으나, 시민들은 5대 요구(시위대 석방, 행정수반 직선제 등)의 전면 수용을 주장하며 시위를 지속했다. 시위가 장기화·폭력화 되었으며, 경찰과 시위대의 갈등이 심화되어 시위대가 경찰이 쏜 실탄에 피격되고 중문대 및 이공대 점거 시위도 발생하게 된다.(2019.6.9.~12.8간 시위 1,097회, 검거자 6,000여명, 부상자 2,600명). 시위가 계속되는 가운데 치러진 구의원 선거(2019.11.24)에서는 범민주파가 전체 452석 가운데 (무소속 포함) 392석을 차지하며 압승한 바 있다.

3) 중국 중앙정부의 홍콩국가안전법 제정

1997년 홍콩 반환 이후 23년이 지났음에도 불구하고 <홍콩특별행정구 기본법> 제23조에 규정된 국가보안법이 미제정되었다. 2003년에는 국가보안법 제정을 시도했으나, 대규

---

7) 찬퉁카이 살인 사건: 홍콩인 찬퉁카이(陳同佳·20)는 2018년 2월 17일 대만 여행 중 여자친구를 살해하고 시신을 유기한 후 홍콩으로 도주하였으나, 속지주의를 택하고 있는 홍콩은 동 범죄를 처벌할 수 없을 뿐 아니라, 기존 범죄인 인도조례는 중국 및 중국의 영토(마카오, 대만)로는 범죄인을 인도할 수 없도록 규정되어 있어 범죄인 인도조례 개정을 추진했다.

모 시위 발생으로 좌절된 바 있다. 이에 중국 전인대는 2020년 5월 28일, 전인대 폐막일에 '홍콩 국가안전법' 제정을 의결하고, 6월 30일 전인대 상무위원회에서 만장일치로 동 법이 통과되었다(홍콩에서는 당일 공포·시행).[8)]

중국 중앙정부는 국가안전법 입법은 국가의 주권 사항으로, 중국 헌법 및 홍콩 기본법 규정에 따라 홍콩 특구의 국가안전 수호에 관한 법률제도 및 법 집행을 완비한 것으로 일국양제가 안정적으로 나아갈 수 있도록 확보하기 위함임을 강조했다. 홍콩 국가안전법 통과 직후, 민주진영 단체들이 자체 해산 및 활동 중단을 선언하고, 법 위반으로 시위대 및 언론사 사주 등이 체포되었다.

이에 미국 트럼프 대통령은 홍콩이 특별행정구로서 충분한 자치권을 보유하고 있지 않다고 지적하며 홍콩에 대한 특별대우 중단 또는 종료를 명령하는「홍콩 정상화에 관한 대통령 행정명령」을 발표(2020.7.14)하기에 이른다. 또한 미국 재무부는 홍콩 자치 훼손과 정치적 자유를 제한한 중국·홍콩의 전·현직 고위관료 11명에 대한 금융 제재 조치를 발표(2020.8.7)하고, 국무부는 미-홍콩 간 체결된 범죄인 인도, 수감자 이송, 선박운항 수입에 대한 면세 협정 등 3개의 양자 협정의 중단 또는 종료를 발표(2020.8.19)하기도 했다.

---

8) 홍콩국가안전법: 국가안전 관련 범죄 방지·처벌을 통해 국가안보수호, 홍콩번영과 안정유지, 홍콩주민들의 합법적 권익보장이 목적임. 범죄행위와 처벌, 관할권, 법률적용 및 절차, 홍콩주재 중국 국가안전 담당기관, 부칙 등 총6장 66조로 구성. 주홍콩 대한민국총영사관 (http://overseas.mofa.go.kr/hk-ko) [검색일: 2021.1.11.]

제3절 경제 현황

1. 홍콩 경제 및 교역 현황

1) 경제 특징

홍콩 통계청에 따르면, 홍콩 인구는 약 750만 9,200명(2020년 연중 기준)으로 전년비 0.02% 증가하였다. 성별 비율은 여성이 54.4%, 남성이 45.6%로 구성되어 있다. 홍콩은 출산율 감소 및 노년 인구 증가로 인구 노령화가 지속되고 있다. 2018년 기준 연령 중위값은 44.2세로 1986년 28.8세에서 많이 증가했다. 2019년 기준으로 홍콩 1인당 GDP는 38만 1,714 홍콩 달러(약 4만 8,938 미 달러)이며 개인 소비 지출 평균치는 196만 7,322 홍콩 달러(약 25만 4,834 미 달러)로 기록하였다.

홍콩 소매업은 2019년 민주화 운동과 2020년 코로나 19로 인하여 매출액이 지속 하락하였지만 2020년 하반기에 회복세를 보였다. 소매업 매출 연 성장률은 2020년 1분기의 -35%에서 3분기에는 -16.7%로 감소 폭이 줄었다. 2020년 10월 소매업 총 매출은 전년동월비 8.8% 하락하여 274억 홍콩 달러 (약 35.5억 미 달러)였다.

홍콩은 자체 생산할 수 있는 여건이 충족하지 않기 때문에 수입품에 의존하는 경향이 높다. 특히 식음료 품목은 수입품이 90%에 달한다. 이는 식음료 품목뿐 아니라 화장품, 약품, 생활용품, 의류 등 다양한 소비재에서 수입품 의존성향을 보이고 있다. 수입품이 높은 시장 점유율을 차지하고 있으며 홍콩 시민은 수입품에 대한 열린 마인드를 가지고 있다. 2020년 10월 기준으로 홍콩 대외(對外) 무역 수입액은 3천814억 홍콩 달러(약 494억 미 달러)였다.

홍콩은 중국인 관광객이 가장 많이 찾는 도시이며 유통시장 매출의 35%는 중국 본토 관광객들이 기여한다. 이는 11년 전과 비교했을 때 15% 상승한 것이다. 홍콩의 가장 큰 쇼핑 시즌은 성탄절(12월말), 여름(7월) 세일인데 최근에는 중국 본토의 노동절 황금주(5월 1일), 국경절(10월 1일), 광군제(11월 11일) 등이 새로운 소비 시즌으로 부상했다. 중국 본토 국경절은 최소 5일의 연휴가 있어서 홍콩을 방문하는 중국인 관광객이 많아 이 시즌에 브랜드들이 세일 행사를 통해 관광객의 이목을 끌기도 한다.

그러나 코로나19 영향으로 홍콩을 방문하는 여객 수는 매일 20만 명에서 2020년 12월 기준 매일 300명으로 대폭 하락한 바 있다. 코로나19로 인하여 홍콩 내의 소비 방식도 바뀌고 있다. 2020년 3월 Ipsos Media Atlas 의 홍콩 소비패턴 조사에 따르면 5,000명 응답자 중 61%는 전자상거래를 통해 쇼핑하는 습관이 있으며, 그중 4분의 3은 한 달에 최소 한 번 온라인 쇼핑을 한다고 밝혔다.

[표 5-6] 홍콩 주요 경제지표

지 표	2019년	2020년	2021년	2022년	2023년
인구(만명)	752	743	740	747	750
GDP(US$억)	3,647	3,431	3,677	3,601	3,835
실질GDP성장률	-1.70%	-6.50%	6.50%	-3.70%	3.2
1인당GDP(US$)	48,582	45,856	49,600	49,023	50,723
소비자물가지수	2.90%	0.30%	1.60%	1.90%	2.10%
실업률	2.90%	5.80%	5.20%	4.30%	2.90%
총수출(US$억)	5,114	5,035	6,360	5,810	5,356
재수출(US$억)	5,052	4,974	6,264	5,729	5,271
자체수출(US$억)	61	61	96	80	84
총수입(US$억)	5,661	5,474	6,805	6,317	5,955
총교역(US$억)	10,775	10,509	13,165	12,127	11,311
무역수지(US$억)	-547	-439	-445	-507	-599
외환보유고(US$억)	4,413	4,916	4,968	4,240	4,255

자료: 한국무역협회, 국가통계국, 홍콩정부통계처 www.censtatd.gov.hk (검색일자: 2024.8)

2) 홍콩의 무역 구조 특성

홍콩은 자체 제조업 생산 인프라가 거의 전무한 상태이다. 따라서 홍콩의 교역 구조는 전적으로 중국 대륙에서 상품을 수입하여, 이를 다시 재수출(환적수출. Re-Export)하는 구조를 띠고 있다.

2015년부터 2019년까지 홍콩의 전체 수출 중 재수출(환적수출) 비중은 98.7% 이상을 유지하고 있으며, 이에 따라 홍콩 자체생산 수출 비중은 1.2% 미만 수준이다. 그 결과, 홍콩의 상품무역 수지는 5천억 홍콩 달러 내외의 적자를 시현하고 있으나, 자유무역 중계항의 기능을 수행하고 있는 홍콩은 무역수지 보다는 재수출(환적수출)에 따른 중계 수익, 항만 인프라 이용료, 무역·통관 서비스 수수료 등으로 수익을 올리고 있다. 따라서 홍콩 무역의 경우, 무역수지 보다는 전체 교역액의 규모가 늘어날수록 무역 수익이 증대하는 구조이다.

[표 5-7] 홍콩의 상품무역 추이 및 구조

(단위: 억U$, %)

구분	2021년		2022년		2023년		2024년 1~3월	
	금액	증감률	금액	증감률	금액	증감률	금액	증감률
총수출	6,360	26.3	5,810	-8.6	5,356	-7.8	1,354	11.9
자체수출	96	57.1	80	-15.9	84	4.8	18	-14.1
재수출	6,264	25.9	5,729	-8.5	5,271	-8	1,336	12.4
재수출 비중	98.5%	-	98.6%	-	98.4%	-	98.7%	-
수입	6,805	24.3	6,317	-7.2	5,955	-5.7	1,461	8
총교역	13,165	25.3	12,127	-7.9	11,311	-6.7	2,815	9.9

자료: 홍콩 정부통계처 www.censtatd.gov.hk (검색일자: 2024.7)

글로벌 수요 부진과 중국 경제 회복 지연 등으로 홍콩의 2023년 총교역 규모는 6.7% 감소했으나, 2024년 1분기 들어 9.9% 증가세를 시현했다. 홍콩은 수입 대비 재수출 비중이 89%에 가까운 중계무역항으로, 총교역에서 중국이 46.2%를 차지해 對中 교역 의존도가 높다.

2023년 기준 상품 수출액은 전년비 7.8% 감소, 수입액은 5.7% 감소했다. 상품 교역은 수출입액 모두 2023년 10월부터 플러스로 전환되었는데, 2024년 1분기 누적 기준 수출은 11.9%(對中, 對美 수출 확대), 수입은 8.0% 증가했다. 국가별 추이를 보면, 전체 수출입에서 가장 큰 비중을 차지하는 교역 대상국은 중국으로, 2023년에는 전체 수출액의 55.5%, 수입액의 43.5.%를 차지하였으며, 2024년 1~3월 기준으로는 전체 수출액의 56.7%, 수입액의 43.3%를 차지했다.

2024년 1분기 기준 주요 10대 수출국 중 태국(38.8%), UAE(20.8%), 중국 본토(20.2%) 순으로 수출액이 전년동기비 크게 증가한 반면 네덜란드(-27.8%), 한국(-8%), 대만(-3.7%) 순으로 감소했다. 수입은 2024년 1분기 기준 주요 10대 수입국 중 인도(-11.6%), 말레이시아(-7.6%), 대만(-7.0%)을 제외한 국가로부터의 수입이 증가했으며, 한국(58.4%), 베트남(37.9%), 태국(19.6%) 등 10대 수입국으로부터의 수입은 크게 증가했다.

홍콩의 품목별 수출입 구조를 보면, 2023년 기준 전체 수출입에서 가장 큰 비중을 차지한 품목은 반도체로, 2023년에는 전체 수출액의 33.7%, 수입액의 30.9%를 차지했으며, 2024년 1~4월 기준 전체 수출액의 34%, 수입액의 31.5%를 차지했다. 이외에도 홍콩의 주요 수출입 품목으로는 전화기, 금, 컴퓨터 및 부품 등이 있다.

2024년 1~4월 기준 최대 수출 품목인 반도체에 대한 수출액은 689억 달러로 전년 동기비 19.9%로 증가했다. 다이아몬드(-1.8)를 제외한 모든 품목의 수출액이 증가했으며 특히 금(35.6%), 평판디스플레이 모듈(35.5%), 컴퓨터 및 부품(33.6%)의 수출액이 전년대비 증가했다. 수입은 2024년 1~4월 기준 다이아몬드(-18.1%), 신변장식용품(-9.6%), 반도체 디바이스(-2.5%)에 대한 수입액은 감소한 반면 금(22.4%), 반도체(15.5%), 석유와 역청유(14.8%) 수입액이 전년대비 증가했다.

[표 5-8] 홍콩의 주요 교역국 (2023년)

(단위: 백만U$, %)

순위	수출				수입			
	국가명	금액	비중	증감률	국가명	금액	비중	증감률
1	중국 본토	297,483	55.5	-9.7	중국 본토	259,271	43.5	-2.7
2	미국	34,933	6.5	-6.9	대만	67,424	11.3	-10.5
3	인도	21,413	4	-2.7	싱가포르	42,251	7.1	-17.3
4	대만	17,800	3.3	-9.9	한국	28,670	4.8	-22.8
5	베트남	14,343	2.7	-0.5	일본	28,397	4.8	-8.8
6	UAE	13,265	2.5	8.9	미국	25,604	4.3	-4.6
7	일본	10,820	2	-17.7	말레이시아	19,199	3.2	-15.3
8	네덜란드	9,933	1.9	-2.5	베트남	17,146	2.9	-7
9	마카오	9,685	1.8	24.9	태국	10,971	1.8	-8.6
10	한국	9,449	1.8	-9.5	필리핀	10,172	1.7	-15.7

자료: 홍콩무역발전국, KOTRA 해외시장정보 (2024.8)

2. 홍콩 시장 특성

1) 홍콩 경제의 성장 추이

1997년 주권 반환 이후 홍콩경제는 아시아 외환위기, 사스(SARS) 충격 등의 악재가 있었으나, 전반적으로 중국경제가 고속성장하는 과정에서 중국 투자와 수출입의 관문 역할을 하며 과실을 얻은 것으로 평가된다. 1997년 주권 반환 직후 해외 이민 및 자본유출이 증가하고, 아시아 외환위기 사태까지 겹치며 1998년(경제성장률 -5.3%)을 정점으로 경기침체 구간에 진입하였다가 이후 점진적 회복기를 거쳤다. 2003년 상반기에도 급성호흡기증후군(SARS)의 발발로 홍콩경제가 일시적으로 둔화(2003년 2분기 성장률 -0.5%)된 바 있다. 2003년 6월에는 중국과의 경제협력동반자협정(CEPA; Closer Economic Partnership Arrangement) 체결을 계기로 중국 본토 관광객이 증가하고, 홍콩 금융기관의 위안화 업무 취급이 허용되며 경기회복세에 진입했다(2003년 3.2% 성장). 2004~2007년 기간은 세계 주요 경제권과의 활발한 교역에 따른 수출 증대, 서비스산업 발전, 중국과의 협력강화 등 모멘텀에 힘입어 6~8% 경제성장을 시현한 바 있다.

2008년부터는 글로벌 금융위기 영향으로 경기침체를 경험하였으나 2009년 하반기 이후 회복세를 시현했으나, 중국경제의 성장률 하락과 대내외 악재 발생으로 2009년에는 마이너스 성장을 기록했다. 글로벌 금융위기로 2008-09년 파산기업이 급증(2008년 9월에만 1,152개 기업 파산)하고 실업률 증가와 부동산 시세 급락을 경험했다. 2010년, 2011년 각각 7.0%, 5.0%의 성장을 기록하는 등 중국경제의 급성장과 함께 홍콩 경제도 다시 활력을 얻었으나, 2012년 상반기 유로존 위기로 인한 세계적인 경기 침체 영향으로 성장 둔화되었다. 특히 동 시기 홍콩의 계층간 빈부격차는 최고 수준에 달해 홍콩 사회의 불안정 요인으로 작용하고 있다.

▶ 홍콩 지니계수: 2001년(0.525) → 2011년(0.537) → 2016년(0.539)

[표 5-9] 2022년 홍콩의 주요 통계

일반현황	- GDP : 3,634억 US$ - 1인당 GDP : 49,464 US$ 연 성장률 : -3.5% / 소비자물가상승률 : 1.9% / 실업률 : 4.3% 외환보유고 : 4,240억 US$ (연말 기준) - 재정유보금 : 8,904억 HK$ · 정부 수입 : 6,038억 HK$ (전년비 11.6% 감소) · 정부 지출 : 8,096억 HK$ (전년비 15.8% 증가) · 통합 수지 : 1,398억 HK$ 적자 산업구조('21년) : 서비스산업 93.7%, 건설 4.0%, 제조업 1.0%
대외경제	- 상품무역 총액 : 1조 2,127억 US$ (전년 대비 7.9% 감소) · 수출 : 5,810억 US$ (전년비 8.6% 감소) · 수입 : 6,317억 US$ (전년비 7.2% 감소) - 주요 수출 대상지역 · 중국 본토(56.7%), ASEAN(7.9%), EU(6.9%), 미국(6.5%), 인도(3.8%), 대만(3.4%), 일본(2.3%) - 주요 수출 품목 · 전자제품(72.5%), 귀금속(1.6%), 의류(1.2%), 시계류(1.2%), 식품(1.2%) 등
금융분야 주요통계	- Global Financial Centre Index 4위 (Z/Yen社 '22.9월 발표) - 세계 100대 은행 중 70개 이상 진출 주식시장 시가총액 : 4.57조 US$ ('21년 5.43조 US$) 상장기업 수 : 2,597개 ('21년 2,572개) 외국기업 지역본부 수 : 1,411개 ('21년 1,457개) 역외 위안화 예금규모 : RMB 9,817억 위안 (세계 1위)

자료: 주홍콩 대한민국총영사관 (http://overseas.mofa.go.kr/hk-ko) [검색일: 2024.8]

2010년 이후 미국의 경기 회복속도 둔화, 중국의 경제성장률 하락 등의 대외요인에 따라 홍콩의 경제도 저성장 국면으로 진입했다. 2018년 미중 무역분쟁, 2019년 시위 사태(민주화 운동), 2020년 COVID-19가 연이어 발생했고, 대외·대내 수요의 동반 감소로 2020년 1분기 성장률은 -8.9% 기록 → 2019년 3분기 이후 세 분기 연속 마이너스 성장률 시현으로 침체를 경험한 바 있다.

2023년 홍콩 경제는 리오프닝에 따른 관광산업 및 내수 회복에 힘입어 3.2%의 성장률을 기록하였다. 대외수요 회복 지연에 따른 상품 수출 둔화(-10.3%), 금융업을 제외한 여행, 운송업 등 전반적인 서비스 수출은 개선(21.2%)된 바 있다. 민간소비(7.3%), 투자(10.8%)는 증가했으나, 상품수출(-10.3%), 정부지출(-4.3%) 감소세를 시현했다. 2023년도 분기별 홍콩 상품수출 증감률을 보면 (Q1)-19.0%, (Q2)-15.1%, (Q3)-8.7%, (Q4)2.5% 수준을 나타냈다.

2024년도 1분기는 대외교역 여건 개선과 관광객 증가로 상품 및 서비스 수출과 민간소비 지표가 개선되며 2.7% 성장을 기록했다. 2024년 상반기 80개 대형 이벤트 개최를 통한 정부의 경제촉진 정책을 발표('24.2월)했으며, 2024년 1분기 관광객 수는 1,122만 명으로 전년 동기비 154.3% 증가했다. 또한 서비스수출(8.1%), 상품수출(6.7%), 민간소비(1%) 증가세 등이 2024년 1분기 성장을 견인한 것으로 나타났다.

2) 홍콩 경제 특징

첫 번째 홍콩 경제의 특징은 철저한 자유시장 경제체제라는 점을 들 수 있다. 시장질서에 기초한 무역·금융 등 서비스산업이 고도로 발달해 있으며, 민간기업의 경제활동 자유 및 외환의 자유이동이 보장되어 있다. 미국 헤리티지재단이 매년 평가하는 '경제자유도 지표(Index of Economic Freedom)'에서 홍콩은 26년간(1994~2019) 연속 1위를 차지한 바 있다. 2020년에는 싱가포르에게 1위 자리를 내주었다.

둘째는 단순하고 낮은 세율의 조세 체계를 들 수 있다. 홍콩에는 부가가치세, 관세가 없고, 금융소득(이자, 배당, 양도소득), 증여소득에 대해서도 비과세이다. 세관에서는 알콜농도 30% 이상의 주류, 담배, 연료유, 메틸알콜 등 4개 품목의 수입·생산에만 물품세(excise tax, 貨物稅)를 부과하며, 정책상 관리필요 품목 및 마약 등 수출입 금지품목만 엄격관리하고 있다. 또한 홍콩은 내외국인 및 내외국기업 구별 없이 홍콩에서 발생한 소득에 대해서만 조세 부과한다. 따라서 홍콩에 상주하는 기업·개인이라 하더라도, 외국·외부에서 발생한 소득에 대해서는 과세하지 않는다. 이는 수 많은 다국적기업의 아시아 본사, 해외투자은행 등이 홍콩을 찾는 이유 중 하나이다.

홍콩의 세수(稅收) 규모 기준 3대 세목(稅目)은 ① 법인세(Profits Tax), ② 개인소득세(Salaries Tax), ③ 인지세(Stamp Duty)이며, 2022-23 회계연도 기준 3대 세목의 합계는 총 세수의 89.9% 비중을 점유하고 있다.

[그림 5-3] 홍콩의 헤리티지재단 경제자유지수(2020년)

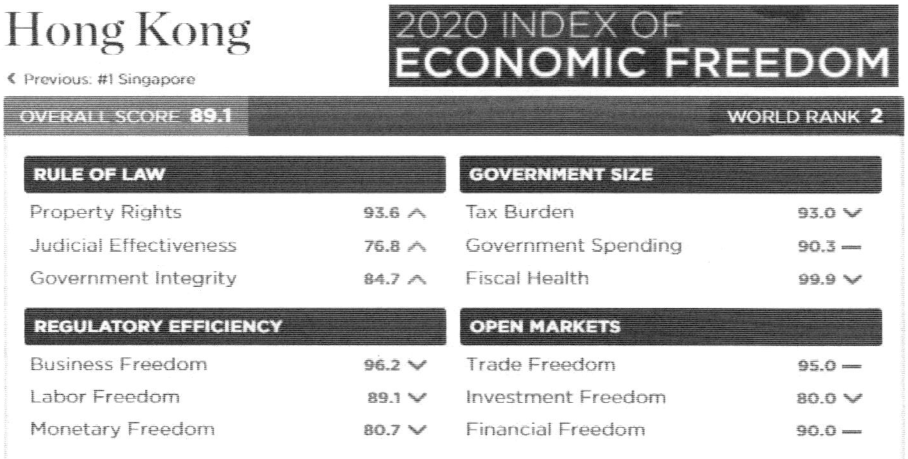

Hong Kong

< Previous: #1 Singapore

2020 INDEX OF ECONOMIC FREEDOM

OVERALL SCORE 89.1 — WORLD RANK 2

RULE OF LAW		GOVERNMENT SIZE	
Property Rights	93.6 ∧	Tax Burden	93.0 ∨
Judicial Effectiveness	76.8 ∧	Government Spending	90.3 —
Government Integrity	84.7 ∧	Fiscal Health	99.9 ∨
REGULATORY EFFICIENCY		**OPEN MARKETS**	
Business Freedom	96.2 ∨	Trade Freedom	95.0 —
Labor Freedom	89.1 ∨	Investment Freedom	80.0 ∨
Monetary Freedom	80.7 ∨	Financial Freedom	90.0 —

자료: 헤리티지재단 (www.heritage.org) (검색일자: 2021.1.22.)

세 번째 특징은 3차 산업 위주의 산업구조와 높은 대외의존도를 꼽을 수 있다. 1970년대 말 중국의 개혁개방으로 인해 주요 제조기반이 중국 본토로 이전했고, 그에 따라 서비스산업 비중이 93.7%(2021년 기준)에 달하는 구조로 변모했다. 서비스업 항목별로는 금융·보험(21.3%), 공공행정·사회서비스(20.5%), 수출입·도소매(19.4%), 부동산·전문서비스업(9.1%), 운수·창고(7.3%)가 차지하고 있고, 건설업(4.0%), 제조업(1.0%) 등이 차지하는 비중은 미미한 수준이다.

홍콩은 4대 서비스 산업(무역·물류, 금융, 전문서비스, 관광) 중심의 경제 구조로서, 그중 무역·물류업이 22.5%로 가장 큰 비중 차지한다. 2022년 기준으로 무역·물류(22.5%), 금융(22.4%), 전문서비스(11.0%), 관광(0.4%) 순이다. 제조업은 '90년대 이후 중국 본토로 대부분 이전하여, 전체 GDP 중 차지하는 비율이 1%에 불과하다. 또한 홍콩정부는 정책적으로 8대 신흥산업(문화·창의, 의료, 교육, 혁신기술, 검사·인증, 환경보호, 항공 및 운송, 스포츠)을 미래 전략산업으로 적극 육성 중이다. 2022년 기준 8개의 신흥 산업은 전체 GDP의 11.6%에 달하는 3,201억 홍콩달러(410억 미 달러)의 부가가치를 창출하고 있으며, 문화·창의 산업이 4.5%로 가장 높다.

홍콩 정부는 2009년부터 6대 전략산업 지정하여 지원하고 있다. 6대 전략산업은 ① 문화·창의산업, ② 의료산업, ③ 교육산업, ④ 혁신기술산업, ⑤ 검·인증산업, ⑥ 환경보호산업 등이다.

2022년도 상품 교역량이 GDP의 333% 수준(수출 160%, 수입 174%)으로 높은 대외의존도를 보이고 있다. 2022년도 수출액은 5,810억 US$, 수입액 6,317억 US$ 규모로, 총수출 중 재수출(Re-export)은 5,730억 달러로 98.6% 비중을 나타냈다. 홍콩의 중계무역 비중은 1970년대 30% ⇒ 1980년대 40% ⇒ 1990년대 85% ⇒ 2019년 88.8% 로 크게 높아져 왔다.

[그림 5-4] 웨강아오 대만구 위치도

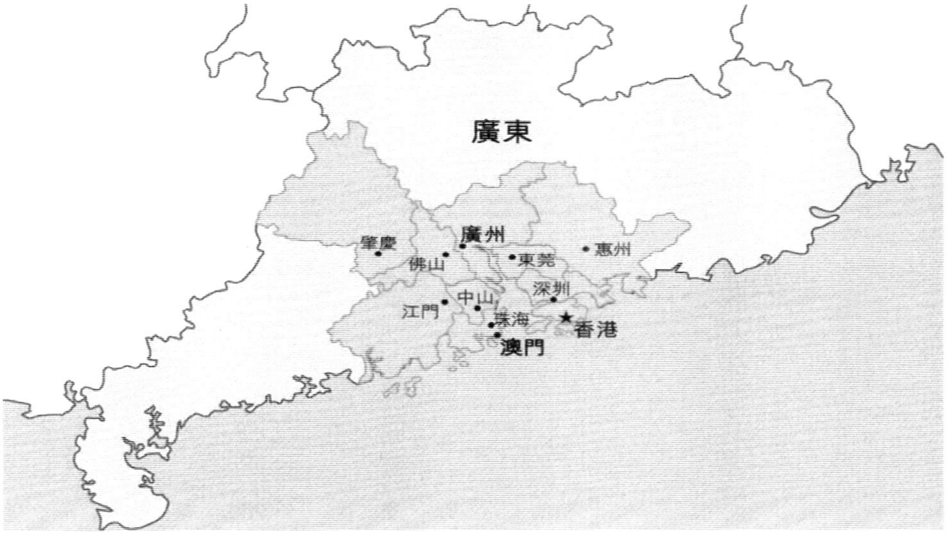

자료: 광동성 정부 홈 페이지 (www.gd.gov.cn) [검색일: 2019.1.4.]

네 번째 홍콩의 특징은 아시아의 국제금융중심이라는 점이다. 홍콩은 뉴욕, 런던에 이은 세계 3대 국제금융중심지 지위를 보유하고 있고, 對중국 투자를 위한 국제자금조달센터 역할도 담당하고 있다. 2019년말 기준 200개 은행이 홍콩에서 은행업을 영위하며, 세계 100대 은행 중 70개 은행이 홍콩에 진출하고 있다. 외환시장의 일평균거래량은 US$ 6,321억 달러(2019.4)로 세계 4위 수준이며, 주식시장 시가총액은 US$ 4.89조달러(2019년말)로 세계 6위 수준이다.

2004년부터는 중국정부의 지원 하에 역외 위안화 센터 육성을 추진하여, 현재 세계 최대 규모의 위안화 풀을 보유하고 있으며, 위안화 대출·자산관리 센터로 지속 발전하고 있다.

최근에는 중국정부의 적극적인 지원을 바탕으로 역외 위안화 중심으로서의 입지를 굳히고 있다. 2019년말 기준 위안화 예금규모 RMB 6,322억 위안 수준이다.

다섯째, 홍콩은 국제 비즈니스의 중심지이다. 2008년 글로벌 금융위기로 홍콩 내 외국기업의 활동이 다소 주춤했으나, 2010년 이후 외국기업의 홍콩지사 설립규모는 다시 증가하고 있다. 현재 홍콩 내 아시아지역본부(2019년말)는 1,541개사이다.

여섯째, 홍콩은 중국 본토와의 경제 통합을 가속화 하고 있다. 홍콩은 중국과 경제협력동반자협정(CEPA) 및 보충협의 체결, 웨강아오 대만구(大灣區) 개발계획 참여 등 중국 본토와의 경제통합을 가속화하는 추세이다. 2003년 6월에 중-홍콩 간 경제협력동반자협정(CEPA, Closer Economic Partnership Arrangement)을 체결하고, 매년 보충협정을 통해 경제 자유화의 범위와 폭을 확대해 왔다. 상품, 서비스 시장 개방에 초첨이 맞춰진 FTA와 달리 CEPA는 투자 증진, 경제·산업 협력 등 경제적 유대관계를 포함하고 있다.

웨강아오 대만구 발전계획은 홍콩이 가진 자유개방 경제체제에 광둥성의 개혁개방 경험을 더해 세계적 만구(灣區. Bay) 경제권으로 육성한다는 전략이다. 웨강아오 대만구는 기존 지역차원에서 추진되었던 주강삼각주(Pearl River Delta) 개발계획이 2017년 3월 이후 중앙정부 차원의 발전계획으로 업그레이드 된 것이다. 홍콩은 마카오, 광저우, 선전과 함께 지역발전의 주축인 '4개 중심도시'에 포함, 중앙정부로부터 향후 대만구 내 나머지 7개 도시의 발전을 견인하는 역할을 부여 받았다. 웨강아오 대만구 개발계획에서 홍콩의 역할은 역외 위안화업무 허브, 국제적 자산관리센터 기능, 국제법률 및 분쟁해결(중재)서비스 기능 등에 관련한 서비스 제공 및 역량 강화이다. 이와 관련하여, 홍콩에는 최근 주요 교통 인프라가 속속 개통되었는데, 2018년 10월 홍콩·마카오·광둥성 주하이를 연결하는 총연장 55㎞의 강주아오대교(港珠澳大桥)가 개통되었다. 또한 2018년 9월에는 광저우-선전-홍콩을 연결하는 광선강(广深港) 고속철도도 개통 되었다.

이외에도 홍콩의 대외교역에서 중국이 차지하는 비율이 매년 50%에 육박하며, 중국의 대홍콩 해외직접투자(FDI) 규모는 US$ 4,968억(2018년말 기준)으로 버진아일랜드 다음 2위를 차지하고 있다. 중국 인바운드 외국인직접투자(FDI)의 56.2%는 홍콩으로부터 유입되고(2020년 누적), 중국 아웃바운드 해외직접투자(ODI)의 55.6%는 홍콩이 목적지(2021년 누적)이다.

[표 5-10] 중국이 홍콩의 대외무역에서 차지하는 비중 추이

년 도	2016년	2017년	2018년	2019년	2020년	2021년	2022년
비 율	50.8%	50.2%	50.4%	50.8%	51.8%	52.5%	49.1%

주: 기타국가 비율은 EU 9%, 미국 7.6%, ASEAN 8%, 일본 6.4%, 대만 4.6%, 한국 2.7% 수준임.
자료: 주홍콩 대한민국총영사관 (http://overseas.mofa.go.kr/hk-ko) [검색일: 2024.8]

3) 강주아오 대교 완공

웨강아오 대만구는 가운데 바다를 끼고 동안(동관, 선전, 홍콩)과 서안(포산, 중산, 장먼, 주하이, 마카오)으로 나누어진 형태이다. 따라서 이들 지역 통합화의 가장 큰 걸림돌은 동과 서를 하나로 연결하는 교통·물류망 인프라며, 그 중심에 해상교량이 있다.

2009년 12월 15일 착공된 홍콩(香港)-주하이(珠海)-아오먼(澳門·마카오)을 Y자로 연결하는 세계 최장의 해상대교인 강주아오(港珠澳) 대교가 9년간의 공기를 마치고 2018년 10월 23일 개통되었다. 교량 총길이는 36.5㎞(주하이 해상교량 22.9㎞, 해저터널 6.7㎞, 홍콩 해상교량 6㎞)이며, 전구간 왕복 6차선으로, 최고시속 100㎞ 수준의 고속화 도로로 건설되었다. 웨강아오 대만구 조성에 필요한 가장 중추적인 교통망이 완성된 것이다.

강주아오 대교 개통으로 광동·홍콩·마카오 지역간 경제통합을 가속화하는 변화들이 지속적으로 발생하고 있다. 실제 홍콩-마카오-주하이 간 통행차량들에 대해 입출경 수속을 자유화(혹 간소화)하고, 이를 3곳 주민들에게까지 확대하자는 구상도 등장한 바 있다. 2018년 10월 24일부터 2019년 1월 31일까지 3개월간 강주아오 대교를 통한 입출경 인원은 316만명에 달했다. 2018년 12월 한 달 입출경 인원은 119만명으로 같은 달 마카오 입출경 전체 인원 수의 7%를 점유한 바 있다.[9)]

강주아오 대교의 개통으로 주강삼각주 서남지역(중산, 장먼, 주하이)에서 홍콩까지 이동시간이 기존 배편 3시간 내외에서 육로 30분-1시간으로 대폭 단축되었다. 강주아오 대교 개통으로 주강삼각주 서남지역의 생산기지로의 활용가치가 제고되어 투자 및 인프라 건설의 증가가 예상되며, 이는 동남지역(선전, 동관)과의 격차를 해소할 수 있을 것으로 기대하고 있다. 서남지역 활성화로 홍콩항의 물동량이 증가할 뿐 아니라 홍콩의 관광자원과 마카오

9) 강주아오대교 관리국 홈 페이지(www.hzmb.org) [검색일자: 2019.2.13.]

의 카지노 산업, 주하이의 테마파크 등이 하나의 여행권으로 통합되어 시너지 효과를 창출할 전망이다.

[그림 5-5] 강주아오대교 위치도

자료: 뉴시스 (2018.10.23)

제4절 중국-홍콩 CEPA

1. 개요

중국정부는 영국과 포르투갈에서 각각 주권이 반환된 홍콩(1997년 7월 1일)과 마카오(1999년 12월 20일)에 대해 '특별행정구(Special Administrative Region)'라는 독특한 지위를 부여했다. 특별행정구는 중국 본토와는 다른 체제, 즉 '1국가 2체제'(一国两制)를 의미한다. 동시에 홍콩인과 마카오인에 의한 통치 원칙 등 고도의 자치제가 유지되는 독특한 체제라고 할 수 있다.

국제적인 관심 속에 일국양제를 반드시 성공적으로 정착시켜야 하는 당면과제를 안고 있는 중국정부로서는 홍콩 및 마카오 경제의 지속적인 성장이 매우 중요할 것이다. 이에 중국정부는 최근 홍콩과 마카오에 대한 각종 지원 정책을 내놓고 있다. 특히 국제적인 금융, 비즈니스 및 물류의 중심지인 홍콩에 대한 중국정부의 지원 정책은 더욱 가속화하여 추진될 것으로 보인다.

그 중에서도 특히 중국-홍콩 및 중국-마카오 간에 체결된 '포괄적 경제동반자협정(CEPA; Closer Economic and Partnership Arrangement)'을 통해 더욱 적극적인 지원을 추진하고 있다. 반환직후 침체되었던 홍콩·마카오 경제를 살리기 위해 중국정부는 홍콩·마카오와 각각 CEPA를 체결함으로써 이들과의 경제적인 통합을 적극적으로 추진하고 있는 것이다.

이는 중국정부가 추진 중인 신(新)통상외교전략의 핵심인 지역무역협정(RTA: Regional Trade Agreement)의 측면에서 이루어지고 있다고 볼 수 있다. 중국 상무부 정책연구실은 2005년 7월 '지역경제협력 참여 전략'을 내용으로 하는 연구보고서를 발표하였다. 동 보고서에서 중국정부는 자유무역지대(Free Trade Area)를 중심으로 한 전 세계적인 지역협력체제에 적극 참여한다고 강조하였다. 또한, "주변국과의 협력, 시장개척, 주요 채널확보, 주요 자원·에너지 확보(面向大周边, 面向大市场, 面向主要门户和通道, 面向重要资源和能源)"의 원칙에 따라 전 세계적인 통상협력을 강화해야 한다고 밝히고 있다.

특히 동 보고서는 중국정부가 종합적인 고려를 통해 다차원적인 지역경제협력 네트워크를 안정적으로 구축해야 한다고 강조하고 있다. 동 보고서에서 밝히고 있는 구체적인 지역별 경제협력방안 가운데 홍콩·마카오와 관련된 사항은 다음과 같다. ASEAN과의 지역경제협력을 가속화하여 이를 중심으로 중국이 주도하는 아시아경제와의 전반적인 협력관계를 위한 환경을 마련한다. 특히, 2010년에는 미주 및 유럽지역과 대등한 동북아 중심의 지역경제협력지대를 형성한다. 또한, 홍콩, 마카오와의 보다 긴밀한 경제협력을 구축함으로써 '하나의 중국' 원칙을 제고한다. 우선적으로 중국-홍콩·마카오 등 '3개 경제권의 통일'을 실현하고, 이어서 중국과 대만간의 협력 방식 및 채널을 검토한다"고 하였다. 이처럼 중국-홍콩 및 마카오 간의 CEPA는 중국정부의 ≪지역경제협력 참여 전략≫의 측면에서 추진되고 있는 것이다.[10)]

2. 중국-홍콩 CEPA 체결 배경

외교·안보적 이해관계와 경제적 효과가 동시에 고려된 FTA사례로는 홍콩·마카오와의 CEPA를 들 수 있다. 중국이 FTA와 유사하지만 그 범위는 더 넓은 CEPA(Closer Economic Partnership Arrangement)를 홍콩·마카오와 체결했다. CEPA와 FTA의 가장 큰 차이는 CEPA가 대폭적인 서비스 무역개방을 포함하고 있다는 점이다. 중국이 홍콩과 CEPA를 체결한 1차적인 이유는 경제적 효과 때문이다. 즉 중국은 WTO 가입 후 시장개방을 확대해야만 하는 처지에서, 중국은 시장개방에 따른 부작용을 최소화 하기 위한 일환으로 시장개방 적응기를 설정하고 CEPA를 통해 홍콩을 파트너로 삼은 것이다. 중국은 서비스시장의 경쟁력이 매우 낮은 반면 홍콩은 서비스산업에서 경쟁력을 지니고 있기 때문에 최고의 협력파트너가 될 수 있다. 그러나 경제적 효과는 CEPA 체결의 일부분일 뿐 정치(외교)적인 맥락을 간과할 수 없다.

10) 서창배(2011), 중-홍콩/마카오 CEPA의 경제적 효과, 「중국학」 제40집, 389-414쪽.

홍콩은 중국이 주창해 온 '일국양제(一國兩制)'의 시험대였음에도 불구하고 1997년 중국 반환 후 홍콩경제는 심각한 디플레이션에 시달리는 가운데 중국에 대한 의존도는 더욱 심해지고 있었다. 이러한 경제의존 심화와 자생력 상실은 '일국양제'에 대한 반감만을 가져왔다. 따라서 CEPA는 중국이 '일국양제'에 대한 의구심을 해소하기 위해 홍콩경제의 돌파구를 중국이 제공하려는 의도가 기저에 깔려있다.

CEPA는 3단계로 나누어진다. 1단계의 경우 일반무역과 관련하여 2004년 1월 1일부터 홍콩의 대중국 대륙 수출품 273종에 대해 무관세를 적용하고 서비스무역과 관련하여 자본통신, 법률, 회계 등 16개 영역을 개방하며, 투자 합리화를 위해 투명화·표준화를 통해 무역 및 투자의 합리화를 추진한다. 2단계의 경우, 일반무역 분야에서 2005년 1월 1일부터 홍콩의 대중국대륙 무관세수출품을 713종으로 늘리고, 서비스무역에서 법률, 회계 등 11개 영역에 대한 홍콩기업의 시장가입허가조건을 더욱 완화한다. 3단계는 2005년 10월 체결한 보충협의로 일반무역분야에서 홍콩의 대중국대륙 무관세 수출품목을 1,369종으로 확대하고, 서비스무역과 관련하여 기존 10개 품목 진입조건을 더욱 완화하는 동시에 개방 영역을 23개로 확대했다.[11)]

3. 중-홍콩 CEPA 주요 내용

홍콩경제는 '중국 속의 홍콩'이라는 대전제 하에 중국과의 경제통합을 더욱 가속화하고 있다. 중국과 홍콩은 2003년 6월 29일 CEPA와 같은 해 9월 29일 CEPA 부속서를 체결하였다. 그 후, 2004년 10월 10일부터 2018년 12월 14일까지 총 12차례에 걸쳐 서비스 시장 개방을 중심으로 한 CEPA 보충협정(Supplementary Agreement)을 체결하였다.

중-홍콩 CEPA의 상품무역 관세철폐는 CEPA 2차 보충협정(CEPA-Ⅱ)에서 완결되어 모든 홍콩산 상품에 대해 무관세가 실현되었다. 즉 상품무역에 있어서 CEPA-Ⅱ가 발효된 2006년부터는 홍콩을 원산지로 하는 모든 대(對) 중국 수출품에 대하여 관세가 철폐되었

11) 송민근(2007), CEPA가 범주강삼각주지역 무역·투자에 미치는 영향, 「월간한중」 인천발전연구원(2007-4-1호), 2-4쪽.

다. 그 후, 보충협정에서는 서비스부문과 무역투자 원활화 조치에 대한 시장개방이 주로 다루어지고 있다. 이처럼 중국은 홍콩에게 더욱 폭넓은 서비스시장 개방과 인력이동 수준을 보장해 줌으로써 CEPA는 중국이 체결한 어떠한 무역자유화협정보다도 높은 수준의 서비스시장 개방을 보장하고 있다. 중-홍콩 CEPA의 보충협정별 주요 내용을 서비스시장 개방을 중심으로 살펴보면 다음과 같다.

2003년 6월 29일 체결된 CEPA는 6장 23조로 구성되어 있다. 주요 내용은 일국양제에 의거한 실시, WTO 협정에의 부합, 안정적이고 지속적인 공동 발전 및 번영 등 CEPA의 전반적인 원칙 및 사항들을 적시하고 있다. 특히 동 협정 제2조에서는 쉬운 것을 우선적으로 실시하고 어려운 부분을 나중에 추진한다는 원칙을 제시함으로써 추가적인 보충협정 체결을 처음부터 고려했다.

그 후, 1차 보충협정(CEPA-Ⅰ)은 2004년 10월 27일 체결되었으며, 총 18개 분야의 서비스시장 개방에 합의하였다. 대상 분야는 법률, 회계, 의료, 시청각, 건축, 다단계 판매(分销), 은행, 증권, 운송, 화물대행, 특허대리, 상표권대리, 공항서비스, 문화오락, 정보기술(IT: Information Technology), 직업소개, 인력중개, 전문 자격증시험 등을 중심으로 이루어졌다.

2005년 10월 18일 체결된 2차 보충협정(CEPA-Ⅱ)에서는 법률, 회계, 시청각, 건축, 다단계 판매, 은행, 관광, 운송, 자영업 등에 대한 추가 및 확대된 중국시장 개방에 합의하였다. 또한, 중국내 증권회사 및 선물회사(期货公司)의 홍콩내 지점 설립 등 금융 부문의 협력에 합의하였다. 3차 보충협정(CEPA-Ⅲ)에서는 법률, 건축, 정보기술, 컨벤션, 시청각, 다단계 판매, 관광, 운송, 자영업 등에 대한 중국 서비스시장의 개방을 확대하였다.

한편, 중-홍콩 간의 4차 보충협정(CEPA-Ⅳ)부터는 중국의 서비스시장이 더욱 확대되어 추가 개방되었다. 중국과 홍콩은 CEPA-Ⅳ을 통해 28개 서비스분야의 시장개방 추가 및 확대를 합의하였다. 그 중, 신규 개방된 분야는 11개 분야이고 기존 17개 분야는 확대 개방되었다. 주요 대상 분야는 법률, 의료, 컴퓨터 및 관련서비스, 부동산, 시장조사연구 및 경영자문서비스, 공공사업, 인력중개, 건물청소, 촬영, 인쇄, 번역 및 통역, 컨벤션, 통신, 시청각, 다단계 판매, 환경, 보험, 은행, 증권, 사회서비스, 관광, 문화오락, 스포츠, 해운, 항공운송, 내륙운송, 자영업 등이다.

2008년 7월 체결된 5차 보충협정(CEPA-Ⅴ)에서는 총 17개 서비스분야에 대한 추가 및 확대된 시장개방이 합의되었다. 그 중, 광산관련 서비스, 과학기술관련 자문서비스 등 2개 분야가 신규 개방되었다. 2009년 5월 체결된 6차 보충협정(CEPA-Ⅵ)에서 중국은 연구·개발(R&D), 철도운송 등 2개 신규 개방분야를 비롯하여 총 20개 서비스시장 분야를 확대 개방하였다. 가장 최근에 체결된 7차 보충협정(CEPA-Ⅶ)은 기술인증 및 제품인증(技术检验分析与货物检验), 전문디자인(专业设计) 등 신규 개방분야를 비롯하여 총 14개 서비스시장을 확대 개방하였다. 이로써 중국정부는 중-홍콩 CEPA 및 보충협정(Ⅰ~Ⅶ)을 통해 지금까지 총 44개 서비스산업을 개방하였다.

4. 홍콩의 CEPA에 따른 경제적 효과

1997년 홍콩의 중국 반환을 전후한 홍콩인들의 해외이민과 자본유출의 증가로 인해 홍콩경제는 극도로 위축되기 시작했다. 특히 전체산업의 92.3%를 차지할 정도로 서비스산업 비중이 높은 홍콩의 산업구조를 놓고 볼 때 대내외적인 불안 요인은 홍콩경제에 부정적으로 작용했다. 더욱이 반환 직후인 1998년 아시아 지역에 금융위기가 발생함으로써 홍콩경제를 더욱 위축시켰다. 그 해 홍콩경제는 전년비 11.1%pt 나 크게 하락한 -6.0%의 마이너스 성장률을 기록하였다. 그 후, 홍콩경제는 2000년 들어 8.0%라는 큰 폭의 경제성장률을 기록한 것을 제외하고 2001년 0.5%, 2002년 1.8%, 2003년 3.0% 등 비교적 낮은 성장률을 기록하였다.

이를 현지 화폐, 즉 홍콩 달러를 기준으로 하면 홍콩경제의 성장률 감소 추세는 더욱 심각한 상태였다. 1998년 홍콩경제는 전년비 16.3% 포인트나 크게 하락한 -5.3%의 마이너스 성장률을 기록하였고 1999년에도 -2.0%를 기록하였다. 그 후, 홍콩경제는 2000년(4.0%) 한 해를 제외하고 2001년 -1.4%, 2002년 -1.7%, 2003년 -3.3% 등 연속적인 마이너스 성장을 기록하였다.

이를 놓고, 선전, 광저우, 주하이 등 중국 남부 연해지역의 경제발전이 오히려 홍콩경제를 위축시키고, 이는 다시 남부 연해지역의 경제위축을 야기하는 부메랑 효과가 될 것이라는 우려가 제기되었다. 이에 중국정부는 홍콩경제의 부흥이 중국 본토의 경제성장에 도움이 된다는 생각에 홍콩에 대한 지원과 경제적 부흥을 위해 노력하기 시작한 것으로 풀이된다.

2004년 1월 1일 중-홍콩 CEPA의 발효로 시작된 중국과 홍콩경제의 통합은 홍콩경제의 회복 및 발전에 큰 영향을 미치고 있다. 이와 관련, 홍콩정부는 중·홍콩 CEPA 및 보충협정(Ⅰ~Ⅶ)에 따른 상품 및 서비스무역자유화와 개인관광방문(IVS; Individual Visit Scheme) 홍콩경제에 미친 연구결과를 2005년, 2007년 그리고 2010년 각각 발표하였다. 이를 중심으로 중국과의 CEPA가 홍콩경제에 미친 영향을 살펴보면 다음과 같다.

첫째, 홍콩은 포괄적 경제동반자협정(CEPA 및 보충협정 Ⅰ~Ⅶ)을 통해 중국과의 협력을 더욱 확대·강화하고 있다. 특히 상품무역의 경우, 홍콩을 원산지로 하는 모든 對中수출품의 관세가 2006년부터 철폐됨으로써 양자간 무역이 더욱 활발해지게 되었다. 또한 2011년부터는 중-홍콩 CEPA 및 보충협정에 따라 중국의 서비스시장 개방분야가 44개로 확대됨에 따라 홍콩기업들의 對中 비즈니스가 더욱 활발히 이루어지고 있다.

둘째, 중-홍콩 CEPA는 홍콩 관광산업의 발전에도 기여하고 있다. 개인관광 방문을 통해 홍콩을 찾은 중국인의 수는 2004년 426만 명에서 2009년 1,059만 명으로 크게 증가함으로써 2010년 3월 말까지 누계기준으로 총 4,900만 명을 기록하였다. 특히 2009년 4월 1일부터는 선전(深圳) 주민의 홍콩 '복수입국(multiple-entry)' 개인관광제도를 시행하기 시작했다.

셋째, 홍콩-중국 간의 경제적 긴밀화 및 일체화가 진행됨에 따라 홍콩경제의 중국경제에 대한 의존도도 갈수록 증대되는 추세이다. 특히 중국이 홍콩의 대외무역에서 차지하는 비율은 50%대에 근접할 정도로 확대되고 있다. 2001년(40.3%)과 2002년(41.8%) 40%대 초반에 머물렀으나, 2005년 45.0%를 기록한 이래 2007년에는 48.7%의 최고치를 기록하였다. 이는 홍콩의 다른 주요 교역 상대국들인 미국 8.7%, 일본 7.2%, 대만 4.3%, 싱가포르 4.3%, 한국 2.9% 등과 비교해 볼 때 매우 높은 수치로서 중국에 대한 의존도가 얼마나 높은지를 확연히 알 수 있다.

넷째, 홍콩의 고용 창출 및 외국인 투자 유입 효과도 크다. 서비스 시장 개방과 개인관광(IVS)에 의한 고용 창출 효과는 2009년 말 기준으로 홍콩에 54,700개, 중국에 40,600개의 고용이 창출된 것으로 나타났다. CEPA는 중국과 외국자본의 홍콩 투자유치에도 긍정적 효과를 나타냈다. 2009년 홍콩에 투자한 265개 기업 중 26%에 달하는 70개 기업이 홍콩에 투자를 결정하는 데 CEPA가 주요한 고려요소였다고 응답하였다. 2004년 8월부터 홍콩에 투자하는 중국기업의 투자절차 간소화를 통해 양자간 무역투자가 더욱 활성화되어, 2004년 11월에서 2009년 12월까지 홍콩에 대한 중국 기업의 FDI 승인건수는 2,602건으로 244억 달러에 달한 것으로 나타났다.

다섯째, 홍콩과 IT·전기·전자산업 등 제조업 중심지인 주강삼각주지역 간의 경제통합 움직임도 적극적으로 추진 중이다. 주강삼각주 지역은 중국의 개혁·개방 초기부터 경제특구로 지정, 개방되었던 선전을 비롯하여 홍콩-광동성간의 관문으로서 PC·전기제품 등을 제조하는 외자기업들이 다수 진출하여 세계적인 제조업 집적지로서 알려진 둥관(東莞) 등이 소재해있다. 특히 범(汎)주강삼각주 협정을 통해 홍콩을 해당 지역내 중국기업이 국제시장으로 진출하기 위한 기지로서 활용하는 방안을 추진 중이다.

제5절 마카오 특별행정구

1. 개황

인구 70.9만명의 마카오 특별행정구(澳门特别行政区. Macao Special Administrative Region)는 1999년 12월 20일에 탄생했다. 마카오의 영어 명칭은 Macao, 포르투갈어로는 Macau이며, 한 글자 중국어 약칭은 아오(澳. 오)이다. 아오(澳)는 물가나 산길이 휘어서 굽어진 곳이라는 의미이다. 마카오 전체 면적은 33.3㎢ 이며, 마카오 반도(澳门半岛), 타이파 섬(氹仔岛 Taipa), 콜로안 섬(路环岛 Coloane), 코타이(路氹城 Cotai) 등 네 부분으로 이루어져있다. 마카오는 홍콩에서 약 60km, 중국 광저우에서 약 145km 떨어져 있으며, 중국 광둥성 주강삼각주 지역의 서남부 남단에 위치한다.

1912년 기준 마카오 면적은 11.6㎢이었으나 이후 해안선을 따라 지속적으로 간척사업을 진행한 결과 현재 33.3㎢까지 그 면적이 확장됐다. 마카오 반도와 타이파 지역은 3개의 다리로 연결되어 있다. 마카오 인구는 2022년말 기준 67.3만 명이며, 인구밀도는 ㎢당 20,300명으로 세계에서 가장 높은 수준이다. 비거주자 인구는 15.5만명이며, 국적별 비중은 중국(69.9%), 필리핀(15.7%), 베트남(4.9%), 인도네시아(2.9%) 순이다. 이들 대부분은 카지노, 호텔 근무자 들이다. 현재 행정수반은 2019년 12월에 추임한 제5대 행정수반 Ho Iat Seng(賀一誠)이다. 마카오에서 출생한 Ho Iat Seng(1957년생)은 조부가 절강성 이우 출신이며, 마카오 입법의원을 역임했다.

[표 5-11] 마카오 특별행정구의 주요 경제지표 (2023년)

GDP	산업구조			1인당 GDP (US$)
	1차산업	2차산업	3차산업	
385억 달러	2	7	91	54,296
인구(만명)	수출액(백만$)	수입액(백만$)	외환보유(백만$)	중국 평균 1인당GDP 대비
70.9만명	6,545	16,997	25,971	428%(85,310元. U$12,683)

자료: 한국수출입은행(2023),「2024 세계국가편람」, 주홍콩대한민국총영사관 (https://overseas.mofa.go.kr/hk-ko/index.do)

[그림 5-6] 마카오특별행정구 깃발

주: 연꽃은 마카오 상징 꽃이며, 세 잎은 마카오를 구성하는 마카오반도, 타이파 섬, 콜로안 섬을, 라인은 마카오반도와 타이파 섬을 잇는 카르발류 총독대교와 바다를 상징함. 노란색 5개별은 중국 오성홍기에서 유래한 것으로 마카오가 중국 영토임을 상징함.

1) 마카오 유래

포르투갈 상인이 마카오를 발견하기 전에는 푸젠성의 어민과 광둥성의 농민이 이곳에 첫 번째로 정착한 사람들이었다. 포르투갈인인 조르쥬 알바레스(Jorge Alvares)가 1513년 마카오에 와서 무역을 시작한 최초의 유럽인으로 알려져 있다. 이후 포르투갈 상인이 정착하기 시작하면서 마카오는 동양과 서양의 문화가 접목된 지역으로 거듭나게 되었다. 포르투갈인들이 마카오에 본격적으로 정착하기 시작한 시기는 1557년이다. 당시 중국의 명나라는 세금을 확보할 수 있는 무역과 해적이나 적대세력으로부터의 해안방어를 위해서 포르투갈인의 정착을 허용했다. 명나라는 포르투갈로부터 일정 금액의 임대료를 받고 마카오를 임대의 형태로 내어주게 된다.

1557년부터 1640년 사이에는 마카오가 아시아 해상무역의 주요 항만이 되면서 포르투갈인, 일본인, 인도인, 유라시아인 등 다양한 집단이 유입되었다. 1640년부터 1750년까지는 네덜란드의 말라카 점령 등으로 마카오에 대한 포르투갈 영향력은 줄어 들었다. 1887년 중국-포르투갈 우호통상조약(Protocol of Lisbon)에 따라 청나라로부터 마카오의 통치권을 확보한 포르투갈은 도박을 마카오에서 합법화하여 경제부흥을 위한 새로운 전략으로 활용하였다. 1951년 포르투갈은 헌법을 개정하면서 마카오를 본국에 편입하여 해외령(Portuguese Overseas Province)이라는 위상을 부여하고 포르투갈 정부가 임명하는 총독이 마카오를 통치하도록 했다. 이 시기에는 도박뿐만 아니라 관광을 진흥하였으며, 난민의 유입에 따른 저렴한 노동력으로 인해 제조업도 조금씩 성장하였다.

1928년 국민당 정부는 포르투갈과 중국-포르투갈 통상조약(中葡友好通商条约)을 체결했는데, 이 조약에서는 마카오의 중국 반환 문제가 다루어지지 않았다. 1974년 포르투갈에서 독재정권에 저항한 카네이션 혁명이 발생한 이후 1975년 포르투갈은 해외 식민지에 대한 권리를 모두 포기하였다. 그러나 당시 중국은 문화대혁명(1966-1976) 기간으로 포르투갈과 마카오 반환문제를 교섭할 여유가 없었으며, 저우언라이 총리는 당분한 마카오는 현 체제로 유지하기로 결정하게 된다. 1979년 중국과 포르투갈은 외교 관계를 수립하고, 마카오에 대한 중국의 영토 주권을 확인했다. 중국은 개혁개방 정책을 시작하면서, 1983년에 주하이 경제특구를 설치하고 마카오와 연계하여 개발을 시작한다.

1984년이 되자 당시 중국 지도자 덩샤오핑은 공개적으로 일국양제 기준으로 마카오 문제를 해결해야 한다고 선언하였다. 1986년에 중국-포르투갈 양국은 마카오 반환에 대한 회담을 시작했고, 1987년까지 4차례 열렸다. 1987년 4월 13일, 양국은 베이징에서 '중국과 포르투갈 공화국이 마카오 문제에 대한 연합성명'을 체결하고, 1999년 12월 20일자로 마카오의 주권을 중국이 회복하기로 합의한다. 이로써 포르투갈에 통치권을 내어준지 112년만에 마카오가 중국에 반환된 것이다.

중국은 마카오가 일국양제 시스템에서 기존 경제사회 체제를 유지하도록 하고, 마카오의 자치권을 보장했다. 1999년 12월 20일에 마카오 특별행정구 초대 행정수반으로 Edmund Ho(何厚鏵)가 취임했다. 마카오에서 출생한 Edmund Ho(1955년생) 초대 행정장관은 조부가 광동성 번우 출신으로, 마카오은행 주석, 마카오 중화총상회 부회장을 역임했다. 이에 앞서 1993년 3월에는 중국 전국인민대표대회가 「마카오특별행정구기본법」을 통과시켜, 마카오 특별행정구 설치에 따른 법률 근거를 확보했다.

2. 마카오 경제 현황 및 특징

마카오는 1999년 12월 20일, 포르투갈에서 중국으로 주권이 반환되면서 2049년까지 50년간 중국과 일국양제(一國兩制)에서 독자적인 사회경제체제 유지를 보장받은 자유무역항이다. 마카오 경제는 카지노 및 관광산업에 대한 의존도가 절대적이다. 마카오는 카지노 산업이 합법화된 지역으로서 COVID-19 발생 이전 기준 정부 세수(稅收)에서 카지노 산업 차지 비중이 80%를 상회하고 있다.

마카오 정부는 카지노 산업 위주의 경제구조의 한계를 보완하기 위해 2003년 10월에 체결한 경제협력동반자협정(CEPA)을 통해 중국 본토와의 경제협력을 확대하여 경제구조를 다원화하고 있다. 특히 2013년 이후 국제적 관광도시 조성을 위해 MICE 산업을 육성 중이다. 마카오 진출기업을 위한 세금감면, 고용보조금 지급, 마케팅 비용지원 등 다양한 재정·금융 혜택을 제공하고 있으며, 마카오 무역투자촉진국을 통해 해외기업들의 지사 설립을 지원하기 위한 제도(사무실 무상임대, One-stop 행정서비스, 비즈니스매칭)를 시행하고 있다.

[표 5-12] 마카오 경제현황(2018~2022)

(단위: 억 MOP)

	2018년	2019년	2020년	2021년	2022년
GDP (억 USD 환산)	4,462.8 (552.8)	4,455.3 (552)	2,044.1 (254.6)	2,394.1 (301.2)	1,720.7 (219.8)
카지노산업 매출액	3,038.8	2,933.1	610.5	875.6	428.4
마카오정부 재정수입	1,413.1	1,407.3	1,016.7	948.1	1,091.4

자료: 마카오정부 통계처(DSEC)

1990년대부터 카지노 산업 관련 세수(稅收)가 마카오 정부 재정의 상당부분을 충당하고 있다. COVID-19 이전(2019년) 카지노 산업 매출은 마카오 GDP의 29.8%, 카지노 관련 세

수(稅收) 비중은 정부 총 세수의 82.4% 차지했다. 2022년 기준 카지노 관련 취업인구는 5.82만명으로 전체 고용(36.0만명)의 16.2%를 차지하고 있다. 2022년 기준으로 카지노 기업 수는 9개이며, 영업장은 30개, 게임 테이블 수는 5,605개이다.

2002년 4월, 카지노 영업권 독점화 종료 및 2003년 중국인의 개인관광객 방문 허용으로 카지노 산업은 급속한 성장기를 경험했다. 기존의 독점적 지위를 가진 Stanley Ho의 STDM 외, 미국 라스베가스 기반의 Wynn Resorts와 Galaxy Casino 등 미국의 Venetian과 홍콩·마카오 기업인들 간의 6개 카지노 기업이 추가로 라이선스를 획득했다. 2007년에는 대형 카지노인 Grand Lisboa(마카오계), Venetian Hotel Casino(미국계), Crown Macau(마카오-호주), MGM Grand Macau(마카오-미국)가 개장하며 마카오는 세계 최대 카지노 시장으로 부상했다.[12)]

반면, 2013년 이후 중국 본토의 반부패 운동의 영향으로 2014-2016년 기간 마카오 카지노 매출은 44% 급감했다. 이후 COVID-19 발생으로 인한 인바운드 관광객 급감으로 마카오 카지노 산업은 다시 침체기 진입했다. 1992년부터 관광업 및 관련 산업의 수입이 마카오 전체 수출액 규모를 초과하였으며, 2003년 체결된 CEPA에 따라 중국 본토 개인관광객이 허용되며 마카오 관광업은 급속히 성장했다.

2003년 10월 17일, 마카오는 홍콩에 이어 중국과 경제협력동반자협정(CEPA, Closer Economic Partnership Arrangement) 체결했으며, 2004년부터 발효됐다. 동 협정을 통해 총 273개 품목에 대해 무관세를 적용하며, 물류·금융 등 18개 서비스 시장 영역을 개방했다. 이후 2004년부터 2011년까지 8차례에 걸쳐 무관세 품목 확대 및 서비스 시장 추가 개방, 무역편리화 조치 등을 골자로 하는 CEPA 보충의정서를 체결 및 시행하고 있다.

2019년 기준 마카오 방문객 3,940만 명 중 중국 본토인은 2,792만 명으로 전체의 70.9%를 차지(2022년 89.6%)했다. 2022년 말 기준 마카오 소재 숙박시설(호텔 및 게스트하우스)은 총 123개, 전체 객실수 37,698실이나, 연평균 객실 점유율은 38.4%에 불과하다. 2022년 마카오 방문객 수는 570만명으로 아직 COVID-19 회복 전임을 알 수 있다.

마카오의 제조업은 1970년대 및 1980년대 노동집약적인 섬유 및 의류 업종을 중심으로 황금기를 구가한 적이 있으나, 1990년대 이래 주요 제조기반의 중국 본토 이전으로 제조업

---

12) 주홍콩대한민국총영사관(https://overseas.mofa.go.kr/hk-ko/index.do)

비중은 크게 축소 됐다. GDP 대비 제조업 비중은 1999년 10%에서 2022년 1% 미만으로 감소했다. 마카오 정부는 주하이-마카오 산업협력지구(Zhuhai-Macao Cross Border Industrial Zone), 중의약 분야 연구개발(R&D) 등 항목을 중심으로 하는 '헝친신구(横琴新区)[13]' 조성을 통해 중국 본토와 경제협력을 강화하는 추세이다.

[그림 5-7] 마카오 행정구 위치도

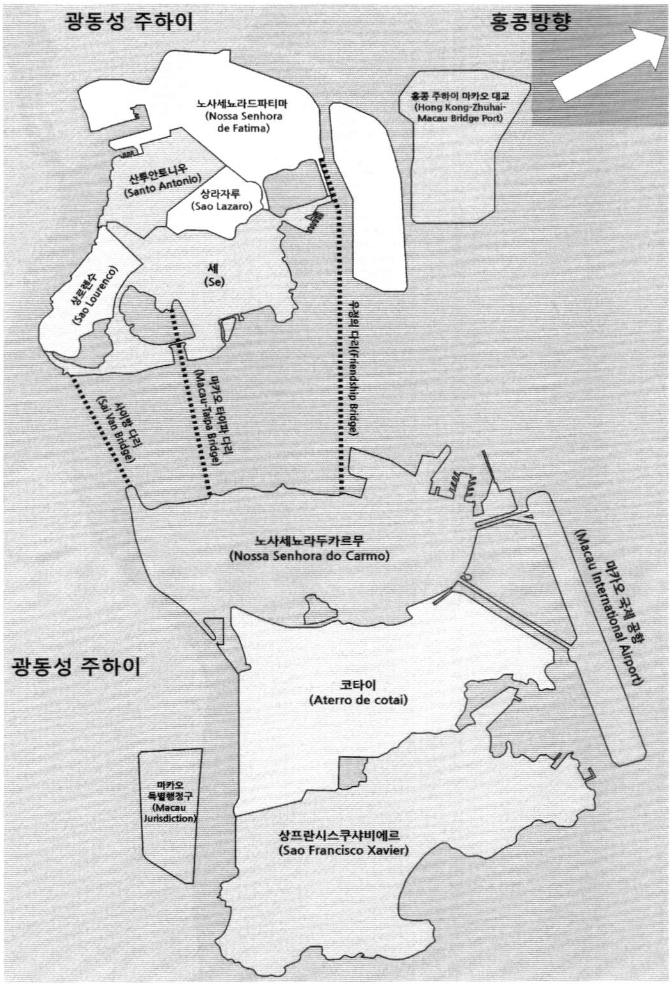

자료: Greenblog.co.kr 원본 지도 이용하여 일부 편집.

13) 주하이시에 위치한 헝친신구 면적은 106.46㎢, 인구는 4.5만명이다. 2009년에 신구가 처음 설치 되었으며, 2015년 광동 자유무역시험구 출범으로 同 시험구에 포함되었다.

[사진] 호주 시드니 차이나타운

2024 © 김동하

제 6장
싱가포르

제1절 개황

1. 개황

싱가포르는 말레이시아 남단에 위치한 인구 530만명의 도시형 국가이다. 13세기 수마르다 지역 스리위자야 왕국 트리부아나 왕이 싱가포르 근방을 표류하다가 상륙 후 목격한 사자를 보고 싱가푸라(Singapura: 사자의 도시)라 명명한 것이 국명 유래이다. 1365년 자바인의 문헌에 싱가포르를 Temasek(sea town)으로 기록했으며, 14세기 후반부터 Singapura라는 표현을 사용하기 시작하였다. 19세기 초까지 네덜란드 영향권 하에 있다가 영국이 1819년 말레이 조호르 왕국과 조약을 체결하고 무역 중심지로 싱가포르를 개발하면서 영국 세력하에 들어갔다. 1942년부터 1945년까지 일본에 의해 점령당했지만 일본 패망으로 1946년 다시 영국의 직할 식민지가 되었다. 1958년 영국 의회에서 싱가포르 독립국가 성립 및 싱가포르 시민권 부여 등에 관한 법적 근거를 마련함에 따라 1959년 6월 5일 리콴유(李光耀. Lee Kuan Yew)가 초대 총리에 취임하였다. 1963년 말레이시아 연방의 구성원으로 영국으로부터 독립하였으나, 인종정책에 관한 갈등으로 2년 만에 말레이시아 연방으로부터도 분리, 1965년 8월 9일 완전한 독립국가가 되었다.

싱가포르의 공용어는 영어, 중국어, 말레이어, 타밀어 등 4개이며, 이는 도시국가인 싱가포르에 중국계(74.2%), 말레이계(13.3%), 인도계(9.2%) 등이 함께 살고 있음에 기인한다. 1965년 9월 21일 UN가입을 시작으로, 10월 15일 영연방에 가입하였고, 헌법 개정을 통해 국명을 싱가포르 공화국으로, 국가원수를 대통령으로 정하였다. 1967년 8월에는 인도네시아, 말레이시아, 필리핀, 태국과 함께 ASEAN(동남아시아 국가연합)을 결성하였다. 1968년 4월 총선거에서 인민행동당(PAP)이 전 의석(58석)을 차지하여 집권하였고, 이후 리콴유 총리를 중심으로 30년간 국민들의 절대적인 지지를 받으며 안정적인 정치를 펼쳤다. 리콴유 총리는 1990년 11월 고촉통(Goh Chok Tong. 吳作棟) 부총리에게 직위를 넘기고 사임하였지만, 2011년 선임장관직 사임 전까지 절대적인 영향력을 행사하였다.

싱가포르는 전통적으로 정치체제가 안정되어 있으며 정책 급변이 거의 없는 국가이다. 여당인 인민행동당이 40년에 걸쳐 집권하고 있는 상태이며 야당세력이 상대적으로 미약하다. 도시국가라는 특성상 국가 통제가 용이하다는 장점을 가지고 있으며, 국민이 정부 정책을 지지하고 있는 것도 정치적 안정의 이유가 된다.

한편, IMF에 따르면 2022년 기준 싱가포르의 1인당 GDP는 82,807달러로 세계 5위의 높은 수준을 나타내고 있다.

[표 6-1] 싱가포르 개황

구분	내용
국 명	◦ 싱가포르(The Republic of Singapore) ◦ 현지어명 - 말레이어: Republik Singapura - 중국어: 新加坡共和國 - 타밀어: Singapore Kudiyarasu
위 치	동남아, 적도 근처(북위 1.09-1.29도, 동경 103.36-104.25도)
면 적	약 712.4㎢(서울시의 1.18배)
기 후	열대성(연중 고온 다습)
인 구	591.7만 명(2023년)
민족(인종)	중국계(74.2%), 말레이계(13.3%), 인도계(9.2%), 기타(3.3%)
언 어	영어, 중국어, 말레이어, 타밀어 등 4개 공용어
종 교	불교 33.3%, 기독교 18.3%, 이슬람교 14.7%, 도교 10.9% 힌두교 5.1%, 기타 0.7%, 무교 17%
건국(독립)일	1965년 8월 9일(말레이시아 연방에서 분리, 독립)
정부 형태	내각책임제
국가 원수 (실권자)	◦ 대통령: Tharman Shanmugaratnam - 취임일: 2023년 9월 (임기 6년) ◦ 총리: 로렌스 웡(Lawrence Wong. 1972년생) - 취임일: 2024년 5월 (국회 임기 5년 단위) - 전임자 리셴룽은 2004년부터 집권당 총선 승리로 장기집권 했음. - 2024년 5월 15일부로 로렌스 웡 부총리 겸 재무부 장관이 리셴룽(Lee Hsien Loong, 1952년생) 후임으로 4대 총리로 취임함.

자료: 싱가포르 통계청, 통상산업부, 경제개발청, 싱가포르 총리실(2024.8)

[그림 6-1] 싱가포르 위치도

자료: 구글 지도 (2014.5)

[표 6-2] 싱가포르 개황

경제

GDP	4,973억 달러('23)
1인당 GDP	87,884달러('23)
화폐단위	Singapore Dollar(S$)
회계연도	4. 1. ~ 3. 31.
산업구조	서비스업 68%, 제조업 28%, 농업 1%('22)
주요 수출품	집적회로, 정제유, 금, 포장 의약품
주요 수입품	집적회로, 정제유, 원유, 금, 가스 터빈
주요 부존자원	어족자원, 심해항구
국제신인도	OECD 0등급, Moody's Aaa, Fitch AAA

경제지표	단위	2020	2021	2022
GDP	억 달러	3,484	4,238	4,668
1인당 GDP	달러	61,274	77,710	82,808
경제성장률	%	-3.9	8.9	3.6
재정수지/GDP	%	-6.8	1.2	0.8
소비자물가상승률	%	-0.2	2.3	6.1

대외거래

환율(달러당, 연중)	S$	1.4	1.3	1.4
경상수지	백만 달러	57,316	76,374	90,239
경상수지/GDP	%	16.5	18.0	19.3
상품수지	백만 달러	106,416	125,748	136,535
상품수출	백만 달러	419,941	514,536	579,550
상품수입	백만 달러	313,526	388,789	443,015
외환보유액	백만 달러	359,343	408,267	279,805

자료: 한국수출입은행 해외경제연구소 국가별통합정보(2023)

2. 경제 현황 및 특징

싱가포르 통계청에 따르면, 2019년 기준 총인구는 570만 3,600명으로 전년비 약 6만 4,900명(1.2%) 증가했다. 특히 싱가포르는 20세 이상~64세 이하 소비인구가 2019년 기준 65%에 달하여 안정적인 소비시장이라고 할 수 있으나 노령 인구 비중이 지속 증가하는 추세이다. 더불어, COVID-19 이전인 2019년 싱가포르 여행 및 관광업 수입이 277억U$, 해외 방문객이 싱가포르 인구수의 약 3배인 1,910만 명을 기록하는 등 관광객의 소비 또한 무시할 수 없다. 2023년 싱가포르 인구는 591.7만명으로 2019년 대비 3.74% 증가했다.

싱가포르의 1인당 명목 GDP는 2019년 기준 6만 3,987달러(U$)이다. 이는 IMF에서 발표한 국가별 1인당 명목 GDP 중 세계 9위에 해당한다. 2022년에는 82,807달러로 세계 5위 수준으로 올라섰다.

싱가포르는 경기 침체와 고용시장의 부진 때문에 내수 소비가 주춤한 반면 온라인유통망(e-commerce) 시장이 급속 성장 중이다. 인터넷 및 스마트 기기 보급률 또한 세계 최고 수준으로 이와 같은 온라인 시장의 성장세가 지속될 것으로 보인다. 친환경 트랜드와 함께 제품의 지속가능성 및 브랜드의 사회적 가치를 고려하는 싱가포르 소비자 또한 늘고 있으며 싱가포르 정부의 트랜스지방 사용규제, 설탕세 등의 도입과 함께 건강 관련 상품 및 식품에 대한 관심 또한 높다.

싱가포르인들은 제품가격에 민감하다. 이는 싱가포르가 전통적으로 중계 무역을 중심으로 발전해 왔고 저렴한 제품을 선호하는 중국인들의 소비행태에 원인이 있다. 이민자 및 외국인 파견근로자 역시 싱가포르의 내수 소비시장의 성장에 일조하고 있다.

싱가포르는 일찍부터 자유무역정책을 채택해 해외 브랜드의 시장 진입이 잦아 외국 브랜드에 대해 거부감이 없다. 유명 브랜드 제품을 선호해 일류 브랜드는 비싼 가격을 주고도 기꺼이 사지만 인지도가 없는 제품은 저렴하게 구매하길 원하는 경향이 있다. 싱가포르 백만장자의 비율이 매년 꾸준히 전 세계 3위 안에 들고 있는 만큼 럭셔리 브랜드 소비층이 탄탄하게 형성된 곳이다. 최근 동남아 시장의 성장으로 주변국에서 유입되는 외국인 관광객들 또한 고가 브랜드 시장의 성장에 일조하고 있다.

[표 6-3] 싱가포르 주요 경제 지표 현황

지표	단위	2019	2020	2021	2022	2023
인구	백만명	5.7	5.69	5.45	5.64	5.92
실질성장률	%	1.3	-5.4	8.9	3.6	1.1
GDP(십억)	US$	377	349	434	498	501
1인당 GDP	US$	66,079	61,491	79,570	88,414	84,714
1인당 GNI	US$	58,421	53,105	67,670	71,470	71,071
소비자물가상승률(CPI)	%	0.6	-0.2	2.3	6.1	4.8
실업률	%	2.3	3	2.7	2.1	1.9
수출실적	백만U$	390,652	368,096	457,564	514,945	475,315
수입실적	백만U$	359,180	329,064	406,774	551,386	422,558
무역수지	백만U$	31,472	39,032	50,790	-36,440	52,757
외국인투자금액(백만)	S$	1,919,728	2,149,711	2,493,576	2,618,994	미발표
외환보유고	백만U$	279,450	362,305	417,904	289,484	351,031
달러당환율(연평균)	현지국/US$	1.35	1.32	1.35	1.34	1.32

자료: KOTRA 국가정보 (검색일: 2024.8)

1) 최근 경제 성장 현황

2023년 싱가포르 GDP는 전년대비 1.1% 증가해 경제성장 다소 둔화된 실적을 보였다. 제조업 성장률은 전년비 4.3% 감소했으며, 제조업 부문 중 운송·엔지니어링을 제외한 전자, 화학 등 전 부문의 생산량이 감소했다. 반면, 건설업은 전년비 5.2% 성장해 상품제조업(-2.9%) 위축을 일부 상쇄했다. 서비스업은 전년비 2.3% 성장했으나 전년도 성장률('22년 5.1%)보다 낮은 수준이다. 세부 산업으로는 정보통신업(5.7%), 운송저장업(2.3%) 및 기타 서비스업(4.4%)이 성장하면서 전체 서비스업이 성장 되었다.

2024년 1분기 중 싱가포르 경제성장률은 2.7%(전년동기비)로 전분기(2.2%) 대비 성장세를 확대했다. 부문별 성장세를 보면, 제조업(1.4%→ -1.8%)의 감소 전환, 건설업(5.2%→ 4.1%)의 증가세 둔화에도 불구하고, 서비스업(2.0%→ 3.9%)이 1분기 성장을 견인했다. 제조업 감소는 차량용·산업용 반도체 수요 둔화에 따른 전기전자 부진(-4.3%)에 기인한다. 서비스업 호조는 예상보다 강한 對싱가포르 여행 수요로 숙박, 항공운송·여객 등 관련 업종의 성장세에 기인한다. 수요 부문별로는 민간소비(3.0%→ 5.8%), 정부지출(1.1%→ 6.0%) 등 증가세가 확대된 반면, 해외수요(11.0%→ 5.9%)는 둔화 되었고, 고정자본형성(3.0%→ -2.3%)은 감소 되었다.[1])

[표 6-4] 싱가포르의 경제성장률 추이

(전년동기대비, %)

	2021	2022	2023					2024
				1/4	2/4	3/4	4/4	1/4
실질 GDP	9.7	3.8	1.1	0.5	0.5	1.0	2.2	2.7
[산업별]								
제 조 업	13.3	2.7	-4.3	-5.4	-8.2	-4.9	1.4	-1.8
건 설 업	41.5	4.6	5.2	5.8	6.4	3.7	5.2	4.1
서비스업	8.1	5.1	2.3	2.0	2.9	2.3	2.0	3.9

자료: 싱가포르 통상산업부(MTI), 주싱가포르 대한민국 대사관. [검색일자: 2021.1.10.]

[표 6-5] 싱가포르의 최근 GDP 성장률과 1인당 GDP 추이

(단위: %, 달러)

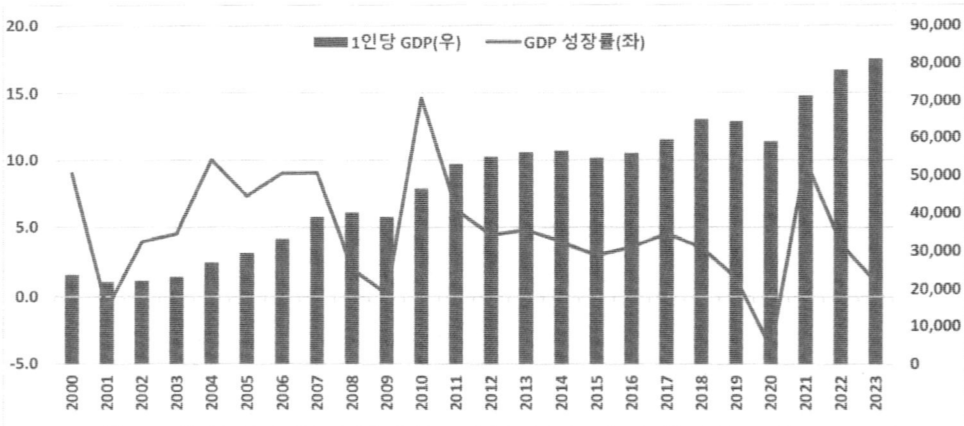

자료: 싱가포르 통계청(검색일: 2024. 5. 14.); S&P Global(검색일: 2024. 5. 14.).

1) 주싱가포르 대한민국대사관(2024.8), 싱가포르 2024년 1분기 경제동향.

2) 중국과의 관계

중국과의 외교관계는 1990년 수립되었으며, 경제, 정치, 교육, 문화, 과학, 기술 등 다방면에 걸친 밀접하고 다양한 관계를 구축하고 있다. 양국간 협력 프로젝트 추진을 위해 JCBC (Joint Council for Bilateral Cooperation)을 설치하였으며, 양국 주요 인사들은 협력관계를 유지하고 있다. Lee Hsien Loong 총리는 2008년 10월 중국을 방문한 바 있으며, SR Nathan 대통령 및 리콴유 전총리는 2008년 베이징 올림픽 참석을 위해 베이징을 방문하였다. 2010년 11월에는 양국 수교 20주년을 맞아 Lee Hsien Loong 총리 초청으로 중국의 차기 지도자로 확정된 시진핑 중국 국가부주석이 싱가포르를 공식 방문하였다.

양국에서는 인사교류 구축 및 강화를 위해 Chinese Mayors' Study Visit Programme (市長방문프로그램), Senior Chinese Officials Study Visit Programme(고위공직자 방문프로그램), Sino-Singapore Undergraduate Exchange Programme(대학원생 교환프로그램) 등을 추진하고 있다. 양국간 점점 증가하는 인적교류 및 관계 강화에 따라 2006년 7월에는 광동성 광저우 총영사관을, 10월에는 사천성 청두 영사관을 설치하여 운영을 시작하였다.

중국-아세안 FTA 체결에 이어 2008년 10월 중-싱가포르 FTA가 체결됨으로써 양국 간 경제교류도 한층 강화되었다. 이는 중국이 아시아 국가와 맺은 첫 번째 포괄적 양자간 FTA이기도 하다. 중국 내에서 싱가포르가 추진한 주요 프로젝트 중 하나인 소주공업원(SIP. Suzhou Industrial Park)는 중국 내에서 가장 성공적인 산업단지 중 하나로 손꼽히고 있다. SIP의 성공에 이어 추진되고 있는 상징적인 양자간 협력 프로젝트는 '시노-싱가포르 텐진 에코시티(Sino-Singapore Tianjin Eco-city)' 프로젝트이다. 싱가포르 리센룽(李顯龍. Lee Hsien Loong) 총리와 중국 원자바오 총리는 2007년 11월 텐진 에코시티 프로젝트 추진을 위한 기본협정에 서명하였으며, 2008년 9월 싱가포르 고촉통(Goh Chok Tong) 선임장관과 중국 원자바오 총리는 텐진 에코시티의 기공식 행사를 집행하였다.

2019년 10월 20일, 싱가포르 국방부는 제9차 샹산 포럼, 제7차 세계 군인 체육대회 개회식 등에 참석하기 위해 중국을 방문 중인 Ng Eng Hen 국방 장관이 Wei Fenghe 중국 국방 장관과의 양자 회담에서 2008년 양국이 체결한 '국방 교류 및 안보 협력 협정(ADESC)'의 강화에 합의했다고 밝혔다.

2008년 싱-중 양국이 체결한 'ADESC'는 싱가포르 군과 중국 인민해방군간의 기항, 양자 군사 훈련, 상호 방문, 상호 군사 교육 교환 등 양국 군사 협력 활동을 공식화한 것이다. 양국은 금번 ADESC 강화를 통해 정례적인 싱-중 국방 장관 회담 개최, 양자 군사 훈련 참석을 위한 군 방문 협정 합의, 상호 군수지원 협정 합의, 양국 핫라인 구축 등에 합의하였다. 아울러, 양국은 군 교육기관 및 싱크탱크 간의 정례적인 학술 교환 활동을 확대할 예정이다.

싱가포르 RSIS 연구원 분석에 따르면, 중국이 동남아 지역 내 지역 안보 체제를 구체화하려는 점을 감안 할 때, 중국과의 강력한 군사 관계를 증진시키는 것이 싱가포르의 국가 이익에도 부합하다는 주장이다. 다만, 싱가포르가 미국으로부터 대량의 군 장비를 구매하는 점과 미국을 포함한 서방 세계와 긴밀한 국방 및 안보 관계를 유지하고 있는 점을 감안 할 때, 싱가포르는 중국과의 작전 운용 및 기술 민감성을 관리할 필요가 있다는 의견도 제시하였다.[2]

[그림 6-2] 싱가포르 국기

주: 초승달은 젊은 국가를, 빨간색은 만인에 대한 동포애와 평등을, 흰색은 영원한 순수와 미덕, 다섯 별은 민주·평화·진보·정의·평등을 상징한다. 초승달과 별은 이슬람 상징이어서 영국 식민지 시절 이전 싱가포르 위치에 존재했던 조호르 술탄국과 연관짓기도 한다. 리콴유는 초승달은 말레이인 요청으로, 5개 별은 중국과 닮은 국기를 원했던 중국인 요청으로 넣었다고 밝힌 바 있다.

2) 주싱가포르 대한민국 대사관. [검색일자: 2021.1.10.]

제2절 정치·외교 구조

1. 약사

19세기 초까지 네덜란드의 영향권 하에 있다가 영국이 1819년 말레이 조호르 왕국과 조약을 체결하고 무역의 중심지로 싱가포르를 개발하면서 영국의 세력하에 들어갔다. 이후 1942년부터 1945년까지 잠시 일본에 의해 점령 당했지만 일본의 패망으로 1946년 다시 영국의 직할 식민지가 되었다. 1958년 영국 의회에서 싱가포르 독립국가 성립 및 싱가포르 시민권 부여 등에 관한 법적 근거 마련함에 따라 1959년 6월 5일 리콴유가 초대 총리에 취임하였다. 1963년 말레이시아 연방의 구성원으로 영국으로부터 독립하였으나, 인종 정책에 관한 갈등으로 2년 만에 말레이시아 연방으로부터 분리하여, 1965년 8월 9일 완전한 독립국가가 되었다.

1968년 4월 13일 치뤄진 총선거에서 인민행동당(PAP)이 58석 전 의석을 차지하여 집권하였고, 이후 리콴유 총리를 중심으로 30년간 국민들의 절대적인 지지를 받으며 장기간 안정적인 정치를 펼쳤다. 리콴유 총리는 1990년 11월 고촉통 부총리에게 직위를 넘기고 사임하였지만, 2011년 선임장관 사임 전까지 절대적인 영향력을 행사하였다. 1991년 1월 헌법개정을 통해 6년 임기의 대통령 직선제를 채택하였고 같은 해 8월 총선거를 실시하여 고촉통 총리 내각이 출범하였다.

이 때 리콴유 전 총리는 선임장관에, 리콴유 전 총리의 장남인 리셴룽은 부총리 겸 통산장관에 임명되었다. 2004년 8월, 고촉통 총리 사임 후에는 리셴룽 부총리가 총리에 취임하였다. 2011년 5월 총선거에서 인민행동당이 승리하여 리셴룽 총리가 재집권하였고, 같은 시기 리콴유 스승장관과 고촉통 선임장관은 사임하였다.

2. 국가 조직 및 정치 제도

1) 행정부

싱가포르는 의원내각제를 채택하고 있다. 내각은 총리를 위시한 10여 명의 각료로 구성되어 있으며 총리와 각료는 의원 중에서 대통령에 의해 임명된다. 내각은 모든 정부 정책과 행정 업무를 담당하며 의회에 대해 책임을 진다.

대통령은 헌법에 의거 국가를 대표한다. 대통령은 과거 의회에서 선출되었으나 1991년 1월 개정 헌법에 따라 국민이 직접 선출하게 되었다. 대통령의 임기는 6년이며 정부 예산에 대한 거부권과 주요 공무원에 대한 임명권을 가진다.[3]

싱가포르 공화국의 대통령은 상징적인 존재이다. 임기는 6년 중임제이고, 한 차례에만 걸쳐 재선 가능하며, 최대 임기는 12년이다. 싱가포르는 의원 내각제 국가로서 대통령은 주로 의례적인 역할을 수행하나, 특정 정부기관(국방장관, 대법관, 탐오조사국장관, 법무부장관 등), 공공기관 또는 공기업의 수장 임명 및 해임에 대한 거부권, 국부펀드(Central Provident Fund)의 고갈을 불러올 수 있는 법률안, 예산안 또는 거래에 대한 거부권, 총리의 동의 없는 탐오조사국 수사 동의권 등의 고유 권한을 가진다.

2) 사법부

사법권의 독립은 헌법에 의해 보장된다. 기본적으로 영국의 보통법 체계를 따르고 있으며 사법권은 최고법원과 고등법원에 귀속된다. 1심 기관인 하급 법원은 민형사 사건을 취급하는 지방법원과 치안법원, 소년법원, 검시법원 및 소액청구 재판소로 구성된다. 최고법원은 고등법원, 공소법원, 형사공소 법원으로 구성된다.

3) 입법부

싱가포르의 의회는 단원제이며 보통, 직접, 비밀선거에 의하여 선출되는 84명의 의원과

3) 싱가포르 정부 홈페이지(SINGOV): www.gov.sg. 싱가포르 정부 디렉터리: www.sgdi.gov.sg(검색일자: 2014.7)

9명의 지명의원으로 구성되어 있다. 선거구는 1명을 선출하는 단일 선거구와 3~6명을 선출하는 GRC(Group Representation Constituencies)로 구분되는데, 12대 국회부터 단일 선거구에서 12명, GRC에서 75명이 선출되어 총 87명 의원으로 구성된다. 이외에 가장 높은 득표를 기록한 야당 입후보자로 9명 이상의 무선거구 의원(Non Constituency Member of Parliament)을 둔다. 의원의 임기는 원 구성일로부터 5년인데 의회 해산 시 임기가 종료되며, 총선은 의회 해산 후 3개월 이내에 실시되어야 한다. 의원 피선거 자격은 싱가포르 시민권을 가진 21세 이상의 사람으로 헌법에서 정한 요건을 만족시켜야 한다.

여당인 인민행동당(People's Action Party)은 1965년 독립 이후 정권을 야당에 넘겨준 적이 없으며, 2011년 5월 7일 총선에서도 전체 87명의 의석 중 81석을 차지하며 승리하였다. 최근에 실시된 2015년 9월 총선에서도 리센룽 총리가 이끄는 인민행동당이 평균 69.86%의 지지를 받으며 2011년 총선보다 지지율이 9.76% 올라갔고, 83석을 차지했다.

4) 정당 현황

싱가포르에서 활동 중인 대표적인 정당으로는 People's Action Party(인민행동당), Worker's Party(노동당), Singapore People's Party(국민당), Singapore Democratic Party (민주당), National Solidarity Party(연합당), Reform Party(개혁당) 등이 있다. 2011년 5월 7일 총선 결과 집권당인 인민행동당에서 전체 의원 87석 중 81석을 차지하였으며, 야당 노동당에서 싱가포르 사상 최대인 6석을 확보하였다. 선거를 거치지 않는 Non-Constituency Member of Parliament 12명을 포함하여 싱가포르 국회의원 총수는 99명이다.

3. 싱가포르의 총리 선출 과정과 4대 총리 취임

2024년 5월 15일부로 로렌스 웡(Lawrence Wong, 1972년생) 부총리 겸 재무부장관이 리셴룽(Lee Hsien Loong, 1952년생) 총리에 이어 4대 총리로 취임했다. 싱가포르에서는 리콴유(Lee Kuan Yew, 1923~2015)가 초대 총리로 1959년 6월부터 1990년 11월까지, 고촉통(Goh Chok Tong, 1941년생)이 2대 총리로 1990년 11월부터 2004년 8월까지, 그리고 리셴룽이 3대 총리로 2004년 8월부터 재임했다. 리셴룽은 관례에 따라 선임장관(Senior Minister) 자리로 이동했다.

싱가포르는 전통적으로 엘리트주의와 능력주의(meritocracy)를 추구하며 역대 총리를 포함한 대부분 각료는 중국계, 영어교육 이수, 영어권 국가 유학 및 학위 취득, 반(反)공산주의 철학 신봉의 공통점을 보유한다.[4)]

이에 더해 총리와 장관은 대부분 정부장학금 수혜로 'Scholar'라는 호칭을 받거나 정부계 기업(government-linked company, 국영기업) 근무를 통해 능력을 인정받고 상당 기간의 검증을 거친다. 국가 통합의 상징적인 자리인 대통령의 경우 주로 소수민족 출신에게 우선 배려하는 전통을 가지고 있다. 유숍 빈 이샥(Yusof bin Ishak) 초대 대통령부터 타르만 샨무가라트남(Tharman Shanmugaratnam) 9대 대통령까지 중국계 3명을 제외하면 6명 전부 말레이계와 인도계 등이다.

로렌스 웡 역시 정부장학생으로 미국 유학(위스콘신대 경제학 학사, 미시건대 응용경제학 석사, 하버드대 케네디행정대학원 석사)을 다녀온 후 리셴룽 총리의 개인수석비서를 거쳐 2011년 총선을 통해 정치에 입문했다. 국가발전부장관, 교육부장관, 재무부장관을 거쳐 2022년 4월, 4대 총리로 결정되었고, 이후 부총리와 싱가포르 통화청장(MAS) 등을 겸직하면서 검증을 거쳤다.

3대 총리 리셴룽도 군 경력(국방참모차장, 포병대 사령관, 육군 준장)으로 1984년 PAP의 공천을 받아 국회의원에 당선되면서 정치계에 입문했다. 특히 차기 총리의 경우 내정 받은 직후부터 PAP 사무부총장과 행정부 부총리 등을 겸직하면서 일정 기간 당과 동료로부터

4) 정재완·안정빈(2024), 싱가포르의 4대 총리 취임과 로렌스 웡 정부의 정국 운영 방향, 「KIEP 세계경제포커스」Vol. 7 No. 20 (2024.5.22.).

검증을 받는 과정을 거쳐 취임했다.

로렌스 웡이 4대 총리로 선출된 배경으로는 리셴룽 총리의 개인수석비서(2005~2008)로서 능력 인정, 코로나19 팬데믹 대응 공동의장으로서의 성과 등을 들 수 있다. 이 외 배경으로 탈세습(리콴유의 아들 리셴룽) 적임자, 非 군 출신(3세대 지도층에 다수 포진한 군 영향력 해소), 상당기간 정권을 담당할 수 있는 1970년대생 등이 있다.

[표 6-6] 싱가포르 역대 총리

구분	성명	소속 정당	재임 기간
초대	리콴유(Lee Kuan Yew)	인민행동당 (PAP)	1959. 6. 3. ~ 1990. 11. 28.*
2대	고촉통(Goh Chok Tong)		1990. 11. 28. ~ 2004. 8. 12.
3대	리셴룽(Lee Hsien Loong)		2004. 8. 12. ~ 2024. 5. 15.
4대	로렌스 웡(Lawrence Wong)		2024. 5. 15. ~

주: * 1959년 6월 3일부터 1965년 8월 9일까지는 자치주 총리 역임.
자료: 외교부(2023),『싱가포르 개황』업데이트 및 보완.

[사진 6-1] 싱가포르 전임 총리 리셴룽과 현 총리 로렌스 웡(왼쪽)

자료: 싱가포르 총리실 (https://www.pmo.gov.sg/The-Cabinet/Mr-Lawrence-WONG)

4. 외교 관계

싱가포르의 기본적인 외교 노선은 지역 협력을 통한 안보 강화와 번영을 도모하기 위해 중립 노선을 지향하며 모든 국가와 우호 관계를 증진시키는 것이며, 특히 주변 국가를 자극하지 않는 데 노력을 기울이고 있다. 싱가포르는 동남아시아 및 아시아. 태평양 국가들과의 상호 협력을 강화하고 있는데, ASEAN은 싱가포르의 외교 정책의 핵심적인 위치를 계속 유지하고 있다.

유엔을 강력히 지지하고 국제법규와 질서 유지 및 분쟁의 평화적 해결을 적극 지지하고 있다. 또한 1992년 창설된 싱가포르 협력 프로그램(Singapore Co-operation Programme)을 통해 1960년대 이후 개발도상국에 대해 기술 원조를 해왔으며, 매년 80여 개의 개발도상국에서 2,000여 명의 공무원이 방문해 싱가포르의 발달된 행정체계를 배우고 있다.

최근 중국과 그 주변국에서 발생하고 있는 영토분쟁 문제와 관련하여, 싱가포르는 중립적인 위치를 지키고 있으며, 국제법상에 따른 평화적인 해결을 원한다는 공식적인 의견을 보이고 있다. 한 필리핀 언론이 중국과의 필리핀의 영토문제에 대해 싱가포르가 필리핀을 지지한다는 왜곡된 언론보도를 내자, 싱가포르 외무부는 즉각 반박 자료를 발표했다.

1) 말레이시아와의 관계

말레이시아와의 외교관계는 1965년 수립되었으며, 양국 간 관계는 매우 밀접한 경제 및 사회적 상호 의존성으로 특징지을 수 있다. 양국의 대통령 및 수상을 비롯한 각료급의 상호 방문이 매우 빈번하며, 주요 인접국인 만큼 때때로 양국 간 논쟁이 발생하기도 하지만, 다양한 측면에서 공통된 이해관계를 바탕으로 협력하고 있으며, 싱가포르는 양국 간 협력 강화를 위해 말레이시아와 우호적인 관계를 발전시켜 나가기 위해 노력하고 있다.

말레이시아가 1979년 영토소유권을 주장해 28년간 끌어온 페드라 브랑카(Pedra Branca) 섬의 영토권 분쟁의 경우 양국의 합의 하에 2003년 네덜란드 헤이그 국제중재재판소로 회부되어 2008년 5월 싱가포르가 영유권을 가진 것으로 최종 판결돼 원만히 해결된 바 있다. 2010년 9월에는 오랫동안 이어진 싱가포르 내 말레이시아 철도 부지 문제를 해결하기 위해 획기적인 토지교환 거래를 확정함으로써 양국 간 정치 및 경제적 협력 기반이 강화되었다.

토지교환 거래에 따르면 말레이시아에서 소유한 Tanjong Pagar, Kranji, Woodlands의 철도 부지 3개와 Bukit Timah의 철도 부지 3개 등 6개 토지구획을 싱가포르에 주는 대신, 싱가포르에서는 Marina South 내 4개 토지구획과 Ophir-Rochor 지역의 2개 토지구획을 말레이시아에 주기로 하였다. Marina South 및 Ophir-Rochor 토지구획은 양국 합작투자 회사인 M-S Pte Ltd에서 공동 개발키로 하였다.

2012년 1월에도 양국 총리가 만나 에너지 수입 및 말레이시아 Iskandar 지역 공동개발, 양국을 연결하는 고속열차(Rapid Transit System)건설 등 굵직한 경제협력 건을 논의하였다. 2013년 2월, 양국 대표는 싱가포르와 쿠알라룸푸르를 연결하는 고속철도개발을 2020년까지 완료하기로 하고, 이외에 Iskandar 지역의 32억 싱가포르달러규모의 도시건설 계획을 확정하는 등 양국 간의 경제, 정치적 관계는 과거 어느 때보다도 우호협력적인 관계로 발전해 가고 있으며, 양국 간 투자교류도 급증하고 있다.5)

2) 인도네시아와의 관계

인도네시아와의 외교관계는 1966년에 수립되었다. 양국은 서로에게 주요한 교역국으로서 우호적인 관계를 유지하고 있다. 2004년 쓰나미 재해 발생 당시 싱가포르와 인도네시아는 생존자 지원을 위해 밀접하게 협력함으로써 양국 간의 두터운 관계를 보여주었다. 싱가포르는 부두 건설, 아체 특별 구에서 쓰나미로 인해 가장 큰 피해를 본 마을 중 하나인 메울라보 내 병원 개장 등 아체 특별구의 몇몇 재건 프로젝트 추진을 통해 인도네시아와 협력하였다. 싱가포르는 이외에도 2005년 요그야카르타주 지진과 2007년 수마트라 지진 등과 같은 재해 당시에도 인도네시아에 인도주의적 지원을 아끼지 않았다.

2010년 인도네시아 Susilo Bambang Yudhoyono 대통령은 싱가포르를 방문하여

---

5) 2013년 양국 정부는 말레이시아 수도 쿠알라룸푸르와 싱가포르 간 350㎞ 고속철 사업을 추진한다고 발표했다. 차로 4시간 걸리지만, 고속철을 이용하면 1시간 30분이면 이동할 수 있다. 이 사업은 2018년 말레이시아 정권이 교체되면서 비용 문제 등으로 중단됐다. 이후 말레이시아가 2022년 재추진 의사를 밝혔지만 별다른 진전이 없었다. 새로 취임한 로런스 웡 싱가포르 총리는 2024년 6월 12일, 말레이시아를 방문해 고속철도 연결에 관해 협의할 수 있다고 밝혔다. 양국 고속철 연결은 중국 일대일로(중국-중앙아시아-유럽 연결 육상·해상 실크로드) 사업과도 관련이 있다. 중국은 라오스, 태국을 지나 말레이시아, 싱가포르를 연결하는 범아시아 철도 연결을 추진해왔다. 2021년 12월, 중국 쿤밍에서 라오스 비엔티안까지 1천35㎞를 시속 160㎞로 운행하는 철도가 개통됐다. 비엔티안에서 태국 방콕으로 이어지는 철도는 정식 개통을 앞두고 있다. (연합뉴스, 2024.6.13)

ASEAN 공동체 2015를 위한 정치경제 전반에 대한 협력을 논의했으며, 싱가포르 서부 해역의 매립 관련 해양 경계획정에 관한 조약을 비준하였다.

3) 일본과의 관계

일본과의 외교관계는 1966년 수립되었으며, 지난 몇 년간 양국의 관계는 2002년 일-싱 신시대 경제동반자협정(JESPA, Japan-Singapore Economic Agreement for a New Age Partnership) 체결 등을 통해 더욱 긴밀해졌다. 2006년 6월 일본 아키히토 국왕 및 미치코 왕비의 싱가포르 공식 방문이 이루어졌으며, 이는 일본 국왕 및 왕비의 첫 번째 싱가포르 공식 방문이었다.

일본과 싱가포르 양국은 아시아 태평양 지역 안보 상황, 동남아 국제 항로의 안전 및 자유, 아시아 태평양 지역의 대화 촉진 등 다양한 지역 화두에 있어 공통된 이해관계를 공유하고 있다. 이후 2010년 리콴유 전 장관과 고촉통 선임장관의 방일, 2011년 일본 Kimito Nakae 국방부 차관의 싱가포르 방문 등 양국간 경제문화 분야에 광범위한 협력이 이어지고 있다.

2013년 1월에는 일본 외무부 장관 후미오 키시다가 싱가포르를 방문하여 RCEP를 통한 일본-싱가포르간 무역자유화 논의를 시작하였다. 3월 싱가포르에서 개최된 16차 TPP회담 이후에는 아베 총리도 일본의 TPP참여에 적극적인 모습을 보이고 있으며 싱가포르 역시 일본의 참여를 환영한다는 메세지를 발표하였다. 양국은 JSPP21 (Japan-Singapore partnership Programme for the 21st Century)을 통해 제3국에 대한 기술적 지원을 제공하기 위해 협력하고 있으며, 양국 간 협력은 사스나 조류 독감 등과 같은 질병에 대항하기 위한 협력으로까지 확대되고 있다. 또한 양국의 연안 경비대 간 해적에 대항하기 위한 공동훈련 등의 협력도 이루어지고 있다.

4) 지역 협력체 참여

싱가포르는 ASEAN, ASEM, FEALAC(FORUM FOR EAST ASIA-LATIN AMERICA COOPERA TION) 및 APEC 등 지역 협력체에 참여하고 있다. 지역 협력체는 역내 무역의

자유화를 촉진한다는 측면에서 적극 참여한다는 입장이나 역외 국가에 대해 보호주의 조치를 높이는 데 대해서는 거부감을 나타내고 있다. 또한, 아세안 경제공동체인 AEC 설립에 주도적인 역할을 해왔으며, RCEP 추진에도 적극적인 자세를 취하고 있다. 싱가포르 외교정책의 기본원칙(Fundamentals of Singapore Foreign Policy)은 다음과 같다.

- 소국으로서 주변 지역 및 세계에 대한 환상을 배척
- 외교 정책을 뒷받침하는 신뢰성 있고 억지력을 갖춘 국방체제 유지
- 모든 국가와의 우호적인 관계를 위해 노력
- 싱가포르와 우호적인 관계를 원하는 모든 국가와 친교를 맺을 수 있음
- 어려운 시기에 싱가포르를 도와주었던 국가를 저버리지 않음
- ASEAN을 적극 지지하며 관련 활동 적극 참여
- 동남아시아 및 아시아-태평양지역 내 안보 및 평화로운 환경 조성을 위해 노력
- 자유롭고 개방적인 국제 무역체제를 위해 노력함
- 상호이해를 기본으로 어떤 국가와도 개방적인 시장을 유지하고 무역을 실행
- UN과 같은 국제조직을 지지하며 활동에 적극 참여

[사진 6-2] 싱가포르 국가 상징물인 Merlion 동상

자료: 김동하©2011.

제3절 산업 개황

1. 개황

싱가포르의 산업은 제조업, 건설업, 도소매업, 요식업, 운송 및 저장업, 금융 서비스, 사업 서비스 등으로 분류된다. 싱가포르 주력산업은 서비스업 및 제조업으로, 2011년말 기준으로 서비스업이 GDP의 69.0%를, 제조업이 20.9%를 차지하고 있다. 세부 서비스 업종별로 살펴보면 GDP에서 도소매업이 17.4%, 사업서비스가 14.1%, 금융서비스가 11.9% 비중을 차지하고 있다. 2022년에는 서비스업(71.3%), 상품생산업(25.4%) 및 기타(3.3%)로 이루어졌다.

좁은 면적의 도시 국가라는 특성상 농수산업, 광업 등 1차산업은 비중은 극히 낮다. 자본 및 외환 자유화 정책과 적극적인 외국기업 유치정책은 싱가포르 금융업과 기업 서비스업을 발전시킨 원동력이 되었다. 제조업의 경우 전자산업과 석유화학산업, 바이오 메디컬 산업이 주종을 이루고 있으며, 그 외의 산업들은 비중이 미미하다.

싱가포르는 지식기반 경제로의 도약을 준비하면서 제조업과 서비스업을 성장의 양대 축으로 발전시킨다는 전략이며, 향후에도 두 산업의 중요성은 계속될 것으로 보인다. 강력한 지식집약형 제조기반을 바탕으로 싱가포르는 반도체, 컴퓨터 주변장치, 데이터저장, 가전제품 등과 같은 전자산업이 활성화되어 있다. 전자산업은 싱가포르 경제의 초석이라 할 수 있으며, 2011년 기준 9만 560명 이상을 고용하고 있을 뿐 아니라, 싱가포르 전체 제조산출량에서 34.8%를 차지하고 있다.

세계적인 전자 기업들은 신흥시장 진출을 위해 제조역량 기반이 뛰어난 싱가포르를 거점으로 선택하고 있다. 싱가포르 내에 14개의 웨이퍼 실리콘 제조공장과 20개의 반도체 조립 및 시험기업, 40개의 집적회로 설계센터와 세계 3대 웨이퍼공장이 있으며, Flextronics, Hitachi, Hoya, Showa 등과 같은 선도적 전자 기업들이 싱가포르에 센터를 두고 있다.

2020년까지 전자산업과 관련된 녹색, 바이오, 플라스틱, 보안분야 등 IT융합산업의 개발과 투자로 새로운 성장동력을 되찾는다는 정책을 내놓고 이 분야의 전자산업 내 비중을 30%까지 높이는 것을 목표로 하고 있다.

[표 6-7] 2022년 GDP 산업 구성(비중)

(단위: %)

산업 구분		비중
상품 생산 (Goods Producing)		25.4
	제조업	21.6
	건설업	2.7
서비스 생산 (Service Producing)		71.3
	도매무역	18.6
	금융보험	13.5
	운송저장	10.4
	정보통신	5.4
	전문서비스	5.4
	행정 및 지원 서비스	3.0
	부동산	2.9
	소매무역	1.3
	식음료 서비스	0.9
	숙박	0.7
	기타 서비스	9.3
기타		3.3
계		100

자료: 싱가포르 통상산업부(MTI)

화학산업은 2010년 기준 싱가포르 전체 제조산출량에서 29.8%를 차지하고 있으며, 2만 3800명 이상을 고용하고 있다. 싱가포르는 세계 3대 석유정제 및 거래 허브 중 하나이며, Jurong Island는 세계 10대 석유화학 허브 중 하나로, 94개 이상의 석유기업, 석유화학기업, 특수화학 기업, 지원기업 등이 입주해 있는 화학단지가 구축되어 있다. Exxon Mobil, Shell, Invista, BASF, Sumitomo 등과 같은 세계적인 석유화학 및 특수화학 메이저 기업 다수가 싱가포르에 투자하였다.[6)]

6) KOTRA 해외비즈니스 정보포털(2013), www.globalwindow.org 국가정보-싱가포르. (검색일자: 2014.7)

600개 이상의 싱가포르 및 해외 금융기관들이 활동하고 있는 싱가포르는 세계적 금융 중심지이다. 싱가포르 금융 서비스업의 강력한 기초는 건전한 통제와 신뢰도, 강력한 법률 구조에 대한 국제적 명성에 기인한다. The World Economic Forum의 'Global Competitiveness Report 2012-2013'에서 144개국의 글로벌 경쟁력을 비교한 결과 싱가포르는 스위스에 이어 2위를 차지하였다. 아시아 부유층의 증가로 인해 프라이빗 뱅킹, 자산관리, 금융거래 및 보험서비스 등에 대한 수요가 높아짐에 따라 싱가포르 금융서비스 산업은 성장을 지속해 나갈 전망이다.

포화상태에 이른 서비스업을 탈피하여 새로운 성장동력을 모색하던 싱가포르에서는 미래성장동력의 하나로 관광서비스업을 활성화하고자 2010년 카지노를 포함한 복합리조트인 마리나베이샌즈 및 리조트 월드 센토사를 개장하였다. 현재 두 개의 복합리조트는 싱가포르 관광객 유치 및 관광업 활성화에 기여하고 있으며, 특히 마리나베이샌즈는 완공되자 싱가포르를 대표하는 랜드마크로 자리매김하여 밀려드는 관광객 덕에 톡톡한 경제효과를 보고 있다.

2011년 싱가포르를 방문한 관광객수는 전년비 13.1% 증가한 1,317만명이었으며, 2012년에는 다시 9.1%가 늘어난 1,437만명이 방문한 것으로 집계되었다. 싱가포르는 2015년까지 관광객 700만명 유치 및 관광업 매출액 300억 싱가포르달러 달성을 목표로 세운 바 있다. 싱가포르관광청에 따르면, 2023년 외래관광객 수는 1,360만명으로 COVID-19 이전인 2019년 대비 71% 회복한 것으로 나타났다. 유치 상위 3곳은 인도네시아(230만 명), 중국(140만 명), 말레이시아(110만명)이었다. 싱가포르관광청이 밝힌 2024년 외래관광객 유치 목표는 1,500~1,600만명이다.[7)]

7) 한국관광 데이터랩. https://datalab.visitkorea.or.kr. 한국관광공사. (검색일자: 20248.15)

2. 싱가포르 MICE 산업

싱가포르 국제공항인 창이공항에 착륙하면, '인공의 낙원 싱가포르에 오신 것을 환영합니다.'라는 기내 방송이 나온다. 싱가포르는 인간이 만든 낙원임을 내세운 것이다. 짧은 역사, 고유문화 부재, 자원 부족, 협소한 국토라는 치명적인 약점을 극복하고 많은 것을 일군 싱가포르는 그래서 역동적인 도시국가로 평가된다.

재미없는 도시에서 FUN의 도시로 싱가포르는 말레이어로 싱아뿌라(Singa-pura)다. 싱아는 사자를 의미하고 뿌라는 도시를 뜻한다. 그래서 싱가포르는 국가 상징물로 사자를 택하고 2010년 전까지 머라이언(Merlion, 사자의 얼굴과 물고기 하반신 형체를 띤 조각상)을 랜드마크로 삼아 왔다.[8)]

또 다른 싱가포르의 이미지는 '도덕적 국가'였다. 싱가포르 하면 깨끗함, 완벽한 치안, 부정부패 제로로 표방되는 도덕적 국가, 태형이 존재하는 중벌 공화국을 떠올린다. 싱가포르에 변화의 바람이 불기 시작한 것은 2004년이다. 14년간 집권한 고촉통 총리의 뒤를 이어 3대 총리로 취임한 리센룽은 '깨끗한 싱가포르'만 가지고는 미래가 없다고 판단했다. 이에 미래의 신성장동력으로 복합적 부가가치산업인 MICE 산업에서 길을 찾았다. MICE란 기업회의(Meetings), 포상관광(Incentives), 국제회의(Conventions), 전시 및 박람회(Exhibitions)를 의미한다. 도덕 국가라는 명분보다 외화 획득이라는 실리를 추구하며, 싱가포르 정부는 미국의 라스베이거스와 같은 고급스런 복합리조트 시설을 미래 성장동력으로 선택했다.

2010년 2월, 센토사섬에 개장된 '리조트월드센토사'는 세계적 수준의 고급호텔과 다양한 놀이문화시설을 모두 갖춘 복합리조트로 개발되었다. 말레이시아에서 카지노 사업을 운영하는 겐팅그룹이 개발한 이 리조트에는 66억 싱가포르달러가 투자되었다. 마이스 산업의 또 다른 축은 2010년 4월에 미국의 샌즈그룹이 개발하고 한국의 쌍용건설이 시공한 '마리나 베이샌즈호텔'이다. 이 리조트는 2장의 카드가 서로 기대어 서 있는 모양을 한 3개의 건물과 지상 200m 높이에서 이를 연결하는 거대한 배 모양의 스카이파크가 올라선 독특한 디자인으로 착공 당시부터 높은 관심을 받았다. 지하 3층, 지상 55층의 3개동에 2,500실이 넘는 객실을 갖춘 이 리조트는 싱가포르의 랜드마크로서 수많은 관광객을 끌어들였다. 호

8) 원순구(2012), '싱가포르, 즐거움의 나라로 이미지 변신 중', 「친디아저널」 66권, 65-67쪽.

텔, 컨벤션센터, 쇼핑몰, 레스토랑, 카지노가 결합한 복합 리조트로서 52도까지 기울어진 외관은 '현대 건축의 경이로움'이라는 찬사를 받았다. 마리나 베이 샌즈는 단숨에 기존 머라이언을 대신하여, 파리 에펠탑, 시드니 오페라하우스에 버금가는 싱가포르의 새 랜드마크로 자리매김했다.

[표 6-8] 싱가포르 제조업 생산량 비중 (2023년 상반기)

(단위: %)

산업 클러스터	비중
전자	45.3
- 반도체	38.3
- 컴퓨터 주변기기 및 데이터 스토리지	2.7
- 정보통신 및 가전부품	2.8
- 기타 전자 모듈 및 부품	1.4
화학	16.9
- 석유	4.5
- 석유화학	6.8
- 특수제품	3.1
- 기타	2.5
바이오메디컬	12.3
정밀엔지니어링	13.1
운송엔지니어링	5.8
일반제조	6.6
총 제조업	100

자료: 싱가포르 경제개발위원회(EDB)

싱가포르의 외국 자본 유치는 전략적 기획 유치라는 특징을 갖고 있다. 외국 자본 기획 유치를 담당하는 기구인 싱가포르 경제개발청(EDB: Singapore Economic Development Board)은 국내와 해외를 포괄하여 경제 발전을 추진한다. 따라서 국내와 외국 기업의 구분

없이 전략적 유치산업의 투자를 유도한다. 즉, 외국인 투자 자체를 유치하는 데 중점을 두는 것이 아니라 싱가포르 경제 발전의 기본정책 방향과 맞는 산업을 육성하는 것을 더 중시한다.

2011년 현재 7천여 개 이상의 다국적 기업과 200개 이상의 아시아 지역본부가 진출하여 GDP의 40%를 차지하고 있는 등 다국적기업이 싱가포르 경제에서 차지하는 비중은 막대하다. 인구 구성에서도 싱가포르 인구 약 500만명 중 135만 명 정도가 외국인이다. 이를 반영하듯, 세계은행은 싱가포르를 4년 연속 '비즈니스하기 좋은 나라 1위'로 꼽고 있으며, 세계경제포럼은 싱가포르를 스위스와 미국에 이어 국가경쟁력 3위 국가로 평가했다.

EDB는 싱가포르의 지식집약형 경제구조의 확립을 목표로 하고, 첨단기술부문, 고부가가치 산업부문, 연구개발 부문, 비즈니스허브 기능 강화에 도움이 되는 서비스부문 등에 대한 투자를 장려하고자 9개 전략산업을 선정하여 투자유치 활동을 전개하고 있다. 9개 전략산업은 전자공학, 석유화학, 생명과학, 엔지니어링, 교육서비스, 의료서비스, 물류, 정보통신 미디어, 지역총괄 부문이다.

싱가포르의 3대 제조업은 석유화학, 전자, 기계 산업으로, 싱가포르 정부는 3대 분야에서 다국적 기업을 유치하여 산업별 클러스터를 조성해 왔다. 최근에는 신성장동력으로 바이오의학 산업, 신재생에너지 산업을 집중 육성하고 있으며, 균형 있는 산업구조를 만들어 가겠다는 의지를 밝히고 있다.

3. 싱가포르의 경쟁력

싱가포르의 경쟁력은 세계 최고 수준이다. 사업하기 쉬운 국가 1위, 국가경쟁력 2위, 글로벌 위험관리 및 적응 능력 1위, 부패 없는 국가 5위, 정보 네트워크가 가장 잘 갖춰진 국가 2위(2013년 기준) 순위에 오른바 있는 싱가포르는 친비즈니스 환경을 바탕으로 세계 최고의 국가경쟁력을 꾸준히 유지하며 인재 유치와 활용 면에서도 높은 평가를 받고 있다.

또한 미국 헤리티지 재단의 경제자유지수 평가에서 26년간 1위를 점유해왔던 홍콩을 밀어내고 2020년에 처음으로 1위를 차지한 바 있다. 2024년에도 1위를 차지했다.

1965년 독립 이래 정부가 국가경쟁력 강화를 주도하고 있다. 1965년 말레이시아로부터 독립 당시 작은 섬나라로서 생존이 어려울 것 같다는 비관적인 전망이 우세했다. 그러나 동남아 화교와의 네트워크 구축, 해외투자 확대, 다국적 기업의 장기 투자 유도 등을 통해 협소한 국내시장 및 취약한 제조업 기반을 극복해 낸 것이다.

권위주의적 통치체제에 기반을 둔 싱가포르 정부는 최근 문화·관광·공간 정책에 심혈을 기울이고 있다. 또한 아시아 무역·물류·금융·비즈니스의 허브(Hub)를 지향하며 제약, 의료기술, 생명공학 및 의료 서비스 등 4개 중점 부문의 발전을 추구하고 있다.

[그림 6-2] 싱가포르의 헤리티지재단 경제자유지수(2020년)

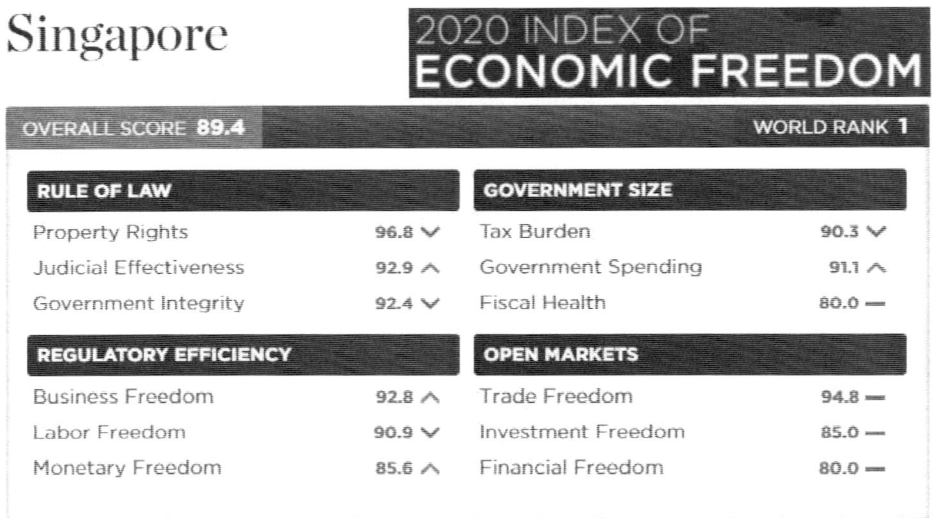

자료: 헤리티지재단 (www.heritage.org) (검색일자: 2021.1.22.)

싱가포르는 성장 기반 확충을 위한 다양한 정책들을 지속적으로 시행하고 있다. 싱가포르의 성공은 정부기관의 업무 효율성과 성공적 통합에 기인한다. 경제개발위원회를 주축으로 외국인 투자 유인정책과 국내 및 다국적 기업 인센티브와 지원체계를 관리하고 있으며, 개방을 확대하고, 효율적이고 유연한 기업환경과 투자여건 조성, FTA 체결로 국제 비즈니스를 지향하고 있다.

소득세 인하 및 투자 인센티브 확대를 위해서 모든 외국기업과 투자자들에게 5~10년 법인세를 면제하는 텍스 홀리데이(tax holiday) 제도를 마련했다. 외국인 투자 자체에 중점을 두기보다는 싱가포르 경제발전의 기본 정책방향과 맞는 산업 육성에 초점을 두고 있다. 정부는 노동자들의 지지를 얻기 위해 교육과 공공주택에 공공투자를 하고 있다. 숙련된 노동력 확보를 위해 영어능력교육 등 우수한 교육시스템(문맹률 5% 미만)을 운영하고 있으며, 주택개발공사(Housing Development Board) 주도의 공공주택 프로그램으로 국민의 90% 정도가 주택문제를 해결하고 있다.

싱가포르가 세계도시로 성장하게 된 배경을 보면, 먼저 자원 부족과 도시국가의 한계를 극복하기 위해 지식경제에 기반을 두고 '혁신'과 '창의성'을 경제 선진화의 핵심 요소로 선정한 점을 들 수 있다. 고정 수입원이 없는 상황에서 정부 주도로 글로벌 우위 확보를 위해 세계화를 적극 수용하는 정책을 편 것이다.

다인종·다언어·다문화사회인 점을 고려해 교육을 통한 국민통합의식 함양을 국가 존립의 근본으로 인식했다. 지도자 육성을 국가적 과제로 삼고 인적자원 확보를 위한 투자와 정책을 전개했으며, 그 결과 아시아에서 지도자 교육을 가장 잘하는 나라로 평가되고 있다. 싱가포르 정부는 인터넷을 통한 정보전달이 공공 서비스 활성화에 중요한 요인임을 인식했다. 스마트폰 보급을 고려해 '모바일 정부 프로그램'으로 모바일 웹 사이트와 애플리케이션 등을 통합 운영하고 있는데, 'mGov@SG'를 통해 이동시에도 편리하게 접속할 수 있도록 애플리케이션과 모바일 웹 사이트를 개발했다. 시민들이 다양한 의견을 제시할 수 있는 'e-참여(e-engagement) 계획' 등의 환경을 조성한 바 있다.

1) 싱가포르의 변신 과정

가. 산업기반 조성(1960년대 후반~): 항만, 수출주도 산업정책 등 노동집약적 산업

경제개발청(Economic Development Board)을 설립해 무역과 투자 중심지 육성 계획을 수립·시행했다. 수출 주도의 산업기반을 조성하기 위해 도로·항만·수도 등 사회간접자본을 육성하고 면세 조치(1967년)를 취했으며, 노사관계법·고용법 개정(1968년) 등을 통해 외국기업 투자유치에 노력했다. 영어 공용어 채택 등을 통해 세계국가도시로서의 기반을 마련했다. 1970년대부터 R&D 투자를 위한 노력을 했고, 1978년부터는 외환 완전 자유화로 다국적기업이 활동하기 좋은 환경을 제공했으며, 1979년부터 기술집약형 산업구조로의 전환을 추진하고 있다.[9]

나. 고부가가치 산업체계로 전환(1980년대~): 기술집약적 산업, R&D투자, 금융 등

1970년대 외자를 이용한 수출주도형 공업화를 추진해 높은 성장을 이뤘으나, 80년대 들어 경쟁력이 약화 됨에 따라 전자·기계·제약 등 고부가가치 산업으로 전환했다. 제조업과 금융·물류·통신 등 제반 서비스가 통합된 국제 비즈니스도시가 될 수 있도록 발전전략을 실행했다. 중개무역항이라는 조건을 활용하기 위해 '전략적인 배급 기지'라는 개념을 도입해 무역허브를 추진했다.

다. 첨단기술과 문화중심의 지식경제, 서비스산업 발전(1990년대 후반~)

'제조업 2000'과 '국제비즈니스 중심 2000', '정보기술 2000' 수립 등을 통해 첨단기술 집약산업을 육성했다. 면세조치 확대정책으로 서비스업도 면세를 확대했다. 1990년 '지역화 전략'으로 다국적 기업에 대한 인센티브 제공 및 국내기업 육성을 시도하고 있다.[10] 또한 국내기업과 다국적기업 간의 연계성을 강화해 국제 경쟁력을 제고했다. 전자·통신·정보기술·생명공학·서비스업·컴퓨터 산업에 대한 지원 확대와 해외기업 유치에 주력하고 있다. 글로벌 경쟁력을 확보하기 위해서는 예술·문화에 대한 투자를 늘릴 필요가 있다는 판단 아래 1999년에 르네상스 시티 프로젝트를 수립했다. 문화·예술의 번성을 통해 싱가포르인의 삶의 질을 높이고 창의력을 발현케 하기 위해서이다. 미디어·정보통신 등 창조산업을 육성해 싱가포르 경제를 선진화하고 일자리를 창출하면서 나아가 새로운 도약의 발판으로 삼는 것을 정책 목적으로 했다.

라. 창조경제 전환(2000년대 이후~): MICE산업, Bio 메디컬산업, 관광 및 의료서비스 등 창조산업 육성

2001년 IT버블 붕괴로 전자산업이 타격을 받자 새 동력을 찾기 위해 카지노와 복합리조트 건설을 승인했다.[11] 바이오 메디컬 산업 육성을 위해 바이오메디컬 연구위원회를 설립했

---

9) 박의범·노전표(1995), 싱가포르의 외국인 투자기업 서비스 현지화 전략에 관한 연구, 「동남아연구」 4권, 77-120쪽.

10) 김시윤(2010), 발전국가의 탄력성과 지속성: 싱가포르 사례, 「한국행정논집」 22권 4호.

11) 홍선경·김윤경·천혜정(2012), '2011년 싱가포르 산업연관표의 작성을 통한 카지노산업과 타산업의 생산·고용 유발효과 비교분석', 「여성경제연구」 제9집 제2호.

으며, 2002년 창조산업 육성을 위해 예술·문화, 디자인, 미디어부문 육성 전략을 발표한 바 있다. 의료 및 교육서비스를 관광산업의 중요 영역으로 인식하고 집중 육성하고 있다. 최근 주요 성장동력인 금융·물류 등의 전통적 서비스산업(전체 GDP의 70% 이상)이 전시산업·의료관광 등 신성장 융복합산업으로 확대되고 있다. Business Travel과 MICE 산업을 통합해 관광산업의 핵심으로 육성하고 있다. 이 분야는 매년 높은 성장률을 보이고 있으며, 2011년에는 세계컨벤션협회로부터 6년 연속 아시아 최고 컨벤션 도시로 선정된 바 있다.

[표 6-9] 싱가포르의 발전 과정

	1970년대	1980년대	1990년대	2000년대 이후
산업	제조업 노동집약적 산업	고부가가치산업 R&D 투자 금융	IT산업, 첨단기술산업, 지식경제산업	서비스, 바이오, 관광, 문화예술, 의료, 유통
인프라	항만 공공주택	창이공항	국가과학기술원	복합리조트호텔, 바이오복합연구단지 , 복합공연장
중점정책	수출지향적인 산업정책 '산업개혁개획'	제조업과 서비스업의 공동 발전 전략	지역화전략, 대외경제전략 강화	창조경제전환, 창조산업육성, 바이오메디컬

자료: 윤지영(2014) 싱가포르의 변신 노력과 경쟁력의 원천, 부산발전연구원 BDI포커스 제245호, 7쪽.

2) 싱가포르 국가전략과 리더십

싱가포르의 리더십은 국부(國父)격인 리콴유 전 총리에서 시작되었다. 리콴유 전 총리는 실용주의에 입각해 누구에게나 배울 수 있고 협력할 수 있다는 '열린태도'를 실천한 바 있다. 문화수준·환경·교육·언어 등에서의 국제화에 심혈을 기울였으며, 글로벌 인재유치에 주력했다. 역사적 과제를 해결하고 지역 협력을 추진하는 리더십의 필요성을 인지했다. 리더십이 인재를 양성하고 정책의 원칙을 지켜나가 국민들의 공감을 얻은 것이다.

주요 실천사항을 보면, 바이오 메디컬 허브 구축, MIT·존스홉킨스대 등 세계적 대학 유치, 헬스와 관광을 접목한 의료관광산업의 전략산업화 등은 미래지향적 리더십의 산물이라 할 수 있다. 싱가포르가 전략적으로 추구해온 보건·의료·주택 혜택, 보편적 교육기회 제공, 노후 생계 지원 등의 복지 체계 구축이 국민 통합과 정치적 안정, 생산성 제고의 핵심으로 작용하고 있다. 국민들이 경쟁에서 낙오하지 않도록 공영주택·교육·보건 등에 대한 대폭적인 투자를 병행한다.[12)]

싱가포르의 성공은 '아시아적 가치'에 기반한다. 리콴유는 가족의 결집, 책임성, 질서와 서열의 존중 등 동양 유교적 가치에 의한 사회적 결속이 싱가포르에 필요하다고 판단했다. 권위주의와 가부장적 문화를 기초로 한 사회질서 유지와 가족주의적 기업 운영했다. 실용주의, 엘리트주의, 부정부패 0%를 향한 반부패 정책을 시행했으며, 철저한 엘리트 인재를 양성하기 위해 인문학 및 예술학 중점 정책을 전개했다. 정치 지도자의 굳은 결심, 강력한 법·제도, 수사기관의 독립성과 사법부의 엄한 형벌주의, 공무원에 대한 적절한 처우, 공정하고 깨끗한 선거제도 등의 반부패정책을 실행했다. 싱가포르가 21세기에 직면할 선택의 문제를 검토하고, 조화와 균형을 이루며 하트웨어(Heartware)를 강화한다는 목표로 '싱가포르 21' 비전을 제시한 것이다.[13)]

[그림 6-3] 싱가포르의 산업 클러스터 구성도

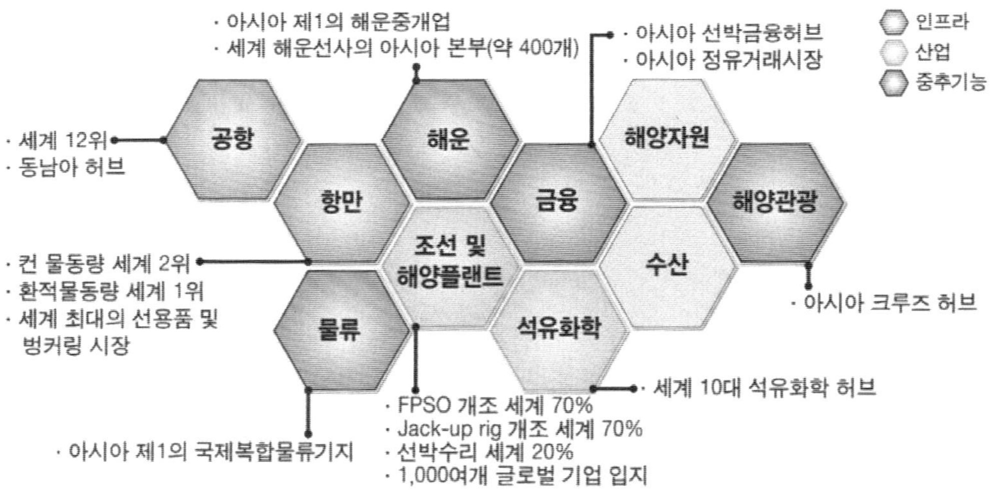

자료: 송교욱 외 4인 (2013), '신해양경제 시대를 선도하는 부산의 발전전략', BDI

---

12) 황진태·박배균(2012), 세계도시 형성에 있어서 국가의 역할에 대한 연구-싱가포르의 세계도시 전략을 사례로, 「서울도시연구」 제13권 제4집.

13) 박범순(2001), 국가전략의 대전환: 싱가포르-말레이시아-정부주도 정보화전략, 삼성경제연구소.

[사진 6-3] 싱가포르 국부 리콴유와 부인, 아들 Lee Hsien Loong 총리

자료: 바이두 사진 D/B (검색일자: 2014.7)

[키워드] 싱가포르 국부, 리콴유(Lee Kuan Yew: 李光耀. 1923.9.-2015.3)

싱가포르 독립 초기에는 빈곤과 무질서가 판치고 있었다. 이를 세계에서 손꼽히는 부유하고 깨끗한 나라로 일구어낸 데에는 건국의 아버지로 불리는 리콴유의 탁월한 리더십이 역할을 했다. 그는 영국 식민통치시기인 1923년 9월 16일, 싱가포르 화교 이민자 집안에서 태어났다. 그의 조부는 광둥성 메이저우시 출신이며, 객가인(客家人)이었다. 그가 태어났을 때만 해도 집안은 부유하였으나, 대공황으로 중산층이 되었다. 하지만 공부에 열의가 높았던 리콴유는 싱가포르 최고 대학이었던 래플즈 대학(Raffles College)에 장학생으로 입학하였고, 2차대전 중에는 고무풀 장사를 하기도 하였다. 전쟁이 끝나고 그는 영국으로 유학을 떠났다. 런던정경대학을 거쳐 캠브리지 대학교 법학과를 최우수 성적으로 졸업한 그는 1950년 6월 변호사 자격증을 취득하고 귀국하여 1959년까지 노동자들을 대변하는 법률 자문가로 활동하였다. 그는 노조·중국계 학생·親공산주의적 활동가들을 규합하여 1954년 11월 인민행동당을 세우고, 초대 사무총장 자격으로 탄종파가 지역에서 국회의원이 되었다. 1959년 6월, 36세 나이로 자치정부 초대총리가 된 후, 1965년 독립 싱가포르의 초대 총리가 되었다. 이후 1990년 11월 사임할 때까지 탁월한 리더십으로 싱가포르를 세계에서 가장 안정적이고, 개방적이며, 경쟁력을 갖춘 선진국가로 만드는 데 역할을 하였다. 2차대전 후 전세계 지도자 중 리콴유 처럼 30년이 넘게 국정을 이끌고, 이후에도 국부(國父)로서 국민의 절대적 신뢰를 받은 인물은 드물다. 그는 92세를 일기로 2015년에 서거하였다.

제4절 통상 현황

1. 무역

싱가포르의 주요 수출입품목을 살펴보면 몇몇 품목을 제외하고 수출과 수입 품목이 비슷한 카테고리임을 발견할 수 있다. 주로 석유제품과 반도체 부품 등 유럽과 미국, 중국으로 수출되는 중개무역 품목이 대부분을 차지하고 있다. 싱가포르의 주요 수출대상국은 말레이시아, 홍콩, 중국, 인도네시아, 미국 등이며, 주요 수입 대상국은 말레이시아, 중국, 미국, 한국, 대만, 일본 등이다. 한국에서의 수입량은 지속 증가하여, 2012년 기준 한국은 일본과 대만을 제치고 싱가포르의 4대 수입국을 기록했다.

코로나19로 인해 내수 경제가 타격을 입은 가운데 싱가포르 비석유국내수출(Nodx)은 2020년 1~8월 5.9% 성장하였으며, 싱가포르 기업청(ESG)는 올해 싱가포르 비석유부문 수출이 3~5%의 성장률을 기록할 것으로 전망했다. 이는 2008년 글로벌 금융위기 당시 11% 급락한 것과 대조되는데 이는 금번 코로나19 글로벌 확산에도 불구하고 글로벌 공급망 및 무역이 상대적으로 타격을 받지 않았기 때문이다.

2019년 기준, 싱가포르는 한국의 수출대상국 7위, 수입대상국 16위이며, 한국은 싱가포르의 수출대상국 9위이자 수입대상국 7위로 서로 중요한 위치를 차지하고 있다. 2017년 싱가포르의 최대 수출 대상국은 중국이었으며, 2위가 홍콩이었다. 또한 같은 해 최대 수입 대상국은 중국이었고, 2위는 말레이시아 였다. 최근 통계를 보면, 2023년 3/4분기 기준으로 싱가포르의 최대 교역 대상국은 중국, 미국, 말레이시아, 대만, 홍콩, 인도네시아, 한국 순이었다.

2019년 싱가포르의 수출총액 5325억 싱가포르 달러 중 52.7%는 재수출이다. 이는 싱가포르에 대규모 석유 및 정유 단지에서 생산되는 유류에 대한 재수출 비중이 높아서이다. 실제 같은 해 석유 수출액은 862억 싱가포르 달러로 전체 수출 중 16.1%를 점유하고 있다.

[표 6-10] 싱가포르의 주요 교역 대상국

(단위: 백만 미달러, %)

순위	2020		2021		2022		2023(1~9월)	
	국가	교역액 (비중)	국가	교역액 (비중)	국가	교역액 (비중)	국가	(비중) 교역액
1	중국	98,938 (14.07)	중국	122,159 (14.16)	중국	126,885 (12.8)	중국	(13.56) 90,478
2	말레이시아	75,162 (10.69)	말레이시아	(11.10) 95,743	말레이시아	110,912 (11.20)	미국	(10.71) 71,413
3	미국	74,199 (10.55)	미국	78,663 (9.12)	미국	96,229 (9.71)	말레이시아	(10.37) 69,180
4	대만	54,605 (7.76)	대만	74,296 (8.61)	대만	82,818 (8.3)	대만	(7.75) 51,724
5	홍콩	50,060 (7.12)	홍콩	63,312 (7.34)	홍콩	60,842 (6.1)	홍콩	(5.70) 38,039
6	일본	35,977 (5.12)	인도네시아	43,950 (5.09)	인도네시아	55,361 (5.5)	인도네시아	(5.69) 37,954
7	인도네시아	35,414 (5.04)	한국	41,821 (4.85)	한국	51,462 (5.1)	한국	(5.14) 34,272
8	한국	32,349 (4.60)	일본	40,103 (4.65)	일본	47,489 (4.8)	일본	(4.51) 30,072
9	태국	23,873 (3.39)	태국	25,389 (2.94)	태국	30,549 (3.0)	태국	(3.43) 22,912
10	베트남	16,461 (2.34)	호주	20,250 (2.35)	호주	25,122 (2.5)	베트남	(2.43) 16,233

자료: 싱가포르 통계청(2024.8)

싱가포르 통상산업부(Ministry of Trade and Industry, MTI) 발표에 따르면, 싱가포르의 2022년 총 상품교역은 1조 4천억 싱가포르달러로 전년(1조 2천억 싱가포르달러)대비 17.7% 증가했다. 특히, 유가 상승의 영향으로 석유 무역이 전년비 47.5% 증가한 것으로 나타났다.

서비스교역은 2022년 기준 7,580억 싱가포르달러로 전년비 10.8% 증가했다. NODX(비석유수출·Non-oil Domestic Exports)의 경우, 전년비 3% 증가하며 전년(12.1%)의 성장세를 이어갔다. NODX의 성장은 전자 및 비전자 제품의 출하가 증가한 것의 영향으로 해석되었다. NODX 기준 상위 10개 시장이 싱가포르 전체 NODX의 78.6%를 차지한 것으로 나타났으며, 가장 큰 비중을 차지하는 국가는 미국, 말레이시아, EU였다.

한편, 싱가포르 통상산업부는 2022년 3월, 2030년까지 싱가포르의 무역 확대를 포함하여 여러 부문에서 현지 비즈니스를 강화하기 위한 새로운 계획 발표한 바 있다. 경제의 4가지 핵심 영역(서비스, 제조, 무역, 기업)에 걸쳐 방향을 제시하고 별도의 전략에 의해 추진될 것이라고 언급했다. 특히 무역에 관해서는 일명 "Trade 2030"으로 수출 1조 싱가포르달러를 2030년까지 달성하고 역외무역은 2조 미국달러를 달성하는 것이 목표라고 발표했다. 싱가포르 기업청(Enterprise Singapore, ESG)은 이에 대해 글로벌 공급망을 다각화하고, 역외무역 네트워크를 확장하며, 글로벌 신수요에 따른 기업 간 거래 활성화를 추진 방향으로 덧붙였다.

[표 6-11] 싱가포르 수출입 동향

(억S$, 전년동기대비 %)

	2017	2018	2019	2020		
				1/4	2/4	3/4
수출	5,150 (10.3)	5,557 (7.9)	5,325 (-4.2)	1,268 (-1.4)	1,136 (-14.0)	1,273 (-5.0)
국내수출	2,593 (15.8)	2,811 (8.4)	2,516 (-10.5)	580 (-6.4)	507 (-21.6)	545 (-11.4)
석유	846 (33.4)	990 (17.1)	862 (-12.9)	152 (-29.0)	78 (-67.7)	103 (-48.6)
비석유	1,747 (8.8)	1,821 (4.2)	1,654 (-9.2)	429 (5.4)	429 (5.9)	442 (6.5)
재수출	2,557 (5.2)	2,745 (7.4)	2,809 (2.3)	687 (3.2)	629 (-6.8)	728 (0.4)
수입	4,521 (12.1)	5,002 (10.6)	4,897 (-2.1)	1,211 (2.6)	1,025 (-16.6)	1,131 (-7.6)
총교역	9,671 (11.1)	10,559 (9.2)	10,222 (-3.2)	2,479 (0.5)	2,161 (-15.2)	2,404 (-6.3)

자료: 싱가포르 통상산업부(MTI), 주싱가포르 대한민국 대사관. [검색일자: 2021.1.10.]

2. FTA

싱가포르는 1999년부터 다자간 무역 협상과 더불어 양자 간 자유무역협정(FTA)에도 중요한 비중을 두는 정책을 펼치고 있다. 싱가포르는 동아시아의 FTA 허브(Hub)를 지향하고 있으며, 도시형 개방경제체제 및 대외무역 의존형 경제구조를 바탕으로 적극적인 대외 통상정책을 추진하여 경제 관계가 긴밀한 여러 나라와 FTA를 체결 및 진행하고 있다.

싱가포르는 2000년 9월 뉴질랜드와 FTA를 체결한 이후 일본, 호주, 미국, 요르단, 중국, 한국 등과 이미 FTA를 체결하였으며, 2005년 6월에는 칠레, 뉴질랜드, 브루나이와의 4국간 FTA 협상을 타결하는 등 다자간 FTA도 활발하게 추진하고 있다. 최근에는 EU(2019), 터키(2017.10), 스리랑카(2018.5), 영국(2021.1)과 FTA를 체결했고, ASEAN 회원국으로서 일본, 인도, 호주, 뉴질랜드, 홍콩, 중국 등의 국가들과 ASEAN과의 FTA에도 참여하고 있다.

2018년 12월에는 미국이 주도하다 빠진 다자간 지역경제통합체인 CPTPP(Comprehensive and Progressive Agreement for Trans-Pacific Partnership. 포괄·점진적 환태평양경제동반자협정)에 일본, 브루나이, 말레이시아, 베트남, 호주, 뉴질랜드, 캐나다, 멕시코, 페루, 칠레와 함께 참여하고 있다. CPTPP는 2018년 12월 30일자로 발효되었다.[14)]

한국과의 FTA는 2005년 8월 정식 서명하고 2006년 3월 2일부로 발효된 상태이다. 중국과는 2008년 9월초 지난 2년간 추진해 온 쌍무간 협상이 타결되어 2008년 10월 아시아 국가 중 최초로 중국과 FTA를 체결한 국가가 됐다.

2018년 11월 12일에는 중국 리커창(李克強) 국무원 총리와 리셴룽 싱가포르 총리가 지켜보는 가운데 중국 측 푸쯔잉(傅自應) 상무부 국제무역협상 대표 겸 부부장과 싱가포르 측 찬춘싱 통상산업부 장관이 자유무역협정(FTA) 업그레이드 버전에 서명했다. 중국 입장에서 이번에 체결한 '중-싱 FTA 업그레이드 의정서'는 최근 중국이 국내에서 중점적으로 추진 중인 '자유무역시험구 건설'과 연관이 있다. 중국 상무부에 따르면 이번 의정서에는 중국

---

14) 미국의 TPP 탈퇴 선언(2017.1.23) 후 일본 주도로 11개 회원국간 논의를 지속하여, 2018년 1월 23일 협정이 타결되고, 같은 12월 30일에 발효됨. 다수의 TPP 회원국들은 미국 탈퇴로 의미 퇴색을 우려하였으나, 5년에 걸친 협상 노력과 해외시장 확대 필요성을 고려하여 추진하는 방향으로 선회함. 미국을 제외한 TPP 11개 회원국들은 2017년 3월 15일 칠레에서 통상장관 회담을 개최, 이후 기존 TPP 협정을 '포괄적·점진적 TPP'라는 의미의 CPTPP로 변경하여 추진함. 2018년 1월 23일 수석대표 회담에서 협상 최종타결 후, 3월 8일 칠레에서 11개 회원국 통상장관들이 공식 서명함. (자료: 이요셉, KITA 통상리포트, 2018)

과 싱가포르가 기존에 맺은 FTA에서 원산지규칙, 세관절차·무역편리화, 무역구제, 서비스 무역, 투자, 경제협력 등 6개 분야에 대한 개선과 함께 전자상거래, 경쟁정책, 환경 등 3가지 분야가 추가됐다. 이와 함께 양국은 FTA에 처음으로 '일대일로(一帶一路: 육·해상 실크로드)' 협력을 포함시켰다. '일대일로' 구상이 양국의 전방위 협력과 공동발전 목표 실현, 호연호통(互聯互通: 상호 연결과 소통) 강화 및 지역 평화·발전 추진에 중요한 의미가 있다는 점이 강조됐다.

구체적으로 보면 세관 절차와 원산지규칙에서 양국은 더 높은 수준의 무역 편리화로 기업의 무역비용을 줄이는 한편, 일부 화공제품의 특정 원산지 규칙 표준을 간소화했다. 서비스 무역에서 양국은 환경, 항공운송, 법률, 건축, 해운 등 기존 FTA 내용을 토대로 상호 간에 자유화 수준을 높였다.

투자 분야에서 양국은 상호간 투자 보호를 강화하고, 시장진입 후 단계에서 국민대우와 최혜국대우를 부여하며 투자자와 국가 간 분쟁해결시스템을 도입하기로 했다. 또한 양국 정부는 '취업허가증 신청 투명도와 편리화에 관한 양해각서'를 체결했고 전자상거래, 경쟁정책 및 환경 등 분야에서도 광범위한 합의를 이뤘다.[15]

싱가포르가 이처럼 FTA를 적극적으로 추진하는 데에는 국제무역 중계지라는 자국의 위상을 높이고 자국 서비스산업을 발전시키기 위한 전략적 노력 때문이다.

[표 6-12] 싱가포르의 FTA 체결 현황 (2023년말 기준)

구분	내용
양자차원(15)	한국, 미국, 일본, 호주, 뉴질랜드, 인도, 요르단, 파나마, 중국, 페루, 코스타리카, 스리랑카, 터키, 영국, EU
ASEAN 차원 (7)	아세안-싱가포르, 아세안-호주·뉴질랜드, 아세안-중국, 아세안-인도, 아세안-일본, 아세안-한국, 아세안-홍콩
기타 (5)	EFTA(스위스, 리히텐슈타인, 노르웨이, 아이슬랜드), Trans-Pacific SEP(브루나이-뉴질랜드-칠레), GCC(바레인, 쿠웨이트, 오만, 카타르, 사우디아라비아, 아랍에미리트연방), CPTPP(일본, 브루나이, 말레이시아, 베트남, 호주, 뉴질랜드, 캐나다, 멕시코, 페루, 칠레), RCEP(호주, 브루나이, 캄보디아, 중국, 인도네시아, 일본, 라오스, 말레이시아, 미얀마, 뉴질랜드, 필리핀, 한국, 태국, 베트남)

자료: 싱가포르정부 FTA 포털 www.enterprisesg.gov.sg (검색일자: 2024.8)

15) 人民網 (2018.11.13.)

싱가포르의 RCEP(역내 포괄적 경제동반자 협정) 참여 또한 FTA 영역을 넓히는 결정이었다. 2020년 11월 15일에 ASEAN, 한·중·일, 호주, 뉴질랜드 등 15개국이 참가하는 중국 주도의 지역경제통합체인 RCEP(Regional Comprehensive Economic Partnership. 역내 포괄 경제동반자 협정)이 타결되었다. RCEP 무역 규모는 5.4조 달러로 전 세계 30% 수준이며, GDP는 26.3조 달러(세계 32%), 인구 22.6억 명 규모의 메가(Mega) FTA이다. RCEP은 우리나라에서는 2022년 2월자로, 중국을 포함한 10개국은 2022년 1월 1일자로 발효가 되어 다자간 무역에 적용되고 있다.

[그림 6-4] 싱가포르가 참여한 CPTPP 현황

자료: 연합뉴스 (2021.1.31.)

3. 싱가포르-중국간 FTA

2008년 10월 23일, 중국과 싱가포르는 베이징에서 중·싱가포르 FTA 협정문(China-Singapore Free Trade Agreement, 이하 CSFTA)을 체결했다.

CSFTA는 2006년 8월 협상을 개시하여 2008년 9월까지 총 8차의 협상 끝에 타결되었며 2009년 1월에 발효되었다. 중-싱가포르 FTA 협상은 원래 2004년부터 논의 되었으나 당시 싱가포르 차기 총리 후보였던 부총리 리셴룽이 타이완을 방문한 후 베이징이 양국 FTA 논의 중단을 선언하여, 협상 개시가 2년 넘게 지연된 바 있다.

CSFTA는 상품무역, 서비스무역, 투자, 인력이동, 세관 절차, 무역구제, TBT(무역기술장벽) 및 SPS(동식물위생검역조치), 경제협력과 분쟁해결 등을 포함하고 있다. 싱가포르는 ASEAN 국가 중에서 중국과의 무역량이 최대인 국가이며 CSFTA는 중국이 체결한 네 번째 양자 FTA이다. CSFTA는 중국이 아시아 국가와 상품 서비스, 인력이동 등을 포괄적으로 일괄 타결한 최초의 FTA 라는 의의가 있다.

중국은 이미 싱가포르와 중-ASEAN FTA라는 다자적 관계를 맺은 상황에서 다시 양자간 FTA를 체결하였다. 양자간 FTA 협상을 시작한 이유는 중-ASEAN FTA의 다자간 협상틀의 개방 속도보다 더 빠르고 폭 넓은 개방을 달성하기 위한 것이라고 밝혔다. 2007년 기준으로 중국은 싱가포르 제2의 무역 상대국이며, 싱가포르는 중국의 8대 무역상대국 5대 대중 투자국이다. 2007년 양국의 무역액은 472억 달러에 달했으며 특히 중-ASEAN 상품 FTA가 발효된 2005년 이후부터는 더욱 빠른 증가세를 시현하고 있다. 특히 중국의 대싱가포르 수출과 무역흑자가 급상승하여 2007년 중국의 대싱가포르 무역흑자는 120억 달러를 넘어섰다. 2019년 싱가포르는 중국에 516.6억 달러를 수출했으며, 490.7억 달러를 수입하여 무역수지는 25.9억달러 흑자를 기록하였다.

중국 상무부에 따르면 2007년말 싱가포르의 대중 투자(실질이용액 기준) 누계액은 333.9억 달러, 1만 6,615건에 달했다. 이러한 대중 투자 실적은 대중 투자국 중 홍콩, 일본, 미국, 한국, 버지니아 군도 제외 다음으로 높은 수준이다.

싱가포르의 대중국 수출품에 대해 2010년까지 95% 상품의 관세를 철폐하고 중국의 대싱가포르 수출품에 대해서는 발효 시점인 2009년 1월부터 영관세를 적용하게 된다. 2009

년 1월부터 싱가포르의 대중국 수출품에 영관세가 적용되고 2010년까지 추가적으로 10%의 상품에 대한 관세를 철폐하도록 하였는데 이는 2007년 기준으로 무역액 180억 달러 수준이다. 주요 품목으로는 석유화학, 가공식품 및 전자 전기제품 등이다. CSFTA의 상품 무역 부문은 상품 협상을 기본으 로 하여 더 가속화된 관세양허를 허용하도록 하였다.

[그림 6-5] 중국의 對싱가포르 무역 현황

(단위: 백만달러)

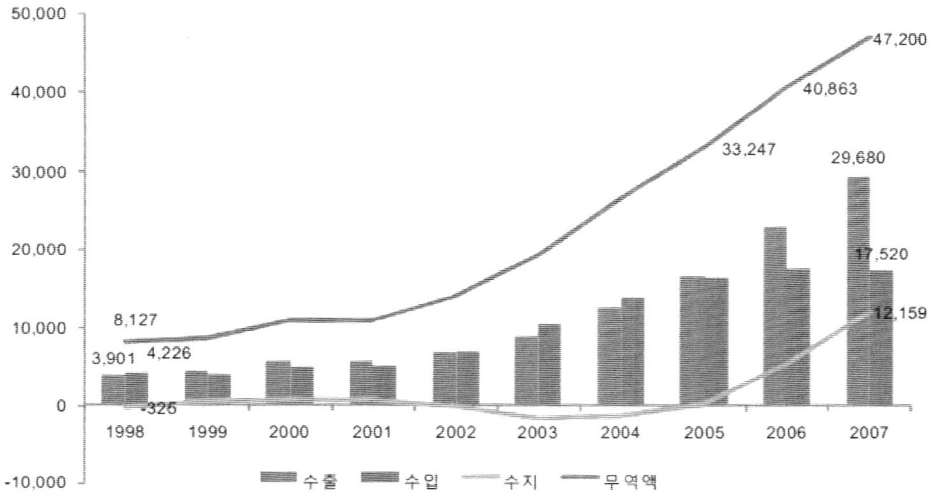

자료: IMF, Direction of Trade Statistics.

CSFTA 서비스 협정문은 GATS(General Agreement on Trade in Services. 서비스무역에 관한 일반협정)와 중-아세안 FTA에 기초하여 작성되었으며, 상호인정 분야에서 여타 기체결 서비스 FTA 보다 발전되었다. 실제 병원 서비스 분야를 보면, 중국은 지금까지 WTO나 기체결 FTA에서 병원서비스를 기재하지 않았으나 CSFTA에서 최초로 양허하였다. 시장접근과 내국민 대우에 대해 국경간 공급모드(mode1)과 인력 이동(mode4)은 개방하지 않았으나 해외소비(mode2)와 상업적 주재(mode3)를 개방하였다. 즉, 중국 측 파트너와 합자회사(Joint Venture) 형식으로 싱가포르 자본 비율이 70%를 넘지 않는 조건으로 병원을 설립 하되, 총 수량 제한은 중국 측의 수요에 따라 달라지며 의사와 의료진의 대다수는 중국인이어야 한다. 또한 교육서비스 분야도 개방되었다. CSFTA에서 싱가포르는 WTO나 기존 FTA에서는 개방하지 않았던 분야인 중의학 교육, 중국어교육 및 교육시험서비스 시장을 개방하였다. 다만 시장접근에 있어서 중의학 학위 취득 가능 인원수는 총 공급에 따라 제한을 둘 수 있도록 하였으며, 인력이동에 대해서는 개방하지 않았다.[16]

[표 6-13] 중국의 기체결 FTA 협정문의 주요 구성 비교

	중·싱가포르('08)	중·칠레('05)	중·파키스탄('06)	중·뉴질랜드('08)
1장	최초조항	최초조항	최초조항	최초조항
2장	일반정의	일반정의	일반정의	일반정의
3장	상품무역	상품무역 내국민대우와 시장접근	상품무역 내국민대우와 시장접근	상품무역
4장	원산지규정	원산지규정	원산지규정	원산지규정 및 운용절차
5장	세관절차	원산지규정 관련절차	무역구제	세관절차 및 협력
6장	무역구제	무역구제	SPS	무역구제
7장	TBT 및 SPS	SPS	TBT	SPS
8장	**서비스무역**	TBT	투명성	TBT
9장	**자연인 이동**	투명성	투자	**서비스무역**
10장	투자	분쟁해결	분쟁해결	**자연인 이동**
11장	경제협력	행정	행정	투자
12장	분쟁해결	예외	최종조항	지식재산권
13장	예외 조항	협력		투명성
14장	일반 및 최종조항	최종조항		협력
15장		서비스무역 보충협정(08)		행정 및 제도조항
16장				분쟁해결
17장				예외
18장				최종조항

주: ( )안은 체결 연도. TBT는 기술장벽. SPS는 위생검역.
자료: 여지나(2008), 중·싱가포르 FTA 체결의 주요 내용 및 시사점, 지역경제포커스 08-42호, KIEP.5쪽

16) 여지나(2008), 중·싱가포르 FTA 체결의 주요 내용 및 시사점. 지역경제포커스 08-42호. KIEP. 2쪽.

제5절 싱가포르 화교 현황

1. 개요

싱가포르는 동남아에 위치한 특수한 '도시 국가'이다. 또한 동남아에서 유일하게 화교·화인 인구가 전체 인구의 절대다수를 점유하고 있는 국가이기도 하다. 1819년에 처음으로 개항했으며, 1826년에 영국 식민지의 일부분으로 편입되었다. 이 시기부터 싱가포르에는 화교, 말레이시아인, 인도인 등이 이주하기 시작했다. 1824년에 싱가포르 화교인구는 3317명에 불과했으나, 1836년에는 13,749명으로 늘었고, 이는 당시 현지 총인구의 45.9%에 달했고 말레이시아인을 넘어서는 최대 인구군이었다.[17]

아편전쟁(1840~1842) 이후 화교들의 싱가포르 유입은 더욱 늘어났다. 1849년 화교인구는 27,988명으로 늘어났고, 1891년에는 12.1만명까지 증가했으며 당시 전체인구의 67.1%를 점유했다. 20세기에 들어서면서 화교인구의 유입은 급증했다. 1901년 16.4만명, 1947년 72.9만명(현지 총인구의 77.8%)에 달했다.

1963년 9월, 싱가포르와 말레이시아는 합병 후 말레이시아 연방을 구성하게 된다. 1965년 8월 9일에 연방에서 탈퇴하여 독립국가를 구성했다. 이 시기 싱가포르 총인구 중 화교인구 비중은 75% 내외였다. 2011년 현재 싱가포르 총인구는 518.37만명으로 이중 국적자가 325.72만명, 영주권자 53.2만명, 임시거주자(취업, 학습) 139.44만명으로 분류된다. 국적자와 영주권자 중 화교인구는 280.83만명으로 74.1%를 점유하고 있다. 임시거주자 내 화교인구(잠정)까지 포함하면, 싱가포르 화교인구는 384.16만명으로 나타난다.

싱가포르 인구 통계국은 화교 인구를 그들이 쓰는 모계 방언으로 구분하고 있다. 2010년 통계를 보면 복건인이 40%(111만명)로 가장 많으나, 복주인(복건성 성도), 흥화인(복건 동부), 복청인(복건 동부)까지 포함하면 복건계는 43.4%로 늘어난다.

---

17) 苏瑞福(Saw Swee-Hock·新加坡) (2009),『新加坡人口研究』, 厦门大学出版社, 29-30쪽.

[표 6-14] 모계 언어에 따른 싱가포르 화교 구분 (2010)

(단위: 명, %)

언어 구분	총인구	점유비(%)
복건(민남)인	1,118,817	40.04
조주인	562,139	20.12
광부(廣府)인	408,517	14.62
객가인	232,914	8.34
해남인	177,541	6.35
복주인	54,233	1.94
흥화인	25,549	0.91
상해인	22,053	0.79
복청인	16,556	0.59
기타	175,661	6.29
합계	2,793,980	100.0

주: 광부인 개념은 광동 지역 내 객가인, 조주인을 제외한 광동인을 말함. 흥화인은 복건 동부지역으로 지금의 莆田 지역임. 복청인도 복건동부지역으로 복건성 성도인 복주 인근임.

자료: 丘进(2013),『华侨华人研究报告(2013)』, 社会科学文献出版社, 38쪽.

화교들이 주도한 싱가포르 정부는 민주와 공정의 원칙을 구현한 헌법을 제정해 모든 민족이 평등한 권한을 갖도록 했다. 화교 정부는 자기만의 이익을 추구한 것이 아니라 기타 약소 민족의 권익도 지켜주면서 점진적으로 민족 차별을 없앴다. 이를 통해 경제가 성장하고 여러 민족이 화목하게 지내는 공동체 사회를 건설했다.

1954년에 설립된 인민행동당은 싱가포르 최대 정당이다. 리콴유(李光耀)가 초대 비서장을 맡았다. 1959년 5월 싱가포르 제1차 국회 총선에서 인민행동당이 승리를 거두고 리콴유가 '자치령'의 총리를 맡게 됐다. 이후 인민행동당은 줄곧 압도적으로 국회를 주도하고 있다. 1990년 말 고촉통(吳作棟)이 리콴유 후임으로 제2대 총리를 맡았고, 2004년 8월에 리센룽(李顯龍)이 제3대 총리에 올랐다.

인민행동당과 리콴유 정부는 처음부터 각 민족 평등의 원칙을 강조했고 화교가 다수라 해서 지배하지 않았다. 오히려 모든 면에서 말레이시아인과 인도인 등 타민족을 존중하고 우대했다. 싱가포르 국가원수는 말레이시아 족장이었고, 내각부장도 말레이시아인이었다. 외교부장도 인도인이 오랫동안 맡았다. 현재 인민행동당을 제외한 주요 정당으로는 민주당과 인민당 등이 있다.[18]

2. 화교기업

1800년대 초반 영국의 식민지가 된 싱가포르는 서구의 문물이 밀려들면서 자유무역항으로 급속하게 발전해 동남아 최대의 상품 집산지가 됐다. 싱가포르 상인들은 인근 지역과 유럽 및 미국에서 오는 상품을 모았다가 세계 각 지역에 쏟아냈다. 1930년대까지 싱가포르 화교들은 주로 상업 및 무역업에 종사했다. 일부는 식품, 원료가공, 해양운송, 금융, 농업 재배, 서비스 및 이와 관련된 산업에도 참여했다. 1945년 이후 싱가포르 화교 경제는 국가의 독립과 더불어 관대한 정부 정책에 힘입어 사업 영역을 크게 확장했다. 현재는 상업무역, 제조업, 관광업, 건축 및 부동산, 금융업 위주에 기타 산업에 동반 진출하는 다각화 경제구조를 형성하고 있다.

화교를 배척한 동남아 각국의 정서를 고려해 싱가포르 정부는 처음부터 화교 기업들의 이익을 강조하지 않았다. 그렇다고 이들의 발전을 제한하고 차별하지도 않았다. 화교 기업들은 싱가포르 경제발전과 더불어 빠르게 성장해 국가 경제의 주요 구성부분이 되었다. 특히 독립 이후 외국 독점 자본이 비운 자리를 빠르게 채워갔다. 이 과정에서 대규모 화교 기업이 다수 출현했다.

대표적인 사례가 황주요(黃祖耀) 가족이 경영권을 갖고있는 다화(大華)은행그룹이다. 1935년 황주요의 부친 황칭창(黃慶昌)과 6명의 푸젠 상인이 자본금 400만 싱가포르 달러로 설립한 다화은행그룹은 현재 싱가포르 제2의 은행으로 성장했다. 1974년부터 다화은행그룹은 세계 500대 은행에 진입했고, 싱가포르와 인근 지역 국가의 경제발전에 적극적인 역할을 했다. 현재 다화은행그룹의 총 자산은1,749.5억 싱가포르 달러에 달하고 아시아태평양지역, 서유럽 및 북미 등 18개 국가와 지역에 500개가 넘는 지점과 사무소를 설치했다.

이외 대표적인 화교 기업들로는 리청워이(李成偉) 가족의 화교은행그룹, 황팅팡(黃廷芳) 가족의 위안둥기구(遠東機構)그룹, 궈팡펑(郭芳楓)가족이 운영하는 펑룽(豐隆)신그룹, 취더바(邱德撥)의 량무위안(良木園)그룹, 둥쥔징(董俊競)가족의 스쟈둥(詩家董)그룹, 왕주친(王梓琴)가족의 메이뤄(美羅)그룹, 린쥔청(林鈞城), 린궈청(林國城)형제의 린정(林增)홀딩스 등이 있다.

18) 왕왕버(2012), 주류지만 지배하지 않는 싱가포르 화교, 「친디아저널」 71권(2012.7), 62쪽.

싱가포르 화교 기업들이 겉으로는 보통 주식기업 형식을 따르기는 하나 실제는 여전히 가족경영 방식을 고수하고 있다. 기업의 경영과 조직구조에서 가족과 친척에 의한 경영 흔적이 곳곳에서 나타난다. 기업의 핵심 경영층은 가족 혹은 혼인 관계가 있는 친인척들이 독점하고 있다. 계열사의 주요 경영층도 가족 및 친·인척들이다. 다화은행그룹 경영층의 핵심은 황주요와 그 가족이다. 화교은행, 린정홀딩스도 핵심 경영층이 모두 가족이다. 특히 일부 가족들은 은행에 대한 경영권을 확보하고 이를 통해 계열사(제조업 및 무역 등 분야)에 대한 경영권을 확보함으로써 은행자본과 산업자본 통틀어 전 그룹을 통제한다.

1970년대 이후 자본이 확대되고 실력이 늘어남에 따라 싱가포르 화교 기업은 해외시장을 적극 공략했다. 해외투자를 통한 급성장이 화교 기업의 새로운 특징이 되었다. 싱가포르 화교 기업들은 해외 현지 기업을 직접 인수하거나 또는 공장을 설립했고 합작 경영도 추진했다. 해외사업을 통해 새로운 근거지를 확보하고 글로벌 사업 네트워크를 구축했다. 해외투자 영역은 주로 금융, 부동산, 관광, 호텔, 공업단지 개발, 백화점 및 소매업, 식품가공업 등 여러 분야였다. 특히 중국에 대한 직접투자가 늘어났다. 싱가포르는 중국이 해외투자를 유치한 제5위 국가이다. 싱가포르 화인은행그룹은 중국에 많은 지점을 설립했고, 다화은행은 샤먼, 광저우에 지점을 설립하고 베이징, 푸저우에는 사무소를 열었다. 화교은행도 상하이, 샤먼, 톈진 등 지역에 지점을 설립했다.

싱가포르 정부는 화교 기업들의 해외투자를 적극 지지한다. 해외시장을 개척하는 기업들에 여러 가지 우대정책을 제공하고 있는데 기업들이 본국에 송금하는 수익은 세금을 감면하고 있다. 정부는 또한 기업에 해외진출 관련 대출을 해주고 기업에 다양한 현지 투자정보를 제공하고 보조금도 지불한다. 특히 국영기업은 민영기업과 공동으로 컨소시엄을 구성해 해외시장을 개척하는데 앞장서고 있다. 중국 쑤저우 싱가포르 공업단지 개발은 국영기업과 민영기업 등 18개가 공동으로 투자한 대규모 프로젝트다. 이 프로젝트에는 린정홀딩스, 도시발전 등 다수 화교 기업들이 참여했다.

중소형 화교기업들의 역할도 무시할 수 없다. 싱가포르에는 중소형 기업이 7만 8,400개가 있는데 이중 제조업체가 2,730개고, 상업에 종사하는 기업은 2만 8,200개며, 서비스업체도 2만2,900개다. 물론 중소형 기업의 대다수가 화교 기업들이다. 중소형 화교 기업들은 주로 상업과 서비스업에 분포되어 있는데, 특히 소매, 음식점, 관광, 금융, 부동산과 오락산업 등에 집중되었다. 제조업에 있는 중소형 기업 비중은 적다. 주로 의류, 식품, 조립정비, 인쇄 출판 등이다. 일부 화교 중소형 기업들은 하이테크 분야도 개척했다.[19)]

3. 화교 커뮤니티

싱가포르는 중국어, 영어, 말레이시어, 타밀어 등 4개 언어를 주로 사용한다. 이중 말레이시아어가 국어이지만 정부 기관들은 영어를 공용어로 쓴다. 싱가포르 화교들은 과거 여러 방언들을 사용했는데, 정부가 몇 차례 주도한 '표준 중국어 사용 캠페인'후 현재 다수 화교들은 표준 중국어를 사용한다.

1987년 싱가포르 정부는 학생들에게 가르치는 제1언어로 영어를 지정했고, 기타 언어는 제2 언어로 정했다. 이후 싱가포르에는 영어를 사용하는 화교 비중이 크게 늘어났다. 중국어는 초등학교와 중학교의 한 과목으로만 지정돼 있어 많은 젊은이들의 중국어 수준은 낮았다. 특히 읽고 쓰는 능력이 크게 떨어졌다. 하지만 최근 전세계적으로 중국어 열풍이 일어나면서 싱가포르에서도 중국어가 부활하고 있다. 싱가포르 사회가 중국 고성장이 가져오는 기회를 확보하기 위해 중국 문화에 대해 깊은 이해를 가진 우수한 인력이 필요하다는 것을 공감하고 있는 것이다. 정부는 중국어 교육 정책을 대폭 수정해 화교 학생들의 중국어 교육을 확대하고 있다. 현재 30여개 초등학교에 중국어 과정을 설치했고, 주말에 중국어 교육을 진행하는 학교도 80여개나 된다. 중국어를 배우는 초· 중학교 학생이 1만명을 넘고있다. 중국어를 가르치는 대학들도 늘고 있다.

싱가포르 국립대학, 난양(南洋)이공대학, 이안(義安)이공학원 등은 비즈니스 중국어 과정을 설치했다. 싱가포르 국립대 컴퓨터학원에서는 현대적 통신 수단을 활용해 중국어 교육을 진행하고 있다. 이처럼 싱가포르에서 중국어 교육은 전례 없는 발전 기회를 맞고 있다.

중문 신문과 잡지도 늘어나고 있다. 현재 싱가포르에서 발간되는 중국어 신문은<연합조보>, <연합만보>, <워보(我報)>, <따무즈(大拇指)> 등이 있다. 이외 중국어 저널과 잡지 등은 40여 개에 달한다.

---

19) 왕왕버(2012), 주류지만 지배하지 않는 싱가포르 화교, 「친디아저널」 71권(2012.7), 63-64쪽.

싱가포르에는 100년 이상 되는 화교 사회단체가 수십 개에 달하고 영향력 있는 단체는 500개에 달한다. 싱가포르 중화총상회 산하에는 131개 상업 단체와 4,000개 업체가 회원으로 등록돼 있다. 싱가포르 최고종친회인 종향(宗鄕)회관연합총회에는 191개 단체가 있다. 최근 이민한 화교들도 구룡(九龍)회, 화위안(華源)회, 화신사단(華新社團) 등 단체를 결성해 다양한 활동을 펼치고 있다.

참고문헌

(본문 각주에서 명시된 참고문헌, 국내외 일간지, 주요 자료 참고용 사이트는 이곳에 따로 기술하지 않았음. 본문 각주를 참고할 것)

강준영·정환우(2007), 중국의 FTA 추진전략 분석,「국제지역연구」 제11권 3호.

고영근·김동하(2010),『중국의 상관습과 지역별 비즈니스 환경』, 부산외대출판부.

곽복선·김동하·서창배·김형근·장정재(2014),『중국경제론』, 박영사.

금혜윤(2015), RCEP의 현황과 전망·시사점,「함께하는 FTA 」Vol.33. 산업통상자원부.

김동하(2010),『위안화 경제학』, 한스미디어.

김동하(2011),『차이나 소프트 파워』, 도서출판무한.

김동하(2013),『차이나 머천트』, 한스미디어.

김동하(2013),『중국지리의 이해』, 부산외대출판부.

김동하(2013),『현대 중국경제와 통상제도(2판)』, 부산외대출판부.

김동하(2017),『화교역사·문화답사기1』, 마인드탭.

김동하(2019), 웨강아오 대만구 정책화 과정과 함의,「중국학」 66집.

김동하·곽복선(2019), 웨강아오 대만구 발전규획과 광동-홍콩-마카오 통합 관계성 연구,「중국지역연구」6권 1호.

김동하·오혜정·이창준·신재은(2019),『차이나 키워드 100』, 시사중국어사.

김동하(2021), 19세기 중남미 지역 화교 생성 배경과 특성,「중국학」 74집.

김동하(2021), 19세기 미국 내 중국 영사관과 중화회관의 역할에 관한 연구,「중국지식네트워크」 제17호.

김동하(2021), 네덜란드 식민통치 시기 인도네시아 중화회관 역할에 관한 연구,「중소연구」45권2호.

김동하(2022), 17~19세기 베트남 명향사와 중화회관에 관한 연구, 「중국학」 78집.
김동하(2022), 태국 화교 생성 및 사회구조 특성에 관한 연구, 「중국학연구」 100집.
김부용(2012), 질적 변환기 맞은 중국기업의 해외진출, 「친디아저널」 66권(2012.2).
박강·민경준(2018), 「시대를 이끌어간 상인들」, 부산외국어대학교 CORE사업단.
부산발전연구원(2012), 『부산의 차이나드라이브 전략』, 한국학술정보.
서창배(2007), 중국의 FTA 정책에 담긴 정치·경제적 함의, 「한중사회과학연구」, 제5권 1호.
이요셉(2018), CPTPP 타결 의미와 시사점 (VOL.06), KITA 통상리포트, 한국무역협회.
조현준·이인구(2007), 중국 FTA정책의 정치경제적 목적과 결정요인, 「동북아경제연구」 제19권 1호.
KIEP 북경사무소(2011), 아태지역의 새로운 지역협력과 중국의 FTA전략, 한중경제포럼 11-01호, KIEP.
贾益民·张禹东·庄国土·游国龙(2014), 『华侨华人蓝皮书:华侨华人研究报告(2014)』, 社会科学文献出版社.
贾益民·张禹东·庄国土·游国龙(2015), 『华侨华人蓝皮书:华侨华人研究报告(2015)』, 社会科学文献出版社.
游国龙·庄国土·张禹东·贾益民(2016), 『华侨华人蓝皮书:华侨华人研究报告(2016)』, 社会科学文献出版社.
贾益民·张禹东·庄国土·陈文寿·游国龙(2017), 『华侨华人蓝皮书:华侨华人研究报告(2017)』, 社会科学文献出版社.
张禹东·庄国土·陈文寿· 游国龙 (2018), 『华侨华人蓝皮书:华侨华人研究报告(2018)』, 社会科学文献出版社.
贾益民·张禹东·庄国土·陈文寿·游国龙(2019), 『华侨华人蓝皮书:华侨华人研究报告(2019)』, 社会科学文献出版社.
贾益民·张禹东·庄国土·陈文寿·游国龙(2020), 『华侨华人蓝皮书:华侨华人研究报告(2020)』, 社会科学文献出版社.
林武郎·臧程遠(1998), 中國大陸企業在海外投資之分析, 「中國大陸研究」 41:9, 國立政治大學國際關係研究中心.